HET SURVIVAL HANDBOEK

DÉ VOORBEREIDING OP IEDERE SURVIVALTOCHT

HET SURVIVAL HANDBOEK

DÉ VOORBEREIDING OP IEDERE SURVIVALTOCHT

COLIN TOWELL

KOSMOS
Kosmos Uitgevers, Utrecht/Antwerpen

Penguin Random House

Oorspronkelijke titel:
The Survival Handbook
Oorspronkelijke uitgever:
Dorling Kindersley Limited, A Penguin Random House Company

Voor de Nederlandse taal:

KOSMOS

www.kosmosuitgevers.nl

Facebook: kosmos.uitgevers

Instagram: kosmosuitgevers

Omslagontwerp: Femke den Hertog

Opmaak binnenwerk: De ZrIJ, Utrecht

ISBN 978 90 215 6549 1

NUR 370, 480

Volledige titel: Het Survival Handboek & Mess Tin

A WORLD OF IDEAS: SEE ALL THERE IS TO KNOW

www.dk.com

INHOUD

WAARSCHUWING!

Een aantal van de in dit boek behandelde technieken mag uitsluitend worden toegepast indien er sprake is van een levensbedreigende noodsituatie. De uitgever stelt zich niet aansprakelijk voor letsel, schade, verlies, juridische claims en/of andere gevolgen die voortvloeien uit het gebruik of misbruik van de informatie in dit boek.

Pas de besproken technieken niet toe op privéterrein zonder toestemming van de eigenaar en eerbiedig wetten en regels aangaande de bescherming van eigendom, grondgebieden, flora en fauna.

2 OP WEG

3 VAKKUNDIG KAMPEREN

4 SHELTERS BOUWEN

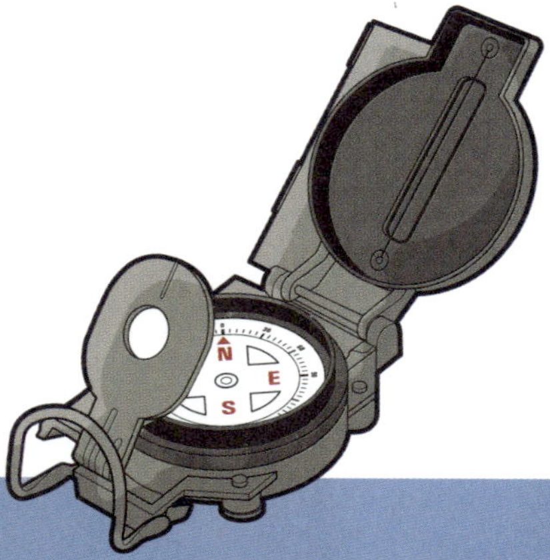

5 WATER EN VOEDSEL

6 NOODSITUATIES

7 EERSTE HULP

APPENDIX

INLEIDING

IN DE VELE JAREN DAT IK SURVIVALTECHNIEKEN DOCEER, heb ik geleerd dat er vier belangrijke onderdelen zijn waar het bij survival op aan komt: kennis, vaardigheden, overlevingsdrang en pure mazzel. Kennis en vaardigheden kunnen worden aangeleerd, maar overlevingsdrang is een inwendige kracht, die pas aan de oppervlakte komt als er een beroep op wordt gedaan.

> Hanteer altijd het **principe** van **minimale energie** voor een **maximaal resultaat**

Iedereen die zich in de wildernis waagt, of dat nu voor één nachtje is of voor een langdurige expeditie, moet de basisprincipes van survival beheersen. Alleen dan kan er sprake zijn van de juiste voorbereidingen, de juiste uitrusting (en hoe daarmee om te gaan) en het toepassen van de vaardigheden die de situatie vereist. Hoe maak je bijvoorbeeld een kampvuur wanneer je aansteker weigert? In een bivakzak kun je betrekkelijk comfortabel overnachten, maar hoe ga je te werk als je er geen hebt?

Met een grondige survivalkennis kun je de situatie op de juiste wijze inschatten, prioriteiten stellen en geïmproviseerde gereedschappen maken die je op dat moment nodig hebt.

Ga **respectvol** met de **wildernis** om: neem niets **mee** dat niet mee **terug** kan. Laat alleen **voetafdrukken** achter en neem alleen **foto's** mee terug

Overlevingsstrategieën en survivaltechnieken moeten zo realistisch mogelijk worden aangeleerd en geoefend. Op zonnige dagen vuurtjes maken met droog materiaal is niet aan te raden Bij survivaltraining leer je waarom je kampvuur niet wil branden en hoe je dit probleem oplost. Hoe meer je oefent, hoe meer je leert. Ik steek zelf ook nog steeds dingen op bij elke nieuwe cursus die ik geef. Oplossingen bedenken en problemen overwinnen is een voortdurend leerproces. De ervaring die je daarbij opdoet is in de praktijk van onschatbare waarde.

Survivaltraining voor liefhebbers is iets anders dan survivaltraining voor militairen. De liefhebber schrijft zich vrijblijvend in voor een cursus om zijn kennis en vaardigheden uit te breiden, niet omdat zijn leven ervan afhangt. (Mocht hij onverhoopt in een gevaarlijke situatie belanden, dan komen de aangeleerde technieken uiteraard uitstekend van pas.) Militairen krijgen survivaltraining omdat ze de kennis en vaardigheden waarschijnlijk ooit nodig hebben. Ze hebben geen keus, de cursus hoort bij hun opleiding. Geen enkele militair kan daar vrijblijvend mee omgaan. Of hij nou piloot wil worden of commando, survivaltraining hoort er gewoon bij.

De basisprincipes van de militaire survivaltraining vallen uiteen in vier categorieën: protectie, locatie, water en voedsel. Protectie heeft te maken met het omgaan met verwondingen en het voorkomen daarvan, en met de verdediging tegen de elementen en de natuur. Onder locatie valt dat wat je kunt doen om ervoor te zorgen dat je gevonden kunt worden. Water heeft je lichaam al op korte termijn absoluut nodig om de eerste twee principes succesvol uit te kunnen voeren. Voedsel komt pas op de laatste plaats, maar wordt wel steeds belangrijker naarmate de tijd vordert. Bij de cursus houden wij dezelfde volgorde aan, maar in de praktijk kunnen de prioriteiten wisselen, afhankelijk van de omgeving, de lichamelijke conditie van de survivor en de situatie waarin hij of zij zich bevindt.

> ‘Wie zijn **omgeving** begrijpt, kan de **juiste uitrusting** kiezen, de **beste technieken** toepassen en de **juiste vaardigheden** ontwikkelen’

We behandelen ook de meer geavanceerde survivaltechnieken, toegespitst op specialisten die gescheiden van hun legermacht opereren, bijvoorbeeld achter de vijandelijke linies. De vier basisprincipes blijven hetzelfde, alleen vervangen we ‘locatie’ door ‘evasie’. De militaire betekenis daarvan is: ‘in leven blijven zonder opgemerkt te worden door de vijand’. Onderdelen zijn het bouwen van een ‘onzichtbaar’ onderkomen, het onderhouden van een kampvuur zonder dat je je positie verraadt en het laten weten waar je bent zonder dat de vijand het merkt.

Zowel bij de militaire training als bij de meeste expedities is de uitrusting die wordt meegenomen afhankelijk van de plaatselijke omstandigheden. Commando's die in de jungle van Belize worden gedropt hebben geen bontmuts nodig en poolreizigers kunnen het, naar we mogen aannemen, gevoeglijk zonder hangmat stellen. Een standaard voorbereiding op één bepaalde situatie is soms niet genoeg, ook al is de training allesomvattend en de uitrusting meer dan compleet.

Wie begrijpt **hoe** en **waarom** iets werkt, kan beter **improviseren** en **aanpassingen maken** als het **kwijt** of **kapot** is

Zo had ik het voorrecht dat ik mocht meewerken aan twee ballonvluchten rond de aarde van Sir Richard Branson, samen met Per Lindstrand en wijlen Steve Fosset. Ik was verantwoordelijk voor de survivaluitrusting en de training van de ballonvaarders. Een unieke uitdaging, mag ik wel zeggen en beslist niet eenvoudig!
De ballon vloog op een hoogte van 9 kilometer over elke denkbare omgeving: gematigde zones, woestijnen, tropische regenwouden, Afrikaanse jungles en onmetelijke oceanen. Alleen bij uitzonderlijke windrichtingen zouden we in de buurt van de poolcirkel komen, maar na een onvrijwillig uitstapje boven China zagen we plotseling wel de Himalaya onder ons liggen!

Ook moesten we rekening houden met het allerergste: brand in de balloncapsule. Bij zo'n calamiteit is er maar één optie: alle ballonvaarders moeten de capsule verlaten. Op grote hoogte, in het donker, aangesloten op zuurstofcilinders en boven elke denkbare omgeving, zowel op het land als op zee. De kans dat ze alle drie vlak bij elkaar zouden neerkomen zou minimaal zijn, dus iedereen moest alles bij zich hebben voor elke omstandigheid en weten hoe hij er in zijn eentje mee om moest gaan. Daarom had elke piloot een uitgebreid arsenaal aan survivalpakketten bij zich en kregen ze allemaal een grondige, realistische training met elk pakket. Ook kreeg iedereen een eenpersoons reddingsvlot (tevens geschikt als beschutting in bijvoorbeeld de woestijn). Telkens wanneer de ballon over een andere omgeving vloog, werd een ander survivalpakket klaargezet en werden de bijbehorende instructies opnieuw doorgenomen.

> De **scheidslijn** tussen **bewondering** voor de omgeving en totale **hulpeloosheid** is erg **dun**

Als je dit boek leest en de technieken in de praktijk gaat brengen, hoef je je elke keer waarschijnlijk maar op één soort omgeving voor te bereiden. Maar het is van het allergrootste belang dat je die omgeving dan ook helemaal begrijpt! Je moet niet alleen weten wat de beste route is, wat er zoal te zien valt en waar de mooiste plekjes zijn, maar je ook op de hoogte stellen van wat die omgeving te bieden heeft om er te

kunnen overleven! Bewondering voor de omgeving is prima, maar absoluut niet genoeg wanneer je door omstandigheden hulpeloos ronddwaalt en van diezelfde omgeving afhankelijk bent.
Hoe meer je begrijpt van zowel de aantrekkingskracht als de gevaren van een bepaald gebied, hoe beter je de samenstelling kunt bepalen van je survivalpakket. Het leren omgaan met dit pakket is uiteraard een eerste vereiste.

Zelfs met een perfecte voorbereiding mag je nooit de kracht van de natuur onderschatten. Als niet alles volgens plan verloopt, houd dan even halt en maak de balans op. Hoe is de situatie? Wat zijn de prioriteiten? Zie het niet als een nederlaag wanneer je besluit om te keren. Morgen is er immers weer een dag? Ter afsluiting wil ik iedereen het belangrijkste advies meegeven dat ik ken over het omgaan met een echte, levensbedreigende survivalsituatie: Probeer er niet in terecht te komen!

> Over twintig jaar ben je **minder teleurgesteld** over wat je **gedaan** hebt dan over wat je **niet gedaan** hebt
>
> MARK TWAIN

1

VOORDAT JE VERTREKT

VOORBEREIDING IS ALLES

Je kunt op twee manieren in een survivalsituatie terechtkomen: je wordt er buiten je schuld plotseling door overvallen of je hebt de eerste signalen niet goed onderkend, waardoor de situatie uit de hand is gelopen. Helaas ontstaan de meeste levensbedreigende situaties door onoplettendheid, arrogantie, overdreven zelfvertrouwen of het onderschatten van de natuurkrachten.

Hoe meer je oefent, hoe beter je begrijpt hoe en waarom bepaalde dingen werken en wat je zwakke en sterke kanten zijn.

Bij de militaire opleiding worden de principes en vaardigheden net zo lang geoefend tot het een tweede natuur is geworden. Er zijn legio voorbeelden van helikopterbemanningen die te water raakten en naderhand niet meer wisten hoe ze uit hun toestel waren gekomen en op hun reddingsvlot waren beland. Dankzij hun intensieve training hadden ze onbewust de juiste beslissingen genomen en de juiste handelingen uitgevoerd.

In dit hoofdstuk ONTDEK JE...

- hoe **belangrijk** het is je **conditie** op peil te houden...
- dat een **positieve instelling** noodzakelijk is...
- dat de **wil tot overleven** essentieel is...
- het verschil tussen **oplossingen** zoeken en **problemen** verergeren...
- wat **show-stoppers** zijn en hoe ze je hele tocht kunnen **bederven...**
- hoe een **noodplan** je leven kan redden...

Of je nu een nachtje in het oerwoud gaat kamperen of een jaar vrij neemt om door de jungle van Afrika te trekken: hoe beter je bent voorbereid op de omgeving, hoe beter je kunt omgaan met de problemen van een onverwachte survivalsituatie. Zowel fysiek als mentaal!

Het is onnozel

te denken dat de voorbereiding automatisch is gekoppeld aan de lengte van de tocht en de potentiële gevaren die zich kunnen voordoen.

ONGELUKKEN KUNNEN zich namelijk overal voordoen. Zorg dat er altijd mensen zijn die weten waar je heen gaat en wanneer je terug denkt te komen. Laat een kaartje met de route die je hebt uitgestippeld achter bij familie of vrienden en spreek een vaste tijd af waarop je ze kunt bellen.

Een mobieltje kan bij ongelukken onschatbare diensten bewijzen, maar dan moet het wel onder handbereik zijn. Een atlete uit Moab (VS) was in de winter van 2006 met haar hond aan het hardlopen toen ze uitgleed en in een ravijn viel. Bij de val brak ze haar bekken. Pas na twee dagen en nachten in de woestijn werd ze gevonden door reddingswerkers, dankzij haar hond. Haar mobiele telefoon had ze in de auto laten liggen...

Nog veel gruwelijker bleek het gemis van een mobieltje bij een ongeluk in Amerika in 2008. Een loonwerker raakte met zijn arm bekneld in een landbouwmachine die even later in brand vloog. Zijn telefoon lag voorin, buiten bereik. Hij moest kiezen: levend verbranden of zijn arm afsnijden met zijn zakmes. Hij koos voor het laatste...

> Een goede **voorbereiding** is niet per definitie gekoppeld aan de **lengte** van de tocht of de **mogelijke gevaren**

IN GOEDE CONDITIE

OP HET MOMENT DAT JE in een precaire situatie verzeild raakt, ben je fysiek en mentaal waarschijnlijk nog fit. Als daarna dorst, honger, pijn en slaapgebrek in toenemende mate hun tol gaan eisen, neemt de kans op een goede afloop snel af. Wie van tevoren zijn conditie op peil brengt, is beter tegen de situatie opgewassen.

KEN JE GRENZEN
Zorg dat je weet hoe het er met je conditie voorstaat en hoeveel je er nog aan kunt verbeteren voordat je de wildernis in trekt. Pas de route desnoods aan of kort hem in, zodat je niet in de problemen komt.

CONDITIETRAINING IS NUTTIG

Een gerichte conditietraining heeft allerlei voordelen: gewichtsvermindering, een betere houding, meer kracht, souplesse en een groter uithoudingsvermogen. Ook mentaal word je er sterker en alerter van.

HOE FIT BEN JE EIGENLIJK?

Een gezond hart pompt met minder slagen meer bloed door het lichaam dan een minder gezond hart. Vrouwen, kinderen en ouderen hebben een snellere hartslag dan jonge gezonde mannen. Door 's morgens vroeg je pols te voelen, kun je de basisfrequentie van je hartslag bepalen. Doe wat oefeningen en kijk hoelang het duurt voor je hartslag weer op het basispeil is. Die periode duurt korter naarmate je fitter bent.

LEEFTIJD	20-29	30-39	40-49	50+
UITSLAG	BASISFREQUENTIE			
MANNEN				
Goed	< 69	< 71	< 73	< 75
Redelijk	70-85	72-87	74-89	76-91
Slecht	> 85	> 87	> 89	> 91
VROUWEN				
Goed	< 77	< 79	< 81	< 83
Average	78-94	80-96	82-98	84-100
Slecht	> 94	> 96	> 98	> 100

LEEFTIJD	20-29	30-39	40-49	50+
UITSLAG	FREQUENTIE NA INSPANNING			
MANNEN				
Goed	< 85	< 87	< 89	< 91
Redelijk	86-101	88-102	90-105	92-107
Slecht	> 101	> 102	> 105	> 107
VROUWEN				
Goed	< 93	< 95	< 97	< 99
Redelijk	94-110	96-112	98-114	100-116
Slecht	> 110	> 112	> 114	> 116

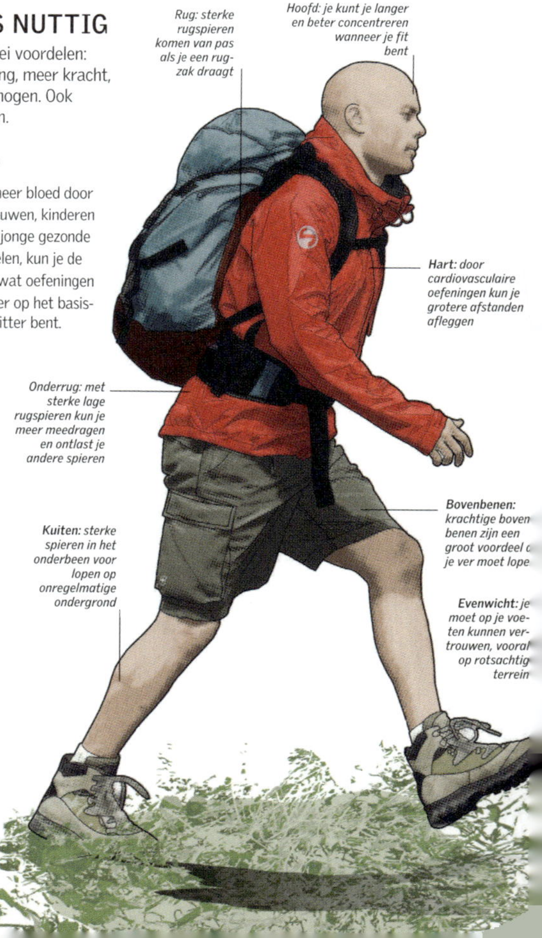

ZORG DAT JE FIT BENT

Het is bij survival absoluut niet belangrijk of je de 100 meter in 10 seconden kunt lopen. Uithoudingsvermogen, daar gaat het om. Je grenzen kennen, en weten wanneer je moet stoppen. Maar ook je grenzen kunnen verleggen en doorzetten wanneer de situatie daarom vraagt. Een positieve mentale instelling is daarbij onontbeerlijk: meestal is het de geest die opgeeft terwijl het lichaam de uiterste grens nog niet heeft bereikt. Houd altijd voor ogen dat elke opdracht die je jezelf geeft energie kost.

REGELMATIG OEFENINGEN DOEN

Een effectief trainingsschema telt per week minimaal drie sessies van 45 minuten waarbij je hartslag tot boven de 120 stijgt.

FITNESSPROGRAMMA

De juiste voorbereiding op een tocht door de wildernis met een rugzak op je rug bestaat uit een combinatie van krachttraining en aerobics. Ga naar de sportschool en train je hart, longen en beenspieren. Je uithoudingsvermogen neemt daardoor aanzienlijk toe.

- Train onder deskundige begeleiding
- Begin kalm aan, bouw je training geleidelijk op
- Bij blessures onmiddellijk stoppen, rust nemen en medisch advies inwinnen
- Doe een fitnessprogramma dat past bij je plannen. Er zijn volop websites en organisaties die je wegwijs kunnen maken op specifieke terreinen, variërend van jungletochten tot mountainbike-expedities door de bergen.
- Train alsof je al onderweg bent. Beklim die berg in gedachten en kijk hoever je komt. Zo leer je je grenzen kennen en ontdek je wat je lichaam aankan. Hoe beter je je lichaam kent, hoe beter je bent voorbereid.

WARMING UP EN COOLING DOWN

De tijd die je kwijt bent aan de warming up en de cooling down weegt ruimschoots op tegen de voordelen ervan: meer uithoudingsvermogen en sneller herstel. Vijf minuten joggen vóór en na de training is voldoende.

MEDISCHE KEURING

De meeste mensen gaan pas naar een dokter of tandarts als er iets mis is. Op gezette tijden een medische keuring ondergaan, zonder dat er klachten zijn, is er doorgaans niet bij. Als je de wildernis in gaat, moet je in topconditie zijn, dus een bezoekje aan de huisarts en de tandarts horen bij een goede voorbereiding. Je weet dan in elk geval zeker dat je lichaam en je gebit in orde zijn.

BIJ DE HUISARTS

- Maak een lijstje met alle kwaaltjes en ziektes van het afgelopen jaar en bespreek ze met hem.
- Vertel je huisarts waar je heen gaat en vraag of je vaccinaties nodig hebt en welke medicamenten je mee moet nemen.

BIJ DE TANDARTS

- Laat je gebit controleren en behandelen, ook het kleinste gaatje! Elke onvolkomenheid kan tijdens je tocht tot vlammende kiespijn leiden.

NUTTIGE OEFENINGEN

Als je altijd al regelmatig naar de sportschool ging, ben je in het voordeel vergeleken bij degenen die nu pas beginnen. In het programma voor een survivaltocht moet je in elk geval de onderdelen stretchen, aerobics en gewichtstraining opnemen.

STRETCHOEFENINGEN VOOR RUG EN BOVENLICHAAM

Het regelmatig strekken van je armen, nek, borst en schouders maakt het bovenlichaam krachtiger en dat kan onderweg goed van pas komen. Bovendien worden je spieren soepeler en minder vatbaar voor blessures. Vooral je rug wordt beweeglijker en kan het langer volhouden.

STRETCHOEFENINGEN VOOR DE BENEN

Je benen doen doorgaans het meeste werk en na een lange dag in de wildernis kunnen ze behoorlijk stijf worden. Stretchoefeningen maken ze weer soepel, zorgen voor een betere doorbloeding en halen de spanning weg. Besteed vooral aandacht aan je kuiten, dijbenen en hamstrings.

AEROBICS

Cardiovasculaire oefeningen ofwel aerobics vergroten de capaciteit van hart, bloedvaten en longen. Zuurstof en voedingsstoffen kunnen daardoor tijdens langdurige inspanningen beter alle delen van het lichaam bereiken. Regelmatige training – joggen, fietsen, zwemmen – vermindert de kans op hartkwalen en hoge bloeddruk. Bovendien blijf je op gewicht en neemt je uithoudingsvermogen toe. Je hart slaat krachtiger en de bloedsomloop wordt gestimuleerd.

GEWICHTSTRAINING

Krachtige spieren betekent minder moeite met alledaagse dingen als lopen, tillen, meedragen etc. Regelmatig trainen met gewichten zorgt voor een betere houding, meer spiermassa rond botten en gewrichten en een beter evenwichtsgevoel. Bovendien heb je minder last van stress, slaap je beter en is de kans op blessures kleiner. Ook blijkt uit onderzoeken dat je stofwisseling tot 15% sneller gaat, waardoor je overbodige kilo's in kortere tijd kunt kwijtraken.

MENTALE VOORBEREIDING

EEN ONVERWACHTE SITUATIE kan zich overal en altijd voordoen, zowel tijdens langdurige expedities door de wildernis als bij korte tripjes op bekend terrein. Plotseling is alles anders, met als gevolg emotionele stress en psychologische druk. De gevolgen van een dergelijke 'psychogene shock' zijn minder ernstig wanneer je je ervan bewust bent.

INDIVIDUELE REACTIES

Elk individu reageert anders op levensbedreigende situaties, maar toch zijn er veel overeenkomsten. Zowel tijdens de ervaring als achteraf blijken de emotionele reacties in essentie min of meer hetzelfde. Wie ooit in een survivalsituatie heeft verkeerd, zal ze ongetwijfeld herkennen.

JE REACTIE OP ONVERWACHTE RAMPSPOED

In een survivalsituatie is je psychologische respons van cruciale betekenis. Het blijkt dat 95% van de mensen die overlijden door een psychologisch trauma het niet langer dan 3 dagen heeft volgehouden. De wil om te overleven is essentieel; wie mentaal op hol slaat, verkleint zijn overlevingskansen aanzienlijk.

PSYCHOLOGISCHE GEVOLGEN

Het is bijzonder nuttig om te analyseren hoe iemand op een survivalsituatie reageert. Een daarop afgestemde mentale voorbereiding zorgt er vervolgens voor dat hij of zij beter is opgewassen tegen de situatie. Meestal treden de psychologische reacties op in vier fases: de aanloopfase, de impactfase, de terugslagfase en de posttraumatische fase.

VERSTERKENDE FACTOREN

Reacties op een ramp zijn soms een direct gevolg van de psychologische dreun die het slachtoffer krijgt te verwerken, maar er zijn ook andere factoren die een rol spelen en alles nog kunnen verergeren. Zoals bij alle psychologische problemen is het herkennen en zo mogelijk vermijden van deze bijkomende factoren cruciaal, dus je moet weten wat er aan de hand is. De meest voorkomende versterkende factoren zijn honger, dorst, vermoeidheid, zeeziekte en onderkoeling.

HONGER

Aanvankelijk vormt honger geen groot probleem, maar langdurig voedselgebrek zorgt voor psychologische veranderingen. Enkele symptomen zijn:

- Lusteloosheid
- Geïrriteerdheid
- Depressiviteit
- Concentratieverlies

DORST

Dorst is een ernstig en acuut probleem, vooral op zee en in de woestijn. Complete onrust is een kenmerkend verschijnsel, maar er zijn ook andere symptomen:

- Irrationeel gedrag (zie kader volgende blz.)
- Waandenkbeelden
- Visuele hallucinaties

OVERLEVINGSSTRATEGIEËN

Een goede psychologische voorbereiding leert je wat je kunt verwachten in een survivalsituatie en hoe je ermee om moet gaan. Kennis is macht, óók bij survivalvaardigheden, waardoor je overlevingskansen toenemen. De psychologische voorbereiding richt zich vooral op training, motivatie, emotionele verbondenheid, hoop, acceptatie en het helpen van anderen. Ook het ontwikkelen van overlevingsstrategieën is een belangrijk onderdeel van survival.

TRAINING

Met een goede voorbereiding ben je veel beter opgewassen tegen een survivalsituatie. Kennis van het gebied, kunnen omgaan met je uitrusting, weten wat je kunt verwachten, allemaal zaken die je overlevingskansen vergroten. Specifieke training en oefenen met je uitrusting maken dat alles een automatisme wordt. Zorg dat je alles weet en alles door en door kent voordat je vertrekt!

MOTIVATIE

Motivatie, beter bekend als 'de drang om te overleven', houdt in dat je weigert de dood te accepteren en in plaats daarvan vasthoudt aan het idee dat je niet hoort te sterven onder deze omstandigheden. Motivatie omvat daarnaast het overwinnen van emotionele en fysieke ongemakken in extreme omstandigheden. Ook het stellen van doelen, het stap voor stap indelen van de weg naar het doel en het uitvoeren van elke stap afzonderlijk maken deel uit van de motivatie.

PANIEK
Paniek is meestal geen gevolg van wat er gebeurd is, maar van de angst voor wat er zou kunnen gebeuren. Paniek treedt vaak op als mensen opgesloten zitten of weinig tijd hebben om te ontsnappen.

DEPRESSIE
Depressieve mensen zitten hulpeloos voor zich uit te staren. Ze hebben geen besef van de situatie en lopen daardoor meer gevaar.

HYPERACTIVITEIT
Hyperactieve slachtoffers praten veel, zijn snel afgeleid en komen voortdurend met meestal zinloze oplossingen. Hyperactiviteit treedt vaak op na een periode van depressie.

WOEDE
Agressie, woede en vijandigheid zijn veel voorkomende irrationele reacties op een trauma, die zich ook kunnen richten op reddingswerkers en medische hulpverleners.

SCHULDGEVOEL
Een slachtoffer kan zich schuldig voelen omdat hij tot de overlevenden behoort of vindt dat hij anderen had moeten helpen. Soms beeldt hij zich in dat hij de schuld is van het gebeurde.

ZELFMOORD
Slachtoffers van rampen plegen regelmatig zelfmoord nadat ze gered zijn, zelfs wanneer ze al veilig in een ziekenhuis liggen. Toezicht is daarom altijd noodzakelijk.

Aanloopfase
De 'aanloopfase' is onderverdeeld in twee periodes:
- Dreiging: sommigen onder kennen het gevaar, maar anderen zijn niet overtuigd. Hun reactie is ontkenning en nietsdoen.
- Waarschuwing: iedereen beseft het gevaar. Veel voorkomende reactie: overactief gedrag.

Impactfase
De situatie wordt levensbedreigend. Statistisch vastgelegde reacties:
- 10 - 20% blijft kalm en alert
- Tot 75% schrikt, is verbijsterd en kan niet rationeel reageren
- 10-25% vertoont extreem gedrag, zoals schreeuwen

Terugslagfase
De terugslagfase volgt direct op de impactfase, bijvoorbeeld wanneer de overlevenden van een scheepsramp aan boord van een reddingsvlot zijn. Meestal duurt deze fase een uur of drie, maar soms ook wel drie dagen. De kenmerken zijn een geleidelijk terugkerend rationeel vermogen, situatiebesef en emotioneel gedrag.

Posttraumatische fase
Als de terugslagfase niet volledig is geweest, kunnen er psychiatrische problemen optreden. De impact van de ramp leidt tot allerlei emoties - schuld, depressie, woede, passiviteit en/of rouwbeklag - die bekendstaan als Post Traumatic Stress Disorder (PTST).

VERMOEIDHEID
Vaak is het slachtoffer al uitgeput door de gebeurtenis zelf. Soms pas later, door slaapgebrek en ontberingen. Veel overlevenden delen dezelfde ervaring: ze waren doodop maar konden niet slapen omdat ze zich niet konden ontspannen. Vermoeidheid werkt zowel fysiek als mentaal bijzonder ondermijnend.

ZEEZIEKTE
Wie echt zeeziek is, wil het liefst in opgerolde houding blijven liggen en doodgaan. In survivalomstandigheden is dat allerminst ondenkbaar, dus verzet je daartegen:
- Richt je blik op een vast punt, bijvoorbeeld de horizon
- Neem geregeld kleine slokjes water – geen zout water! – als er voldoende is. Pas je rantsoen aan in noodgevallen.

ONDERKOELING
Onderkoeling (zie blz. 273) heeft fysieke en psychische gevolgen. De psychische gevolgen merk je het eerst:
- Concentratieverlies
- Geheugenverlies
- Verslechterde motoriek
- Moeite met keuzes maken
- Irrationeel gedrag

IRRATIONEEL GEDRAG
Irrationeel gedrag kan allerlei vormen aannemen. Slachtoffers van een aardbeving bijvoorbeeld die bloemen liepen te plukken of het orkest van de Titanic, dat in alle rust doorspeelde terwijl het schip zonk.

EMOTIONELE VERBONDENHEID
Je motivatie kan sterk toenemen door je emotionele verbondenheid, dat wil zeggen het verlangen herenigd te worden met:
- Echtgenoten
- Partners
- Kinderen
- Kleinkinderen
- Goede vrienden
- Huisdieren

HOOP
Hoop wil zeggen dat je ervan uitgaat dat de situatie verbetert en goed afloopt. Je moet altijd blijven hopen, zelfs als de situatie hopeloos lijkt. Positieve gedachten beschermen tegen een psychologisch trauma. Meestal is het gemakkelijker om positief te blijven wanneer je in een groep bent, dan kun je elkaar opbeuren.

ACCEPTATIE
Het niet kunnen accepteren van de situatie leidt tot frustraties, woede en irrationeel gedrag, waardoor alles alleen maar erger wordt. Dat wil niet zeggen dat je het hoofd in de schoot moet werpen, integendeel. Wie in staat is te beoordelen wanneer hij moet berusten en wanneer hij moet handelen, vergroot zijn kansen op een goede afloop.

LOTGENOTEN HELPEN
Kijk eerst grondig hoe het met jezelf gesteld is en beoordeel dan de anderen. Wie gedraagt zich 'normaal' en wie dreigt er dóór te draaien? Psychologische hulp is vooral nodig voor degenen die niet tot bedaren kunnen komen. Een paar belangstellende of troostende woorden zijn vaak al voldoende. Houd een oogje op degenen bij wie dat niet helpt, maar vermijd het gebruik van kalmeringsmiddelen.

EEN REISPLAN MAKEN

OF JE ER NU EEN DAGJE eropuit trekt met alleen een rugzakje, een expeditie door het oerwoud onderneemt of met een Landrover een werelddeel doorkruist, optimale voorbereiding is belangrijk. Natuurlijk vergt een lange, zware tocht meer voorbereiding dan een kort uitstapje, maar een uitgewerkt schema voor een gemiddelde tocht kan voor beide als basis dienen. Dit schema kan worden aangevuld of uitgebreid bij langere tochten.

PAS OP!
Sociale gebruiken zijn niet overal hetzelfde. Sommige culturele of godsdienstige rituelen worden uiterst serieus genomen en overtreding daarvan is niet alleen onbeleefd, maar kan soms ook tot boetes of zelfs gevangenisstraf leiden. Het groeten met de verkeerde hand kan wellicht beledigend worden opgevat of misschien moeten vrouwelijke expeditieleden hun kleding aanpassen. Bestudeer bij je voorbereiding altijd de gewoontes van het land waar je heen gaat.

VOORKOM 'HAD-IK-MAARS'

Het is uiteraard niet mogelijk letterlijk met alles rekening te houden. Wat je wél kunt doen is de tocht die je gaat ondernemen in gedachten helemaal afleggen en ervoor zorgen dat je nu alvast de juiste keuzes maakt voor de calamiteiten die je liever hoopt te vermijden maar zich niettemin misschien kunnen voordoen. Eenmaal onderweg is je voorbereiding al achter de rug en moet je het doen met de uitrusting die je hebt meegenomen.

DE ZES V'S

Denk aan de zes V's: **V**oorbeeldige **V**oorbereiding **V**oor **V**eilig **V**ervoer en **V**erblijf. Uit onderzoek blijkt overigens dat er minder kans op een gevaarlijke survivalsituatie is naarmate de tocht langer en gecompliceerder is. Meestal is er dan namelijk sprake van een deugdelijke organisatie waarbij met alle eventualiteiten rekening wordt gehouden. Gevaarlijke situaties worden vermeden en mochten ze zich tóch voordoen, dan ligt er een plan klaar. Vaak is een juiste inschatting van een probleem al voldoende om te voorkomen dat het in een ramp ontaardt. In een echte survivalsituatie zijn het je deskundigheid en improvisatietalent die bepalen of je het overleeft of op de voorpagina eindigt.

PRIORITEITENLIJST

Begin je planning altijd met de 'show-stoppers'. Daarmee bedoelen we alles wat de tocht tot een vroegtijdig einde kan brengen of zelfs de hele onderneming op losse schroeven kan zetten. Vanuit deze checklist ga je verder: werk hem van achteren naar voren helemaal door waarbij je de dingen noteert die de reis comfortabeler en gemakkelijker kunnen maken. Je zult zien dat op die manier alles als vanzelf op zijn plaats valt. Hiernaast vind je een aantal zaken dat onontbeerlijk is.

SHOW-STOPPERS	
GELD	▪ Neem mee wat je nodig hebt plus extra voor noodgevallen. ▪ Wissel het nu vast om in lokale valuta. ▪ Zorg voor een bankpas of creditcard die overal geldig is. ▪ Kies een veilige bergplaats voor je bankbiljetten.
PASPOORT	▪ Je paspoort moet geldig zijn. Verleng het eventueel op tijd. ▪ In sommige landen moet het tot lang na je verblijf geldig zijn. ▪ Bewaar het paspoortnummer op meerdere plaatsen, ook in je survivalkit. ▪ Berg je paspoort veilig en waterdicht op in een plastic omhulsel.
VISA	▪ Bestudeer uitvoerig de visumvoorschriften van elk land dat je aandoet. ▪ Informeer hoe en waar je de visa moet aanvragen, hoelang van tevoren, of het ook in het land zelf kan en of je nog andere documenten nodig hebt. ▪ Berg de visa op bij je paspoort: droog, veilig en kreukelvrij.
VACCINATIE	▪ Controleer de voorschriften, die kunnen soms erg streng zijn. ▪ Haal je injecties op tijd en neem medicatie tijdig in. ▪ Sommige vaccinaties werken maar een beperkte tijd, dus moet je ze onderweg herhalen. Check of dit in lokale ziekenhuizen kan.
TICKETS	▪ Zorg voor de juiste tickets. ▪ Lees ze uitvoerig en controleer namen, data en locaties. ▪ Bewaar je tickets op een veilige plaats als je ze later nog nodig hebt, bijvoorbeeld voor de terugreis! Nooit zomaar weggooien.
VERZEKERING	▪ 'Een annuleringsverzekering is altijd verstandig. ▪ Sluit een verzekering af die alle medische kosten dekt als het onverhoopt misloopt. Dat geldt niet alleen voor bergbeklimmers of poolreizigers: een dagtochtje kan duur uitpakken als je een arm breekt.

JE TEAM

Wanneer je in groepsverband op pad gaat, moet je altijd voor ogen houden dat het succes van de expeditie afhangt van de teamspirit. Als het erom spant, vooral in een survivalsituatie, komt vaak het beste in iemand boven, maar soms ook het slechtste! Een paar korte uitstapjes zijn daarom een uitstekende voorbereiding voor een lange expeditie. Je merkt dan niet alleen of je uitrusting toereikend is en of je ermee overweg kunt, maar ook hoe de teamleden als groep samenwerken. Je kunt het team dan alsnog tijdig bijsturen.

GEMENGDE TEAMS M/V

Wanneer de groep uit zowel mannen als vrouwen bestaat, moet je daar bij de planning al rekening mee houden. Niet alleen wat betreft de slaapplaatsen, maar ook met het dragen van spullen, het verdelen van verantwoordelijkheden etc. Alles moet van tevoren duidelijk besproken worden. De eerste dag kon wel eens de laatste worden als de dames tegen etenstijd ontdekken dat de heren ervan uitgingen dat de dames wel zouden koken en afwassen.

GEMENGDE TEAMS QUA LEEFTIJD

Houd er rekening mee dat niet iedereen even fit is en dat het leeftijdsverschil het tempo kan drukken. Daar staat dan weer tegenover dat de oudere expeditieleden misschien meer ervaring in de wildernis hebben.

VOORBEREIDENDE TRAINING

Een mentale en fysieke training en het leren omgaan met je uitrusting ligt natuurlijk voor de hand, maar wordt niettemin vaak vergeten. Wie zich in alle opzichten goed heeft voorbereid, beleeft absoluut meer plezier aan zijn survivaltocht. Hij of zij hoeft zich niet te forceren, kan beter omgaan met kleine tegenslagen en weet de meeste problemen moeiteloos op te lossen.

JE TRAININGSPROGRAMMA

Je training moet een afspiegeling zijn van de tocht die je gaat maken. Begin ruim van tevoren, bouw de training langzaam op en houd rekening met de onderstaande factoren:

- **Omgeving:** bestudeer zowel de normale als de extreme weersomstandigheden waarin je kunt komen te verkeren. In de woestijn bijvoorbeeld is het overdag erg heet, maar 's nachts kan het er vriezen!
- **Gewicht:** maak je rugzak steeds zwaarder totdat je uiteindelijk traint met volledige bepakking. Een bijkomend voordeel is dat je minder snel overbodige dingen zult meenemen.
- **Afstand:** als je op je tocht elke dag een bepaalde afstand wilt afleggen, doe dat dan ook bij je training. Je weet dan van tevoren of je het aankunt.
- **Taal:** ook in landen waar men je niet verstaat, moet je je kunnen redden. Leer alvast een aantal nuttige zinnen en neem een woordenboek of een vertaalcomputertje mee.

OEFEN MET JE UITRUSTING

Ga zo vaak als je kunt met je uitrusting aan de slag. Oefen met alles onder omstandigheden die vergelijkbaar zijn met wat je te wachten staat (zie kader). Je raakt ermee vertrouwd en ontdekt op tijd of alles goed werkt en of je alles beheerst. Het kompas kan dan wel in orde zijn, maar als blijkt dat je er niet goed mee kunt omgaan, is er nog werk aan de winkel. En het is ook geen pretje 's nachts in de regen, geplaagd door muskieten, op zoek te gaan naar de krik en het reservewiel van je huurauto.

Zorg dat je van tevoren alles weet en met alles uit de voeten kunt.

MAAK JE TRAINING REALISTISCH

Het oefenen met je nieuwe uitrusting moet zo realistisch mogelijk gebeuren. Als je je GPS gebruikt bij 20° onder nul, lukt dat dan met de handschoenen die je hebt aangeschaft? Is je tent helemaal compleet en kun je hem ook 's nachts opzetten en als het hard regent?

NOODSCENARIO

ZELFS WANNEER alles tot in de puntjes is voorbereid, kunnen er nog problemen komen. Een plotseling opstekende storm kan betekenen dat je met je kajak op een eilandje moet overnachten en als je op de top van een berg je enkel verstuikt, wordt de afdaling misschien onmogelijk. Dit soort onvoorspelbare gebeurtenissen kunnen zich bij elke tocht voordoen, waardoor een onverwachte survivalsituatie ontstaat.

RPI
Neem altijd een formulier mee met alle Relevante Persoonlijke Informatie. Zorg dat de lijst altijd up-to-date is.

ALS HET TEGENZIT

Allereerst moet je alles doen wat je kunt om jezelf te helpen en om eventuele reddingsploegen te laten weten waar je bent en hoe het ervoor staat. Elke survivalsituatie van waaruit je gered moet worden kent twee invalshoeken: de jouwe en die van je redders. Vaak schiet de informatie aan de reddingswerkers tekort of komt die te laat. Het is van levensbelang dat je duidelijk maakt wat je van plan bent, zodat men je niet op de verkeerde plek komt zoeken.

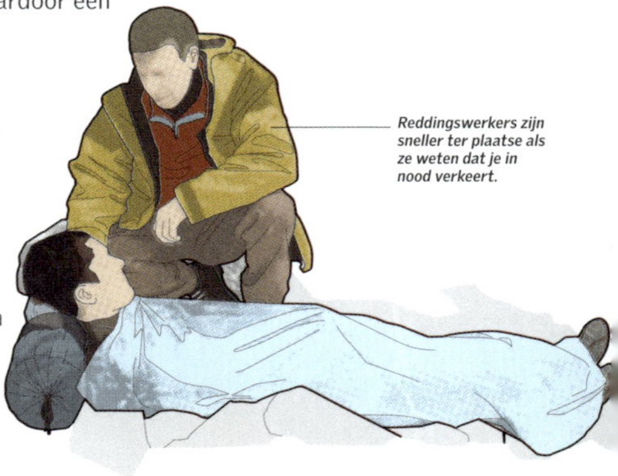

Reddingswerkers zijn sneller ter plaatse als ze weten dat je in nood verkeert.

WORSTCASESCENARIO

In het leger ligt er bij elke actie een worstcasescenario klaar, vooral bij missies in gevaarlijke omstandigheden. Alles wordt tot in de details voorbereid en nauwgezet gepland, ook het formulier waarop de manschappen aangeven wat ze op enig moment doen als er iets onverwachts gebeurt.

IN DE PRAKTIJK

Wanneer de missie in moeilijkheden komt, weten de reddingstroepen dankzij het worstcasescenario precies hoe de manschappen van hun oorspronkelijk plan afwijken. Dat verhoogt de kans op een succesvolle reddingsoperatie aanzienlijk. Het is een goed idee, met het militaire worstcasescenario in het achterhoofd, je persoonlijke RPI op te stellen.

INFORMATIE IS BELANGRIJK

Het is raadzaam familie, vrienden en eventueel plaatselijke officiële instanties te laten weten waar je heen gaat. Laat een routebeschrijving achter met locaties en data, zodat er actie kan worden ondernomen wanneer je ergens niet komt opdagen. Net als bij het militaire 'worstcasescenario' (*zie kader*) moet je een lijst met relevante persoonlijke informatie (RPI) opstellen. Maak een kopie voor je familie en je groepsleden en houd er zelf altijd een bij je. Laat aan lokale instanties als parkbeheerders weten wat je plannen zijn en vergeet niet om ze even te bellen als je je bestemming hebt bereikt.

EEN RPI OPSTELLEN

Om te bepalen wat er zoal in je RPI moet worden opgenomen, ga je uit van het 'worstcasescenario' en vervolgens bedenk je wat je familie in een dergelijk geval allemaal moet weten om tot actie over te kunnen gaan. Met name als je vermist wordt, vooral in het buitenland, moeten reddingswerkers over zo veel mogelijk informatie beschikken. Een recente foto bijvoorbeeld en de gegevens uit je paspoort; wat je zoal bij je hebt, welke talen je spreekt, welke vaardigheden je hebt etc. Door al deze informatie wordt hun werk een stuk gemakkelijker en je familie krijgt niet het gevoel dat ze alleen maar met de armen over elkaar zitten af te wachten.

RELEVANTE PERSOONLIJKE INFORMATIE VOOR NOODGEVALLEN

Volledige naam:
Marcus Antonius de Boer

Geboortedatum:
(dg/mnd/jr)
28/05/60

Lengte: *1,78 m*
Gewicht: *76 kilo*
Haarkleur: *bruin*

Paspoortnr:
69CHJB00
Geldig tot:
11/03/19

Rijbewijsnr: *JHY280771*
Geldig tot:
28/12/22

Opvallende lichaamskenmerken:
Klein litteken – linkerwang
Groot litteken – rechterhand
Tatoeage – linker bovenarm

Taalvaardigheden:
Nederlands – vloeiend
Engels – redelijk
Duits – matig

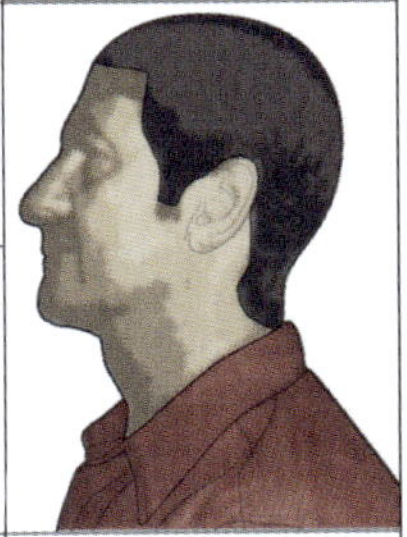

Medicatie:
Medicijnen – anti-malariatabletten

Allergieën:
Amoxicilline

Zwemmen: *goede zwemmer*
Survivalvaardigheden:
Militaire survivaltraining
Jungle-ervaring
Geoefend solokampeerder

Naaste familie:
Vader Anton de Boer
Zijstraat 61
9734 AS Westburg Nederland

Tel: *(0018) 22 11 194*

E-mail: *adeboer@internet.com*

Overige familie:
Broer Ton de Boer
Dwarsweg 72
2214 BD Zuidkant Nederland

Tel : *(0018) 63 71 265*

E-mail: *tondeb@internet.com*

Expeditiegegevens:
Kamp 1 = sector ST456654
Kamp 2 = sector ST654987
Vervoer: Landrover 1 = wit, reg.nr. MH 55555
Landrover 2 = blauw, reg.nr. MH 56555
Groep= Ben Janssen, Hans Elders en ikzelf
Dag 1: Landrover 2 achterlaten op kamp 2 en met Landrover 1 naar kamp 1
Dag 2: Derwent Line Trail volgen, overnachten in sector 4561559
Dag 3: Verder langs Derwent Line Trail, aankomst op kamp 2 rond de middag. Overnachten op kamp 2
Dag 4: Met Landrover 2 naar kamp 1 om Landrover 1 op te halen

Verwachte problemen:
Dag 1: geen
Dag 2: geen; in noodgevallen is het verzamelpunt Ranger Station 18, sector 55555 (tel. 66 66 666)
Dag 3: geen; in noodgevallen is het verzamelpunt Ranger Station 19, sector 66666 (tel. 55 55 555)
Dag 4: geen

Communicatieplan:
Bij vertrek op dag 1 even bij vader langs. Probeer op dag 2 vader te bellen, maar misschien kan ik onderweg geen verbinding krijgen, dus geen paniek als er niet gebeld wordt. Ik bel opnieuw als we op dag 3 kamp 2 hebben bereikt.

Mijn 06-nummer: *06 55 55 555*
Mijn e-mailadres: *madb@internet.com*
Hans: *06 55 55 556*
Ben: *06 55 55 557*
Kamp 1: *050 555555*
Kamp 2: *050 555556*

Datum: *23 November 2016*

KEN JE OMGEVING

De menselijke soort heeft al honderdduizenden jaren overleefd door zich aan te passen aan zijn omgeving. Survivalvaardigheden uit de oertijd zijn we dan misschien wel vergeten, maar daar staan weer nieuwe vaardigheden tegenover die we hebben ontwikkeld, mede dankzij de moderne technologie. Stem een goede voorbereiding af op het gebied waar je heen gaat.

Bestudeer de inwoners van het gebied: hun kleding, voedsel en werktuigen. De manier waarop zij zich hebben aangepast aan hun omgeving moet jouw leidraad zijn. Inheemse vaardigheden, technieken en gereedschappen zullen vaak van pas komen. Als je vliegtuig neerstort is dat overmacht, maar verreweg de meeste survivalsituaties kunnen voorkomen worden. Bijvoorbeeld door een vakkundige blik op de weersomstandigheden, waardoor je de juiste keus maakt tussen terugkeren of verder gaan.

In dit hoofdstuk ONTDEK JE...

- het verschil tussen **toendra** en **taiga**...
- waarom de **maat** van je **voetafdruk** zo belangrijk is...
- hoe je de weg vindt op **besneeuwde bergtoppen** en in **dampige moerassen...**
- hoe je niet **verdwaalt** op grote **ijsvlakten**...
- hoe je **bovenaan** blijft in de **voedselketen**...
- hoe je te werk gaat in het **tropisch regenwoud**...
- dat je met een f**elgekleurd survivalpak** gemakkelijker **gevonden** wordt...

De vier elementaire principes van survival zijn:

protectie, locatie, water en voedsel. In de meeste survivalsituaties, zijn dit de vier prioriteiten.

P **PROTECTIE** Blijf zodanig in conditie dat je overleeft en gered kunt worden. Bescherm jezelf lichamelijk tegen verwondingen, de elementen en wilde dieren. Bescherm jezelf geestelijk tegen emoties die je overlevingsdrang bedreigen: angst, schuldgevoel, wanhoop en depressieve gevoelens, om er maar een paar te noemen. Protectie begint met het aanleggen van een kampvuur. Niet alleen tegen wilde dieren en de kou, maar ook om je veilig en meer op je gemak te voelen.

L **LOCATIE** Je tweede prioriteit is je locatie en de invloed daarvan op je overlevingskansen en de kans om gered te worden. Meestal zijn er twee opties: blijven waar je bent of op pad gaan. Bij voorkeur blijven waar je bent en je redders op de een of andere manier laten weten waar ze moeten zijn. Is je locatie bijvoorbeeld te gevaarlijk, zoek dan een locatie met betere kansen voor jezelf of voor eventuele reddingsploegen. Betere kansen voor beide is uiteraard het beste. Houd bij de keuze voor een nieuwe locatie rekening met de manier waarop je contact wilt maken met de buitenwereld.

W **WATER** Zonder water blijf je niet lang in leven. Al na 24 uur zonder water merk je dat zelfs de geringste inspanning bijzonder zwaar valt, zowel lichamelijk als geestelijk. Onder moeilijke omstandigheden, bijvoorbeeld als je gewond bent of als het erg warm is, kan het zelfs binnen enkele uren al te laat zijn. Je moet dus leren hoe je te allen tijde aan water kunt komen in het gebied waar je heen gaat en je bewust zijn van de verschijnselen die optreden wanneer je lichaam te weinig vocht binnenkrijgt.

V **VOEDSEL** Voedsel wordt steeds belangrijker naarmate de survivalsituatie waarin je verkeert langer duurt. Een dag of zes zonder voedsel overleef je wel, ook wanneer je fysieke arbeid moet doen. Je krijgt natuurlijk wel honger en raakt langzaam uitgeput. Je bewegingen worden trager en je lichaam herstelt steeds moeilijker. De eerste week zonder voedsel hoef je echter niet bang te zijn dat je letterlijk omkomt van de honger, tenzij je al ondervoed was toen je aan je tocht begon.

“We zijn gewend aan **modern gemak**: water komt uit de **kraan**, voor verwarming draaien we aan **de thermostaat** en ons voedsel wordt **door anderen** gezaaid, geoogst en verwerkt”

GEMATIGDE GEBIEDEN

DE NOORDELIJKE GEMATIGDE zone ligt tussen de Kreeftskeerkring en de Poolcirkel, de zuidelijke tussen de Poolcirkel en de Steenbokskeerkring. Ondanks het milde klimaat zijn er volop gebieden met gloeiend hete zomers, ijskoude winters en overvloedige regenval. Je vindt er bossen en grasland, besneeuwde bergtoppen en woestijnen. Laat je niet in slaap sussen door het feit dat er veel mensen wonen: ook vlak bij de bewoonde wereld kan het noodlot toeslaan!

PAS OP!
Bruine beren vormen het grootste gevaar in de uitgestrekte wildernissen van het noordelijk halfrond. Vooral de Grizzlybeer (NoordAmerika) is levensgevaarlijk.

KENMERKEN

In de gematigde luchtstreken kan het landschap enorm variëren, maar karakteristiek zijn toch wel de bosgebieden. Sommige bossen blijven altijd groen, in andere gebieden verliezen de bomen in de herfst hun bladeren. Waar het bos is gekapt, is vaak grasland en in de hoger gelegen gebieden liggen heuvels en bergen. Overal lopen rivieren en waar het regenwater niet wegstroomt, zijn meren en moerassen ontstaan.

AANDACHTSPUNTEN

In de gematigde zones kunnen het klimaat en de omgeving sterk variëren. Houd daar rekening mee:

- Onderschatting is gevaarlijk. De gematigde zones zijn weliswaar het dichtst bevolkt, maar het weer en de omgeving zijn overal anders. Je uitrusting en je kennis van zaken moeten zo breed mogelijk zijn.
- Het weer kan overal in korte tijd omslaan, dus neem een AM/FM zakradiootje mee en houd de plaatselijke weerberichten in de gaten.
- Plan een realistisch haalbare route die je onderweg eventueel kunt aanpassen en maak een RPI (blz. 24-25).
- Neem kleding mee voor elk denkbaar weertype.
- In je survivalkit (blz. 60-61) zit in elk geval een mes, een nooduitrusting, een mobieltje en een EHBO-kistje (blz. 260-261). Oefen hiermee!
- Neem voldoende water mee en iets waarin je water kunt opvangen en zuiveren.
- Zorg dat je iets bij je hebt waarin je kunt schuilen, ook bij dagtochtjes.
- Een landkaart en een kompas zijn onontbeerlijk. Ook een GPS is nuttig.

GEOGRAFISCHE LIGGING

Loofbossen vind je verspreid over het hele gebied. De meest uitgestrekte liggen in het oosten van Noord-Amerika, in West-Europa en in Azië. Meer noordelijk in Amerika en Eurazië blijven de naaldwouden het hele jaar groen. In het binnenland tref je vooral grasland aan.

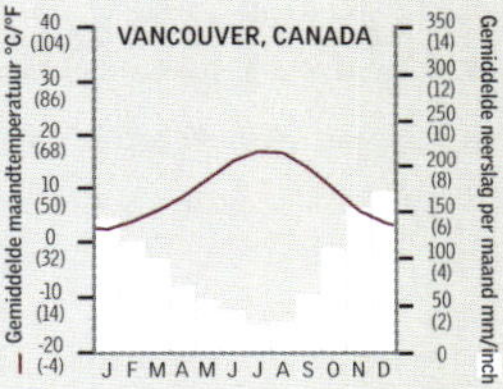

KARAKTERISTIEK KLIMAAT

Vancouver, aan de westkust van Canada, heeft een bij uitstek gematigd klimaat met warme zomers en koele, natte winters.

SURVIVAL IN EEN GEMATIGD KLIMAAT

Gematigde streken kennen doorgaans een mild klimaat en veel natuurlijke hulpbronnen. Daarom zijn ze erg populair voor langere survivaltochten. Bijna overal is water; hout voor shelters en kampvuren is overvloedig aanwezig en het hele jaar door zijn er eetbare planten en dieren te vinden. Tenminste, als je weet hoe je moet zoeken. Het grootste gevaar is onderkoeling (blz. 272-273), vooral in de winter en 's nachts als het koud, guur en nat is.

FLORA EN FAUNA

Planten en dieren zijn volop aanwezig in de gematigde zones, als welkome voedingsbron en als potentieel gevaar. Stengels, scheuten, wortels, bladeren, noten en bessen, overal is wel iets te vinden. Eet alleen iets op als je zeker weet dat het eetbaar is, of anders de Universele Eetbaarheidstest (blz. 206) uitvoeren. Kleine zoogdieren, vogels, insecten, reptielen en vissen zijn vaak lastig te vangen en moeten zorgvuldig klaargemaakt worden. Sommige dieren zijn gevaarlijk: slangen, spinnen en schorpioenen kunnen lelijk bijten en grotere zoogdieren als wolven en beren kunnen incidenteel tot de aanval overgaan.

Bosgebied: bladerdak beschermt tegen de elementen; hout voor onderdak, kampvuur en rooksignalen; eetbare flora en fauna.

Open grasland: veiligheid door onbelemmerd uitzicht; ideaal voor communicatie met bijvoorbeeld signaalvuur.

Stromend water: overnacht op veilige afstand i.v.m. overstromingsgevaar en insecten; door het geraas hoor je wilde dieren en redders niet.

Beschut terrein: kampplaats aan lijzijde van heuvels; heuvels mogen radiosignaal niet storen; een zonnige plaats geeft meer warmte en licht.

MEER INFO...

P PROTECTIE Beschutting blz. 156-165, 178-181 **Vuur** blz. 118-133, 204-205 **Gevaar** blz. 242-249, 300-305

L LOCATIE Navigeren blz. 66-77 **Verplaatsen** blz. 86-89 **Seinen** blz. 236-241

W WATER Opsporen blz. 188-191 **Zuiveren** blz. 200-201

V VOEDSEL Planten blz. 206-207 **Dieren** blz. 208-213, 216-229, 200-201

TROPISCHE GEBIEDEN

DE TROPISCHE ZONE strekt zich uit van de Kreeftskeerkring tot de Steenbokskeerkring, aan weerskanten van de Evenaar. Afhankelijk van het klimaat varieert de omgeving hier enorm, van dichte, vochtige regenwouden met een kolossale plantenrijkdom tot schrale gebieden waar nauwelijks iets groeit. Met een goede voorbereiding kun je het hier lange tijd uithouden, tenminste als je voorzichtig bent. De jungle kent talrijke hulpbronnen, maar evenzovele gevaren!

PAS OP!
Muskieten zijn gevaarlijker dan elk ander dier in de tropen. Ze brengen onder meer malaria en gele koorts over, met jaarlijks miljoenen – vaak dodelijke – slachtoffers.

AANDACHTSPUNTEN

In regenwouden kun je alles vinden om in leven te blijven. Een paar nuttige tips:

- Voor grote roofdieren als panters, krokodillen en anaconda's ben je een onderdeel van de voedselketen, maar ook het kleinere ongedierte vormt een ware plaag. De meeste dieren zullen je uit de weg gaan als je voldoende lawaai maakt.
- De hoge luchtvochtigheid bevordert infecties, dus zorg ervoor dat je huid zoveel mogelijk bedekt is en grijp iedere mogelijkheid om te wassen aan (zie blz. 116).
- Slaap altijd hoog boven de grond.
- Kook of zuiver je water, zeker als het geelachtig of troebel is. Uit sommige planten kun je gewoon drinken, maar neem geen risico.
- Raak geen planten aan die je niet kent. Ze kunnen giftig zijn of blaren veroorzaken.
- Droog aanmaakhout is lastig te vinden, dus neem het mee als je het aantreft. Vuur maken met nat hout is een ramp.
- De rook van een signaalvuur moet zo hoog mogelijk komen. Zoek een plek waar het bladerdak dunner is, bijvoorbeeld langs een rivier.
- De dichte begroeiing maakt het lastig om de juiste koers te volgen. Kies telkens iets dat opvalt en loop zo van punt naar punt, of gebruik de stappentelmethode (blz. 72-73).
- Rivieren stromen naar de bewoonde wereld en uiteindelijk naar de kust.
- Vecht niet tegen het oerwoud, maar probeer het aan te voelen. Werk samen met de jungle, maak hem tot je vriend.

Tropisch struikgewas: in het regenseizoen is er volop water; in het droge jaargetijde kun je er water vinden door de sporen van dieren te volgen. Ook zijn er eetbare planten en dieren.

Sporen: door de snelle plantengroei in de jungle, zijn eventuele sporen bijna altijd vers en kunnen ze je naar je redders leiden. Zelfs in afgelegen gebieden zijn er sporen van houthakkers, gelukszoekers en inheemse bewoners.

Scrub: prima voor schaduw en volop hout voor vuur en onderdak, maar er kunnen wilde dieren huizen. De dichte begroeiing in het natte seizoen beperkt het zicht.

KENMERKEN

Tot ongeveer de 10e breedtegraad aan weerszijde van de evenaar is tropisch regenwoud de meest voorkomende begroeiing, maar daarbuiten kan de omgeving enorm variëren.

GROENE BLADERZEE

Tropisch regenwoud treffen we aan in gebieden met constante neerslag en temperatuur. De jaarlijkse hoeveelheid neerslag kan twee tot drie meter bedragen; de gemiddelde temperatuur is 30° overdag en 20° 's nachts. Moessonregenwoud vinden we in gebieden met een afwisselend nat en droog seizoen en op grotere hoogte groeien de nevelwouden.

DORRE VLAKTES EN MOERASSEN

'Scrubs' zijn gebieden waar voornamelijk lage, houtachtige struiken met grote stekels groeien, afgewisseld met grote stukken kale grond. Gras komt er bijna niet voor. De struiken verliezen in het droge jaargetijde hun blad, met als gevolg een dik tapijt van kleffe bladeren als het regenseizoen aanbreekt. In de tropen zijn ook veel moerassen, zowel met zoet als met zout water. Zoetwatermoerassen vinden we vooral in het lager gelegen binnenland, met in het water veel lage plantengroei, riet, gras en hier en daar een klein palmboompje of een eilandje. Zoutwatermoerassen hebben doorgaans een mangrovevegetatie. Ze komen voor aan kusten waar eb en vloed inwerken, dus een bootje komt hier goed van pas. In beide soorten moerassen is het zicht beperkt en het oversteken ervan is beslist geen sinecure.

OVERLEVEN IN HET REGENWOUD

Ondanks de vele natuurlijke hulpbronnen is het regenwoud geen comfortabele verblijfplaats. Hitte, hoge luchtvochtigheid, allerlei ongedierte en een ondoordringbare begroeiing maken het er uiterst onaangenaam. Water, hout en eetbare planten zijn er volop, maar er groeien ook veel giftige planten. Overal kruipen insecten, spinnen en slangen, dus een hoge slaapplaats is noodzakelijk. Verdwalen is het grootste gevaar. De dichte plantenzee is vaak ondoordringbaar en redders worden gehinderd door het dichte bladerdak.

MEER INFO...

P PROTECTIE Beschutting blz. 158-161
Vuur blz. 118-133, 204-205 **Gevaar** blz. 167, 242-249

L LOCATIE Navigatie blz. 66-77
Verplaatsen blz. 106-1007 **Signalen** blz. 236-241

W WATER Opsporen blz. 192-193
Zuiveren blz. 200-201

V VOEDSEL Planten blz. 206-207, 284-285
Animals blz. 208-13, 224-29, 292-99

GEOGRAFISCHE LIGGING

Tropische regenwouden liggen rondom de evenaar. De meest uitgestrekte vind je in Midden- en Zuid-Amerika, Zuidoost-Azië, Afrika, Noord-Australië en op een aantal eilanden in de Stille Oceaan.

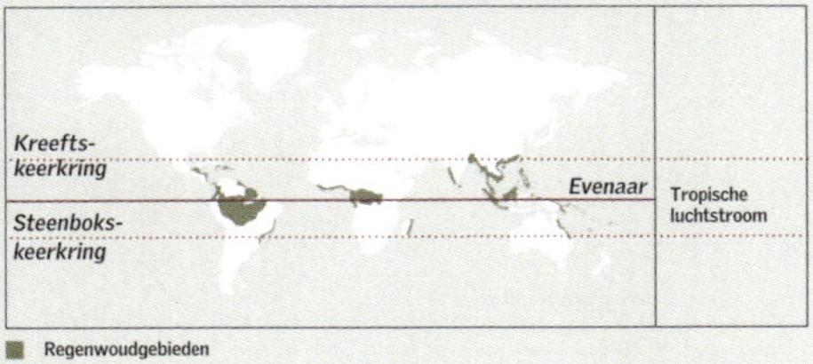

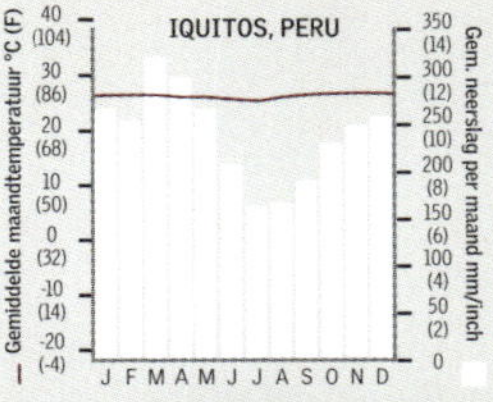

KARAKTERISTIEK KLIMAAT

Iquitos ligt aan de Amazone, in het hart van het Peruviaanse regenwoud, even ten zuiden van de evenaar. Het klimaat is bij uitstek tropisch: heet en vochtig.

BERGACHTIGE GEBIEDEN

HET IS NIET GEMAKKELIJK in bergachtige streken te overleven. Vanwege de hoogte – een berg is pas een berg als hij meer dan 600 meter hoog is – en de terreinomstandigheden is het er erg gevaarlijk. Lage temperaturen en slechte weersomstandigheden kunnen leiden tot onderkoeling, bevriezing en hoogteziekte. Bovendien ligt er dikwijls sneeuw of ijs en kunnen de rotsen erg steil zijn. Vaak is de enige kans op redding een riskante afdaling naar lager gelegen gebied.

KENMERKEN

Voorbij de boomgrens is de ondergrond kaal en rotsachtig met overal kleine steentjes en rotsblokken. 's Winters ligt er overal sneeuw en ijs; de hogere toppen zijn er permanent mee bedekt. Wat lager beginnen de naaldwouden, met talrijke riviertjes en smeltwater. Kenmerkend voor het landschap zijn puinhellingen, overhangende rotsen, ravijnen, rotsvlaktes, besneeuwde hellingen en gletsjers.

HOOGTEVERSCHIL

In de bergen komen door het hoogteverschil en de wisselende omstandigheden verschillende ecosystemen voor. De natuurlijke hulpbronnen variëren met de hoogte waarop je je bevindt. Loofbossen op de lagere hellingen, daarboven naaldbomen en nog dichter naar de top alleen maar gras en mos, met af en toe wat struikgewas. Na de korstmossen houdt het op: sneeuw, ijs, kou en harde wind maken elke groei onmogelijk.

PAS OP!

Een van de gevaarlijkste dieren in de bergen van Noord- en Zuid-Amerika is de bergleeuw, beter bekend als de poema. Eén op de vijf incidenten loopt dodelijk af!

OVERLEVEN IN DE BERGEN

In de lagere berggebieden zijn je vooruitzichten goed, met volop hout, water en eetbare planten en dieren. Hogerop is minder begroeiing met minder bewoners, maar water (of sneeuw) is waarschijnlijk geen probleem. Lawines en gletsjerspleten vormen een reëel gevaar. Bevriezing van ledematen kan fataal zijn (blz. 272-273).

GEVAREN OP GROTE HOOGTE

Het grootste gevaar in de bergen is de lage temperatuur. Bevriezingsverschijnselen en vooral onderkoeling zijn levensgevaarlijk. Als je lichaamstemperatuur zakt tot onder de 35°, is er sprake van onderkoeling; een temperatuur van onder de 30° kan fataal zijn. Bevriezing van ledematen door de combinatie van kou en harde wind kan tot blijvend letsel leiden. Hoogteziekte, met gevolgen als longoedeem of hersenoedeem, komt vooral voor op hoogtes boven de 2500 meter.

MEER INFO...

P PROTECTIE Beschutting blz. 156-165, 178-181 **Vuur** blz. 118-133, 204-205 **Gevaren** blz. 242-249, 300-301

L LOCATIE Navigeren blz. 66-77 **Verplaatsen** blz. 90-91, 94-97 **Signalen** blz. 236-241

W WATER Opsporen blz. 188-191 **Zuiveren** blz. 200-201

V VOEDSEL Planten blz. 206-207, 280-281, 286-287 **Dieren** blz. 208-213, 216-223, 290-297

GEOGRAFISCHE LIGGING

Op elk werelddeel vind je bergen. Grote bergketens in Azië zijn de Himalaya en de Karakoram, in Zuid-Amerika de Andes, in Noord-Amerika de Rocky Mountains en in Europa de Alpen en de Pyreneeën.

■ Berggebieden

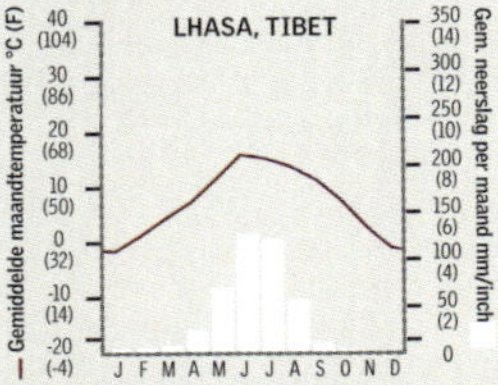

KARAKTERISTIEK BERGKLIMAAT

Lhasa, de hoofdstad van Tibet, ligt op een hoogte van 3649 meter. De winters op het 'dak van de wereld' zijn koud en omdat sneeuw 90% minder vocht bevat dan regen, valt er relatief weinig neerslag.

AANDACHTSPUNTEN

De hoogte en het lage zuurstofgehalte in de lucht stellen zware eisen aan je lichaam, dus zorg dat je fit bent. Ook je uitrusting moet perfect zijn.

- Onderschat de natuur niet: wees altijd voorzichtig. Elke fout kan fataal zijn en hulp is ver weg.
- Kies een veilige route die je ook aankunt en maak een lijst met Relevante Persoonlijke Informatie (blz. 24-25).
- Kleed je in laagjes (blz. 46-47); eerst maar een paar (koude start), daarna indien nodig meer of minder.
- Draag een muts – lichaamswarmte verlies je voor 70% via je hoofd – en handschoenen. Met koude vingers kun je niks.
- Zonnebrillen, mutsen, handschoenen etc. altijd aan een touwtje vastmaken. Verlies kan fataal aflopen!
- Neem een zaklamp mee. Het kan altijd gebeuren – weersomslag! – dat je in het donker nog onderweg bent.
- Neem een noodtent en slaapzak. Als je onverwacht niet verder kunt, moet je overnachten.
- Let op lawinegevaar en de waarschuwingen op je radio.
- Besneeuwde kleding wordt nat en isoleert minder.
- Loop over sneeuw met geïmproviseerde sneeuwschoenen (blz. 94-95).

WOESTIJNGEBIEDEN

WOESTIJNEN vormen een vijandige omgeving voor de mens. De temperaturen zijn extreem en water is moeilijk of helemaal niet te vinden. De meeste woestijnen zijn heet en droog of juist koud en droog, met maximaal 250 mm neerslag per jaar. Zowel uitdroging door de hitte als onderkoeling liggen op de loer en soms barst er een levensgevaarlijke onweersbui los. Alle woestijnen zijn gevaarlijk; je kunt er alleen overleven als je goed voorbereid bent.

PAS OP!
In woestijngebieden komen veel giftige slangen voor. De zwarte mamba in Zuid- en Oost-Afrika bijvoorbeeld is erg agressief en zijn beet kan dodelijk zijn.

KENMERKEN

Bij een woestijn denken de meeste mensen aan een enorme zandbak waar het altijd bloedheet is. Zulke woestijnen zijn er inderdaad, maar er zijn er nog veel meer die totaal anders zijn, variërend van kale koude vlaktes in het Poolgebied tot hoogvlaktes, graswoestijnen en verweerde rotsachtige gebieden met 'wadi's', droge rivierbeddingen die soms plotseling in een kolkende stroom veranderen.

DROGE, HETE WOESTIJNEN

Woestijnen in gematigde en tropische streken zijn doorgaans droog en heet. Door de hoge temperatuur overdag verdampt de weinige neerslag die er valt vrijwel onmiddellijk. Droge periodes kunnen maanden of zelfs jaren duren. Soms valt er een enorme hoosbui, die razendsnel via de wadi's wegstroomt. De spaarzame vegetatie heeft zich aangepast door uitgebreide wortelstelsels, een wasachtige huid en leerachtige bladeren die verdamping voorkomen. Water wordt opgeslagen in de stam of de wortels. 's Nachts en in de winter kan de temperatuur in de woestijn tot onder het vriespunt dalen.

GRASGEBIEDEN

Echte savannes vinden we in de tropen, meestal als overgangsgebied naar de woestijn. Het klimaat is er het grootste deel van het jaar kurkdroog, maar in tegenstelling tot de woestijnen kent de savanne ook een regenseizoen. Daardoor groeit er ook meer. Grasgebieden in de gematigde streken bestaan uit grasland, struiken en kleine groepjes bomen. In de savanne is het beeld gevarieerder: meer bomen, grote stukken bos en metershoog gras dat in de droge periode weer afsterft. Er leven veel dieren, waaronder roofdieren. In de droge periodes kunnen grote gebieden in brand vliegen, waardoor dode plantenresten worden opgeruimd en de grond weer vruchtbaar wordt.

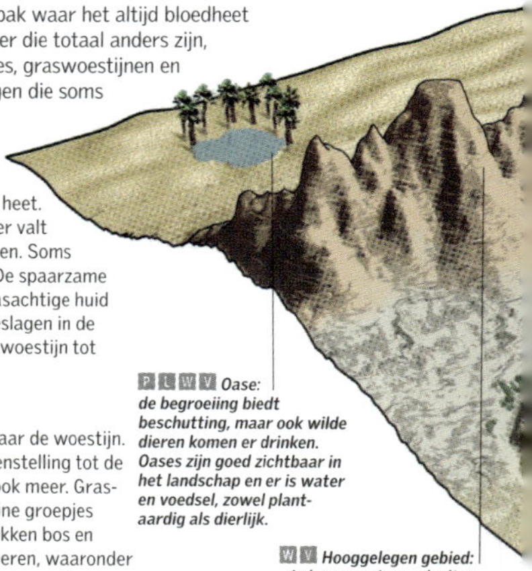

P L W V ***Oase:* de begroeiing biedt beschutting, maar ook wilde dieren komen er drinken. Oases zijn goed zichtbaar in het landschap en er is water en voedsel, zowel plantaardig als dierlijk.**

W V ***Hooggelegen gebied:* in komvormige gedeeltes blijft water staan: eetbare planten en dieren.**

GEOGRAFISCHE LIGGING

Woestijnen komen in elk werelddeel voor. De grootste droge woestijn is de Sahara in Noord-Afrika. Hij is onderdeel van een woestijngordel die zich uitstrekt over het Midden-Oosten tot aan Zuid- en Midden-Azië.

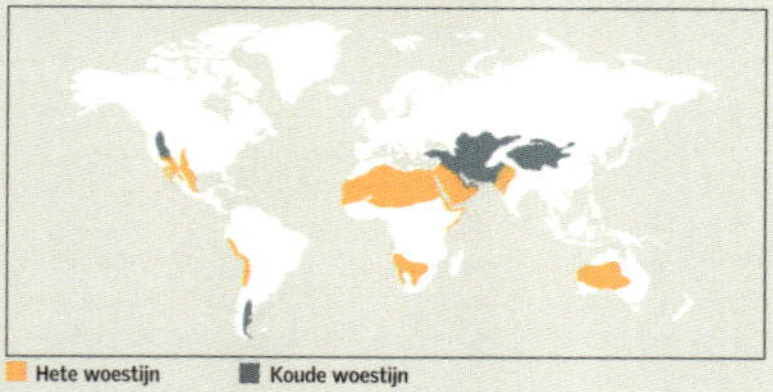

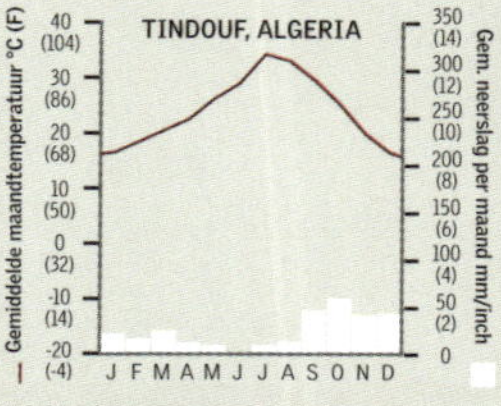

KARAKTERISTIEK KLIMAAT

Tindouf ligt in het hartje van de Sahara en heeft alle kenmerken van een heet woestijnklimaat. Gloeiend hete zomers en het hele jaar door praktisch geen neerslag.

SURVIVAL IN DE WOESTIJN

Extreme temperaturen en weinig natuurlijke hulpbronnen maken het overleven in de woestijn tot een hachelijke zaak. Er is bijna geen water en nauwelijks beschutting. Eetbare planten zijn schaars en dieren kruipen overdag weg in het zand. Wadi's, grasgebieden en hoogland bieden betere kansen. De grootste gevaren zijn uitdroging en uitputting (blz. 272-273) en in de Afrikaanse savanne komen daar de wilde dieren nog eens bij. Gevaarlijk zijn vooral alle grote katachtigen, nijlpaarden, neushoorns, olifanten en krokodillen.

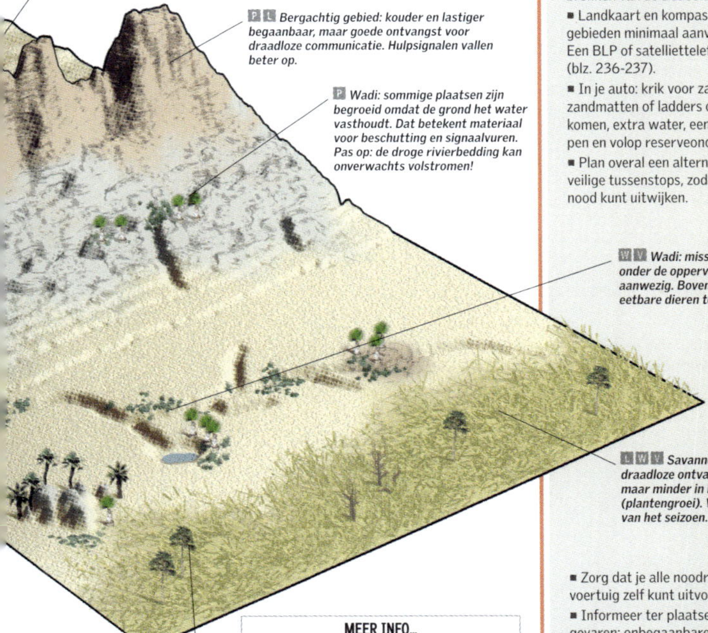

MEER INFO...

P PROTECTIE Beschutting blz. 156-161, 174-175 **Vuur** blz. 118-133 **Gevaren** blz. 242

L LOCATIE Navigeren blz. 66-77 **Verplaatsen** blz. 100-101 **Signalen** blz. 236-241

W WATER Opsporen blz. 192-193 **Zuiveren** blz. 200-201

V VOEDSEL Planten blz. 206-207, 282-283 **Dieren** blz. 216-221, 224-229, 292-295

AANDACHTSPUNTEN

Survival in de extreme woestijnomgeving is onmogelijk zonder een perfecte voorbereiding. Een paar tips:

- Maak altijd eerst een RPI (blz. 24-25), zodat je plannen bekend zijn.
- Alles draait om water. Neem ruim voldoende mee en zorg dat je het eventueel ter plekke kunt aanvullen (zuigslangetje, filtreerpomp).
- Informeer ter plaatse naar waterbronnen die niet op je kaart staan, zoals bronnen van de Bedoeïenen.
- Landkaart en kompas in onbevolkte gebieden minimaal aanvullen met GPS. Een BLP of satelliettelefoon is erg nuttig (blz. 236-237).
- In je auto: krik voor zachte ondergrond, zandmatten of ladders om weer los te komen, extra water, een tent, locatiehulpen en volop reserveonderdelen.
- Plan overal een alternatieve route met veilige tussenstops, zodat je in geval van nood kunt uitwijken.
- Zorg dat je alle noodreparaties aan je voertuig zelf kunt uitvoeren.
- Informeer ter plaatse naar mogelijke gevaren: onbegaanbare wegen, misleidende sporen, zandverstuivingen.
- Bind je ladder achter aan je auto als je hem gebruikt om in veiligheid te komen, dan kun je hem later zo weer binnenhalen.
- Blijf bij je auto als hij het niet meer doet, tenzij de situatie onveilig is. Redders zoeken altijd eerst naar je auto.

KOUDE GEBIEDEN

GEBIEDEN MET LAGE TEMPERATUREN zijn gevaarlijk, maar je kunt er prima overleven zolang je je lichaamswarmte op peil weet te houden. Koudegebieden zijn de Noord- en Zuidpool, de toendra, de taiga en in de winter ook veel gebieden waar het 's zomers gematigd is. Nat en winderig weer kan de temperatuur nog verder doen dalen, met een toenemende kans op het grootste gevaar van de kou: onderkoeling.

PAS OP!
Op de Noordpool leeft het grootste landroofdier ter wereld: de ijsbeer. Als hij honger heeft valt hij soms aan, met dodelijke afloop.

KENMERKEN

De klassieke koudegebieden zijn de beide polen met landijs, gletsjers en zee-ijs; toendra's met permafrost (altijd bevroren grond), lage struiken, mossen en korstmossen en taiga's, gebieden met uitgestrekte naaldbossen. Koudegebieden beslaan bijna de helft van het noordelijk halfrond. Dat komt door de polaire luchtstroom (zie blz. 78-83), maar ook oceaanstromingen en de geografische ligging van een gebied spelen een rol.

POOLVLAKTES

Het Noordpoolgebied ligt in de Noordelijke IJszee en bestaat dus grotendeels uit zee-ijs. Dikte en omvang variëren met het jaargetijde. Smeltend ijs vormt een groot gevaar, want er zit alleen water onder. Het Zuidpoolgebied ligt op Antarctica. Dit continent is bedekt met de omvangrijkste glaciale ijslaag ter wereld. In beide poolgebieden komen gletsjers voor met uitlopers tot ver in zee. Soms breken deze af en vormen ijsbergen.

TOENDRA EN TAIGA

De toendra is de geografische buurman van het poolgebied. De grond is er altijd bevroren (permafrost) en het plantenleven is nogal armetierig ten gevolge van de kou. Taiga's liggen nog iets verder van de polen; door de hogere temperatuur konden er de karakteristieke, uitgestrekte naaldbossen ontstaan.

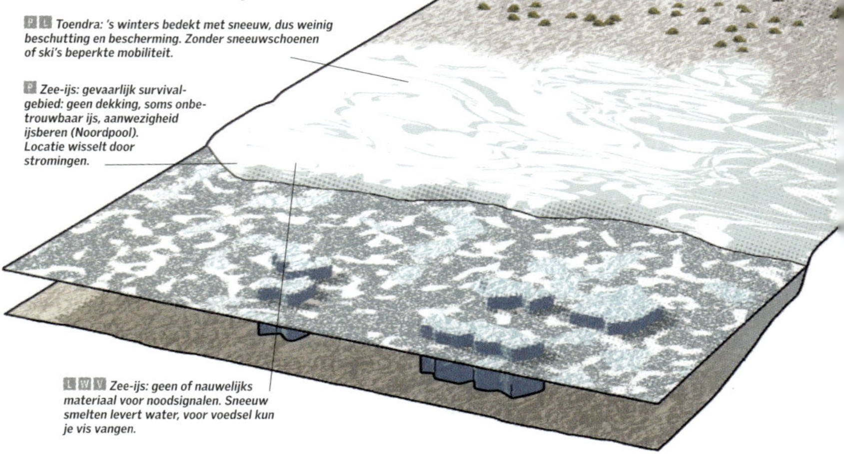

OVERLEVEN IN DE KOU

Natuurlijke hulpbronnen zijn schaars in koudegebieden, dus of je overleeft, hangt voor een groot deel af van je uitrusting en je voorraden. Je kunt je ingraven in de sneeuw ter bescherming tegen het weer en om warm te blijven, maar materiaal voor een vuur is er niet of nauwelijks te vinden op de polen en de toendra's. In de taiga's ligt dat anders: er is hout, zoet water en voedsel in de vorm van eetbare planten en dieren. Het grootste gevaar is onderkoeling en in noordelijke streken de ijsbeer.

LAGE TEMPERATUREN ZIJN GEVAARLIJK

Voorkom dat je lichaamswarmte verliest. Te veel inspanning is fout, want door te zweten verlies je warmte. Draag hoofdbedekking en meerdere laagjes kleding om warmteverlies door uitstraling tegen te gaan. Ook door direct contact van de huid met een kouder voorwerp gaat warmte verloren, vooral als je nat bent. Water voert de warmte van je lichaam namelijk 25 keer sneller af dan lucht. Draag daarom altijd isolerende kleding en houd alles droog. Bij het in- en uitademen gaat ook warmte verloren: bedek je neus en mond met een skimasker of een sjaal, of adem warme lucht in vlak bij het kampvuur of in je shelter.

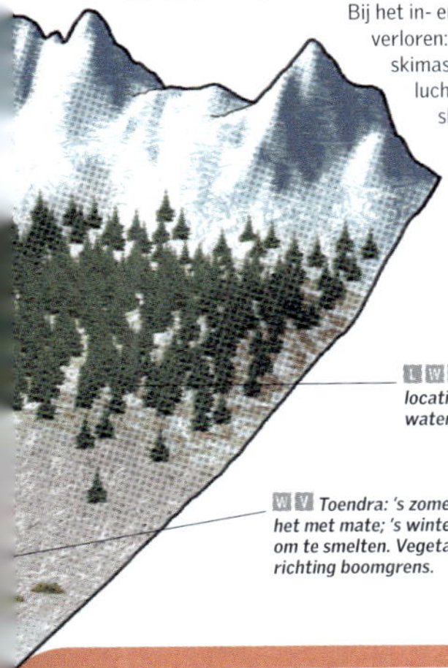

AANDACHTSPUNTEN

In een koude omgeving zijn de grootste gevaren onderkoeling en bevriezing. Houd daar altijd rekening mee:

- Draag altijd ruimzittende kleding, in laagjes over elkaar (blz. 46-47). Voorkom oververhitting en houd je kleren droog en schoon.
- Koude handen niet warm blazen, want dan worden ze vochtig. Stop ze onder je oksels.
- Knijp af en toe in je gezicht, tenen, handen en oren om te controleren of er nog gevoel in zit. Gevoelloosheid is een voorbode van bevriezing.
- Windverkilling is gevaarlijk. Blijf zo veel mogelijk uit de wind, zeker in survivalsituaties.
- Houd de ventilatieopeningen van je tent in de gaten, vooral bij hevige sneeuwval. Ze moeten altijd schoon en sneeuwvrij zijn.
- Ga nooit op de grond zitten, maar op je bagage of maak een bed van takken om warmteverlies te voorkomen.
- Verzamel drie keer zo veel hout voor je kampvuur als je nodig denkt te hebben. De nacht duurt langer dan je denkt.

MEER INFO...

P PROTECTIE Beschutting blz. 156-165, 178-179 **Vuur** blz. 118-133, 204-205 **Gevaren** blz. 242-249

L LOCATIE Navigeren blz. 66-77 **Verplaatsen** blz. 94-97 **Signalen** blz. 236-241

W WATER Opsporen blz. 194-195 **Zuiveren** blz. 200-201

V VOEDSEL Planten blz. 206-207, 286-287 **Dieren** blz. 208-213, 216-223, 296-297

GEOGRAFISCHE LIGGING

De poolgebieden liggen het verst van de evenaar en zijn de koudste streken op aarde. Toendra's grenzen aan het poolgebied; nog verder richting evenaar liggen de taiga's van Noord-Amerika en het noorden van Eurazië.

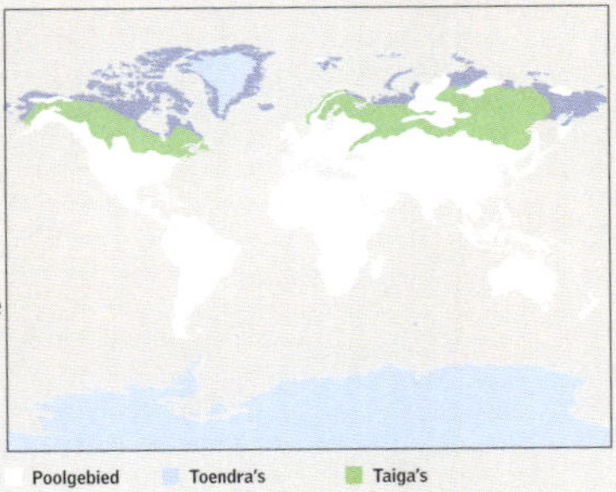

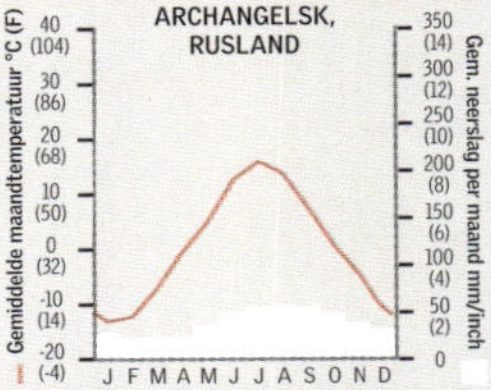

KARAKTERISTIEK KLIMAAT

Archangelsk, een Russische havenstad aan de Barentszzee, ligt in een taigagebied. Weinig neerslag dus, en de helft van het jaar vorst.

ZEEËN EN OCEANEN

OP ZEE IS EEN SURVIVALSITUATIE VEEL zwaarder dan in elke andere omgeving. Dat komt vooral door het ontbreken van de belangrijkste levensbron: drinkwater. Ongeveer 70% van het aardoppervlak bestaat uit zout water, variërend van ijskoude stormachtige poolzeeën tot warme tropische wateren. Je wordt hulpeloos meegevoerd door de wind en de stroming. Je hebt nauwelijks beschutting en de natuurlijke hulpbronnen zijn minimaal, dus het is zaak om zo snel mogelijk aan land proberen te komen.

PAS OP!
In de oceaan zwemmen honderden soorten haaien. Vijf procent daarvan valt soms mensen aan, vooral in tropische wateren. Gevaarlijke soorten zijn de grote witte mensenhaai, de tijgerhaai en de stierhaai.

KENMERKEN

In kustgebieden is het water tamelijk ondiep – 200 meter of minder – waardoor er volop planten en dieren voorkomen. Verder van de kust worden zeeën en oceanen steeds dieper, tot wel 10.000 meter.

VAN KUSTGEBIED TOT OPEN ZEE

De meeste zoutwaterplanten en zeedieren komen voor in de kustgebieden. Tot het kustgebied rekenen we elk open water vanaf de vloedlijn tot aan de rand van het continentale plat. Aan de kust vinden we zand-, rots- en kiezelstranden, duinen, steile rotsen, riviermondingen, moddervlaktes, mangrovebossen, lagunes, zeewiervelden en koraalriffen. Op volle zee zien we alleen maar water, en veel minder planten en dieren. De oceanen bevatten 92 procent van al het zoute water op aarde. Of je het overleeft, hangt af van je uitrusting, je mondvoorraad en je vindingrijkheid.

OP VOLLE ZEE

Midden op de oceaan zijn de survivalprincipes Protectie en Locatie grotendeels afhankelijk van het weer. Dat kan variëren van brandende zonneschijn tot bittere kou met harde wind en hoge golven. Bij de Zuidpool zijn de omstandigheden het zwaarst. Het hele jaar door waaien er de 'Roaring Forties' (ijskoude poolwinden) en 's winters is er overal zee-ijs. Op de oceanen komen vaak stormen voor: orkanen in het tropische westen van de Atlantische Oceaan en tyfoons in het westelijk deel van de Stille Oceaan. Ook India en Zuidoost-Azië kennen heftige weertypes tijdens de moesson.

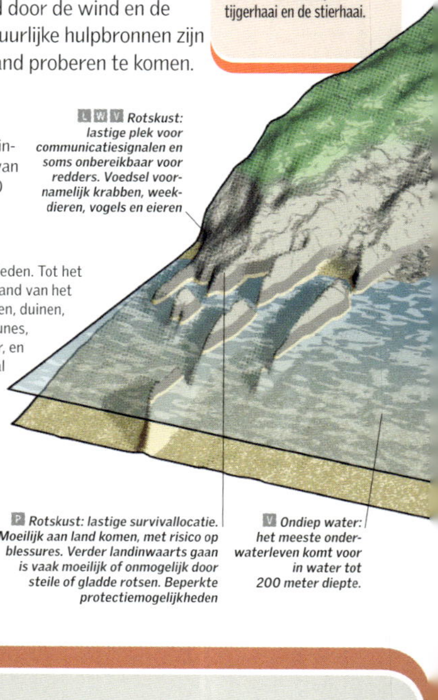

WINDEN EN STROMINGEN

Winden en stromingen volgen meestal een vast patroon, dus als je weet waar je bent, weet je ongeveer waar je heen gaat. Een stroming van 1 zeemijl voert een vlot in 24 uur 38 km verder, maar ook tot wel 35° uit de koers ten opzichte van de windrichting. Het zoekgebied kan dus binnen 24 uur al 1000 km² groot zijn en wordt met het uur exponentieel groter. Daar staat tegenover dat je met een gunstige stroming sneller aan land komt.

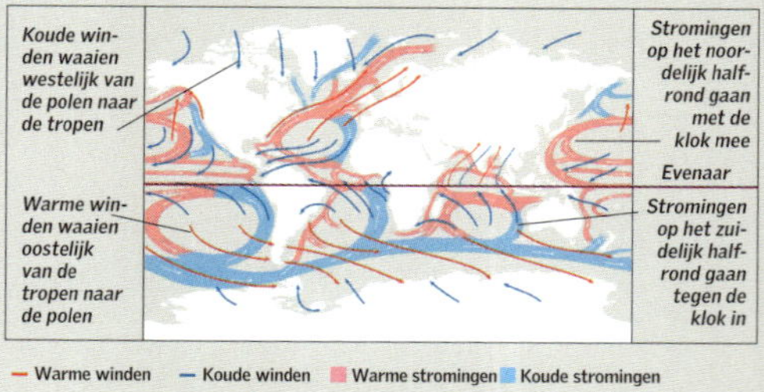

SURVIVAL OP ZEE

Natuurlijke hulpmaterialen zijn er op zee vrijwel niet, dus voor beschutting en signalering ben je afhankelijk van wat je bij je hebt. Wie zeeziek wordt, droogt sneller uit en geeft de moed eerder op. Voor drinkwater ben je aangewezen op regenwater of mechanische ontzilting: het drinken van zeewater of urine versnelt het uitdrogingsproces alleen maar. Probeer zo snel mogelijk land te bereiken of blijf in de buurt van drukke scheepsroutes.

AANDACHTSPUNTEN

Bij een survivalsituatie op zee ben je afhankelijk van wat je bij je hebt, dus de voorbereiding is essentieel:

- Stel je uitrusting samen alsof je leven ervan afhangt – letterlijk! Overal vind je materiaal om te improviseren, behalve op zee.
- Een survivalpak met maximaal drijfvermogen beschermt tevens tegen weer en wind. De felle kleuren (rood of oranje) zijn een goede locatiehulp.
- Neem altijd een persoonlijk locatiebaken (PLB) mee.
- Om van zeewater drinkwater te maken, heb je een destillatieset op zonne-energie, een ontziltingsapparaat of een osmosepomp nodig. Ook regenvangers mogen niet ontbreken.
- Houd je survivalkit (blz. 250) met EHBO-kistje, osmosepomp, noodbaken, destillatieset, drinkwater, fakkels en vistuig altijd binnen handbereik.
- Bij een scheepsramp altijd in de buurt blijven, tenzij dat gevaar oplevert. Het gezonken schip is je 'voetafdruk' voor reddingswerkers en misschien kun je nog extra proviand bemachtigen.
- Rantsoeneer je drinkwater als een snelle redding onwaarschijnlijk is. Kijk hoeveel je hebt en hoeveel je per keer kunt ontzilten. Houd rekening met zeeziekte (uitdroging!) en de tijd die je waarschijnlijk op zee moet doorbrengen.
- Bescherm jezelf tegen de elementen (zon, wind, kou, hitte) en tegen het zout. Voorkomen is beter dan genezen!
- Op zee neemt je overlevingsdrang sneller af dan op andere locaties, vooral bij slecht weer. Zeeziekte leidt tot uitdroging, uitputting en extreem motivatieverlies. Neem tabletten tegen zeeziekte in zodra je kunt, het liefst nog voordat je van boord gaat en blijf ze voortdurend innemen.

MEER INFO...

P PROTECTIE Beschutting blz. 156-161, 176-177 **Vuur** blz. 118-133, 204-205 **Gevaren** 250-255, 300-301

L LOCATIE Navigeren blz. 106-107 **Signalen** blz. 236-241

W WATER Verzamelen blz. 196-197 **Zuiveren** blz. 200-201

V VOEDSEL Planten blz. 206-207, 288-289 **Dieren** blz. 208-213, 224-229, 292-299

DE JUISTE UITRUSTING

Of je nu een langdurige expeditie gaat maken of voor één dagje op pad gaat, je uitrusting moet altijd perfect zijn. Als je er in een levensbedreigende situatie opeens achter komt dat je spullen niet deugen, is het te laat.
Ga bij het selecteren van wat je meeneemt uit van de ergste survivalsituatie die zich kan voordoen. Bedenk wat je in die situatie nodig hebt. Ga vervolgens in gedachten stap voor stap terug naar het moment van vertrek. Je basisuitrusting is uiteraard afhankelijk van de omgeving waar je naartoe gaat, maar omvat in elk geval geschikte kleding, je survivalkit en je riem met gereedschappen (blz. 43, 61).
Als de basisuitrusting eenmaal vaststaat, kun je hem aanvullen met allerlei zaken die de tocht aangenamer kunnen maken. Misschien bivakzak of een tent, een slaapzaak, kookgerei, voedsel en iets om dat allemaal in te vervoeren.

In dit hoofdstuk ONTDEK JE...

- wat een **noodkit** is en wat erin zit...
- dat je in een **groep** alles eerlijk moet **delen**...
- welke **rugzakken** niet steeds **terugzakken...**
- waarom je **eropuit** moet om je schoenen **in te lopen...**
- de voordelen van een **drieseizoenentent...**
- hoe je kunt **slapen** als een **mummie...**
- wat **studentenhaver** is en wanneer je dat moet **eten**

Daarna maak je een kort tripje om te zien of alles goed ingepakt blijft en of alles niet te zwaar is. Als er nog ruimte over is, kun je je wat extra luxe permitteren zoals een luchtbed, een kussen, een mp3-speler of een boek. Check nogmaals of alles het naar behoren doet en of je ermee om kunt gaan. Probeer van elk onderdeel te begrijpen hoe het werkt, dan kun je beter improviseren als het kapot of verloren is.

Bij elke survivaltocht

neemt je zelfvertrouwen toe en raak je beter vertrouwd met je uitrusting. Misschien wordt het dan tijd voor ultralight survival.

BIJ ULTRALIGHT SURVIVAL vervang je de drie zwaarste onderdelen van je bagage. Rugzak met tent en slaapzak wegen normaliter ongeveer 9 kilo. Bij ultralight kamperen is het de bedoeling dat je dat gewicht ongeveer halveert.

- Vervang je tent door een bivakzak en gebruik een zomerslaapzak (houd eventueel 's nachts je kleren aan voor extra warmte).
- Je kunt nu met een kleinere en dus lichtere rugzak op pad gaan.

Minder bagage geeft een vrijer gevoel in de wildernis. Je hoeft minder te dragen en je kunt grotere afstanden afleggen. Ultralight kamperen is verslavend, maar mag nooit ten koste van je veiligheid gaan. Altijd je gezonde verstand gebruiken!

- Kook op hexaanblokjes, dat scheelt je het gewicht van een kooktoestel en brandstof.
- Gebruik hetzelfde pannetje voor voedsel en water.
- Maak je matras van wat de natuur te bieden heeft.

> Een **levensbedreigende situatie** is niet het **aangewezen moment** om te ontdekken dat je **uitrusting** niet deugt

JE UITRUSTING

HET SAMENSTELLEN VAN JE UITRUSTING is een kwestie van vooruitdenken. Hoeveel kun je dragen, wat moet er beslist mee in verband met het weer en de omgeving en wat wil je verder nog bij je hebben? Als je daar goed over nadenkt, ben je tegen elke situatie opgewassen.

SLIM INPAKKEN

- Omgekeerde volgorde: wat je het eerst nodig hebt, pak je als laatste in.
- Dingen die je overdag steeds nodig hebt, stop je in de zijcompartimenten. Die kun je snel even openritsen.
- Vormeloze bagage compact oprollen en met tape vastmaken.
- Een vuilniszak in je rugzak houdt alles droog.
- Controleer of alle zijcompartimenten dicht zijn.
- Laat 's nachts alles wat nat is drogen en luchten.

INPAKKEN

Als je met de auto op pad gaat, kun je natuurlijk meer meenemen dan wanneer je gaat lopen (zie kader). Maak in elk geval een prioriteitenlijstje en zorg dat je in een noodsituatie de spullen die je nodig hebt snel kunt pakken.

HOEVEEL NEEM JE MEE

De omgeving is bepalend voor wat je allemaal meeneemt, de manier waarop je reist bepaalt hoeveel (rechts). Hoe meer je zelf moet dragen, hoe minder extra's. Meer gewicht maakt het reizen minder comfortabel, kost veel energie, gaat ten koste van het tempo en beperkt daardoor het aantal kilometers dat je per dag kunt afleggen. Het is altijd verstandig om te kijken of je bepaalde onderdelen van je uitrusting kunt vervangen door een lichtere uitvoering.

MINDER GEWICHT

Als je te voet op pad gaat, is elk grammetje minder mooi meegenomen. Met een grote, zware rugzak loopt het absoluut minder prettig dan met een kleiner en lichter exemplaar. Eerst dus je uitrusting minimaliseren en zo licht mogelijk maken, en daarna nog eens kijken of de rugzak zelf ook kleiner en lichter kan zijn. Bekijk eerst de drie 'zware jongens' die mee gaan: je tent, je slaapzak en je rugzak. Een bivakzak of een waterdicht zeildoek wegen veel minder dan een tent. Misschien kun je een lichtere slaapzak aanschaffen: ze zijn er al vanaf 900 gram. Een rugzak met een lichter frame scheelt ook aanzienlijk!

EERSTE LIJN

De eerste lijn is je noodkit. Die vormt de elementaire basis om in leven te kunnen blijven. Als er bijvoorbeeld 's nachts iets goed mis gaat en je alles moet achterlaten om niet gewond te raken of erger, heb je alleen nog maar de kleren die je aan hebt. De eerstelijns kit moet in elk geval beschermende kleding bevatten en spullen om te kunnen navigeren en jezelf te beschermen. Verder je riem met onder meer een survivalmes, vuurstaal en gereedschap (blz. 60-61). Elke situatie is weer anders, dus het kan nodig zijn je noodkit anders in te delen als je omgeving verandert. Soms zelfs meerdere keren per dag. Sta er altijd even bij stil dat iets wat je terugstopt in je rugzak, niet meer in je noodkit zit!

ZAKLAMPEN

Een zaklamp behoort tot de eerste lijn, ook als je alleen overdag reist. Moderne zaklampen hebben een ledlampje. Ze zijn compact, licht, krachtig en erg efficiënt. Een 'handsfree' model op je voorhoofd en reservebatterijen in de hoofdband (altijd bij de hand!) is het beste. Stop ook een paar sleutelgatzoekers (mini zaklampjes) in je noodkit (blz. 60-61).

TWEEDE LIJN

De tweede lijn van je uitrusting is alles wat je nodig hebt om onder normale omstandigheden veilig te zijn. Je kunt het in een apart rugzakje stoppen of het verpakt aan je riem hangen. Het gaat er vooral om dat je alles gemakkelijk kunt meedragen, bijvoorbeeld wanneer je een deel van je uitrusting – de derde lijn – achterlaat om de top van een berg te beklimmen. Voorbeelden van de tweede lijn zijn o.a.:

- Reservekleding, een bivakzak en klimtouwen
- Noodrantsoenen en een EHBO-kistje
- Hexaanblokjes (blz. 58-59) en een aansteker (blz. 118)
- Een metalen beker en warme drank in poedervorm

DERDE LIJN

Ook wel de onderhoudsuitrusting genoemd. Hij dient om je gedurende langere tijd veilig, actief en gezond te houden. De inhoud hangt vooral af van je transportmiddel en de hoeveelheid die je zelf kunt dragen. Een paar voorbeelden:

- Een shelter, bijvoorbeeld een tent of een zeildoek
- Kookgerei en iets waarop je kunt koken
- Een rugzak
- Proviand
- Een slaapzak en een slaapmatje
- Containers met water of waterzakken
- Tandpasta, maandverband, toiletpapier, zeeppoeder etc.

MOBIELE TELEFOON

Het is zeker geen vervanger van kennis en ervaring, maar een mobiele telefoon kan wel een cruciaal onderdeel van je survival kit zijn. Je hebt het meest aan een telefoon als deze bereik en voldoende batterij heeft – twee dingen die kunnen verminderen. Aan de andere kant kan een oplader op zonne-energie ervoor zorgen dat je batterij langer meegaat, en zelfs zonder bereik kan een telefoon handig zijn.

GEBRUIKSMOGELIJKHEDEN VAN EEN MOBIELE TELEFOON	
MET BEREIK	▪ Contact opnemen met iemand die hulp kan bieden – door middel van bellen, een sms, social media of een app. ▪ Met GPS je locatie vaststellen om zo een veilige route uit te stippelen, of zodat anderen je kunnen vinden. ▪ Toegang tot realtime-informatie, zoals weerberichten en het lokale nieuws.
ZONDER BEREIK	▪ Vooraf gedownloade kaarten van het gebied waarin je je bevindt bekijken. ▪ Functies zoals een kompas en zaklamp gebruiken. ▪ Toegang tot vooraf gedownloade survivalgids-apps. ▪ Luisteren naar muziek of podcasts op je toestel (dit kan tijdens een stressvolle situatie zorgen dat deze wat normaler aanvoelt, en vermindert eenzame gevoelens).

EXTRA INFORMATIE

Het is belangrijk om je mobiele telefoon zo veilig mogelijk te bewaren. Bescherm hem met een hoesje in een felle, opvallende kleur zodat hij makkelijk te vinden is als je hem laat vallen. Gebruik een waterdicht hoesje, of bewaar je telefoon in een hersluitbaar zakje om er zeker van te zijn dat hij droog blijft. Gooi je mobiele telefoon niet weg als hij kapot is, want je kunt er nog veel mee doen:

- Door met een dun telefoonkabeltje de positieve en negatieve pool van de batterij met elkaar te verbinden komt warmte vrij (zie p. 126). Hiermee kan een vuur gemaakt worden
- De reflecterende delen van de telefoon kunnen gebruikt worden als signaalspiegel
- Het magnetische gedeelte van de speaker kan worden gebruikt om metaal te magnetiseren en een kompasnaald mee te maken (zie p. 75)
- De rand van de printplaat kan worden vastgemaakt aan een steen om zo een snijdende rand of een speerpunt van een geïmproviseerd wapen te maken

WELKE RUGZAK?

RUGZAKKEN ZIJN ONTWORPEN om een flink gewicht comfortabel te kunnen meedragen. Ze zijn er van allerlei materialen en de meeste zijn waterdicht. Doe er voor alle zekerheid een waterdichte binnenzak in, dan heb je in elk geval altijd droge kleren en een droge slaapzak. In een survivalsituatie heb je weinig aan natte spullen.

GEEN OVERBODIGE BAGAGE

Welke rugzak je ook kiest, jij bent degene die hem moet dragen, dus neem geen overbodige spullen mee. In een groep is het bijvoorbeeld niet nodig dat iedereen een tube tandpasta bij zich heeft.

HET JUISTE MODEL

De keus voor de juiste rugzak wordt bepaald door allerlei factoren. Hoelang ga je op pad, hoe sterk ben je, wat voor spullen neem je allemaal mee etc. Het antwoord op dit soort vragen bepaalt het formaat van de rugzak, in vaktermen 'de inhoud'. Die inhoud kan variëren van 30 liter (dagtochten) tot meer dan 80 liter voor langere expedities.

DRAAGFRAME

Kies bij de wat grotere rugzakken tussen een inwendig frame of een uitwendige draag-constructie.

INWENDIG FRAME

Rugzakken met een ingebouwd frame zijn van opzij gezien smaller en vaak wat langer dan die met een uitwendig frame. Ze hebben een of twee binnencompartimenten en weinig buitenzakken. Het frame is van plastic en bestaat uit ingenaaide baleinen of platte stroken van ongeveer 2,5 cm breed en 0,3 cm dik. De banden aan de buitenkant kun je aantrekken, waardoor de rugzak compacter wordt en alles op zijn plaats blijft zitten.

UITWENDIG FRAME

Een uitwendig frame is gemaakt van holle buizen die de rugzak ondersteunen. Het is uitermate geschikt voor zware bepakking. De rugzak steunt op je heupen en plakt niet tegen je rug, waardoor je het minder snel warm krijgt. Bovendien heb je nu meer buitenzakken, zodat je alles beter kunt indelen. Als elke categorie zijn eigen bergplaats heeft, is alles gemakkelijker te vinden en raken je spullen niet zo snel door elkaar. Verstelbare banden over je borst en je middel zorgen voor optimaal draagcomfort.

KLEIN FORMAAT RUGZAK

Ook als je alleen maar een dagtochtje maakt, kun je problemen krijgen als je uitrusting niet compleet is. Neem een klein rugzakje mee met voedsel, water, een landkaart, kompas, warme kleding en een regenpak.

EEN RUGZAK IS MAATWERK

Je hebt een rugzak gevonden die qua volume en uitvoering perfect is voor de tocht die je gaat maken. Maar draagt hij ook comfortabel? Bij de aanschaf is er waarschijnlijk deskundige assistentie aanwezig, maar voor alle zekerheid hier nog een paar tips:

1 Meet je rug op in verband met de afmetingen van de rugzak.

2 De rugzak moet comfortabel zitten, óók met dikkere kleding.

3 Nu kun je alles precies afstellen.

HANDIG INPAKKEN

Inpakken doe je in de omgekeerde volgorde, dat wil zeggen wat je het eerst nodig hebt, gaat als laatste in de rugzak. Zware voorwerpen moeten dicht op je rug komen, dan trekt de rugzak minder aan je schouders.

ZELF EEN DRAAGFRAME MAKEN

In een survivalsituatie is een draagframe erg handig. Alles wat je nodig hebt om er een te maken is je mes, een paar takken, touw en een lap waterdichte stof.

1 Snij een gevorkte tak af. De tanden van de vork moeten ongeveer een meter lang zijn, de steel ongeveer 30 cm.

2 Maak aan alle drie uiteinden een inkeping en bevestig daar het touw dat als draagband moet dienen.

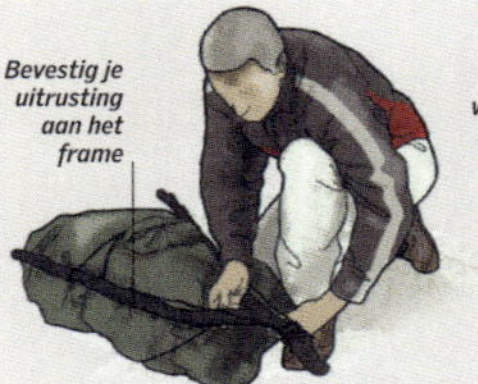

3 Wikkel al je spullen in een grondzeil of een waterdichte poncho. Maak het pak zo hoog mogelijk vast aan de kant waar geen draagtouwen zitten.

4 Prop geen overbodige dingen in je geïmproviseerde rugzak, ook al heb je ruimte over.

SURVIVALKLEDING

TEGENWOORDIG IS ER OVERAL hoogwaardige survivalkleding verkrijgbaar, die er bovendien ook nog eens cool uitziet. Licht van gewicht, veelzijdig en bijna onverslijtbaar. Houd bij het kiezen van je outfit uiteraard rekening met de omgeving waar je naartoe gaat en de klimatologische omstandigheden.

REGULEER JE LICHAAMSTEMPERATUUR
Trek niet te veel kleding aan: zweten is net zo erg als heftige regen en als het dan plotseling koud wordt, kun je onderkoeld raken. Regel je lichaamstemperatuur met het laagjessysteem.

KLEED JE IN LAAGJES

Vuistregel: een paar dunne laagjes over elkaar is beter dan één dikke laag. Door een laagje uit te trekken of toe te voegen kun je eenvoudig je lichaamstemperatuur reguleren. Kies het juiste materiaal: wol, fleece, microvezel en dons bijvoorbeeld zijn uitstekende isolatiematerialen.

HET LAAGJESPRINCIPE

De lucht tussen de verschillende kledinglagen werkt als extra isolatie, waardoor je het minder snel koud krijgt. Als je de juiste laagjes in de juiste volgorde aantrekt word je niet nat, wordt het zweet van je lichaam afgevoerd en blijft je lichaamstemperatuur constant. Isolerend mate-riaal zoals polipropyleen is erg geschikt voor een warme of koude omgeving.

DE JUISTE VOLGORDE

De buitenste laag laat geen regen door, de onderste laag zuigt als het ware overbodig vocht van je huid. De tussenliggende laagjes zorgen voor isolatie, waardoor je op temperatuur blijft.

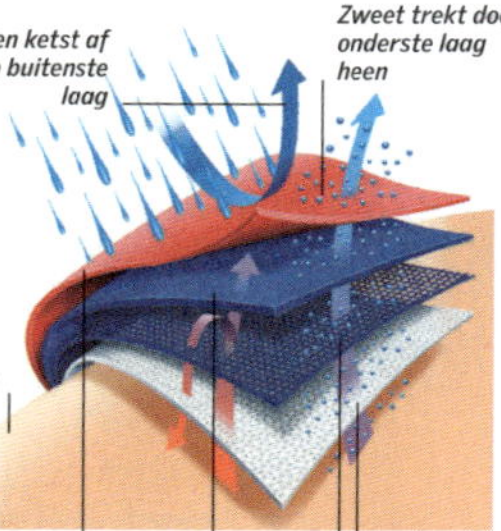

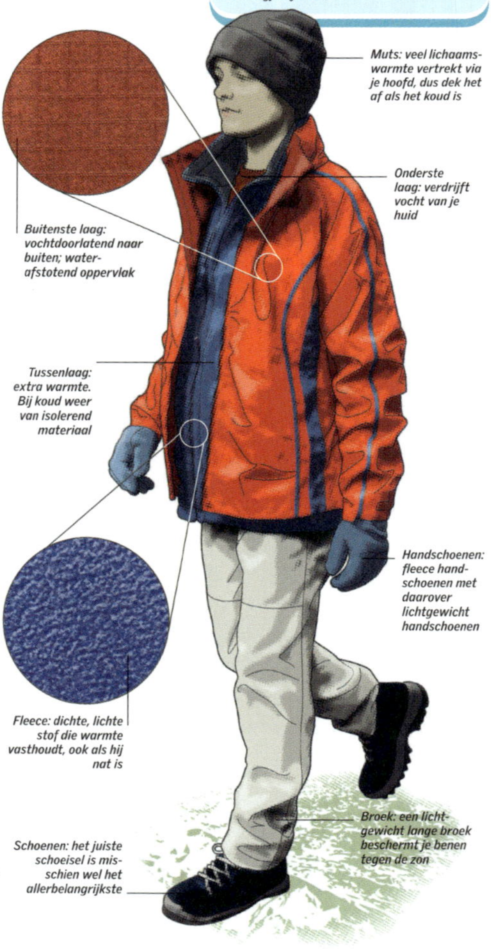

KLEDING VOOR WARME GEBIEDEN

Vooral in warme streken moet je oppassen dat je niet snel uitgeput raakt of een zonnesteek oploopt (blz. 272). Blootstelling aan direct zonlicht kan leiden tot uitdroging en verbrandingen en als het zweet niet kan verdampen, krijg je hitteblaren. Je kleding moet je huid tegen de zon beschermen en van ademende stof gemaakt zijn, want dan blijf je koeler. Drink voldoende en draag altijd een cap.

KLEDING VOOR KOUDE GEBIEDEN

In koude gebieden moet je je altijd in laagjes kleden. Direct op je huid een vochttransporterend shirt, dan een paar laagjes die je warm houden en ten slotte een buitenlaag die water- en winddicht is. Het aantal laagjes steeds aanpassen aan je lichaamstemperatuur. Als je het warm krijgt, een laagje verwijderen om zweten te voorkomen.

REGENKLEDING

Vrijwel overal kun je plotseling overvallen worden door een hevige stortbui. Je kleding moet dan waterdicht zijn, maar ook kunnen ademen en zweet doorlaten. Het beste materiaal voor dit soort omstandigheden is Gore-Tex. Zorg dat je altijd iets bij je hebt waarin je warm en droog blijft en dat je het snel en probleemloos tevoorschijn kunt halen. Comfort is soms een kwestie van snelheid.

WATERDICHT EN TOCH ADEMEND

Waterdichte, ademende stoffen bestaan uit drie lagen: twee laagjes nylon aan weerszijden van een dunne laag microporeus teflon. De 'poriën' in de stof hebben een doorsnee die vijftig keer zo klein is als die van een menselijke haar. Ondoordringbaar voor regendruppels, maar niet voor verdampend transpiratievocht.

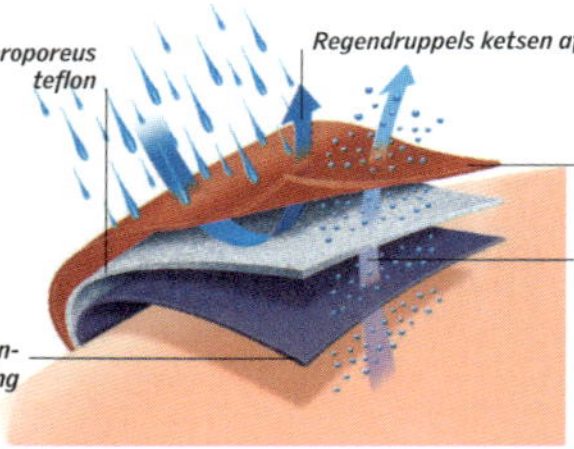

SOKKEN

Sokken zijn belangrijker dan je misschien zou denken. Ze beschermen je voeten en voorkomen dat je schoenzool blaren veroorzaakt. Bovendien houden ze je voeten warm en droog doordat ze vocht afvoeren. Tip: sokken van waterdichte ademende stof alleen in combinatie met normale schoenen. Nooit combineren met waterdicht ademend schoeisel.

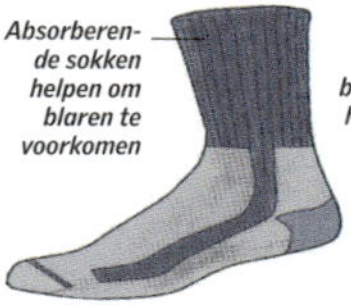

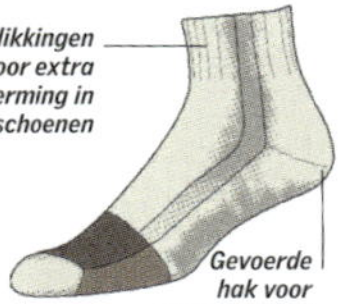

ABSORBERENDE SOK

Lichtgewicht sok; verwijdert vocht van de huid en vermindert wrijving.

WANDELSOK

Gemaakt van dikke stof; schokdempend, extra bescherming, meer comfort.

GAMASCHEN (BEENKAPPEN)

Met beenkappen houd je zowel in de sneeuw als in de regen je voeten en je broekspijpen droog.

SCHOEISEL

Wat voor jou de beste schoenen zijn, hangt af van allerlei factoren. Op de eerste plaats de vorm van je voeten en hoeveel steun de schoenen moeten geven. Ook de afstand die je gaat lopen en de terreinomstandigheden zijn van belang. En dan is er uiteraard nog de kostenfactor: schoenen kunnen soms enorm in prijs variëren. Als je langere tijd of vaker de wildernis in trekt, moet je niet gaan bezuinigen op comfort en robuustheid.

ALTIJD GOED INLOPEN

Je schoenen moeten onderweg een harmonieuze eenheid vormen met je voeten. Als je nieuwe schoenen koopt, loop ze dan altijd eerst goed in. Draag ze bij huis en maak er een paar korte tochtjes mee.

DE OPBOUW VAN EEN SCHOENZOOL

De schoenzool beschermt en ondersteunt je voet door de gelaagde samenstelling en schokdempers voor tenen en hakken. De buitenzool moet vooral lekker lopen.

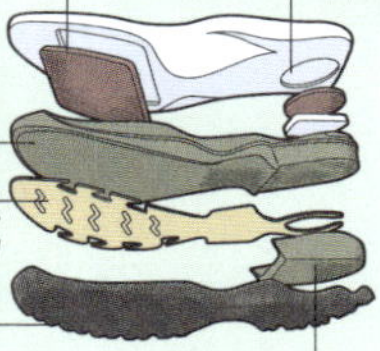

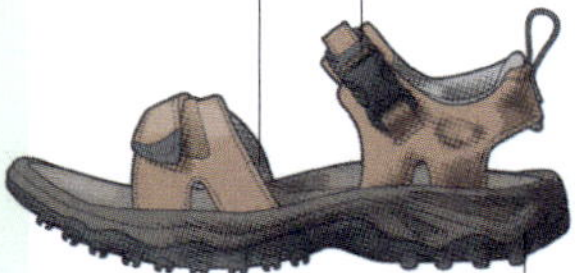

SANDALEN

Moderne sandalen geven goede ondersteuning en zijn erg comfortabel. De ventilatie is optimaal

LICHTGEWICHT SCHOEN

Kunststof en imitatieleer worden steeds populairder. Deze schoen combineert de stevigheid en ondersteuning van een zwaardere schoen met de wrijvingsloze buigzaamheid van een sportschoen.

BERGSCHOEN

Allround leren schoen met slijtvaste rubber zool, waterdichte bovenkant en prima steun rondom de enkels. Perfect compromis tussen gewicht, duurzaamheid en bescherming.

JUNGLEBOOT

Deze hoge schoen van rotvrij leer en canvas vormt één geheel met de zool. Ventilatiegaatjes zorgen voor frisse lucht en voeren transpiratievocht af.

HYBRIDE KLIMSCHOEN

Dit schoeisel loopt beter en is buigzamer dan de traditionele klimschoen, maar kan desgewenst van stijgijzers worden voorzien. Ook in de ijzige kou blijven je voeten lekker warm.

WAARGEBEURD VERHAAL

SURVIVAL IN DE WILDERNIS

NUTTIGE UITRUSTING

- Wandelstok
- Oprolbaar zaaglint
- Fluitje, zaklamp, seinspiegeltje
- Pepperspray tegen wilde dieren
- Waterzuiveringsmiddelen
- Zakradio
- Kaart, kompas, gps
- Survivalmok, survivalmes
- Mobieltje/satelliettelefoon
- Poncho/bivakzak

VAN ONZE CORRESPONDENT Honger, pakijs en grizzlyberen: Blake Stanfield (38) en zijn 65-jarige vader Neil hebben het allemaal overleefd. Dankzij hun survivalvaardigheden, hun kennis van de omgeving en de aanwezighei van water en hout werden zij na vier ijskoude dagen en nachten in de wildernis van Alaska alsnog gered.

Vader en zoon waren op vrijdag 6 juni 2003 door een vliegtuigje afgezet op een verlaten plek aan de rivier de Koyukuk, diep in het binnenland van Alaska. Ze wilden in zeven dagen met een vlot de rivier afzakken naar het plaatsje Bettles. Al op de eerste dag sloeg het noodlot toe: het vlot knalde tegen een ijsschots en het duo belandde in het ijskoude water. De sterke stroming trok ze onder het ijs, maar op de een of andere manier wist Blake de oever te bereiken, waarna hij zi vader met een boomtak uit het water redde.

Blake zag dat zijn vader onderkoeld was en maakte met zijn waterdichte aansteker snel een kampvuur van takken en dennennaalden. Pas over een week zouden ze gemist worden en zonder hun weggespoelde voorraden zag het er slecht voor hen uit. Hij besloot eerst maar eens een schuilplek voor de koude nacht te bouwen.

'HET VLOT KNALDE MET VOLLE SNELHEID TEGEN EEN IJSSCHOTS'

De volgende morgen ging Blake op weg om te voet de ruim 100 kilometer naar Bettles af te leggen. Toen hij op zondag het punt bereikte waar de Koyukuk samenstroomt met de Tinayguk, realiseerde hij zich dat deze barrière te groot was. Hij wist echter dat deze riviervork ee grondbaken was voor bevoorradingsvliegtuigjes, dus hij besloot een signaalvuur aan te legge en te blijven wachten. Twee dagen later kwam er inderdaad een vliegtuigje over. De piloot ga Blake's positie door aan de legerbasis Fairbanks, ruim 300 km verderop en dropte een walki talkie, zodat hij met Blake kon communiceren. Hij vloog verder stroomopwaarts en dropte ee tent en een slaapzak bij Neil. De volgende dag werden beide mannen gered: uitgeput, ondervoed en op het randje van onderkoeling, maar allebei in leven.

WAT NU?

DREIGT ER GEVAAR?

NEE JA

Als je met een groep bent: help mensen die wél gevaar lopen

Gevaar neutraliseren:
Weer en wind – Zoek of maak schuilplek
Dieren – Niet stoer gaan doen, veilige plek zoeken
Verwondingen - Stabiliseren en eerste hulp verlenen

ANALYSEER DE SITUATIE
Blz. 234-235

WORD JE AL GEMIST EN WEET IEMAND WAAR JE NU BENT?

NEE JA

Als niemand je mist of weet waar je bent, probeer dan hoe dan ook contact op te nemen of signalen te geven

Als iemand je mist, wordt er waarschijnlijk een reddingsoperatie op touw gezet

BESCHIK JE OVER COMMUNICATIEMIDDELEN?

NEE JA

Je bent van jezelf afhankelijk tot iemand je vindt of tot je de bewoonde wereld bereikt

Als je mobiel kunt bellen, onmiddellijk de situatie doorgeven. In serieuze noodgevallen je PLB (persoonlijke locatiebaken) gebruiken

KUN JE WAAR JE NU BENT OVERLEVEN?*

NEE JA

Als je niet in leven kunt blijven waar je bent maar wel in staat bent om te lopen, moet je op zoek gaan naar een plek met meer overlevingskansen en/of meer kans op redding

Gebruik de survivalprincipes: Protectie, Locatie, Water, Voedsel

GA ERGENS ANDERS HEEN**

BLIJF WAAR JE BENT**

STAP VOOR STAP

- Bedenk wat de beste locatie zou zijn voor survival en redding. Vanaf een hoog punt heb je een beter overzicht om zo'n locatie te vinden
- Pas je kleding steeds aan: vermijd oververhitting als je loopt en onderkoeling als je rust neemt
- Maak een wandelstaf om struikelpartijen te voorkomen
- Maak een shelter als je halt houdt
- Blijf in de buurt van water. Drinkwater zo mogelijk altijd filteren en zuiveren
- Houd locatiehulpen binnen handbereik als je loopt en activeer ze zodra je halt houdt

NIET DOEN

- Je kamp/signaalvuur verwaarlozen – zoek continu naar brandbaar materiaal
- Sneller lopen dan de langzaamste van de groep
- Onvoorzichtig heuvel af lopen – een verzwikte enkel kan fataal zijn
- Te veel of te weinig kleding aantrekken. Begin neutraal en voeg laagjes toe of trek wat uit indien nodig

NIET DOEN

- Voedsel achterlaten op je overnachtingsplaats. Dit kan roofdieren aantrekken
- Je schuilplek te diep in het bos maken. Redders moeten je kunnen vinden
- Dingen eten die je niet kent. Voedselvergiftiging verergert de situatie en voedsel is voor een korte periode niet de eerste prioriteit

STAP VOOR STAP

- Controleer de plaats waar je je shelter maakt op insecten, overstromingsgevaar, vallend gesteente, gevaarlijke dode takken en wilde dieren
- Inventariseer je mondvoorraad en stel je rantsoen vast
- Je kampvuur moet altijd blijven branden. Als signaalvuur, maar ook voor warmte en waterzuivering
- Slaap op koude of vochtige grond op een geïmproviseerde matras en een hoofdkussen: vul plastic tassen en kleding met droog materiaal
- Geef in een groep iedereen een taak, zelfs kinderen. Dat leidt ze af en wie wat te doen heeft, is minder pessimistisch

* Kun je niet overleven waar je bent en is verplaatsing door bijvoorbeeld verwondingen onmogelijk, stel dan alles in het werk waarmee je je redders kunt alarmeren.
** Verandert de situatie, bijvoorbeeld omdat je onderweg een veilige plek vindt waar je kunt blijven, beoordeel dan de situatie opnieuw aan de hand van dit stappenplan.

SLAAPCOMFORT

SLAAP IS NET ZO BELANGRIJK als voedsel. Een goede nachtrust vermindert de stress en de zorgen van je survivalsituatie. Een geschikte schuilplek en de juiste slaapzak zijn daarom van het allergrootste belang.

SLAAPZAKKEN

Slaapzakken zijn er in allerlei soorten en maten. De slaapzak die je kiest, moet in elk geval zo gevuld zijn dat je ook zonder tent warm blijft in de omgeving waar je heen gaat. Bij de aanschaf moet je hem altijd even uitproberen: als je slaapzak te strak zit, heb je er minder aan. Zorg dat je slaapzak onderweg altijd droog blijft: berg hem op in een waterdicht omhulsel.

EEN SLAAPZAK AANSCHAFFEN

Juist omdat er volop keus is, moet je niet zomaar een willekeurige slaapzak kopen.

- Wat is de laagste temperatuur waarbij je zult moeten overnachten? Welke slaapzak is daarvoor geschikt?
- Synthetische slaapzakken zijn goedkoper en gemakkelijker te reinigen dan slaapzakken met een donsvulling. Ook nat zijn ze nog bruikbaar.
- Met dons gevulde slaapzakken zijn duurder, maar ook lichter en gaan langer mee.
- Een mummieslaapzak isoleert beter dan een rechthoekige, maar je hebt minder bewegingsvrijheid.

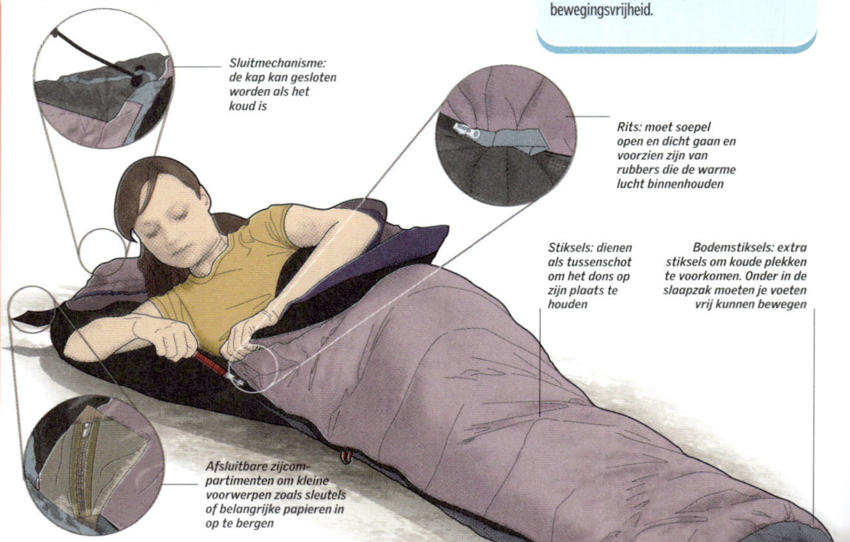

DONS OF SYNTHETISCH?

Een donsvulling is gemaakt van zorgvuldig geselecteerde veren, meestal van eenden of ganzen. De verhouding tussen gewicht en isolatiewaarde is optimaal. Daar staat tegenover dat je er niets aan hebt als het nat wordt en dat sommige mensen er allergisch voor zijn. Een synthetische vulling bestaat in principe uit kleine holle buisjes. Bij de meer geavanceerde modellen hebben die buisjes de structuur van dons. Ook als ze nat worden blijven ze nog enigszins isoleren.

TEMPERATUURBEREIK

Er is helaas geen uniforme standaard waaraan je exact kunt afmeten welke slaapzak voor welke temperatuur geschikt is. Wel bestaat er een gecombineerde 'comfortrating' en 'survivalrating', die samen de 'seizoenrating' vormen. De seizoenrating geeft een indicatie van de eigenschappen die de slaapzak heeft.

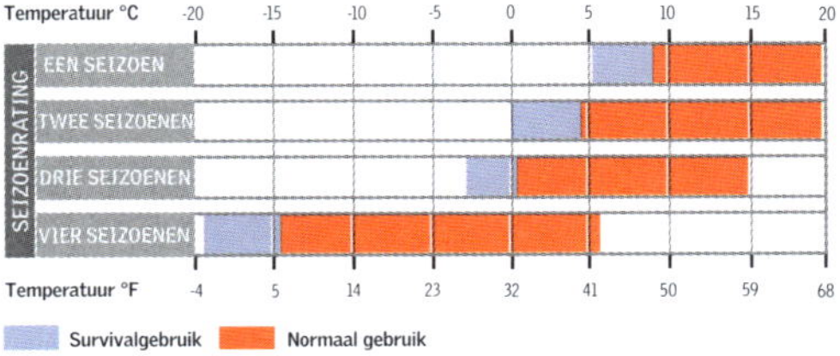

CONSTRUCTIE

Elke slaapzak is gebaseerd op hetzelfde principe: alle lucht binnenhouden en niet laten circuleren, dan warmt het lichaam de gevangen lucht op en krijg je het niet koud. Er zijn verschillende systemen:

GESTAPELD

Het dons is gescheiden door schotjes om samenklontering te voorkomen. Geschikt voor koud weer.

DOORGESTIKT

Vulling is door stiksels over ovale kanalen verdeeld. Nadeel: naden laten warme lucht ontsnappen.

DUBBEL GESTIKT

Dubbele lagen om samenklontering en warmteverlies door de naden te voorkomen.

SHINGLES

Overlappende lagen van kunststof die de warme lucht opnemen

IN DE PRAKTIJK

Controleer altijd even of er geen spinnen of ongedierte in je slaapzak zitten en schud hem helemaal uit om de vulling weer goed te verdelen. Als het te warm wordt, verder openritsen of helemaal openvouwen en eronder kruipen. Is het te koud, trek dan wat extra kleren aan of gebruik je bivakzak of een binnentijk. 's Morgens je slaapzak altijd even luchten!

ACCESSOIRES

Behalve een slaapzak heb je ook een slaapmat nodig als je comfortabel en droog wilt liggen. Voor extra comfort zijn er allerlei accessoires als bivakzakken, binnentijken en opblaaskussens verkrijgbaar.

SCHUIMRUBBER MATJE

Licht en gemakkelijk. Vooral geschikt voor zachte ondergrond, bijvoorbeeld zand of dennennaalden.

LUCHTBED

Zwaarder en duurder dan een slaapmatje, maar erg comfortabel en perfect isolerend op een koude ondergrond.

BINNENTIJK

Binnenhoes van katoen of zijde. 'Vangt' de lucht tussen je lichaam en de slaapzak.

BIVAKZAK

Een bivakzak is een waterdichte zak die je om je slaapzak kunt doen. Het is tevens een prima shelter.

OPBLAASKUSSEN

Nog meer luxe: een opblaasbaar hoofdkussen. Een losse hoes met kleding opvullen kan natuurlijk óók.

RUIMTEDEKEN

Een lichtgewicht foliedeken is handig in noodgevallen. Bovendien kun je er een afdak van maken.

DRAAGBARE SHELTERS

Bij een lange survivaltocht moet je 's nachts droog en warm kunnen slapen. Wat je nodig hebt, hangt af van waar je heen gaat en hoeveel je kunt meedragen. Hangmatten en bivakzakken zijn minder zwaar, maar een tent heeft ook zo zijn voordelen en je kunt er met meerdere personen in overnachten.

EEN HANGMAT INSTALLEREN

Het voordeel van een hangmat is dat het er niet toe doet of de ondergrond modderig, rotsachtig of scheef is. Hij is ook nog eens erg licht en je kunt hem bijna overal gebruiken. Moderne hangmatten zijn zowel slaapplaats als shelter, handig opgerold tot een handzaam pakketje.

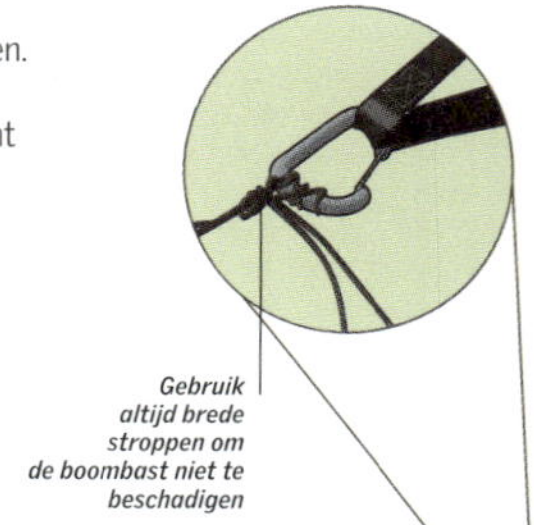

KOEPELTENT

Een koepeltent is een ultralichte, veelzijdige tent die ook onder de meest barre omstandigheden gebruikt kan worden. Een grondzeil en een goede slaapzak zijn echter onontbeerlijk. De soloversie van deze tent weegt nauwelijks meer dan 500 gram.

MUMMIEMODEL BIVAKZAK

Een mummiemodel bivakzak is een solotent van waterdichte, ademende stof. Je kunt hem aan de grond verankeren en in de verhoogde ingang kun je je spullen kwijt. Vaak zit er al een grondzeil bij. Opzetten en afbreken kost hooguit enkele minuten.

TENTEN

Een tent houdt wind en regen buiten en de warmte binnen. De buitentent moet sterk, waterdicht en strak gespannen zijn, zodat de wind er geen vat op krijgt. De binnentent – al dan niet met muskietengaas – hangt veel losser en is van vochtdoorlatend materiaal dat de warmte vasthoudt. Binnen- en buitentent mogen elkaar nergens raken. Doen ze dat wel, dan gaat er warmte verloren en komt er condenswater naar binnen druppelen.

PAS OP!

Er zijn omstandigheden waarbij tentharingen en scheerlijnen niet voldoende zijn. Bij extreem harde wind, heftige stormen en sneeuwbuien moeten er extra maatregelen genomen worden. Je kunt dan bijvoorbeeld zware stenen of boomstammen gebruiken om de tent steviger te verankeren.

DRIESEIZOENENTENT

Drieseizoenententen kunnen in allerlei verschillende klimaten worden gebruikt. De binnentent is van licht materiaal dat zowel ventileert als insecten buiten houdt. De buitentent komt tot minimaal tien cm boven de grond en is waterdicht, evenals het grondzeil.

WINTERTENT

Tent met een extra sterk frame, stormopeningen en veel vaste bergruimtes, zodat je al je spullen binnen kunt opbergen. Ideaal voor barre omgevingen. Zo'n tent is natuurlijk wel zwaarder. Hij is goed tegen harde wind bestand en de sneeuw glijdt er gemakkelijk van af.

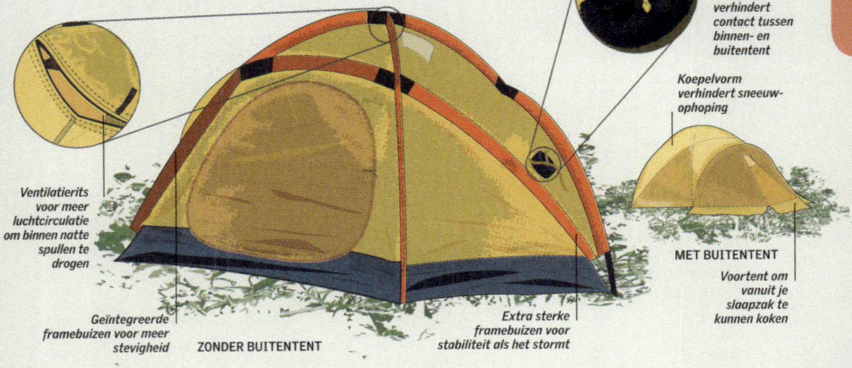

DE INWENDIGE MENS

HET VOEDSEL DAT JE EET, bepaalt hoe je lichaam functioneert. Dat geldt vooral op lange expedities die je zowel fysiek als mentaal op de proef stellen.

VOEDSEL IS VAN LEVENSBELANG

Je lichaam heeft constant energie nodig voor allerlei chemische en biologische processen en om je spierkracht op peil te houden. Die energie komt uit het voedsel dat je eet (zie schema).

OVERGEWICHT EN SURVIVAL

Als je een goede lichamelijke conditie hebt en niet te dik bent, voel je je fit en heb je minder snel blessures. In een survivalsituatie kan een beetje overgewicht niettemin nuttig zijn: elk pondje lichaamsvet betekent 3500 calorieën, precies de hoeveelheid die je gemiddeld per dag nodig hebt!

SOORT VOEDSEL	VOORBEELDEN	EFFECTEN
KOOLHYDRATEN	■ Rijst, pasta, brood, ontbijtmix ■ Vers en gedroogd fruit ■ Wortels ■ Chocola en zoete versnaperingen	■ Belangrijke energiebron. Wordt snel omgezet in glucose, de favoriete brandstof van je lichaam
EIWITTEN	■ Vlees en gevogelte ■ Vis, bijvoorbeeld tonijn en zalm ■ Eieren en zuivelproducten ■ Peulvruchten, bonen en zaden	■ Belangrijk voor groei en spierherstel ■ Goed voor uithoudingsvermogen en energie; prima tegen vermoeidheid ■ Bevredigt hongergevoel
VETTEN	■ Noten en zaden ■ Zuivelproducten als boter en kaas ■ Vlees, bijvoorbeeld bacon en worstjes ■ Bak- en braadolie	■ Prima energiebron ■ Bevredigt hongergevoel
VEZELS	■ Vers en gedroogd fruit, vooral de schil ■ Groenten, bonen, peulen en zaden ■ Ontbijtmix met hele graankorrels ■ Volkorenbrood, volkorenpasta en bruine rijst	■ Bevordert de spijsvertering ■ Geeft vol en voldaan gevoel
VITAMINES EN MINERALEN	■ Vers en gedroogd fruit ■ Groene groentes ■ Vlees en vis ■ Noten en zaden	■ Bevorderen groei en herstel ■ Houden tanden en ogen gezond ■ Stimuleren bloedsomloop en energieniveau

JE ENERGIE OP PEIL HOUDEN

Door te eten vul je de energie aan die je hebt verbruikt. De energiewaarde wordt uitgedrukt in calorieën; per dag heb je een bepaald aantal calorieën nodig om in leven te blijven. Te veel of te weinig calorieën leidt tot over- of ondergewicht. De hoeveelheid die je dagelijks nodig hebt, hangt af van je leeftijd en van je activiteiten (rechts). Als je de energie die je verbruikt niet aanvult, spreekt je lichaam je vetreserves aan.

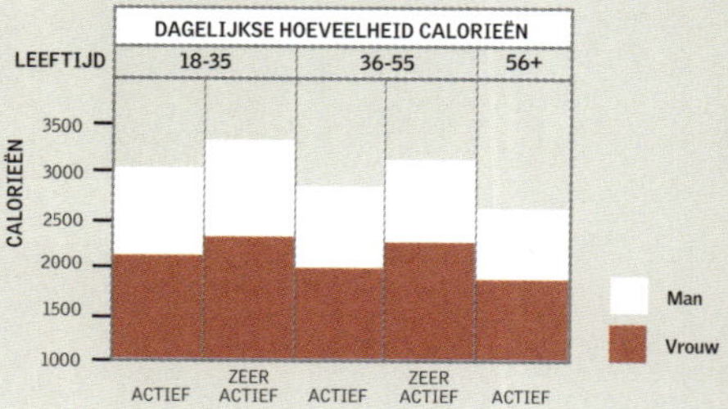

SURVIVALMENU

Ook op korte uitstapjes moet je iets te eten meenemen, bijvoorbeeld chocola, fruit of energierepen, om de verbruikte energie weer aan te vullen. Op langere expedities is een uitgebreide mondvoorraad noodzakelijk, zowel voor je energiebalans als voor de variatie.

PAS OP!
In een survivalsituatie kun je de eerste 24 uur beter niet eten. Houd je aan je rantsoen: voedsel verteren onttrekt water aan je lichaam.

SOORT VOEDSEL	VOORBEELDEN	VOEDINGSWAARDE
ONTBIJTMIX EN GEDROOGD FRUIT	■ Ontbijtmix, of in trekkersjargon: 'studentenhaver'. ■ Muesli of geroosterde granen (granola) ■ Havervlokken ■ Gedroogde vruchten	■ Belangrijke bron van koolhydraten, vitamines en mineralen voor een goede start. ■ Rijk aan vezels, dus goed voor de spijsvertering.
TUSSENDOORTJES	■ Biscuitjes en crackers ■ Energierepen en fruitkoekjes ■ Vruchten zoals appels, peren en sinaasappelen ■ Noten en zaden	■ Bevatten veel koolhydraten, dus houden je energie op peil. ■ Stillen je trek in de periodes tussen de maaltijden.
CALORIERIJKE SNACKS	■ Vla en ijs in poedervorm ■ Chocola ■ Koekjes en snoepjes ■ Puddingmix	■ Geven snel weer energie als dat nodig is. ■ Verdrijven het hongergevoel, maar hebben weinig voedingswaarde.
KANT-EN-KLAAR MAALTIJDEN	■ Voorverpakte maaltijden. Je kunt ze in vijf tot zeven minuten klaarmaken door ze in de verpakking te verhitten. ■ Gevriesdroogde maaltijden en instant producten. Gewoon kokend water toevoegen, even roeren en vervolgens vijf minuten wachten. Nemen weinig plaats in en wegen bijna niets. ■ Voedsel in blik. Volop keuze, maar groot volume en gewicht.	■ Gevarieerde samenstelling met veel vitamines en mineralen, waardoor je lichaam herstelt na een lange dag. ■ Snel en gemakkelijk te bereiden zonder al te veel keukengerei. ■ Meestal zuinig verbruik van water en vuur. ■ Kunnen verder verrijkt worden met bonen, granen etc. ■ Kleinere blikjes kun je meestal simpel opentrekken.
VLEES, VIS EN KAAS	■ Vis in blik, bijvoorbeeld sardientjes of tonijn ■ Vleesproducten zoals ham, salami en cornedbeef ■ Stevige kaas, zoals cheddar en Parmezaanse kaas	■ Uitstekende bron van eiwitten en vetten. ■ Lang houdbaar en gemakkelijk op te bergen, maar relatief behoorlijk zwaar.
GRANEN, BONEN EN PEULVRUCHTEN	■ Linzen en gedroogde erwten ■ Gedroogde peulvruchten en bonen ■ Rijst en pasta ■ Couscous	■ Geschikt om warme maaltijden mee aan te vullen zodat je lekker vol zit. ■ Belangrijke bron van koolhydraten. ■ Bevatten ook vezels en eiwitten.
LOSSE INGREDIËNTEN	■ Bloem ■ Zout ■ Suiker ■ Niervet	■ Van bloem en zout kun je deeg maken. ■ Zout en suiker brengen wildbraad op smaak. ■ Niervet is een waardevolle toevoeging aan elke maaltijd.
SPECERIJEN	■ Instant soep ■ Tomatenpuree ■ Sauzen in poedervorm ■ Bouillon- en jusblokjes	■ Geven smaak en variatie aan het voedsel. ■ Vooral wild smaakt stukken beter.
DRANKEN	■ Thee ■ Koffie ■ Cacaopoeder ■ Melkpoeder	■ Verwarmend en goed voor de moraal, maar weinig voedingswaarde. ■ Cacaopoeder bevat veel koolhydraten. ■ Melkpoeder is rijk aan calcium.

BRANDERS

ER GAAT NATUURLIJK NIETS BOVEN een echt kampvuur, maar een handig kooktoestel dat het altijd meteen doet is onontbeerlijk. Er zijn trouwens gebieden waar een kampvuur verboden is.

LICHT EN GEMAKKELIJK

Moderne branders zijn bijzonder licht en nemen gedemonteerd weinig plaats in. Meestal werken ze op gas, maar vloeistofbranders voldoen ook uitstekend. Elk systeem heeft zijn voor- en nadelen (onder), en bij je keus moet je rekening houden met zaken als gewicht, volume, de duur van je tocht en de omgeving. Hexaanblokjes (rechts) zijn een uitkomst in survivalomstandigheden.

GAS OF VLOEIBARE BRANDSTOF?

Een gasbrander is veiliger, schoner, lichter en gemakkelijker. Daar staat tegenover dat ze duurder zijn in het gebruik en niet geschikt voor lage temperaturen of grote hoogtes. Vloeistofbranders zijn veelzijdiger, stabieler en zuiniger, maar je moet ze steeds voorgloeien en de vloeistof moet telkens opgepompt worden.

BRANDSTOFTRANSPORT

Het vervoeren van brandstof moet zo veilig mogelijk gebeuren:

- Als je te voet gaat, zet dan de brandstoffles rechtop in het midden van je rugzak. Prop er aan alle kanten kleding omheen voor het geval je ergens tegenaan stoot en zorg dat je er gemakkelijk bij kunt. Brandstoffen in voertuigen op soortgelijke wijze verpakken.
- Brandstofflessen en drinkflessen mogen absoluut niet op elkaar lijken!
- Check voor een lange expeditie of je de brandstof onderweg kunt aanvullen en of je de lege cilinders daarbij kunt inleveren.

	GASBRANDERS		
TYPE	 BUTAAN OF ISOBUTAAN	 PROPAAN	 VLOEIBARE BRANDSTOFMIX
INFO	■ Beide verkrijgbaar in kant-en-klare hoge-druktankjes.	■ Verkrijgbaar in kant-en-klare hoge-druktankjes. ■ Vrijwel standaard bij draagbare kooktoestellen en barbecuegrills.	■ Verkrijgbaar in kant-en-klare hoge-druktankjes ■ Mengsel van butaan, propaan en/of isobutaan.
VOORDELEN	■ Lichte, verzegelde gashouder. ■ Butaan is erg efficiënt en heeft een hoge verbrandingstemperatuur. ■ Isobutaan is nog efficiënter en is geschikter in een koude omgeving.	■ Lichte, verzegelde gashouder. ■ Constante hitte, hoge temperatuur en nagenoeg roetvrije vlam. ■ Uitstekende prestaties bij lage temperaturen.	■ Lichte, verzegelde gashouder. ■ Veiliger dan alleen propaan, en bij lage temperaturen beter dan alleen butaan of isobutaan. ■ Isobutaanmengsels branden efficiënter.
NADELEN	■ Is duurder en geeft minder hitte dan vloeibare brandstof. ■ Minder efficiënt op grote hoogte. ■ Butaan is minder efficiënt dan isobutaan bij temperaturen lager dan 10°C.	■ Is duurder en geeft minder hitte dan vloeibare brandstof. ■ Minder efficiënt op grote hoogte. ■ Erg brandbaar, dus minder veilig dan andere brandstoffen.	■ Is duurder en geeft minder hitte dan vloeibare brandstof. ■ Minder efficiënt op grote hoogte.

VEILIG OMGAAN MET BRANDERS

Ga nooit slordig te werk bij het gebruiken en weer opbergen van branders. Gebruik alleen de door de fabrikant voorgeschreven brandstof en controleer elke keer of alle verbindingen goed vast zitten. En verder:

- Zorg dat er geen losse bladeren, droog hout etc. bij je kookplaats liggen voor het geval dat je brandstof morst of de brander omgooit.
- Zet de brander op een vlakke, stabiele ondergrond.
- Vonken en vlammen mogen nooit in aanraking komen met brandbare stoffen. Pas vullen en bijvullen als er niets meer brandt en als de brander afgekoeld is.
- Je kookplaats moet goed geventileerd zijn. Vooral vloeibare brandstof produceert giftige gassen als koolmonoxide en alle branders verbruiken zuurstof.
- Kook niet in je tent. Los van de giftige gassen dreigt er ook nog eens brandgevaar. Een tent kan binnen enkele ogenblikken in lichterlaaie staan met alles wat erin ligt, inclusief jijzelf. Zonder tent en bagage begin je weinig, en als daar dan nog eens derdegraads brandwonden bijkomen, wordt de situatie echt hopeloos!
- Laat een werkende brander nooit onbeheerd achter. Hij kan omvallen en brand veroorzaken of uitgaan, waarna een klein vonkje een ontploffing kan veroorzaken.

CHEMISCHE BRANDERS

De chemische brander gebruikt massieve blokken hexamethyleentetramine (methenamine) als brandstof en is erg handig in noodgevallen. Hij kan zeer compact worden opgeborgen en in uitgeklapte toestand fungeert hij als kookplaat en windbreker voor het brandstofblok. Met zo'n blok kun je overal in no time een vuur ontsteken. Het smelt niet, produceert geen rook en brandt helemaal op.

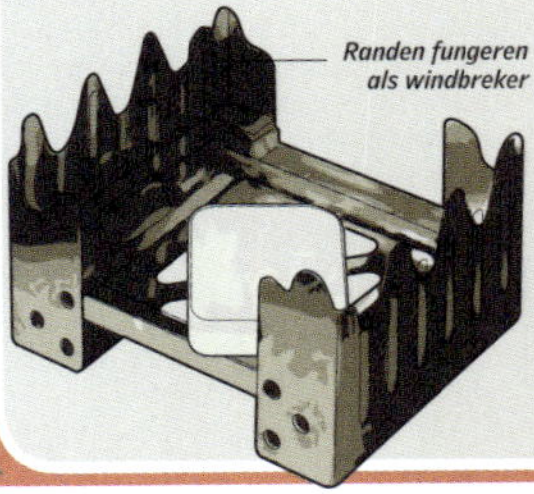

	VLOEISTOFBRANDERS		
TYPE	 NAFTABRANDERS	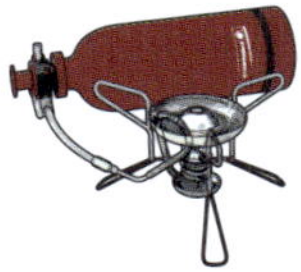 ALLESBRANDER	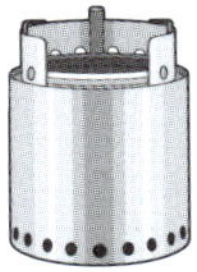 VASTE-STOFBRANDER
INFO	■ Brandstof in wegwerptankjes.	■ Brandt op allerlei vloeistoffen: loodvrije benzine, paraffine (kerosine), vliegtuig-benzine, nafta en zelfs op diesel. Je kunt dus vrijwel overal brandstof kopen.	■ Houtverbrander met een secundaire verbranding. ■ Er kan een pannetje bewaard worden in de brander als je hem meeneemt, wat het een efficiënt kooksysteem maakt.
VOORDELEN	■ Brandt uitstekend bij extreem lage temperaturen, op grote hoogte en bij slecht weer. ■ Heldere vlam.	■ Meerdere soorten brandstof. ■ Vloeistof staat niet onder druk: geen speciale tankjes nodig. ■ Brander geeft veel hitte en is betrouwbaar, efficiënt en snel te gebruiken.	■ Lichtgewicht. ■ Verbrandt efficiënt takjes, stokjes, zaden en zelfs droge dennenappels. ■ Je hoeft geen brandstof mee te nemen, omdat je dit kunt sprokkelen als je het nodig hebt. ■ Milieuvriendelijk.
NADELEN	■ Brander moet met pompje onder druk gebracht worden. ■ Brandstof moet opgepompt worden.	■ Risico op morsen brandbare vloeistof. ■ Brander moet met pompje op druk gebracht worden. ■ Brandstof moet opgepompt worden. ■ Bij sommige brandstoffen roet en/of giftige rook.	■ Brandstof moet droog zijn. ■ Produceert niet zoveel hitte als branders die werken op gas of vloeistof. ■ De vlam van houtvuur kan roetaanslag op pannen achterlaten.

JE SURVIVALKIT

BIJ ELKE EXPEDITIE hoort een survivalkit. Hij moet zo compact zijn dat je hem altijd onder handbereik hebt en de inhoud moet afgestemd zijn op de survivalprincipes: protectie, locatie, water en voedsel.

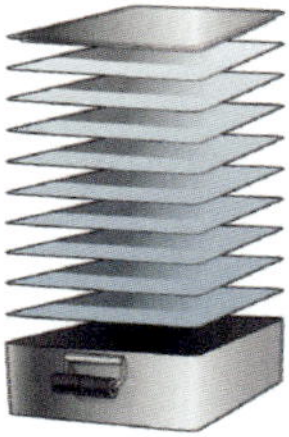

LAGEN VAN EEN SUTVIVALKIT

DE INHOUD VAN JE SURVIVALKIT

Er zijn kant-en-klare survivalkits verkrijgbaar, maar je moet ze altijd aanvullen met persoonlijke items en spullen die je nodig hebt vanwege de omgeving waar je naartoe gaat. Een metalen box met waterdicht omhulsel en clipsluiting is het beste. Elk voorwerp in je kit moet het liefst multifunctioneel zijn en van goede kwaliteit. De box zelf bijvoorbeeld kan als drinkbeker dienen of als pannetje, maar ook als seinspiegel.

LAAG 1 (BODEM)

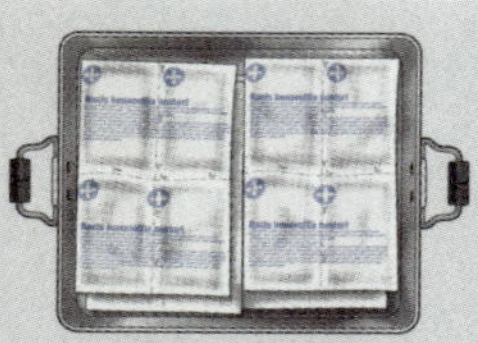

- **Hansaplast en blaarpleisters:** Handig bij kleine wondjes en blaren. Een compleet setje bevat allerlei soorten pleisters van verschillend formaat. Met waterdichte pleisters kun je ook kleine gaatjes in je tent repareren.

LAAG 2

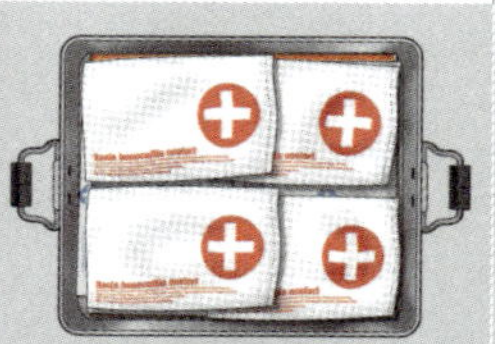

- **Antiseptische doekjes:** om kleine wondjes en insectenbeten te reinigen. Een paar vonkjes zijn genoeg om er een vuur mee te ontsteken.

LAAG 3

- **Waterzuiveringstabletten:** sommige tabletten bevatten jodium. Als je allergisch bent voor jodium of schelpdieren, moet je andere nemen. Water moet altijd eerst gefilterd worden voordat je het zuivert.

LAAG 6

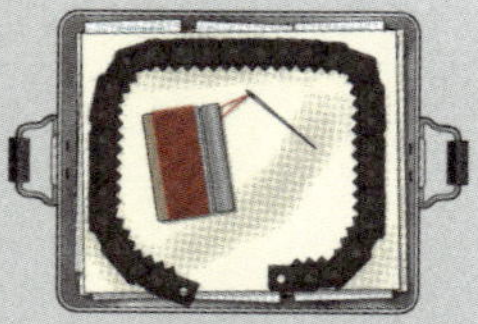

- **Survivalzaag of kettingzaagje:** Tegen de binnenkant of splits hem in tweeën om ruimte te besparen.
- **Enkelzijdig scheermesje:** voor van alles en nog wat, van het doorsnijden van touw tot het villen van dieren. In de originele verpakking laten zitten.
- **Naald en draad:** doe alvast een sterke, wasachtige draad door het oog van de naald.

LAAG 7

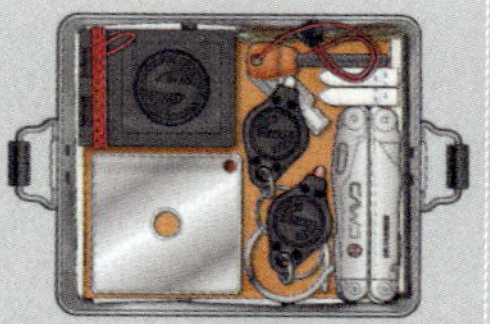

- **Zaklampen:** twee minizaklampjes, een witte en een rode. Tape de schakelaar vast op 'uit'.
- **Mini Multi-tool:** zie kader volgende blz.
- **Zaaghandvatten:** horen bij kettingzaagje.
- **Reflecterend pasje en seinspiegel:** locatiehulpen.
- **Kompas:** voor noodgevallen.
- **Vuursteen, wetijzer, tampons:** vuur maken.
- **Staaldraad:** vallen zetten, zweep maken.

LAAG 8

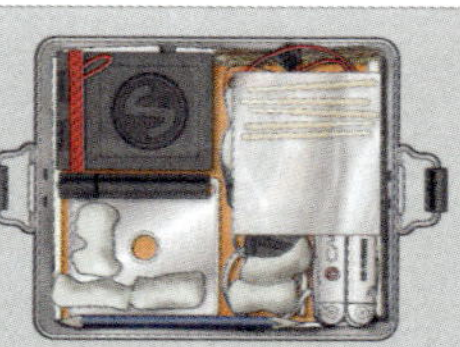

- **Waterproof lucifers en tondelmateriaal:** vuur maken. Stop de lucifers in een plastic zakje.
- **Potlood:** aan beide kanten een punt slijpen.
- **Kaliumtabletten:** om water te zuiveren (lage concentratie) en wonden te desinfecteren (hoge concentratie). Gemixt met suiker prima om vuur te ontsteken. Opbergen in waterdichte houder.

MULTI-TOOLS

Een multi-tool is meestal ontworpen voor een bepaalde hobby of specifieke werkzaamheden. Een survivalexemplaar heeft bijvoorbeeld een kompas, tangetjes, zaagjes en verschillende messen. Koop er een waar je onderweg wat aan hebt en van goede kwaliteit. Hij moet lekker in de hand liggen en de onderdelen die je niet gebruikt mogen niet losschieten. Stop hem veilig weg in een broekzak of in een bergplaats van je riem. Koop ook een miniatuurversie voor in je kit (onder). Een multi-tool is een aanvulling op je survivalmes, maar geen vervanging daarvan!

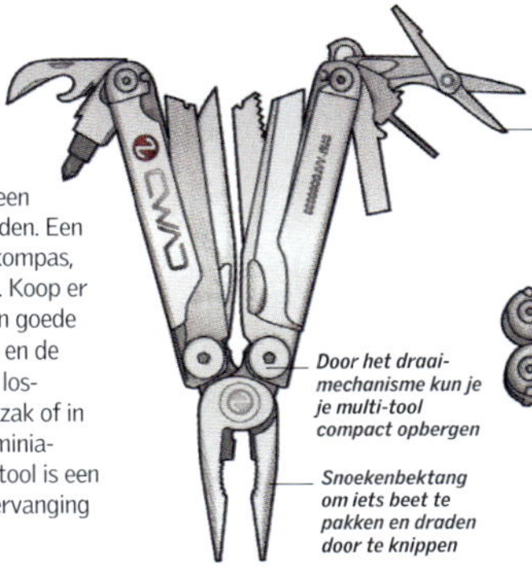

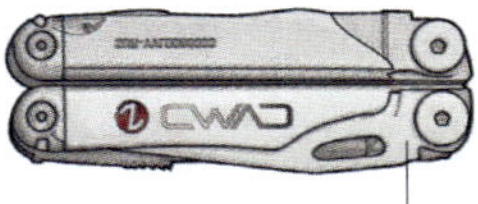

LAAG 4

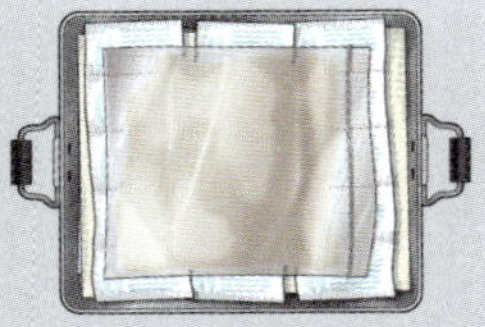

- **Petroleumgel:** voor gebarsten lippen, rauwe plekken en schaafwonden. Als je tampons ermee insmeert, branden ze langer. Opbergen in afsluitbaar plastic zakje.

LAAG 5

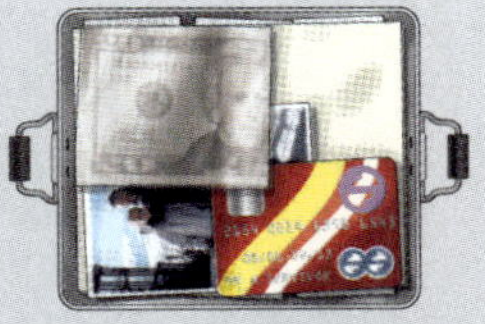

- **Watervast schrijfpapier:** omgeving in kaart brengen en briefjes achterlaten.
- **Foto's van het thuisfront:** psychologische steun in survivalsituatie.
- **Creditcard:** ook handig om insectenbeten te lijf te gaan (blz. 266-267).
- **Geld:** altijd in cellofaanpapier wikkelen.

LAAG 9

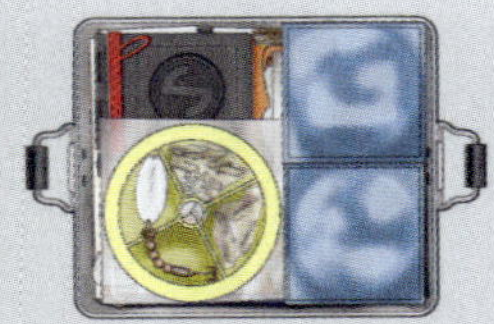

- **Geurloze condooms:** om water in te dragen of als waterdicht hoesje voor bijvoorbeeld je mobieltje.
- **Compact vistuig:** snoer, werpmolentje, diverse haken en kunstaas. Vis is makkelijker te vangen en te bereiden dan wild. Het snoer kan ook voor andere doeleinden worden gebruikt.

VASTGETAPED IN DEKSEL:

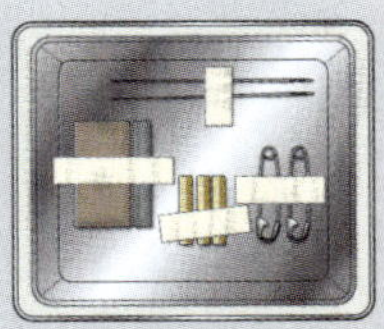

- **Zeilmakersnaalden:** voor reparaties aan tenten etc., maar ook geschikt als pijlpunt. Het liefst met grote ogen.
- **Veiligheidsspelden:** provisorisch repareren van kleding, slaapzak etc.
- **Minifakkeltjes:** voor noodverlichting en hulpsignalen.
- **Enkelzijdig scheermesje:** veelzijdig hulpje (zie laag 6).

NUTTIGE AANVULLING

De ruimte in je survivalkit is beperkt, maar je kunt hem uitbreiden met spullen die je aan je riem hangt of in de riemzakken stopt. De gevulde riem hoort dan bij je 'eerste lijn' uitrusting (blz. 43):

- **Ruimtedeken of aluminiumfolie:** signaleren, schuilen, dragen, opbergen, water verwarmen of om in te koken. De meeste zijn dubbelzijdig en tweekleurig (zilver/groen of oranje, als camouflage- c.q. signaalkleur).
- **Pastic tassen:** hoe meer, hoe beter. Erg multifunctioneel, van waterzak tot draagtas.
- **Medicijnen (pijnstillers en antibiotica):** extra voorraad voor het geval dat je je survivalkit verliest.
- **Kaarsje:** kan onder meer van pas komen om een kampvuur te ontsteken.
- **Nylon panty:** lekker warm onder je broek; tevens waterfilter, visnet en muskietengaas.
- **Zakradio (FM/AM):** op batterijen of zonne-energie.
- **Infuusslang:** om water te kunnen drinken waar je moeilijk bij kunt.
- **Vuurstaal of zelfontbrander:** om vuur te maken zonder natuurlijke brandstof.

2

OP WEG

DE JUISTE RICHTING

Voordat je op pad gaat, moet je in elk geval weten hoe je een kompas gebruikt en vooral hoe je een kaart leest, want anders maak je misschien al de verkeerde keuzes bij je voorbereiding. Als je het gebied min of meer in je hoofd hebt en de ins en outs van alle terreinomstandigheden begrijpt, loop je minder kans te verdwalen. Bovendien weet je dan steeds waar je ongeveer bent en of je nog op schema ligt. Je kunt de beste routes bepalen, water vinden en in noodgevallen een veilige omgeving opzoeken waar je gemakkelijk gevonden zult worden. Kaarten en kompassen mogen geen geheimen voor je hebben: als je zeker weet dat je niet zult verdwalen, geniet je dubbelop van je expeditie.

In een survivalsituatie moet je soms moeilijke beslissingen nemen, zoals kiezen tussen blijven waar je bent en op redding wachten of toch maar liever ergens anders heen gaan. Als je goed kunt navigeren, hetzij met kaart en kompas of met natuurlijke hulpmiddelen, heb je in dat geval meer opties.

In dit hoofdstuk ONTDEK JE...

- hoe je **hoogteverschillen** in het landschap op je **kaart** kunt aflezen...
- hoe je met een **touwtje** je **route** bepaalt...
- het verschil tussen **GPS** en **ERV** en **eastings** en **northings...**
- dat het bij **navigeren** soms maar **een haartje** scheelt...
- dat een fraaie **cumuluswolk** weinig goeds **voorspelt...**

Een GPS is natuurlijk óók prima, maar dan ben je wel afhankelijk van ingewikkelde technologie en natuurlijk van de batterijtjes. Beide kunnen je in de steek laten.
Een getraind oog voor de weersomstandigheden heeft ook zo zijn voordelen voor je planning en het realistisch inschatten van de mogelijkheden. Kennis van zaken is nog altijd het beste middel om survivalsituaties te voorkomen.

In een survivalsituatie

kan het van levensbelang zijn dat je niet van je route afdwaalt (blz. 68-71) en dat je weet hoe je kunt navigeren door je passen te tellen (blz. 72).

DE ONDERSTAANDE NAVIGATIE-OEFENING is erg nuttig. Zoek een omgeving op waar je in elke richting minstens 100 meter ver kunt lopen. Markeer je startpunt en tel je passen. Als je alles correct uitvoert, kom je precies bij het startpunt terug. Niet valsspelen door stiekem steeds naar je marker te kijken!

1. Markeer je startpunt. Kies met je kompas een bepaalde richting (110° in ons voorbeeld).

2. Loop in de gekozen richting en tel je passen. Stop als je denkt dat je 100 meter hebt afgelegd.

3. Verander nu 120° van richting. In ons voorbeeld geeft het kompas dus 230° aan.

4. Loop nu 100 meter in deze nieuwe richting en houd opnieuw halt.

5. Wijzig de richting nogmaals met 120°. Ons voorbeeldkompas geeft nu 350° aan.

6. Loop weer 100 meter in de laatste richting. Als het goed is, ben je weer op je startpunt.

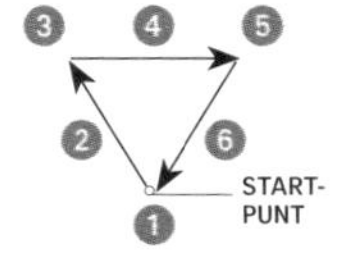

> Als je **weet** hoe je met een landkaart, een kompas en een GPS moet **omgaan,** kan dat je **leven redden**

LANDKAARTEN EN KAARTLEZEN

EEN LANDKAART IS EEN TWEEDIMENSIONALE weergave van een driedimensionaal gebied. Je kunt er afstanden en hoogteverschillen op aflezen. Als je kunt kaartlezen en alle informatie begrijpt, krijg je een goed beeld van de omgeving. De opvallende kenmerken in het landschap kunnen dan als gids dienen. Berg je kaarten altijd veilig op, want ze kunnen je leven redden.

EEN LANDKAART ZONDER GEHEIMEN

Er zijn allerlei soorten kaarten, maar voor een survivaltocht is een topografische kaart het beste. Je kunt er allerlei opvallende landschapskenmerken op vinden zoals rivieren, wegen, spoorlijnen, voetpaden, stedelijke gebieden en bossen. Bovendien kun je aan de hand van de hoogtelijnen (zie onder) de hoogteverschillen bepalen.

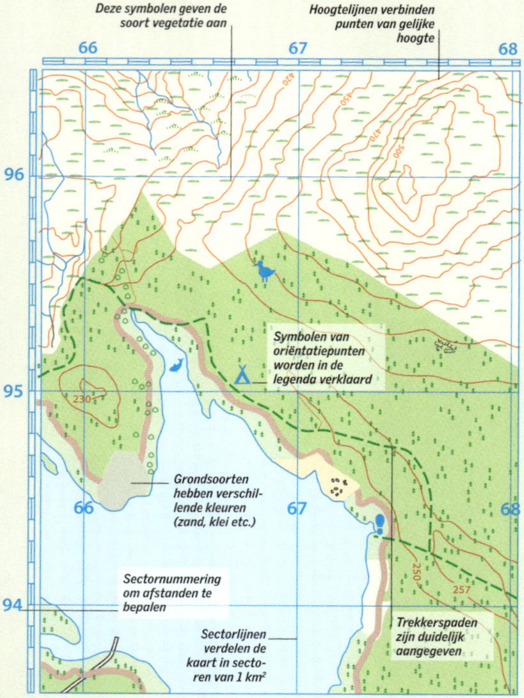

LEGENDA

Elke topografische kaart heeft een legenda, waarin alle symbolen op de kaart worden uitgelegd. Zorg dat je alle symbolen kent, dan komt de kaart tot leven. Hieronder staan een paar voorbeelden:

OP SCHAAL

Landkaarten zijn altijd op schaal getekend. De schaalverdeling is een vermenigvuldigingsfactor waarmee je de werkelijke afstanden kunt berekenen. Gebruikelijk is een schaal van 1: 25.000 ('één op 25.000'), wat dus betekent dat 4 cm op de kaart in werkelijkheid 1 kilometer is. Kaarten met een kleinere schaalverdeling geven een beter totaaloverzicht van het gebied.

AFSTANDEN BEREKENEN

De schaalverdeling van de kaart maakt het mogelijk de werkelijke afstanden vrij nauwkeurig in te schatten. Daardoor kun je de route naar je doel indelen, waarbij je rekening houdt met je energieverbruik. In een survival-situatie, waarin elk beetje energie dat je bespaart meetelt, is de kortste route meestal de beste.

HET GEBRUIK VAN DE SECTORLIJNEN

De eenvoudigste manier om afstanden te berekenen is het gebruik van de sectorlijnen. Elke sector op een kaart met een schaal van 1 : 25.000 is 1 km²; de lengte van de diagonaal is ongeveer 1,5 km. Je kunt ook het begin en het eindpunt van de route op een papiertje overnemen en de afstand op het papiertje opmeten met behulp van de lijn die de schaalverdeling aangeeft.

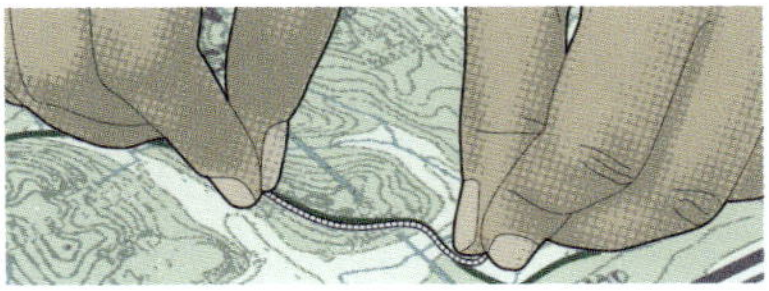

AFSTANDEN METEN MET EEN TOUWTJE

Meestal beschrijft je route geen rechte lijn en dan kan het gebruik van een touwtje uitkomst bieden. Leg het precies over de route, trek het weer strak en meet de lengte af op de schaalverdeling. Soldeerdraad (loodvrij) is nog beter: je kunt het alle kanten op buigen en het houdt zijn vorm tot je het weer strak trekt om het op te meten.

HOOGTELIJNEN

Op topografische kaarten zie je overal hoogtelijnen lopen. Die lijnen verbinden punten van gelijke hoogte boven zeeniveau en zijn erg gedetailleerd. Op een kaart met een schaal van 1:25.000 vind je bij elke 5 meter hoogteverschil een nieuwe lijn. Alleen bij kaarten voor berggebieden is de interval soms 10 meter. Kijk voor alle zekerheid altijd even in de legenda. Het duurt misschien even voordat je de hoogtelijnen goed kunt interpreteren, maar als je die kunst eenmaal beheerst, zul je er veel profijt van hebben!

NIET NODELOOS KLIMMEN

Je planning (blz. 73) en het navigeren worden een stuk gemakkelijker als je weet waar de route steil omhoog loopt en waar niet. Klimmen slorpt energie op, dus het is vaak verstandiger om heuvels te vermijden door de hoogtelijnen te volgen.

Deze getallen geven de hoogte in meters boven zeeniveau aan

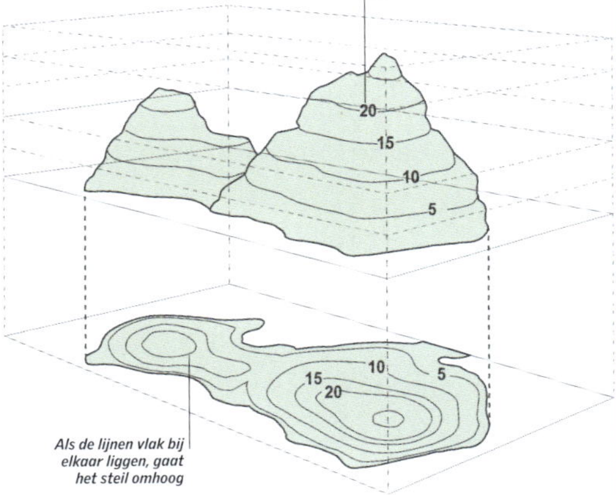

Als de lijnen vlak bij elkaar liggen, gaat het steil omhoog

REFERENTIEGETALLEN

De lijnen die de kaart in sectoren verdelen, hebben allemaal een eigen nummer. De verticale lijnen heten 'eastings', omdat de getallen naar het oosten toe oplopen. De horizontale lijnen heten navenant de 'northings'. De lijnen kruisen elkaar en vormen zo een raster dat het gebied in sectoren verdeelt.

SECTORNUMMERING

Om een sectornummer te bepalen, zet je het getal van de eerste 'easting' voor het getal van de onderste 'northing'. Het donkergroene gebied hieronder is dus nummer 2046. Omdat de lijnen op deze kaart (schaal 1:25.000) precies op 1 km van elkaar liggen, is elke sectie dus 1 km² groot. Als je nauwkeuriger te werk wilt gaan, kun je elke lijn in tien gelijke stukjes opdelen en het corresponderende cijfer toevoegen. Het kruisje hieronder staat in dat geval dus in sectie 185445.

DE JUISTE KOERS

JE MOET EEN KAART niet alleen goed kunnen lezen, je moet er ook mee kunnen navigeren. Soms is alleen de kaart voldoende, maar het is beter om ook een kompas te gebruiken. Een kompas geeft niet alleen de windstreken aan; het bepaalt ook je positie, de juiste richting voor jou en je landkaart, de plaats van de tussenstops en hoe je moet navigeren om er te komen.

WINDSTREKEN

De vier windstreken zijn:

- Noord (N) - 0°/360°
- Oost (O) - 90°
- Zuid (Z) - 180°
- West (W) - 270°

HOE WERKT EEN KOMPAS

De naald van een kompas is magnetisch en wijst daarom naar de magnetische Noord- en Zuidpool als hij onbelemmerd kan draaien. Je moet een kompas altijd horizontaal gebruiken.

PLAATKOMPAS

Een plaatkompas is een prima survivalkompas. Je kunt er onder meer je kaart mee richten en afstanden op de kaart meteen opmeten.

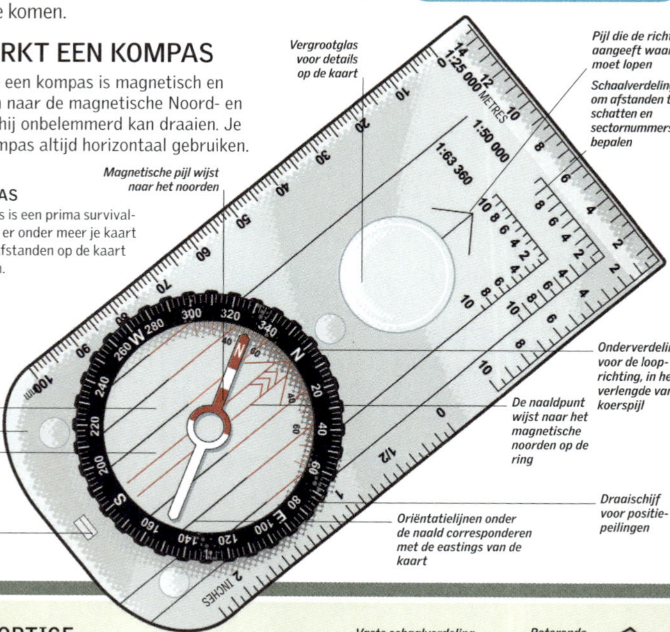

ANDERSOORTIGE KOMPASSEN

Er zijn allerlei soorten kompassen, variërend van simpele uitvoeringen die alleen de vier windstreken aangeven tot complexe prismakompassen met lenzen en spiegels. Koop een kompas dat aan jouw eisen voldoet, en als reserve een eenvoudig exemplaar.

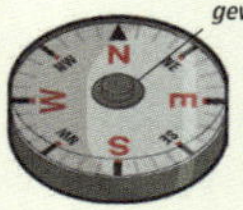

KOMPAS (BASISMODEL)

Simpeler kan het niet: alleen de windstreken worden aangegeven. Ideaal als reservekompas.

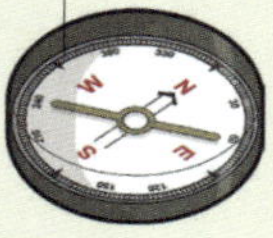

PEILKOMPAS

Basiskompas met vaste schaalverdeling en gradenboog.

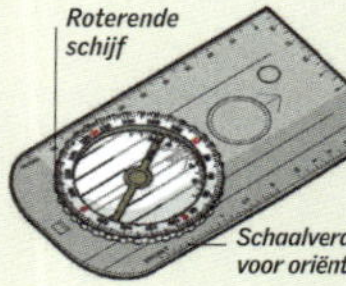

ORIËNTATIEKOMPAS

Met roterende schaalverdeling, maar minder gecompliceerd dan het plaatkompas hierboven.

JE LANDKAART RICHTEN

Als je de landkaart in de juiste richting houdt, weet je precies waar je heen gaat. Je ziet letterlijk al voor je wat je zo meteen tegen zult komen, dus je merkt al snel wanneer je per ongeluk van de route afwijkt. Kun je een groot gebied overzien, breng dan de landkaart in positie door een opvallend kenmerk in de omgeving precies op lijn met de afbeelding op je kaart te houden. Met een kompas gaat dat veel nauwkeuriger.

1 Draai de schijf van het kompas zodanig dat de naald op de N is gericht. Leg je kaart op de grond en check of er niets in de buurt ligt waardoor je kompas kan gaan afwijken (zie kader).

- Leg het kompas op de kaart met de rand parallel aan de verticale lijnen (eastings).

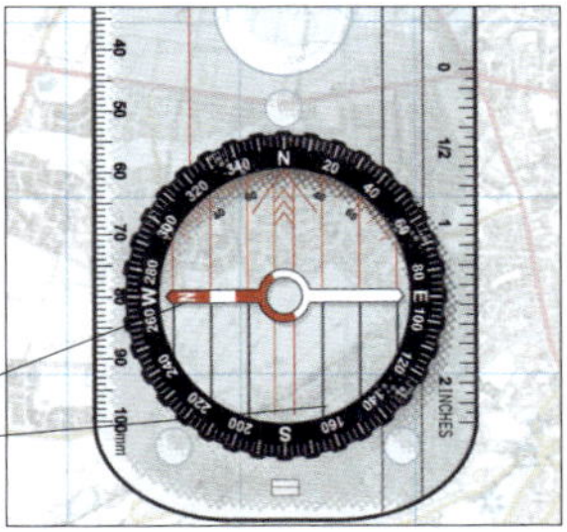

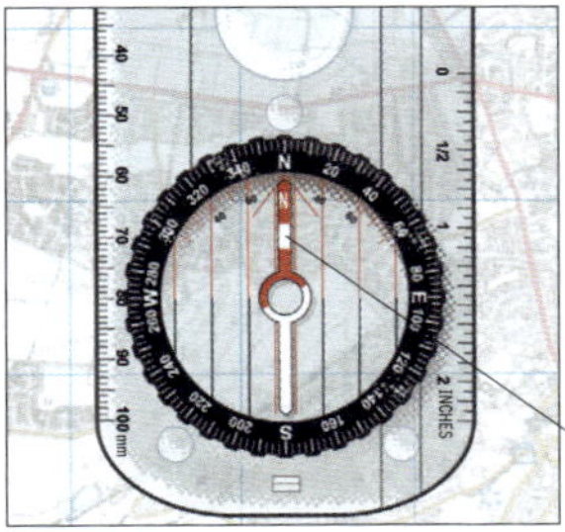

2 Draai nu de hele kaart tot de punt van de kompasnaald naar de N op de ring wijst. De oriëntatielijnen lopen nog steeds parallel. De kaart is nu correct gericht op het magnetische noorden. Opvallende landschapskenmerken moeten nu in dezelfde richting liggen als op de kaart.

- Als de declinatie (rechts) in het gebied meer dan 5° bedraagt, moet je compenseren.

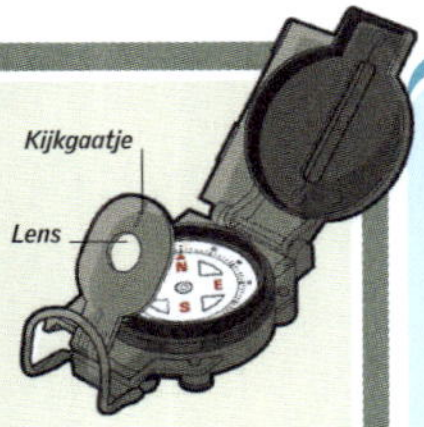

PRISMAKOMPAS

Precisie-instrument voor zeer nauwkeurige navigatie.

EXACT PEILEN

Houd het kompas altijd horizontaal, dan werkt het beter. De naald is magnetisch en daardoor erg gevoelig voor allerlei invloeden. Gebruik een kompas nooit in de buurt van:

- Metaal of andere magnetische voorwerpen
- Elektriciteit, bijvoorbeeld hoogspanningskabels
- Gebouwen en voertuigen. Beide kunnen gedeeltelijk van metaal zijn of elektriciteit gebruiken

DECLINATIE

Legenda van landkaarten duiden op drie verschillende manieren het noorden aan: het geografische noorden, de Noordpool en het magnetische noorden. De afwijking tussen het geografische noorden en het magnetische noorden heet de *declinatie*. De Noordpool is het punt waar de meridianen samenkomen. Het geografische noorden is de richting van de 'northerns' op de landkaart, omdat die immers vlak is. Het magnetische noorden is de richting die de kompasnaald aangeeft.

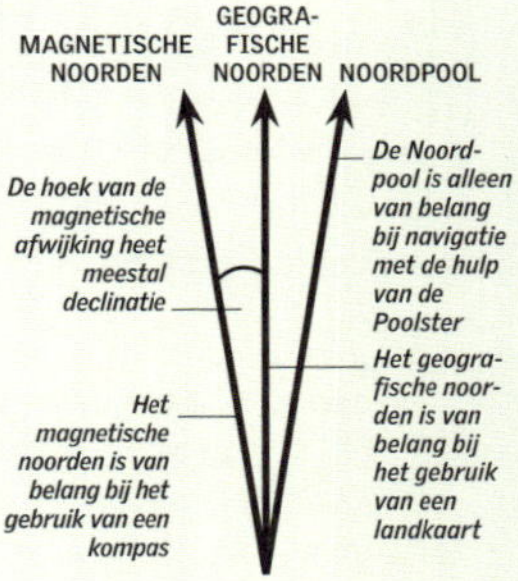

DECLINATIECORRECTIE

Bij het omzetten van een magnetische richting in een geografische (**MA-G**) of omgekeerd (**GE-MA**) moet je graden aftrekken of toevoegen. Ezelsbruggetje voor westelijke declinatie: **MAG minder**, maar **GEMA** meer. Bij oostelijke declinatie net andersom..

1 In de legenda vind je de declinatie (oost of west, aantal °) van je locatie.

2 Als de declinatie 0 is, hoef je niets aan te passen.

3 Trek 12° af als je een westelijke declinatie van 12° van magnetisch naar geografisch wilt omzetten. Bij een oostelijke declinatie tel je er 12° bij op.

4 Tel er 12° bij als je een westelijke declinatie van 12° van geografisch naar magnetisch wilt omzetten. Bij een oostelijke declinatie trek je er 12° af.

DE JUISTE RICHTING BEPALEN

Ga rustig en weloverwogen te werk als je een kompas gebruikt, vooral bij het uitzetten van een route. Door een kleine vergissing kun je kilometers omlopen of zelfs helemaal verdwaald raken.

MET EEN LANDKAART

Je koers bepalen met een landkaart is niet echt moeilijk. Met behulp van je kompas zet je de route uit en controleer je steeds of je nog in de juiste richting loopt.

OMGEKEERDE ORIËNTATIE

Bij omgekeerde oriëntatie bepaal je de richting aan de hand van een herkenningspunt dat je al gepasseerd bent. Alles gaat precies hetzelfde, behalve dan dat je bij de gevonden koers 180° moet optellen of aftrekken. Je koers wordt dus aangewezen door de achterkant van de koerspijl. Als je dat maar onthoudt, kun je met je kompas de route op de kaart aantekenen.

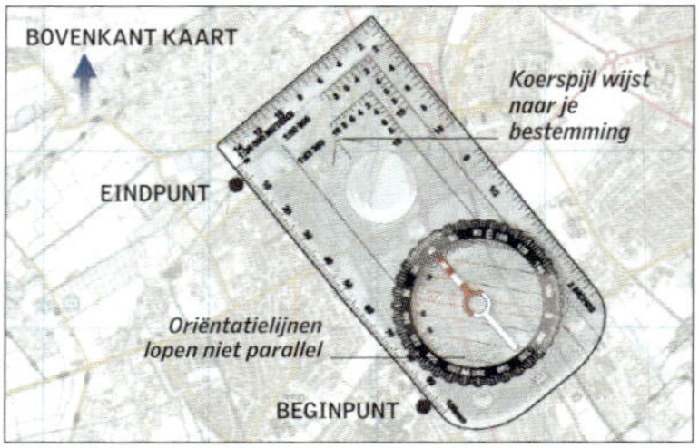

1 Leg de kaart op een vlakke ondergrond en zorg dat het kompas niet kan worden beïnvloed (zie kader blz. 69).

- Leg het kompas op de kaart. De rand van het kompas moet van begin tot eind over je geplande route lopen.
- Controleer of de koerspijl van het kompas in de looprichting op de kaart wijst.

ORIËNTATIEPUNTEN IN HET LANDSCHAP

Soms kun je van grote afstand een opvallend herkenningspunt zien dat zich gaandeweg uit je gezichtsveld verwijdert door de terreinomstandigheden. Markeer dat herkenningspunt op je kaart om je onderweg te oriënteren (rechts & kader rechter blz.).

JE KOERS BEPALEN

Richt je kompas op het oriëntatiepunt in de verte, houd de bodemplaat in die positie en draai het kompashuis tot de richtingpijl en de naaldpunt in dezelfde richting wijzen. Je weet nu de – magnetische – koers die je moet volgen om bij het oriëntatiepunt te komen.

HET OMZETTEN VAN DE MAGNETISCHE KOERS NAAR DE GEOGRAFISCHE KOERS

Het is erg belangrijk dat je weet hoe je een magnetische bepaalde richting moet aanpassen om de route op de kaart (geografische richting) correct aan te geven. In ons voorbeeld gaan we uit van een westelijke declinatie van 12°.

- Bepaal de richting van het doel. In ons voorbeeld ligt het doel op 45° (magnetische koers).
- Nu zet je de koers op de kaart uit. Hoe was het ook weer: MAG minder, Gema meer. Je trekt dus de declinatie (12°) af van de magnetische richting (45°). De uitkomst (33°) is de geografische richting.
- Corrigeer nu de richting op het kompas.

HET OVERBRENGEN OP DE KAART

Leg de linkerbovenhoek van de kompasplaat op je doel en houd hem daar. Draai het kompas rond dit punt tot de oriëntatielijnen parallel lopen met de verticale lijnen op de kaart. Trek nu een rechte lijn vanaf het doel langs de linkerkant van de kompasplaat. Je route staat nu op de kaart.

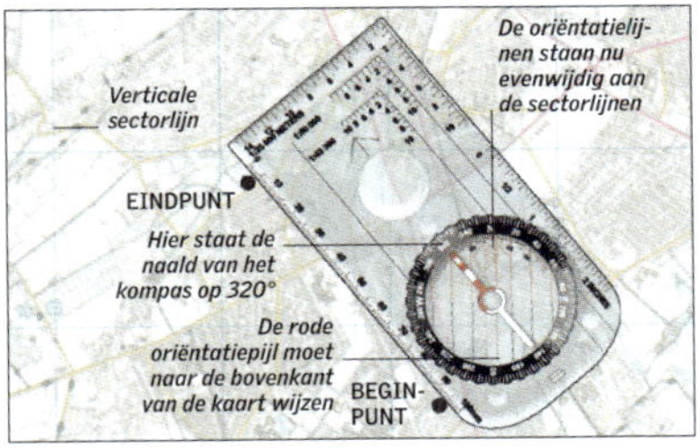

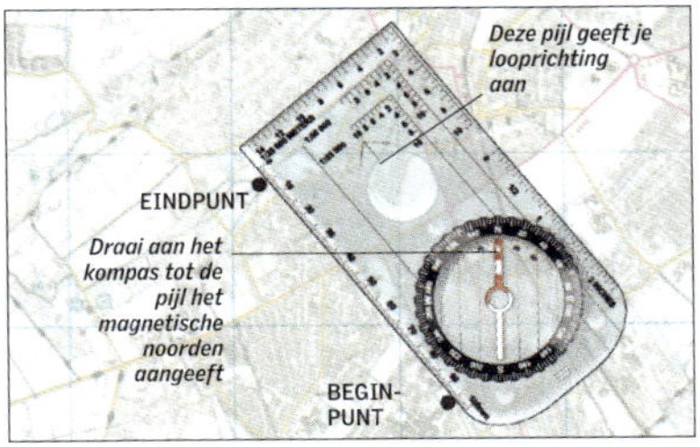

2 Draai het kompashuis tot de naald en de oriëntatielijnen binnen de ring evenwijdig zijn aan de sectorlijnen op de kaart. Kijk nu naar de getallen op de draairing om te zien in welke richting de naald wijst.

- Om je doel te bereiken, moet je de richting aanpassen aan de magnetische richting. De informatie daarvoor staat in de legenda (blz. 69). Tel het daar gevonden aantal ° erbij op of trek het eraf, en draai het kompas tot het de nieuwe koers aanwijst.

3 Gebruik je kompas om deze koers te kunnen blijven volgen.

- Houd het op borsthoogte horizontaal vóór je, zodat je er gemakkelijk op kunt kijken.
- Draai om je as tot de naald naar het noorden wijst. De koerspijl geeft nu de richting aan die je moet volgen.

POSITIEBEPALING

Als je niet precies weet waar je bent, maar wel een paar opvallende dingen in het landschap kunt zien die ook op je kaart staan, kun je de richting van die oriëntatiepunten aflezen op je kompas en vervolgens met behulp van de kaart bepalen waar je je bevindt (uiterst links en links). Dat doe je met een driehoeksmeting, of in militaire termen: 'resectie'. Daarvoor zet je de kompasrichting om in sectorlijnen op je kaart.

POSITIEBEPALING MET BEHULP VAN HET LANDSCHAP

Als je op een weg of langs een rivier loopt die op de kaart staat aangegeven en een ander opvallend punt kunt zien dat ook op de kaart staat, kun je de richting bepalen en die vervolgens op je kaart aantekenen. De lijn die je trekt, kruist dan je huidige positie. In het onderstaande voorbeeld loop je ergens langs een rivier en kun je in de verte een kerk zien die ook op je kaart staat.

POSITIEBEPALING VANAF EEN ONBEKENDE LOCATIE

Als je zelf niet in de buurt van een opvallend punt bent maar wel andere dingen ziet die ook op de kaart staan aangegeven, kun je de richting van die oriëntatiepunten bepalen en op de kaart aangeven. Die punten moeten dan wel op minstens 1 km afstand van je positie liggen en minimaal 40° van elkaar verwijderd zijn. Als je de richtlijnen van beide punten op je kaart tekent, kruisen de lijnen elkaar op je huidige locatie. Voor alle zekerheid kun je nog een derde richtlijn tekenen. Idealiter kruisen de drie lijnen elkaar in hetzelfde punt, maar in de praktijk zullen ze meestal een klein driehoekje vormen. In dat driehoekje ligt je huidige locatie.

1 Bepaal de richting van de herkenningspunten met je kompas.

- Verleng de richtlijnen achterwaarts (zie kader boven aan de blz.) en teken ze op je kaart.

2 Verleng de lijnen tot ze elkaar kruisen.

- Het kruispunt is tevens je huidige locatie.
- Herhaal voor alle zekerheid de procedure met een derde richtlijn.

DE ROUTE INDELEN

OF JE NU JE GEPLANDE ROUTE VOLGT of in een survivalsituatie op zoek bent naar een veiliger locatie of een locatie waar de kans op redding groter is, in beide gevallen moet je met behulp van je kaart de route indelen. Je moet weten hoe ver je per dag kunt komen, want anders loop je grote kans de nacht in de wildernis te moeten doorbrengen.

ROUTEPLANNER

Deel je route op in kleine stukjes. Je navigeert dan alerter en de totale afstand lijkt niet zo'n grote kluif. In een groep altijd een ERV (emergency rendezvous) punt afspreken voor elke sector. Als er iemand zoek is, moet iedereen naar dit ontmoetingspunt gaan. Laat de route langs zo veel mogelijk veilige plekken (campings) en waterbronnen (rivieren) lopen.

AFSTANDEN BEREKENEN

Er zijn meerdere manieren om te berekenen welke afstand je per dag kunt afleggen. Een doorgewinterde survivor gebruikt altijd minstens twee methodes.

STAPPEN TELLEN

Stappen tellen betekent dat je eerst de lengte van je passen bepaalt en uitrekent hoeveel passen een bepaalde afstand is. De rest is dan een kwestie van stappen tellen terwijl je loopt. De meeste mensen hebben voor 100 meter ongeveer 120 passen nodig. Probeer de onderstaande methodes uit en kijk welke je het beste bevalt:

- Kerf 10 strepen in je wandelstok. Verplaats na elke 100 meter een elastiekje 1 streepje naar beneden.
- Gebruik een kralenketting. De ene helft van de ketting telt 9 kralen (voor elke 100 meter 1) en de andere helft telt 4 kralen om de kilometers bij te houden.
- Stop 10 kiezelsteentjes in je broekzak. Pak er na elke 100 meter eentje uit en stop die in je andere broekzak.

Als het elastiekje bij de onderste inkeping is, heb je een kilometer afgelegd

KLAAR IS KLAAR

Gebruik je kaart ook om steeds de route die je hebt afgelegd te markeren. Bereken van tevoren de afstand tussen bepaalde opvallende punten en kruis ze aan als je ze passeert. Als je de route al helemaal in je hoofd hebt, kun je ze ook zonder kaart mentaal wegstrepen.

ERVARING

Naarmate je meer ervaring hebt, kun je beter beoordelen hoe lang je over een bepaald traject zult doen. Vuistregels zijn prima, maar er gaat niets boven je eigen ervaring. Door steeds precies bij te houden hoelang je over bepaalde afstanden doet, ontwikkel je je eigen meetsysteem.

VUISTREGELS

Voor het schatten van af te leggen afstanden onder verschillende topografische omstandigheden kun je de volgende vuistregels hanteren:

- Reken 1 uur voor elke 5 km die je lopend aflegt.
- Tel er een halfuur bij op voor elke 300 meter die je moet klimmen.
- Trek er 10 minuten af voor elke 300 meter die naar beneden loopt. Erg steile afdalingen daarentegen kosten juist extra tijd: tel er 10 minuten bij voor elke 300 meter.

NAVIGATIETECHNIEKEN

Op het vasteland zul je niet gauw verdwalen zolang je rechtstreeks van het ene opvallende punt naar het andere loopt. Helaas is dat niet altijd mogelijk, bijvoorbeeld wanneer er een rivier of een moeras op de route ligt. Vaak kun je dan beter omlopen, maar dat heeft natuurlijk consequenties.

NAVIGATIEPRINCIPES

Je verdwaalt niet als je weet:

- Waar je vertrokken bent
- Welke koers je hebt gevolgd
- Welke afstand je hebt afgelegd

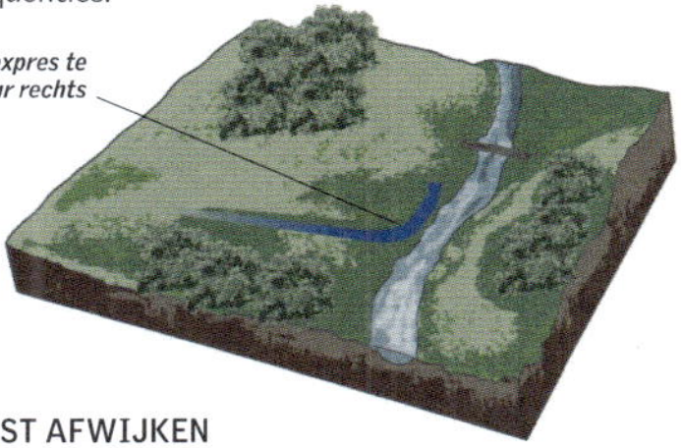

BEWUST AFWIJKEN

Het gebeurt maar al te vaak dat je per ongeluk uit de richting raakt. Je route loopt bijvoorbeeld naar een brug over een rivier, maar als je bij de rivier aankomt, is er geen brug te bekennen. Als je nu van tevoren je koers iets te veel naar rechts verlegt, weet je zeker dat je bij de rivier naar links moet lopen.

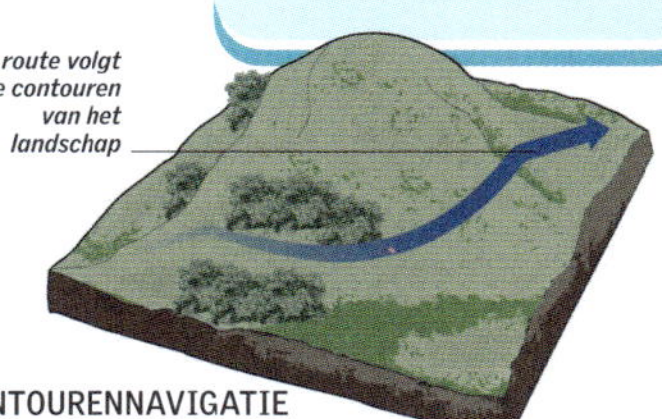

CONTOURENNAVIGATIE

De kortste verbinding tussen twee punten is een rechte lijn, maar voortdurend klimmen en afdalen is erg vermoeiend en bijzonder tijdrovend. Probeer dus zo veel mogelijk de contouren van het landschap te volgen.

OMLOPEN (HAAKS PASSEREN)

Wanneer je niet rechtdoor kunt lopen, maak dan met behulp van je kompas een rechte hoek en tel je passen in de nieuwe richting. Als je voorbij het obstakel bent, ga je dezelfde afstand weer terug naar je oorspronkelijke route.

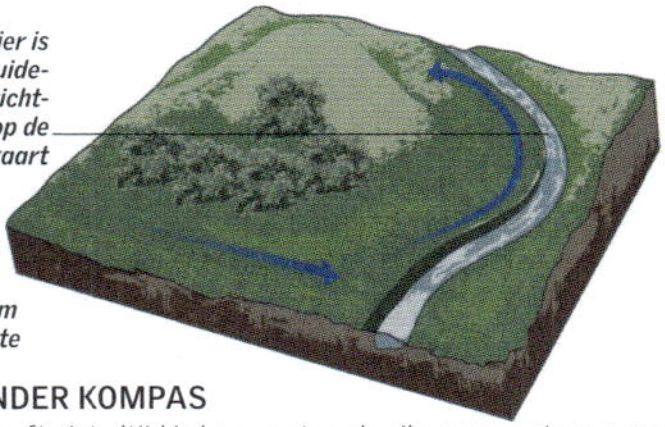

ZONDER KOMPAS

Je hoeft niet altijd je kompas te gebruiken: soms staan er op de kaart paden of rivieren die misschien niet direct op je route liggen, maar wel dicht bij je doel uitkomen. Ze zijn gemakkelijk te volgen en dus de moeite waard om er een klein stukje voor om te lopen.

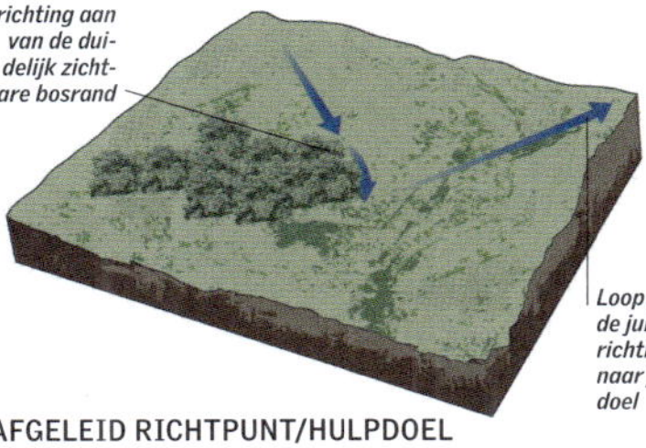

AFGELEID RICHTPUNT/HULPDOEL

Als je naar een bestemming loopt die lastig te lokaliseren is, kun je je richten op een herkenningspunt dat er vlak bij ligt. Bereken de afstand en de richting van dat hulpdoel tot je einddoel. Mocht je verdwalen, dan hoef je alleen maar terug naar je hulpdoel om opnieuw te kunnen beginnen.

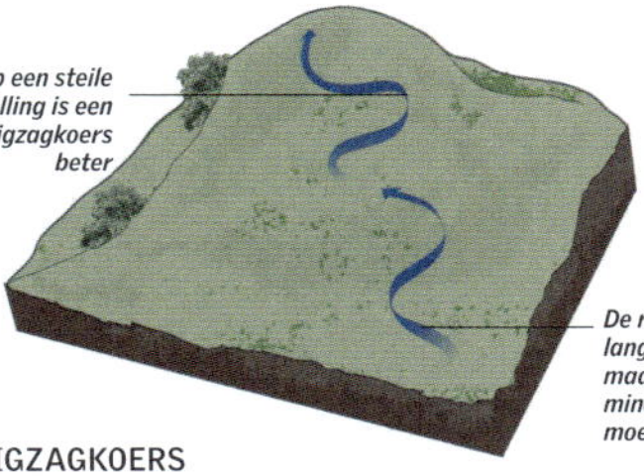

ZIGZAGKOERS

Soms móét je wel over een steile heuvel heen, en dat vreet energie. Het is dan beter om een zigzagkoers te volgen: benen, enkels, longen en hart hebben dan veel minder te verduren. Dat geldt trouwens ook bij het afdalen!

NAVIGEREN ZONDER KOMPAS

ALS JE ZONDER KOMPAS zit, kun je met een paar simpele voorwerpen uit je survivalkit zelf een kompas maken. Ook de moderne technologie kan vaak uitkomst bieden: satellietnavigatie is tegenwoordig overal verkrijgbaar.

MATERIAAL EN GEREEDSCHAP

Behalve de geïmproviseerde naald heb je één van de volgende dingen nodig:

- een mes
- je haar
- een lap zijde
- een magneet
- batterij, koperdraad, papier en tape

ZELF EEN KOMPAS MAKEN

Het is niet zo moeilijk om een stukje metaal magnetisch te maken om dat als kompas te gebruiken. Hoe nauwkeurig dat kompas werkt, hangt af van de materialen die je hebt en van je vindingrijkheid.

EEN NAALD MAGNETISCH MAKEN

Als je kompas kapot is, kijk dan eerst of je de kompasnaald nog kunt gebruiken, want die is al magnetisch. Zo niet, dan moet je zelf aan de slag met bijvoorbeeld:

- een naald uit je survivalkit of van je naaigerei
- een paperclip die je open buigt en recht maakt
- een scheermesje uit je survivalkit
- een klein spijkertje of een stukje ijzergaas

De geïmproviseerde kompasnaald moet nu eerst magnetisch gemaakt worden (zie hiernaast). Hoe dunner de naald, des te gemakkelijker dat gaat.

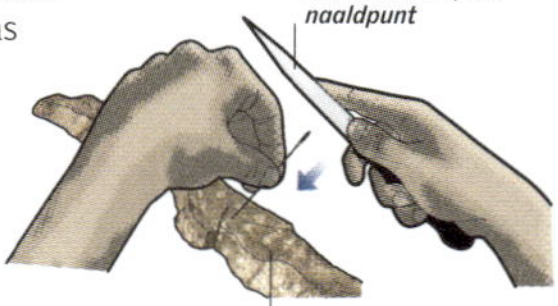

AANTIKKEN

Richt de naald zo nauwkeurig mogelijk noord-zuid en houd hem vast onder een hoek van 45°. Tik met een stuk metaal zachtjes op de punt. Ondersteunen met een stuk hout vergroot het effect.

MET JE HAREN

Strijk de punt van de naald door je hoofdhaar, evenwijdig aan de haren. Maak lange, rustige halen en pas op dat je jezelf niet prikt.

DE NAALD MOET VRIJ KUNNEN DRAAIEN

Als je kompasnaald klaar is, moet je nog een manier vinden waarop hij zonder wrijving steeds naar het noorden kan draaien. De naald mag niet beïnvloed worden door bijvoorbeeld de wind.

HANGENDE NAALD

Het voordeel van deze methode is dat je het hele kompas kunt meenemen en dat je het steeds opnieuw kunt gebruiken. Hang een magnetisch scheermesje – dat blijft beter in positie dan de andere materialen – aan een katoenen draad in en lege plastic fles. Als het mesje niet door de opening past, kun je de bodem uit de fles snijden.

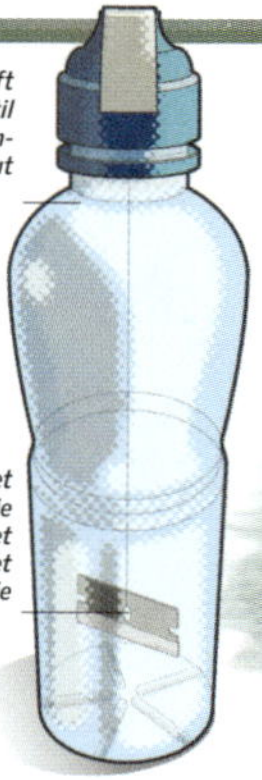

DRIJVENDE NAALD

Leg de naald op een blaadje, een stukje papier of een dun stukje boombast en deponeer het geheel in stilstaand water, bijvoorbeeld een klein beschut poeltje, of gebruik een niet-metalen bakje. Je kunt ook een strootje als drijver gebruiken en daar de naald in steken.

HET MAGNETISCH MAKEN VAN VOORWERPEN

Het magnetisme in je kompasnaald wordt sterker en blijft langer aanwezig naarmate je het proces van het magnetiseren langer doorzet. Als je naald aan een ander metalen voorwerp blijft hangen, is hij magnetisch genoeg. Daarna laat je hem drijven (onder) om te zien welke kant van de naald naar het noorden wijst.
Daarvoor gebruik je bijvoorbeeld de stand van de zon (blz. 76-77). Markeer de punt die het noorden aangeeft met een pen of een kerfje.

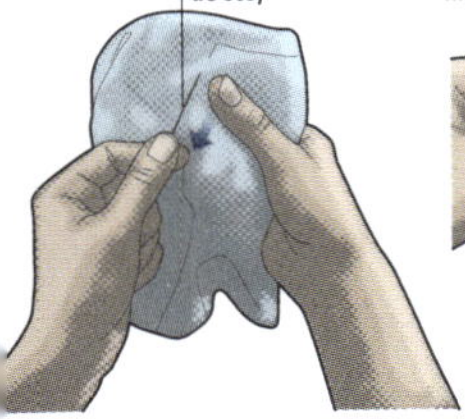

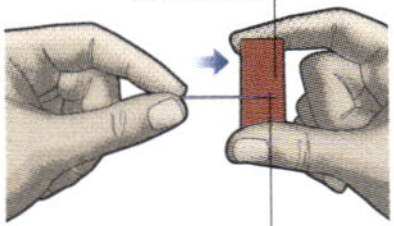

MET ZIJDE

Vergelijkbaar met de haar-methode, maar effectiever. Zoek iets dat van zijde is, bijvoorbeeld thermokleding of de hoes van je slaapzak, en strijk er steeds in dezelfde richting met de naald overheen.

MET EEN MAGNEET

Haal de magneet met strijkende bewegingen over de naald, steeds in dezelfde richting. Een magneet is onderweg vaak een handig hulpmiddel, maar mag nooit te dicht in de buurt van je kompas komen.

MET ELEKTRICITEIT

De meest effectieve methode is het gebruik van elektriciteit. Je hebt er een batterijtje voor nodig en een stukje geïsoleerd elektriciteitsdraad. Een koperdraadje uit je kit en een stukje papier of iets anders wat niet geleidt, is ook goed.

1. Wikkel het papiertje om de naald als isolatie. De naald zelf mag niet onder stroom staan.

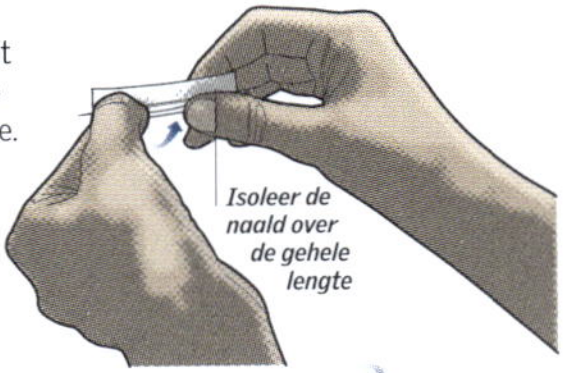

2. Wikkel de draad stevig over de hele lengte van de geïsoleerde naald

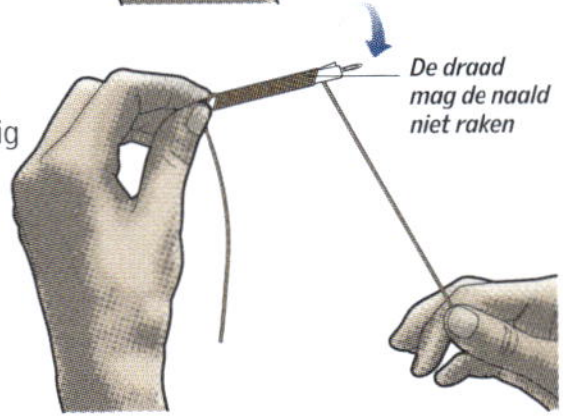

3. Koppel de draad aan de batterij. Zodra de batterij warm wordt, is de naald magnetisch.

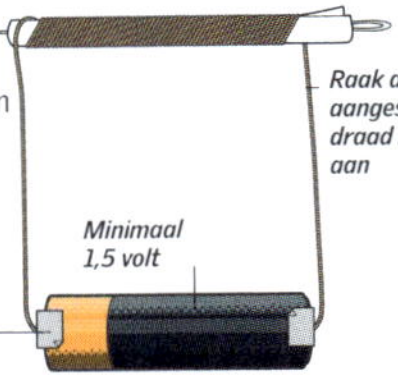

GPS-TECHNOLOGIE

GPS is een navigatiesysteem dat werkt via 24 satellieten die om de aarde draaien. Je kunt er tot op enkele meters nauwkeurig je positie mee bepalen. Ook richtingen en afstanden van punt tot punt kun je simpelweg aflezen, maar als er geen kaart van de omgeving aan gekoppeld is, weet je niet wat de beste route is of welke hindernissen er zijn. Combineer in dat geval je GPS met kaart en kompas.

GPS IN DE PRAKTIJK

Je Global Positioning System (GPS) werkt niet betrouwbaar als hoge gebouwen of een dicht bladerdak de satellietverbinding belemmeren.

NAVIGEREN MET NATUURLIJKE MIDDELEN

ALS JE KOMPAS KAPOT is en je ook geen geïmproviseerd kompas kunt maken, ben je aangewezen op natuurlijke indicatoren. Dankzij de draaiing van de aarde kun je de posities van de zon, de maan en de sterren gebruiken. Een paar eenvoudige materialen en een beetje knowhow is alles wat je nodig hebt.

SCHADUWMETINGEN

Met een schaduwstok kun je de richting en de tijd opmeten in het hele gebied tussen de beide poolcirkels (66,5° NB – 66,5° ZB).

- Op het noordelijk halfrond ligt de schaduw van de stok ten noorden van de oost-westlijn.
- Op het zuidelijk halfrond ligt de schaduw van de stok ten zuiden van de oost-westlijn.
- Om 12 uur 's middags is de schaduw het kortst.

DE ZON

De zon is – als hij zichtbaar is – je beste natuurlijke kompas. Hij komt min of meer in het oosten op en gaat in het westen weer onder. Om 12 uur 's middags staat hij op het noordelijk halfrond in het zuiden en op het zuidelijk halfrond in het noorden. Met behulp van de zon kun je globaal je koers en het tijdstip van de dag bepalen.

ORIËNTATIE

Aan de schaduw van een stok die je in de grond steekt, kun je de beweging en de positie van de zon aflezen. De zon beweegt 15° per uur van oost naar west.

1 Steek een stok zo recht mogelijk in de grond. De ondergrond moet vlak zijn.

2 Leg een steen op het uiteinde van de schaduw.

3 Leg na drie uur een andere steen op het nieuwe schaduwuiteinde.

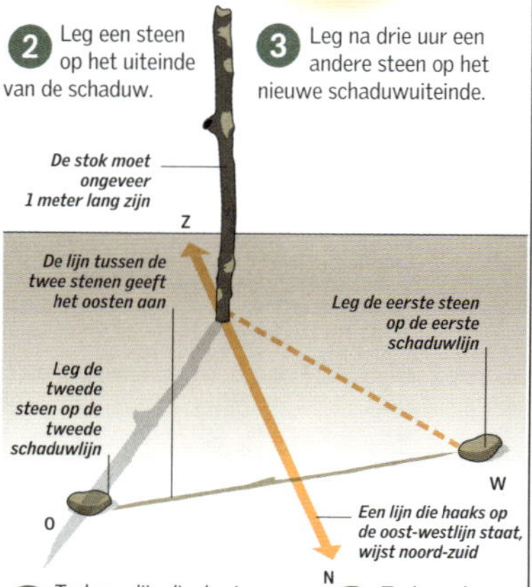

4 Trek een lijn die de stenen verbindt. Dit is de oost-westrichting. De eerste steen ligt precies in het westen, de tweede in het oosten.

5 Trek nu de noord-zuidlijn, haaks op de oost-westlijn.

DE TIJD AFLEZEN

Als je de oost-westlijn en de noord-zuidlijn hebt getrokken, kun je de stok als zonnewijzer gaan gebruiken. De schaduw geeft min of meer de juiste tijd aan.

1 Zet de stok in de grond op de kruising van de beide lijnen.

2 Bind een stuk touw aan de stok. Maak aan het andere eind van het touw een stokje vast en teken daarmee een halve cirkel op de grond.

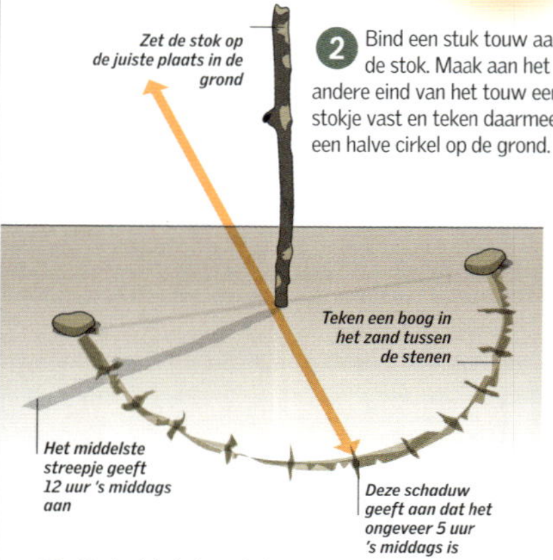

3 Verdeel de halve cirkel met dwarsstreepjes in twaalf vakjes. Elk streepje stelt een uur voor, van 6 uur 's ochtends tot 6 uur 's avonds. Het middelste streepje is 12 uur.

NAVIGEREN MET DE STERREN

Je kunt ook je positie bepalen aan de hand van de sterren. Aan de noordelijke sterrenhemel staat de poolster precies ten noorden van de horizon, en dus kun je ook de andere windstreken bepalen. Je vindt de Poolster als je de Grote Beer (het' aanhangwagentje') hebt gevonden en deze verlengt. Op het zuidelijk halfrond kun je het zuiden vinden met behulp van het Zuiderkruis.

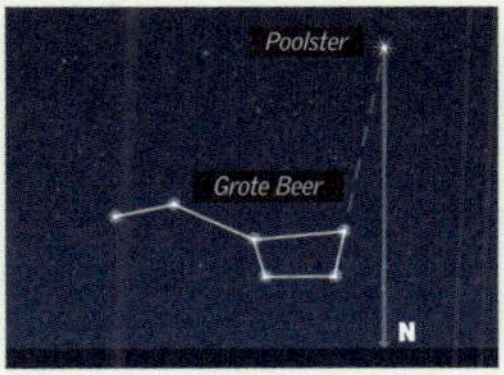

NOORDELIJK HALFROND

Kijk of je de Grote Beer kunt vinden en verbind in gedachten de twee voorste sterren. Trek deze lijn verder door tot hij ongeveer 4 keer zo lang is. Als het goed is, kom je nu bij de Poolster uit.

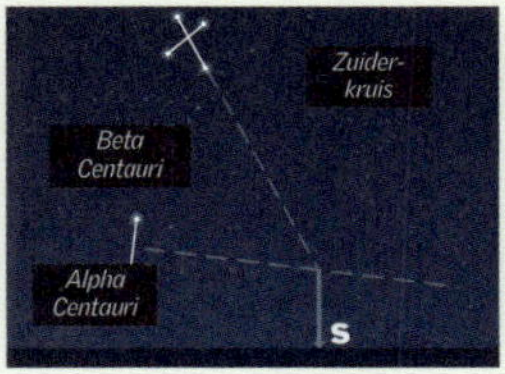

ZUIDELIJK HALFROND

Trek de langste as van het Zuiderkruis door tot bij een donkere plek. Verbind ook de twee helderste sterren van Centaurus en trek de middelloodlijn van die verbindingslijn. De lijnen kruisen elkaar in het donkere gebied. Pal daaronder ligt het zuiden.

MET DE MAAN

De maan reflecteert het zonlicht. Hij komt op in het oosten en gaat onder in het westen, dus kunnen we ons oriënteren. Op een heldere nacht kunnen we zelfs een schaduwstok gebruiken.

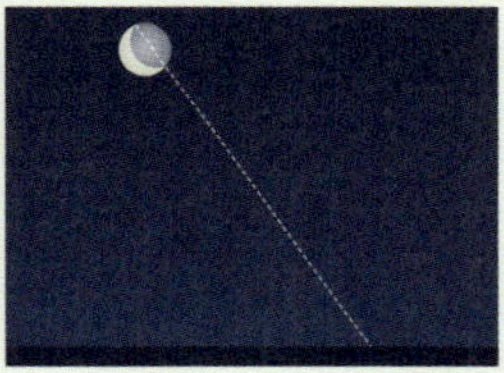

WASSENDE MAAN

Niet helemaal exact, maar soms wel handig: als we de punten van de maansikkel (1e kwartier) met een lijn verbinden, wijst die lijn op de horizon min of meer naar het zuiden (noordelijk halfrond) of het noorden (zuidelijk halfrond).

DE WIJZERPLAATMETHODE

Als de zon schijnt, kun je een analoog horloge gebruiken om je te oriënteren. Het horloge moet de plaatselijke tijd aangeven en je moet rekening houden met de lengte van de dagen. Als je geen horloge hebt maar wel weet hoe laat het is, kun je een geïmproviseerde wijzerplaat gebruiken waarop je 12 uur aangeeft en een uurwijzer tekent. Naarmate je dichter bij de equator bent, werkt deze methode minder nauwkeurig.

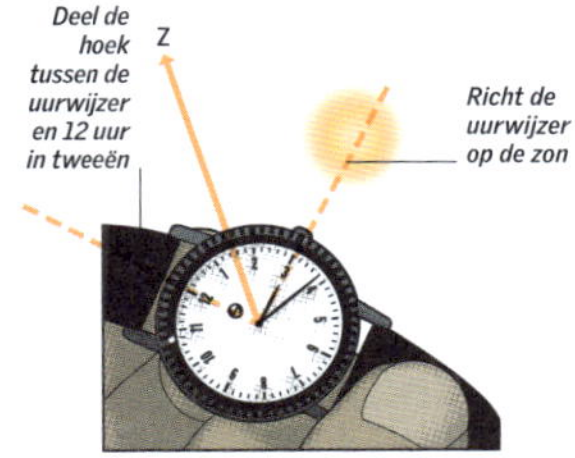

NOORDELIJK HALFROND

Op het noordelijk halfrond wijst de bissectrice van de hoek die de zon maakt met 12 uur exact naar het zuiden. Richt de uurwijzer op de zon en verdeel de hoek in tweeën.

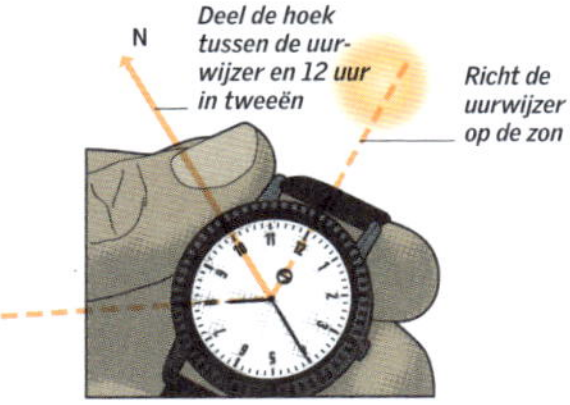

ZUIDELIJK HALFROND

Op het zuidelijk halfrond wijst de bissectrice van de hoek tussen de zon en 12 uur exact naar het noorden. Richt de uurwijzer op de zon en verdeel de hoek in tweeën.

NATUURLIJKE INDICATIES

De natuur reageert op plaatselijke omstandigheden en ook daarvan kun je gebruikmaken om je te oriënteren. Je moet dan wel de overheersende windrichting van het gebied weten.

BOMEN EN PLANTEN

- Bomen vergroeien in de richting van de wind.
- Aan de zonnige kant (noordelijk halfrond het zuiden, zuidelijk halfrond het noorden) zijn de bladeren het dichtst.
- Sommige planten (bijvoorbeeld cactussen) draaien tijdens de groei naar de zon.
- Mossen en korstmossen groeien aan de schaduwzijde van bomen en rotsen.

VOGELS, ZOOGDIEREN EN INSECTEN

- In winderige gebieden maken vogels, kleine zoogdieren en insecten hun onderkomen vaak aan de lijzijde van een heuvel.
- Spinnen maken hun web in de luwte. Veel kapotte webben betekent dus dat de wind tijdelijk uit een andere hoek komt dan normaal.

SNEEUW EN IJS

- Sneeuwduinen van poedersneeuw lopen vaak parallel aan de overheersende windrichting.
- Erosie door temperatuurverschillen is heftiger aan de kant waar de zon schijnt (noordelijk halfrond in het zuiden, zuidelijk halfrond in het noorden).

HET WEER

WEERSVERANDERINGEN KUNNEN van grote invloed zijn op je expeditie en op je survivalmogelijkheden. Je moet dus op allerlei weertypen voorbereid zijn. Luister naar de weersvoorspellingen en stem je kleding daarop af. Als de weersverwachting zo slecht is dat er grote problemen dreigen, is het beter om je plannen te wijzigen.

HET WEER

'Weer' is iets anders dan 'klimaat'. Het weer heeft betrekking op de huidige omstandigheden op een bepaalde plaats, zoals temperatuur, wind en regen. Het klimaat is het weer in een veel groter gebied en over een langere periode. Het weer kan omslaan door verandering van luchtdruk en temperatuur. Bij heftige veranderingen horen extreme weersomstandigheden, bijvoorbeeld orkanen. Meteorologen kunnen vrij exacte voorspellingen doen over het weer, maar er blijven altijd verrassingen. Houd daar rekening mee als je je spullen inpakt en je kleding kiest.

DE WERKING VAN HET WEER

'Het weer' ontstaat door luchtstromingen, verschillen in luchtvochtigheid en botsingen tussen warmte- en koudefronten. Het is nuttig om voordat je vertrekt de weerkaarten van het reisgebied te bestuderen. Die meteorologische kennis kun je dan gebruiken voor je routeplanning.

HET LEZEN VAN WEERKAARTEN

Het is leerzaam om topografische kaarten eens te vergelijken met weerkaarten. Hoogtelijnen die vlak bij elkaar liggen duiden op steile hellingen, isobaren die vlak bij elkaar liggen betekenen harde wind.

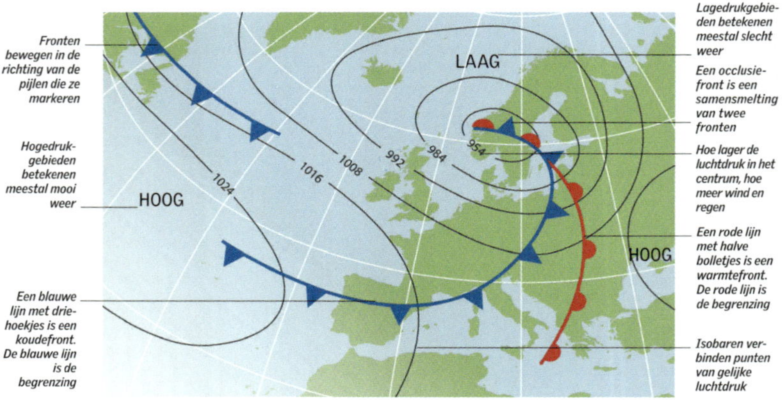

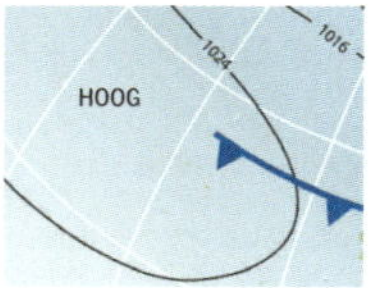

HOGE LUCHTDRUK

Bij hoge luchtdruk komt de lucht in een spiraal naar beneden terwijl hij opwarmt. De waterdamp vormt geen wolken, en dus blijft het mooi weer.

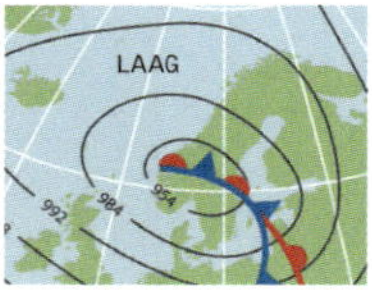

LAGE LUCHTDRUK

Bij lage luchtdruk stijgt de lucht evenwijdig aan de binnenste isobaren in een spiraal omhoog en koelt af. De waterdamp condenseert en vormt wolken.

LUCHTCIRCULATIE

Bij de evenaar stijgt voortdurend warme lucht op die in de richting van de beide polen stroomt. De luchtstroom koelt af, daalt en stroomt weer terug naar de evenaar. Door de draaiing van de aarde ontstaan er op die manier op elk halfrond drie verschillende circulatiesystemen met voorspelbare wind- en luchtdrukpatronen.

OPEENHOPINGEN VAN LUCHT

Grote hoeveelheden lucht van dezelfde temperatuur en vochtigheidsgraad hopen zich op tot gigantische luchtmassa's. De eigenschappen van deze massa's zijn het gevolg van de herkomst: noordelijke luchtstromen zijn kouder dan zuidelijke en lucht die van zee komt ('maritieme luchtmassa') is vochtiger en vormt meer wolken dan lucht die over het land komt aanwaaien ('continentale massa'). De grens tussen tropische lucht en polaire lucht wordt gevormd door warmtefronten en koudefronten.

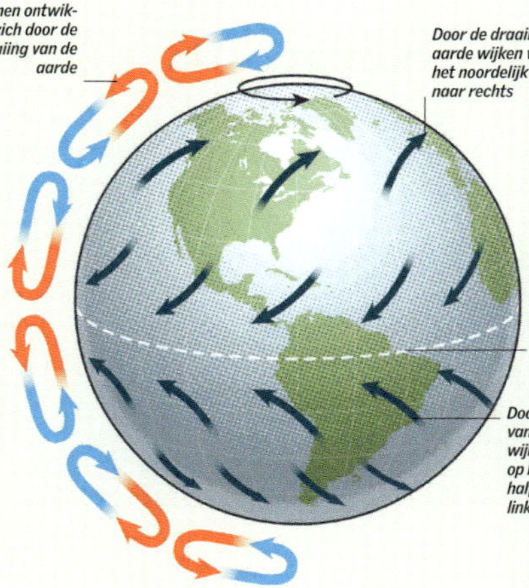

AAN DE GROND

Vlak boven de grond verandert elk weersysteem op voorspelbare wijze. Als je weet hoe, kun je je weerkaart of de weersvoorspelling beter interpreteren.

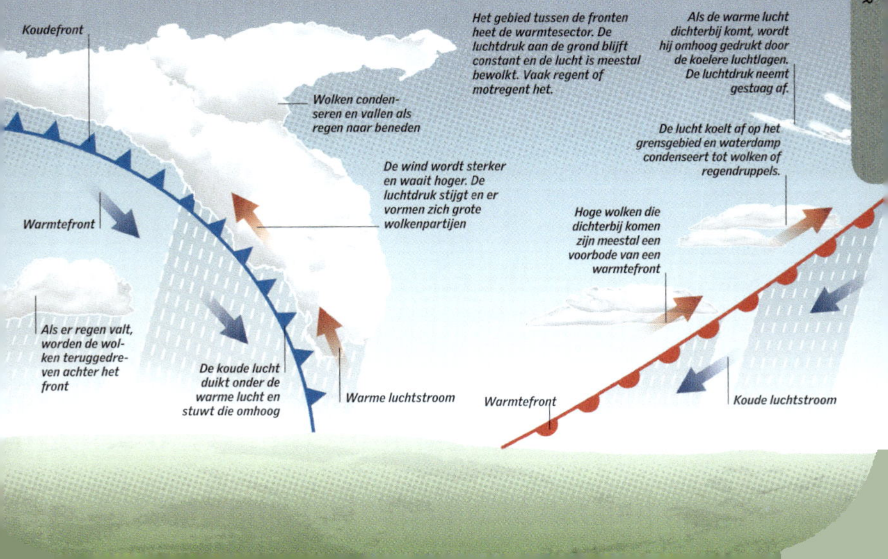

WEERSVERSCHIJNSELEN

HET BEKIJKEN VAN DE WOLKEN kan veel informatie opleveren over het weer dat ophanden is. Als je de weerberichten niet kunt ontvangen en geen weerkaarten hebt, is het een prima hulpmiddel. Je kunt daardoor misschien nog net op tijd een shelter bouwen en andere kleding aantrekken. Als het zicht slecht wordt door mist of laag hangende bewolking, ga dan alleen verder als je een kompas hebt en doe erg voorzichtig!

WOLKENVORMING

Wolken worden gevormd door afkoeling. Het proces is een beetje te vergelijken met het ademen tegen een koud glas. De waterdamp condenseert en het glas beslaat omdat de temperatuur het omslagpunt heeft bereikt waarbij waterdamp vloeibaar en zichtbaar wordt. De temperatuur in de lucht daalt gemiddeld 2 °C per 300 meter. Als nu vochtige zeelucht een hoogte bereikt waarop de omslagtemperatuur heerst, verandert de waterdamp in zichtbare wolken.

WOLKEN GEVEN INFORMATIE

Wolken (hoge, middelhoge en lage) bestaan uit grote hoeveelheden condenserende waterdamp. Ze produceren regen en houden het zonlicht tegen. De vorm van de wolken wordt bepaald door de manier waarop de warme lucht opstijgt en is een indicatie voor de stabiliteit van de lucht.

HOGE WOLKEN

Hoge, witte wolken duiden op mooi weer en een strak blauwe lucht wijst op uitstekende weersomstandigheden. Hoge wolkenpartijen die snel naderbij komen betekenen een omslag naar slecht weer. Hoge wolken zijn bijvoorbeeld:

- Cumulonimbus
- Cirruswolken
- Cirrusstratuswolken

MIDDELHOGE WOLKEN

Een dik, middelhoog wolkendek betekent langdurige hevige regenval, vooral wanneer de wolken donker en grijs zijn. Middelhoge wolken zijn bijvoorbeeld:

- Altocumulus
- Nimbostratus
- Altostratus

LAAGHANGENDE BEWOLKING

Lage wolken hebben duidelijke vormen die kunnen wijzen op korte, heftige regenbuien (cumulus) of langdurige regenval (stratus). Een paar voorbeelden:

- Cumulonimbus
- Stratus
- Stratocumulus
- Cumulus

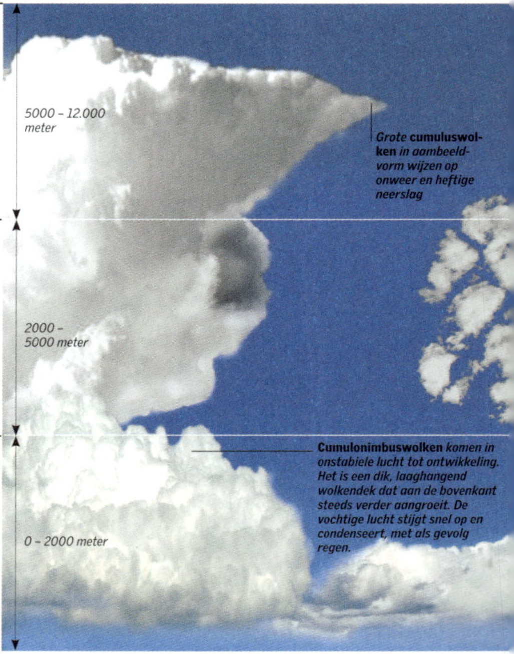

Grote **cumuluswolken** *in aambeeldvorm wijzen op onweer en heftige neerslag*

Cumulonimbuswolken *komen in onstabiele lucht tot ontwikkeling. Het is een dik, laaghangend wolkendek dat aan de bovenkant steeds verder aangroeit. De vochtige lucht stijgt snel op en condenseert, met als gevolg regen.*

GEVAARLIJKE WEERSOMSTANDIGHEDEN

De weersomstandigheden tijdens je zwerftocht kunnen soms gevaar opleveren. Het zicht kan belemmerd worden of het lopen op doorweekte paden en gladde rotsen kan blessures veroorzaken. In een survivalsituatie hebben vooral de temperatuur en de neerslag een enorme impact.

PAS OP! Schuil tijdens een onweersbui nooit onder een alleenstaande boom! Zoek een laag gebied op of – nog beter – schuil in je auto.

ZWARE REGENVAL

Stortbuien kunnen de ondergrond glad maken of zelfs helemaal onder water zetten. Stop om te schuilen of ga verder in waterdichte kleding.

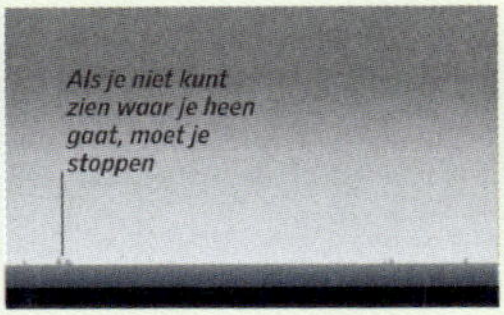

MIST

Mist is eigenlijk een wolk die de grond raakt. Je zicht wordt beperkt, dus pas op waar je loopt, vooral in de bergen.

BLIKSEM

Bliksem is een elektrische ontlading in de lucht. Hij slaat in bij het eerste vaste punt dat hij tegenkomt, dus vermijd hooggelegen plekken.

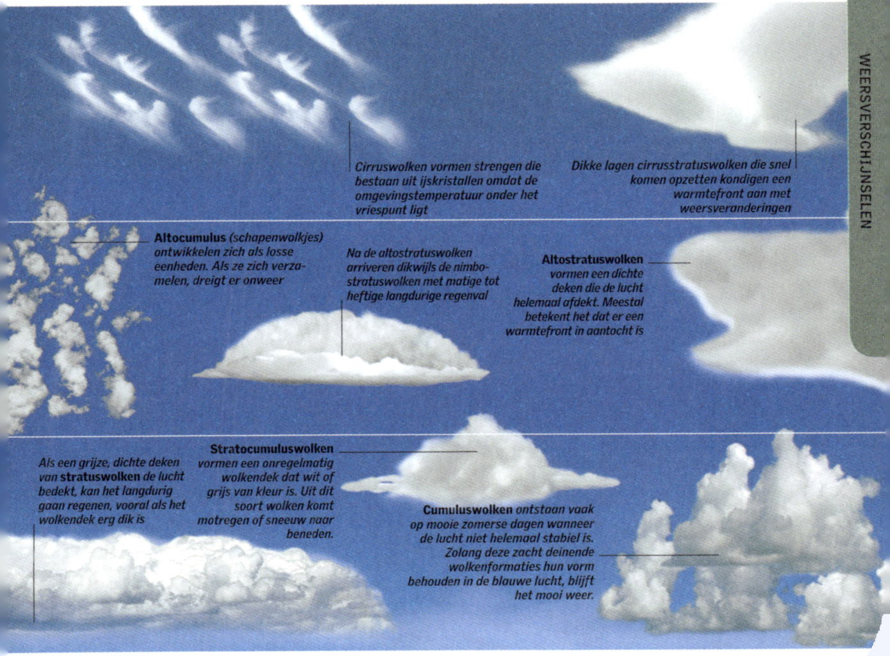

LOKALE WEERS-OMSTANDIGHEDEN

HET WEER WORDT BEÏNVLOED door geografische omstandigheden. In bergachtig gebied bijvoorbeeld moet de lucht stijgen en het temperatuurverschil tussen land en water heeft ook een voorspelbaar effect.

REGIONALE EFFECTEN

Het is belangrijk dat je weet hoe deze voorspelbare weerpatronen zich zullen voordoen in verschillende geografische omstandigheden. Je kunt je plannen er dan op aanpassen.

HET FÖHNEFFECT

De lijzijde van een berg is warmer en meer beschut dan de kant die op de wind ligt. De lucht stijgt bij de berg op en het vocht in de lucht condenseert tot wolken zodra de omslagtemperatuur is bereikt. Bij de top begint het daardoor te regenen en bij de afdaling aan de lijzijde warmt de lucht weer op.

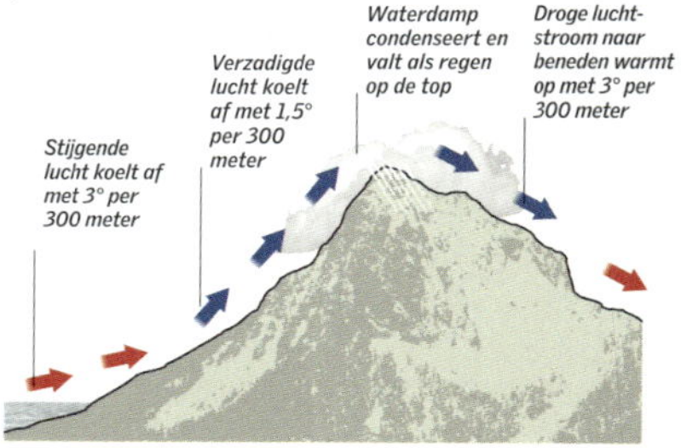

STIJGENDE EN DALENDE WINDEN

Stijgende en dalende winden komen vooral in de bergen voor. Ze heten ook wel anabatische en katabatische winden.

ANABATISCHE WINDEN

Overdag warmt de berghelling op. De luchtstroom bergop wordt een aangenaam briesje. Anabatische winden zijn matiger dan katabatische door de invloed van de zwaartekracht.

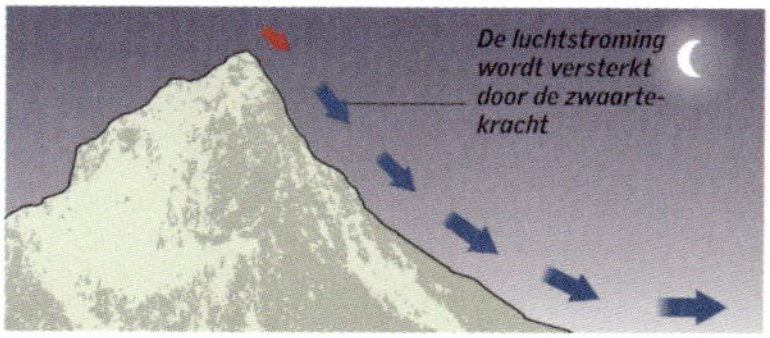

KATABATISCHE WINDEN

Katabatische winden doen zich vooral tijdens heldere nachten voor. Door het contact met de grond wordt de lucht kouder en zwaarder en stroomt sneller de helling af.

AFLANDIGE EN AANLANDIGE WIND

Wind vanuit zee (aanlandige wind) ontwikkelt zich langs de kust op zonnige dagen, terwijl tijdens wolkeloze nachten de wind uit tegengestelde richting komt (aflandige wind).

WIND VANUIT ZEE

Zo rond de middag is er zoveel verwarmde lucht opgestegen dat er koudere lucht van zee wordt aangezogen om de verdwenen lucht te vervangen. Daardoor ontstaat de aanlandige wind.

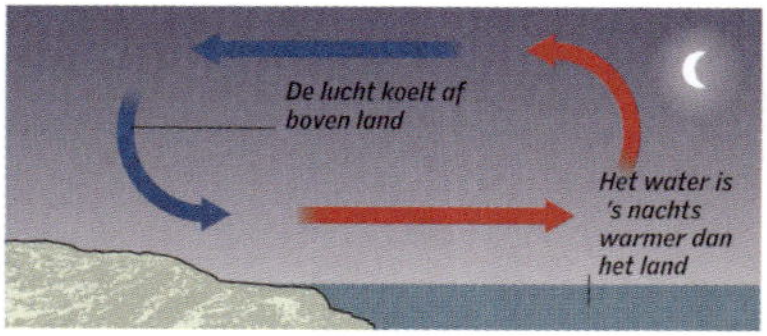

WIND VANAF HET LAND

's Nachts is het water warmer dan het land en de lucht boven zee stijgt op. Nu wordt er lucht van boven land aangezogen, met als gevolg een aflandige wind.

DE NATUUR ALS WEERMAN

De onderstaande tips kunnen helpen wanneer je geen weerberichten kunt ontvangen. Zorgvuldige observatie kan veel informatie opleveren!

KIJK NAAR DE LUCHT

- Een rode ochtendlucht betekent een hoog vochtigheidsgehalte, en dus waarschijnlijk regen. Avondrood duidt op mooi weer voor de volgende dag.
- Een regenboog kondigt vaak mooi weer aan, of een klein buitje.

PLANTEN EN BLOEMEN

- Planten en bloemen beginnen sterker te geuren als er regen op komst is.
- Sommige bloemen (Rode Pimpernel, Winde) sluiten naar men zegt hun bladeren als er slecht weer dreigt.
- Vooral aan dennenappels kun je goed zien wat voor weer er komt. De schubben sluiten zich als er regen in aantocht is en ontvouwen zich in droge lucht.

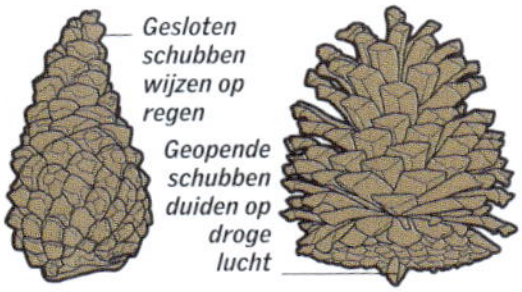

GEDRAG VAN DIEREN

- Als dieren een lager terrein opzoeken, kan er een storm aankomen.
- Koeien gaan vaak liggen vlak voor het gaat regenen.
- Wol (schapen etc.) zet uit als het vochtig wordt en gaat rechtop staan. In droge lucht wordt de vacht wat dradiger.
- Mensen voelen soms ook dat het weer gaat omslaan. Hoofdpijn vlak voor een onweersbui is wel het bekendste voorbeeld.

WEERSOMSLAG

Veranderingen van windkracht of windrichting kunnen wijzen op weersveranderingen. Als een droge, constante wind plotseling van richting verandert of in kracht toeneemt, komt er vaak regen.

DE SCHAAL VAN BEAUFORT

Sir Francis Beaufort ontwierp in 1805 een model om windsterkte aan te geven en visueel te kunnen vaststellen. Het is een gemakkelijke manier om de windsnelheid te schatten zonder gebruik van instrumenten. Zijn schaalverdeling wordt tot op de dag van vandaag gebruikt en loopt van 1 tot 12, ofwel van windstil weer tot orkaankracht.

BEAUFORT-GETAL	OMSCHRIJVING	WINDSNELHEID (KM/U; KNOPEN	ZICHTBAAR EFFECT OP LAND/ZEE
0	Windstil	0 (0)	Rook stijgt verticaal op Zee is spiegelglad
1	Zwak	1-3 (1-2)	Rook drijft kalm weg Rimpelig wateroppervlak
2	Zwak	4-11 (3-7)	Bladeren ritselen Kleine golfbewegingen
3	Matig	12-19 (8-12)	Bladeren en takjes bewegen Langgerekte golfjes met hier en daar wit schuim
4	Matig	20-29 (13-18)	Dunne takken bewegen Kleine golven met overal schuimkoppen
5	Vrij krachtig	30-39 (19-24)	Kleinere bomen wiegen heen en weer. Middelmatige golven met schuim en neveldruppels
6	Krachtig	40-50 (25-31)	Paraplu geeft problemen Golven tot 3 meter met nevelregen
7	Hard	51-61 (32-38)	Bomen bewegen heen en weer Zee komt omhoog en schuim wordt weggeblazen
8	Stormachtig	62-74 (39-46)	Lopen wordt bemoeilijkt Tamelijk hoge golven, tot meer dan 5 meter
9	Storm	75-87 (47-54)	Pannen waaien van daken Hoge golven die omslaan
10	Zware storm	88-101 (55-63)	Ontwortelde en afgeknapte bomen. Zeer hoge golven; zeeoppervlak lijkt wit van kleur
11	Zeer zware storm	102-119 (64-74)	Beschadigingen aan huizen Uitzonderlijk hoge golven tot meer dan 11 meter
12	Orkaan	meer dan 120 (meer dan 75)	Verwoeste gebouwen Enorme golven van meer dan 14 meter hoog

VAN A NAAR B

Sommige survivalsituaties zijn onvermijdbaar, maar meestal ontstaan ze doordat er onderweg iets mis gaat met vervoermiddelen of met je technische vaardigheden. Onvoldoende kennis, concentratieverlies, blind vertrouwen op jezelf en je uitrusting of ronduit roekeloos gedrag kunnen fatale gevolgen hebben.

Bestudeer dus altijd uitvoerig het gebied waar je heen gaat en de terreinomstandigheden, zodat je weet wat de beste wijze van transport is en de daarbij behorende vaardigheden onder de knie hebt. Het scheelt behoorlijk of je goed getraind moeiteloos een berg opwandelt of een uitputtingsslag moet leveren met ook nog eens een verzwikte enkel. Leren hoe je een slippende auto onder controle houdt, kan je leven redden.

Een zorgvuldige bestudering van het gebied helpt ook bij het kiezen van je uitrusting en de meest geschikte kleding. Met die uitrusting moet je dan van tevoren natuurlijk wel oefenen.

In dit hoofdstuk ONTDEK JE...

- Hoe je een **peddel** maakt waarmee je weer **verder** kunt...
- Het verschil tussen **onhandigheid** en **houvast** voor je handen...
- Hoe je jezelf **omhoog** trekt en over **losse steentjes** moet lopen...
- Wanneer je moet **zigzaggen** en **zonder sneeuw** moet **skiën...**
- Het verschil tussen **slippen** en **overstuur raken...**
- Dat een **kameel** soms erg kort aangebonden is...
- Hoe je met **kauwgum** blijft drijven...

Het maakt niet uit of je te voet gaat, op de fiets, te paard of met een terreinwagen: je moet weten wat je doet en wat de vaardigheden van je reisgenoten zijn. Ook je uitrusting mag geen geheimen voor je hebben. Als onderweg blijkt dat je te hoge eisen stelt aan mensen, dieren of voertuigen, loopt dat altijd slecht af.

Een wandelstok is een eenvoudige maar o zo nuttige uitvinding. In elke survivalsituatie op het land moet je er meteen een maken.

HET 'DERDE BEEN' VAN DE survivor, zoals een wandelstok wel wordt genoemd, maakt het mogelijk om altijd twee steunpunten op de grond te hebben. Daardoor loop je minder kans op uitglijden en dat is niet onbelangrijk. Met blessures wordt het lopen moeilijk en als je je niet kunt verplaatsen, heb je minder kans om gered te worden.

Je wandelstok is, tevens een veelzijdig gereedschap dat in allerlei situaties van pas kan komen:

- Als ondersteuning bij het lopen
- Als bescherming van je gezicht tegen laaghangende takken en struikgewas
- Als controlemiddel voor de begaanbaarheid van moerassige grond etc.
- Als voelspriet voor obstakels in het donker
- Als dieptemeter voor het oversteken van beken, rivieren etc.
- Als bescherming tegen wilde dieren
- Als steunpaal voor je shelter
- Als telraam voor je stappentelmethode
- Als visspeer of jachtwapen
- Als spade om wortels op te graven

> Als je kunt **lopen** heb je een **kans**. Die kans wordt kleiner **naarmate je minder mobiel** bent

TE VOET

LOPEND DOOR DE WILDERNIS trekken is een geweldige ervaring. Je moet wel in conditie zijn en de juiste kleding en uitrusting bij je hebben. Een paar basisvaardigheden en de juiste techniek kunnen de tocht aanzienlijk veraangenamen en vooral veiliger maken.

LOOPTECHNIEK

Houd een kalm, gelijkmatig tempo aan dat alle leden van de groep kunnen volhouden. Dan ontwikkel je als vanzelf een vast loopritme. Pauzeer op vaste tijden en controleer in een groep altijd of iedereen de route weet.

HEUVEL OP

Buig een beetje voorover als je omhoog loopt. Handhaaf je ritme, maar maak kleinere passen. Bij het afzetten moeten je voeten plat op de grond staan.

- Gebruik bij het klimmen een wandelstok.
- De voorwaartse beenbeweging komt vanuit de heupen.

HEUVEL AF

Bij het afdalen met een rugzak op je rug hebben je dijbenen, knieën en enkels het zwaar te verduren. Loop beheerst en ga vooral niet te snel.

- Gebruik je armen om in evenwicht te blijven
- Handhaaf het kalme tempo

'S NACHTS LOPEN

Loop bij voorkeur helemaal niet in het donker, behalve in de woestijn vanwege de temperatuur. Je verdwaalt makkelijker en obstakels of roofdieren kun je niet goed zien. Een paar tips voor als het niettemin per se moet:

- Gebruik altijd een zaklamp of improviseer een fakkel met berkenbast of iets dergelijks.
- Lukt dat niet, doe dan 20 minuten je ogen dicht om aan het duister te wennen.
- Houd je wandelstok voor je uit in verband met obstakels, kuilen, oneffenheden etc.
- Loop kalm en doelbewust door. Vergeet niet af en toe op je kompas te kijken.

PUINHELLINGEN

Puinhellingen zijn waarschijnlijk de lastigste ondergrond om overheen te lopen, zowel heuvel op als heuvel af. Ze bestaan uit allemaal losse steentjes die voortdurend onder je voeten wegglijden. Blijf geconcentreerd en voorkom valpartijen. Met de juiste techniek kun je ze veilig, efficiënt en met vertrouwen te lijf gaan.

ZIJWAARTS

Loop in een zigzaglijn en zo veel mogelijk over steentjes van hetzelfde formaat. Ga met kleine stapjes zijwaarts de heuvel over en test de grond steeds voordat je er met je volle gewicht op gaat staan.

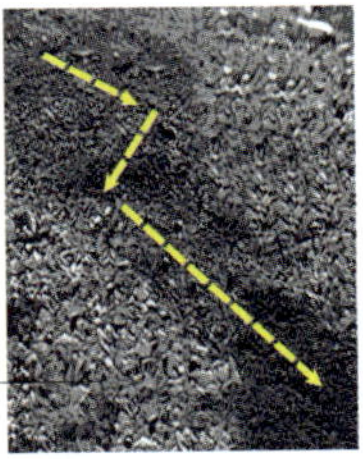

Aan de rand van een helling zijn de stenen vaak groter en stabieler

OMHOOG

Loop voorzichtig, schop de neus van je schoen bij elke stap in de helling en voel of hij stevig staat. Een andere methode is het naar buiten draaien van je voeten met het gewicht op de binnenkant.

OMLAAG

Het heeft wel iets van slow motion joggen: met grote glijpassen de helling af lopen. Erg leuk als je de techniek beheerst, maar vermijd grotere stenen in verband met enkelblessures.

1 Op een diepe laag gruis kun je met grote sprongen de heuvel af gaan. Blijf in balans en laat de zwaartekracht het werk doen.

2 Zodra je meer snelheid krijgt, zet je je hakken in het gruis en kun je bij elke stap even doorglijden. Vooral niet voorover leunen!

3 Stop als je je evenwicht verliest. Leun even op je armen, ontspan je knieën en ga weer verder.

WEGWIJZERS

Kaart en kompas zijn onmisbaar, maar wegwijzers zijn toch eigenlijk ook wel erg handig. Kijk altijd of er ergens misschien een bordje staat.

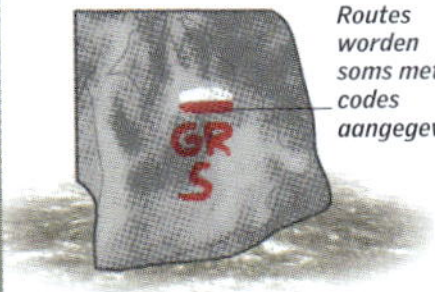

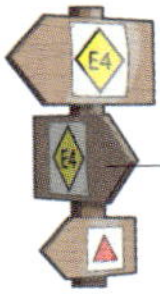

ROTSBLOKKEN

Vooral op rotsachtig terrein staat de route vaak aangegeven op rotsblokken. Goed opletten, want soms zijn ze erg klein.

SIGNAALPALEN

Van hout, metaal of plastic. Meestal in gebieden waar geen rotsblokken voorhanden zijn om een steenhoop van te maken.

STEENHOPEN

Stapels stenen, ook wel steenmannetjes (Engels: Cairns) genoemd, zijn ook in dichte mist goed zichtbaar. De afmetingen variëren van een paar stenen tot torenhoge stapels.

ROUTEWIJZERS

Let goed op getekende pijlen, kromme lijnen etc. op de borden. Ze geven aan hoe en waar de route afbuigt.

EEN RIVIER OVERSTEKEN

HET OVERSTEKEN VAN EEN RIVIER is gevaarlijk en moet als het even kan worden vermeden. Als je in een survivalsituatie ook nog eens doornat wordt of onderkoeld raakt, wordt het er niet eenvoudiger op. Kijk altijd eerst op je kaart of er geen andere route is en zoek in elk geval naar de veiligste plek om over te steken.

IN HET WATER
Ga niet op blote voeten het water in, want er kunnen scherpe stenen op de bodem liggen. Trek je broek uit, dat loopt minder zwaar en bovendien blijft hij dan droog. Gebruik je wandelstok voor extra ondersteuning.

VEILIG NAAR DE OVERKANT

Check voordat je het water in gaat of je aan de overkant je kleding kunt drogen. In een koude omgeving moet je ook materiaal voor een vuur hebben (tondel, aansteker, brandhout). Houd alles droog bij de oversteek!

ZOEK DE BESTE PLEK

Stroomopwaarts wordt een rivier doorgaans minder diep. Wees voorzichtig: ook in ondiep water kan de stroming nog erg sterk zijn, net als in water dat aan de oppervlakte kalm lijkt. Kijk altijd eerst of er verderop misschien een brug is.

SAMEN OVERSTEKEN

Oversteken in een groep is veiliger dan in je eentje. Pak elkaar vast, dan heeft de stroming minder vat op je en is er houvast als er iemand uitglijdt. Doe de banden van je rugzak wat losser en maak één arm vrij, dan kun je hem snel afdoen als je toch mocht vallen.

> **PAS OP!**
> Steek nooit rivieren met witte schuimkoppen over of rivieren die buiten hun oevers staan. De risico's zijn simpelweg te groot.

OVERSTEKEN ALS EEN EENHEID

De sterkste van het gezelschap staat met zijn rug tegen de stroomrichting terwijl de anderen hem steunen en voor stabiliteit zorgen. Houd elkaar goed vast en steek met kleine, doelgerichte passen de rivier over.

OVERSTEKEN IN EEN RIJ

Steek haaks op de stroomrichting de rivier over. Doe rustig aan; zet bij elke stap je voeten behoedzaam en stevig op de grond, zodat je niet meegesleurd wordt door het water.

SOLO-OVERSTEEK

Als je in je eentje een rivier moet oversteken, is je 'derde been' (blz. 72) je grote steun en toeverlaat. Gebruik je wandelstok – of een lange tak – om op de been te blijven en om de bodem af te tasten op oneffenheden.

WADEN MET JE WANDELSTOK

Loop diagonaal stroomopwaarts door het water. Plant je voeten steeds stevig in de grond en steun bij elke stap op je wandelstok. De stok en je voeten zijn je drie steunpunten, waarvan er altijd minstens twee op de rivierbodem moeten staan.

OVERSTEKEN MET TOUWEN

Touwen zijn een prima hulpmiddel als de stroming erg sterk is, maar pas op dat je er niet in verstrikt raakt en verdrinkt. Kijk altijd eerst of er echt geen andere mogelijkheid is voordat je touwen gaat gebruiken, want het is beslist niet gemakkelijk!

1 Het 'zekeringtouw' wordt aan een boom gebonden en een tweede touw wordt door iemand vastgehouden. Het sterkste groepslid brengt beide touwen naar de overkant.

2 Het zekeringtouw wordt aan een boom gebonden. Aan het oversteektouw zit een karabijnhaak, die steeds wordt teruggehaald voor de volgende oversteek.

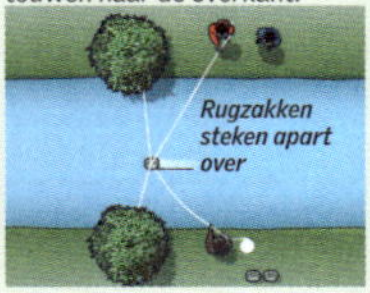

3 Degene die oversteekt houdt steeds het zekeringtouw vast en loopt stroomopwaarts daarvan. Rugzakken gaan aan de karabijnhaak naar de overkant.

4 De laatste die oversteekt maakt het touw los van de boom, wikkelt het om zijn of haar lichaam en wordt door de anderen met de touwen geholpen.

KLIMMEN EN KLAUTEREN

KLIMMEN ZONDER TOUWEN noemen we klauteren. Bij beide bezigheden is het de bedoeling dat je steeds drie contactpunten hebt met de rots, te weten twee voeten en een hand of twee handen en een voet. Je benen zorgen dat je verder komt, je armen gebruik je vooral om in evenwicht te blijven. Ga voorzichtig te werk, zorg dat je in balans blijft en veilig je voeten neerzet.

PAS OP!
Klimmen is gevaarlijk. Zoek liever op je kaart naar een route die om het obstakel heen loopt. Klimmen moet echt je allerlaatste optie zijn.

STEUNPUNTEN VOOR HANDEN EN VOETEN

Kies de steunpunten voor je handen en voeten zorgvuldig. Niet te ver van elkaar, en stevig genoeg om je gewicht te kunnen dragen.

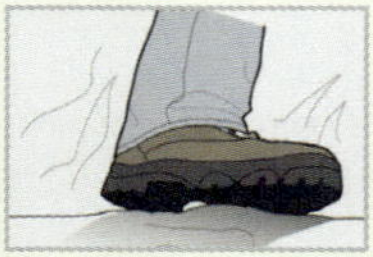

RICHELS
Op smalle richels kun je beter de binnenkant van je voet gebruiken en je tenen wat rust gunnen.

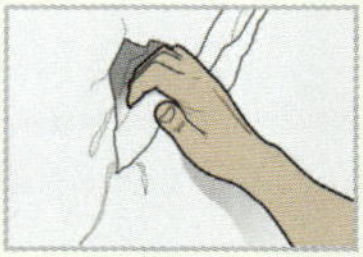

HANDPOCKETS
Krul je vingers over de opstaande rand. Grote uitsteeksels zijn veiliger dan kleine.

VOETPOCKETS
Zet je voet voorzichtig in de uitsparing en zorg dat je gewicht op beide benen en je handen rust.

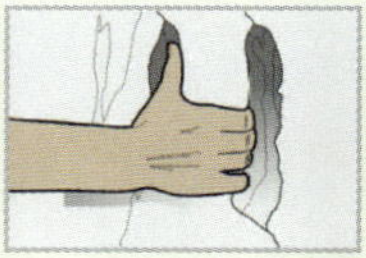

PILAARTJES
Om in evenwicht te blijven of jezelf zijwaarts te verplaatsen. Stevig vastgrijpen.

UITSTEEKSELS
Zet zo mogelijk je hele voet op het uitsteeksel. Als dat niet lukt, houd dan je hak omlaag.

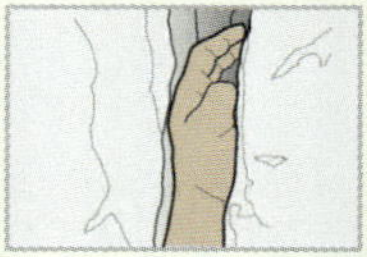

SMALLE ROTSSPLETEN
Steek je hand naar binnen, duw je duim tegen je handpalm en buig je hand als een soort wig.

ELEMENTAIRE KLIMTECHNIEK

Bij het klimmen moet je nooit je grenzen opzoeken. Neem nooit risico; ga liever terug om een andere route omhoog te vinden dan dat je verder gaat. Neem de tijd om de veiligste route te kiezen.

KLAUTEREN

Als je zonder touwen over steile rotsen moet, heb je heel wat technieken nodig. Denk steeds een paar stappen vooruit en plan elke beweging zorgvuldig. Denk aan de drie contactpunten!

OVER DE RAND

'Mantelen' is de techniek die je gebruikt om op een overhangende rots te klimmen. Met je enkel en daarna je knie trek je jezelf over de rand. Een fysiek zware techniek, maar erg nuttig.

DOOR DE SCHOORSTEEN

Met deze techniek kun je jezelf in smalle 'schoorstenen' omhoog werken. Bij het klimmen duw je je handen en je rug steeds iets verder omhoog met je voeten. Bovenaan moet je erg voorzichtig te werk gaan om niet vast te komen zitten.

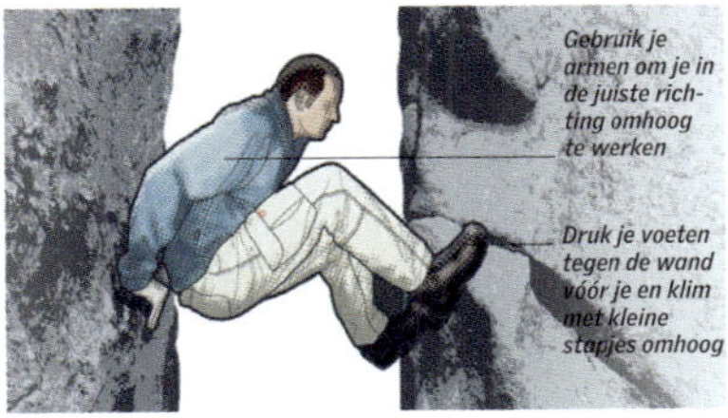

SCHRIJLINGS OMHOOG

In een wijdere schoorsteen moet je een andere positie innemen. Met op beide wanden één hand en één voet duw je jezelf met je benen omhoog.

KLIMMEN MET HULPMIDDELEN

Touwen maken het klimmen veel en veel veiliger, maar je hebt er nogal wat materiaal voor nodig. Touwen natuurlijk, en helmen en tuigjes, maar ook ijzeren pinnen en schroeven om de touwen en jezelf te verankeren.

ZELFZEKERING

Zelfzekering is een prima methode om het klimmen veiliger te maken. De ene klimmer verankert zichzelf op een geschikte plek aan de rots terwijl de ander verder klimt. Later worden de rollen omgedraaid en dient de voorste klimmer als anker.

GLETSJERS BEKLIMMEN

Op een ijswand gebruik je min of meer dezelfde technieken als op de rotsen, maar je hebt wel specifieke hulpmiddelen nodig zoals ijsbijlen en stijgijzers.

OMHOOG KLIMMEN

Bij het klimmen op ijs leveren armen en benen de benodigde kracht, net als bij de andere klimvormen. Met stijgijzers en ijsbijlen creëer je meer grip.

SURVIVALDRAMA IN DE BERGEN (VAN ONZE CORRESPONDENT)

NUTTIGE UITRUSTING

- Zend/ontvanginstallatie
- Lawinebaken en sonde
- Waterdichte kleding
- Reservekleding
- Opvouwbare schop
- Klimgereedschap (indien nodig)
- Fakkels
- Kaart, kompas, GPS
- Survivalkit, junglemes
- Mobieltje/satelliettelefoon
- Poncho/bivakzak

VIER IJSKOUDE DAGEN EN NACHTEN bracht Steven Green (32) door op een verlaten berghelling nadat hij levensgevaarlijk gewond was geraakt door een val. De ervaren klimmer uit Dumfries (Schotland) wist ondanks een gebroken kaak en een schedelfractuur te overleven dankzij een goede voorbereiding, improvisatievermogen en razendsnel denkwerk.

Op donderdag 7 oktober jl. ging Steven in zijn eentje op pad voor een survivaltocht in de heuvels van Wester Ross, diep in de Schotse Hooglanden. In zijn uitrusting had hij onder meer een mobieltje, een bivakzak, pittabroodjes en water. Voor alle zekerheid – althans dat dacht hij - had hij zijn vriendin Marja (29) verteld welke route hij zou nemen.

'PLOTSELING GLEED HIJ UIT EN STORTTE IN DE DIEPTE'

Op vrijdag, nadat hij zijn kamp had opgebroken, daalde Steven de berg af toen hij plotseling uitgleed. Hij viel in het water, pal boven een waterval en enkele seconden later lag hij vele meters lager op de bodem van een ondiepe bergbeek. Zwaar gewond en nauwelijks bij bewustzijn realiseerde Steven zich dat hij in het ijskoude water geen enkele kans had. Ondanks de verschrikkelijke pijn wist hij de oever te bereiken en in zijn bivakzak te kruipen. Verder kon hij alleen maar afwachten: zijn mobieltje had de val niet overleefd. Omdat kauwen te pijnlijk was, weekte hij de harde pittabroodjes die hij bij zich had in water. Zijn vriendin werd dodelijk ongerust toen hij niet op tijd terug kwam, maar was vergeten om de route op te schrijven die hij haar had doorgegeven. Niemand wist dus waar ze moesten zoeken.

Vier vreselijke dagen en nachten wist de zwaargewonde Steven in leven te blijven terwijl reddingsploegen met honden en vliegtuigjes het berggebied afspeurden naar tekenen van leven. De dagen verstreken en iedereen vreesde het ergste. Op dinsdagochtend werd eindelijk zijn verlaten auto gevonden, met daarin een kopie van de route die hij gepland had. Een paar uur later werd Steven opgenomen in het ziekenhuis met een schedelfractuur, een gebroken kaak, afgebroken voortanden, diepe snijwonden en kneuzingen – maar ondanks alles in leven.

WAT NU?

DREIGT ER DIRECT GEVAAR?

NEE JA

Help eventuele groepsleden die hulp nodig hebben

Gevaar neutraliseren:
Elementen – Zoek of maak schuilplek
Dieren – Niet stoer gaan doen, veilige plek zoeken
Verwondingen – Stabiliseren en eerste hulp verlenen

BEOORDEEL DE SITUATIE
(blz. 234-235)

WORD JE NU AL GEMIST EN WEET MEN WAAR JE BENT?

NEE JA

Als niemand je mist of weet waar je bent, hoe dan ook contact opnemen of signalen geven

Als iemand je mist, wordt er waarschijnlijk een reddingsoperatie op touw gezet

BESCHIK JE OVER COMMUNICATIEMIDDELEN?

NEE JA

Je moet jezelf redden tot iemand je vindt of tot je de bewoonde wereld bereikt

Als je mobiel kunt bellen, onmiddellijk de situatie doorgeven. In serieuze noodgevallen je PLB (persoonlijke locatiebaken) gebruiken

KUN JE OP DEZE LOCATIE OVERLEVEN?*

NEE JA

Als je niet in leven kunt blijven waar je bent maar wel in staat bent om te lopen, moet je op zoek gaan naar een plek met meer overlevingskansen en/of meer kans op redding

Gebruik de survivalprincipes: Protectie, Locatie, Water, Voedsel

ZOEK EEN ANDERE LOCATIE

BLIJF WAAR JE BENT**

DOEN (zoek een andere locatie)

- Houd al je kleding droog en schoon
- Verzamel drinkwater van snelstromende riviertjes. Indien mogelijk filteren en zuiveren
- Wees voortdurend alert op signalen van onderkoeling en bevriezing
- Pas op voor oververhitting (in actie) en onderkoeling (in rust). Pas je kleding steeds aan
- Gebruik je wandelstok, dat loopt veiliger
- Houd het weer in de gaten en wees op alles voorbereid. Bergklimaten zijn erg onvoorspelbaar
- Maak een shelter zodra je halt houdt

NIET DOEN (zoek een andere locatie)

- Roekeloos afdalen. Een zigzagroute is veiliger en kost minder kracht
- Te snel lopen. Er zit te weinig zuurstof in de ijle berglucht, ook als je fit bent
- Zweten. Van vocht krijg je het nog kouder
- Hout en ander brandbaar materiaal dat je tegenkomt negeren

NIET DOEN (blijf waar je bent)

- Je handen, voeten, neus en oren te koud laten worden (kans op bevriezing)
- Vergeten om te ventileren in verband met koolmonoxide in je tent. Laat kaarsen etc. niet branden als je slaapt
- Op je handen blazen om ze warm te krijgen. De warme lucht in je longen wordt vervangen door koude lucht

DOEN (blijf waar je bent)

- Een shelter maken die je beschermt tegen de elementen. Niet groter maken dan nodig is!
- Plastic tassen, kleding etc. vullen met droge bladeren als matras en kussen tegen kou en vocht
- Alle locatiehulpen bij elkaar leggen en gebruiksklaar maken
- Stroomopwaarts je waterbron controleren
- Een vuur aanleggen. In een groep beurtelings zorgen dat het 's nachts blijft branden
- Je situatie steeds opnieuw beoordelen en zo nodig maatregelen treffen
- Alert zijn op signalen van redders

* Als je niet kunt overleven waar je bent, maar je ook niet kunt verplaatsen door bijvoorbeeld verwondingen, moet je alles doen wat je kunt om redders te alarmeren
** Als de situatie verandert, bijvoorbeeld omdat je onderweg een veilige plek vindt waar je kunt blijven, moet je de situatie opnieuw beoordelen aan de hand van dit schema

OVER SNEEUW EN IJS

JE MOET NIET ALLEEN TOPFIT zijn als je een tocht over sneeuw en ijs maakt, je moet ook zorgen dat je uitrusting klopt en dat je weet hoe je ermee om moet gaan. Sneeuwschoenen of ski's zijn essentieel, evenals ademende kledinglagen om je lichaamstemperatuur te reguleren. Pas als alles goed voor elkaar is, kun je veilig van de omgeving gaan genieten.

PAS OP!
Zonder sneeuwschoenen over diepe sneeuw lopen kan levensgevaarlijk zijn. Doordat je steeds wegzakt in de sneeuw word je doodmoe en kletsnat, en raakt onderkoeld. Als je dan ook nog gaat zweten, kan je lichaamstemperatuur gevaarlijk dalen zodra je halt houdt.

SNEEUW EN IJS

Het is erg belangrijk dat je weet hoe je met allerlei soorten sneeuw en ijs moet omgaan.

DIEPE SNEEUW

- Met een groep kun je het beste in ganzenpas lopen. De voorste man of vrouw baant het pad en moet steeds gewisseld worden.
- Vermijd grote rotsen. In de lente absorberen ze warmte, waardoor de sneeuw instabiel wordt.

KORSTSNEEUW

- Test altijd de sneeuw vóór je met je wandelstok, ook al lijkt de ijskorst op de sneeuw sterk genoeg.
- 's Middags kunnen er smeltplekken op de ijskorst komen. Loop daar niet overheen.

HELLINGEN

- Schop je voeten in de sneeuw en probeer of die stevig genoeg is voordat je de heuvel op gaat. Bij het afdalen kun je je skitechniek gebruiken, maar dan zonder ski's.
- Vuistregel voor hellingen: rechtuit als het kan, zigzag als het steil wordt.

IJS

- Loop altijd voorzichtig en test voortdurend de ijslaag met je wandelstaf, vooral op bevroren rivieren en meren. In een groep touwen gebruiken.
- Draag stijgijzers voor extra grip. Op steile hellingen treden uithakken met je ijsbijl.
- Als je valt en wegglijdt, sla dan snel de ijsbijl in het ijs.

GLETSJERS

- Ga nooit een gletsjer op zonder gids. Gletsjers beklimmen is specialistenwerk.

VERSCHILLENDE METHODES

Kom in de sneeuw altijd zijn zo veilig mogelijk op je bestemming aan met minimaal verlies van energie en lichaamstemperatuur. De hulpmiddelen daarvoor variëren van sneeuwschoenen tot motorsleeën.

SNEEUWSCHOENEN EN SKI'S

Sneeuwschoenen en ski's zijn allebei effectief. Ze verdelen je lichaamsgewicht over een groter oppervlak, waardoor je minder snel in de sneeuw wegzakt. Bij vertrek niet te veel kledinglaagjes aantrekken, je wordt vanzelf warmer. Onderweg kun je laagjes toevoegen of uittrekken.

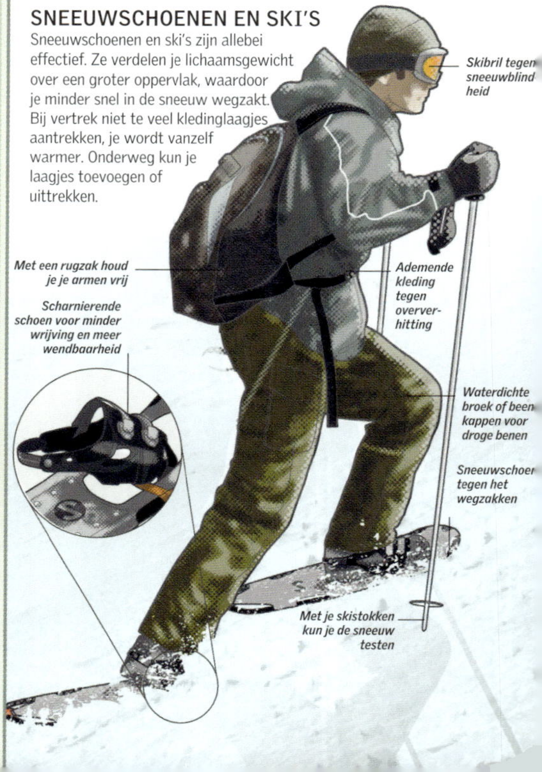

ZELF SNEEUWSCHOENEN MAKEN

Als je geen sneeuwschoenen bij je hebt, bijvoorbeeld in een survivalsituatie, kun je ze met je mes, een paar verse takken en wat touw zelf maken. De tijd die dat kost haal je later dubbel en dwars in.

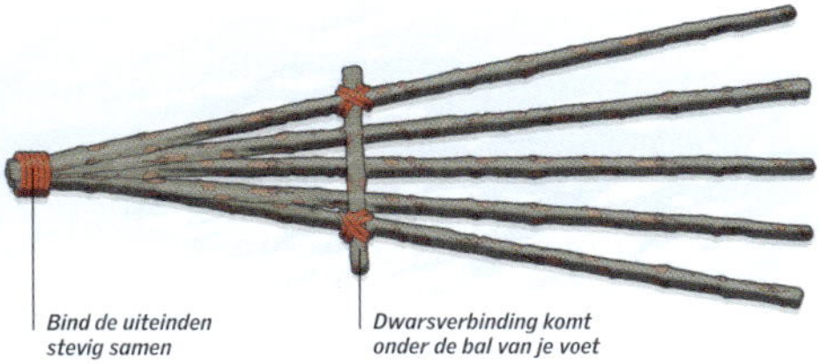

1 Snij voor elke schoen vijf duimdikke takken af, ongeveer zo lang als de afstand tussen je voeten en je oksels. Snij ook drie kortere takken af voor de dwarsverbindingen.

- Bind de uiteinden van de lange stokken zorgvuldig samen.
- Kijk waar de bal van je voet de sneeuwschoen raakt en maak daar een dwarsverbinding met gelijkmatige afstanden.

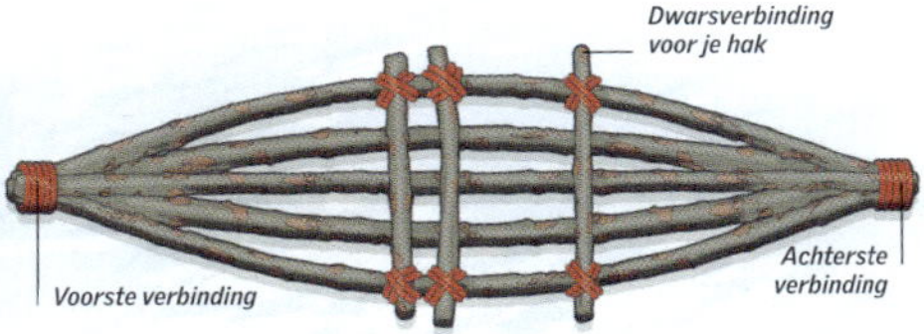

2 Bind de uiteinden aan de achterkant samen. Doe dat zeer zorgvuldig; de stokken mogen onderweg niet los raken.

- Maak een tweede dwarsverbinding, zo'n vijf centimeter achter de eerste.
- Maak een derde verbinding op de plaats waar je hak komt.
- Herhaal stap 1 en 2 voor de andere schoen en ga dan verder met stap 3.

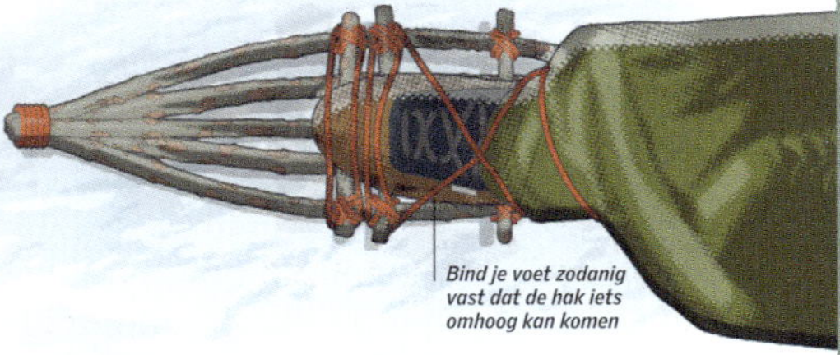

3 Zet je voet op de sneeuwschoen met de bal van je voet boven de voorste dwarsverbinding. Je hak moet nu op de achterste verbinding rusten.

- Bind je laars vast aan de sneeuwschoen, maar zorg dat de hak vrij kan bewegen. Herhaal de procedure voor je andere voet.

ALTERNATIEVE METHODES

Er zijn nog andere manieren om in de sneeuw je gewicht te verdelen. Als je geen gamaschen hebt, bind dan plastic zakken om je benen.

TAKKEN

Voor kortere afstanden, bijvoorbeeld om vanuit de diepe sneeuw bij een weg te komen, kun je takken van naaldbomen gebruiken. De tak moet zo dicht mogelijk zijn.

JONGE BOOMPJES

Bind een buigzaam stammetje met de uiteinden aan elkaar in de vorm van een traan. Als je de takken boven het vuur houdt, buigen ze makkelijker.

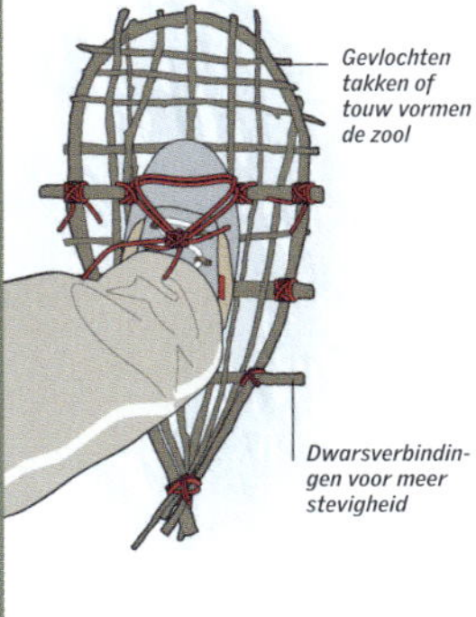

EEN SLEE MAKEN

Als je in een survivalsituatie in de sneeuw verzeild bent geraakt en zware dingen moet meetorsen, kun je beter een slee maken. Dat is trouwens ook een prima vervoermiddel voor gewonden of kleine kinderen. Met de volgende aanwijzingen kun je je slee zo groot of zo klein maken als je zelf wilt.

MATERIAAL EN GEREEDSCHAP

- Survivalzaag of kettingzaagje
- Mes
- Touw
- Gevorkte tak (basis)
- Twee takken (verband)
- Stokken (dwarsverbinding)

1 Zaag of snij een gevorkte tak af die geschikt is als basis voor de slee.

- Bind de uiteinden van de tak samen met touw. De tanden van de vork staan nu onder spanning en zijn gebogen, waardoor ze als glij-ijzers werken.

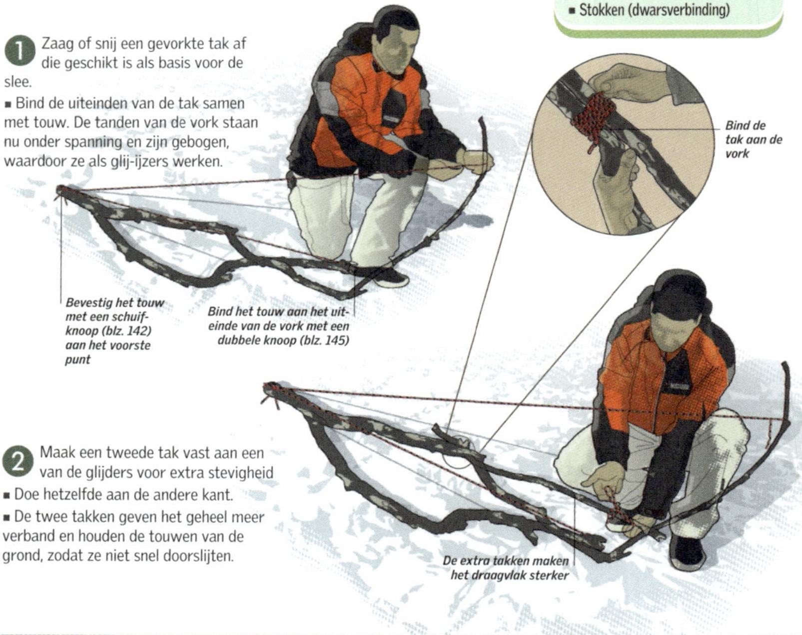

2 Maak een tweede tak vast aan een van de glijders voor extra stevigheid

- Doe hetzelfde aan de andere kant.
- De twee takken geven het geheel meer verband en houden de touwen van de grond, zodat ze niet snel doorslijten.

DIERLIJKE TREKKRACHT

Husky's (sledehonden) zijn ideaal om mensen en goederen voort te trekken over de sneeuw. Hun dikke vacht beschermt ze tegen de kou en met hun brede behaarde voeten zakken ze niet weg in de sneeuw. Ze werken prima in teamverband en kunnen zware lasten efficiënt transporteren.

MET HONDEN DOOR DE SNEEUW

Husky's zijn weliswaar niet veeleisend en luisteren goed, maar toch moet je nooit zonder deskundige begeleiding met een stel honden op pad gaan. Tenzij je van tevoren uitvoerig getraind hebt natuurlijk, zoals voor elk onderdeel van een sneeuwexpeditie.

MENSELIJKE TREKKRACHT

Het voorttrekken van je uitrusting met een tobogan is erg efficiënt. Een tobogan is een langwerpige slee van kunststof die in allerlei maten verkrijgbaar is.

PAS OP!
Heuvel af kan de tobogan te snel gaan. Zonder een remmer is hij dan lastig onder controle te houden.

OVER DE SNEEUW MET EEN TOBOGAN

Een tobogan is een handig hulpmiddel, maar vooral op zachte sneeuw kan het voorttrekken ervan behoorlijk zwaar worden. Draag ademende kleding in verband met mogelijke oververhitting. Oefen met het tuig, zodat je het in noodgevallen snel kunt afdoen. In een groep kan iemand in een tuig achter de slee lopen om te helpen remmen als dat nodig is.

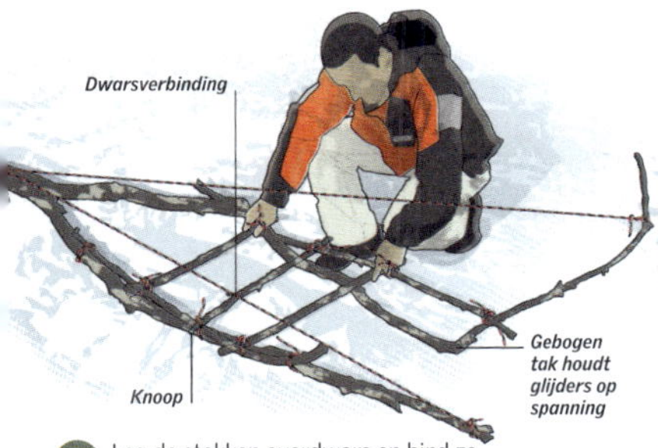

3 Leg de stokken overdwars en bind ze goed vast. Het geheel wordt daardoor steviger.

- Drie of vier dwarsverbindingen zijn voldoende; méér mag altijd.
- De dwarsverbindingen vormen tevens het draagplatform van je slee.

4 Een kortere tak kan als handvat dienen. Maak het zo glad mogelijk, dat trekt een stuk aangenamer.

- Maak het handvat met een lang stuk touw aan de slee vast.

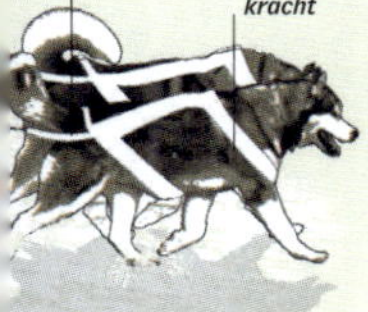

MOTORISCHE TREKKRACHT

De motorslee heeft het reizen in de poolstreken revolutionair veranderd. Hij is handig en snel, en gemakkelijker te hanteren dan husky's. Je kunt er in korte tijd grote afstanden mee afleggen, dus als je motorpech krijgt, is hulp vaak ver weg. Neem altijd een survivalpakket mee!

VOORDAT JE VERTREKT

Ook bij korte trips moet je van tevoren de motorslee goed (laten) nakijken. Zorg dat je voldoende benzine hebt. Plan je route zorgvuldig en zorg dat er iemand is die je plannen kent en alarm slaat als je niet op tijd ergens arriveert. Kleed je warm aan, draag een sneeuwbril of een skimasker om je ogen te beschermen en wees vooral erg voorzichtig!

LASTDIEREN

LASTDIEREN ZIJN UITERMATE geschikt om zware bagage over moeilijk terrein te vervoeren. Ze lopen gewoon door waar auto's niet verder kunnen. Als je weet hoe je ze moet verzorgen en alles goed voorbereid hebt, is het reizen met lastdieren een unieke ervaring.

LASTDIEREN BELADEN

- Zorg dat je de mogelijkheden van je lastdier kent: hoeveel gewicht kan het veilig over de gewenste afstand meevoeren?
- Controleer de huid op pijnlijke plekken en verzorg het dier voordat je het gaat beladen.
- Leg de zwaarste bagage onderin de tassen met de lichtere onderdelen er bovenop.

BELADEN

Zorg dat je lastdier met alle vier hoeven op een vlakke ondergrond staat. Voel of de zadeltas aan beide kanten ongeveer even zwaar is voordat je hem op zijn plaats hangt en verdeel het gewicht zo nodig anders. Sommige lastdieren kun je beter blinddoeken of kluisteren als je ze belaadt.

DIEREN MOETEN ÓÓK ETEN!

Neem niet alleen water en voedsel mee voor jezelf, maar ook voor de dieren. Hun welzijn moet altijd voorop staan.

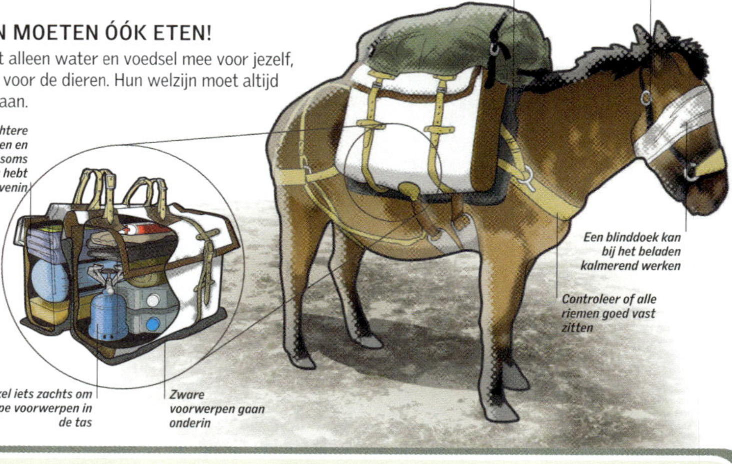

AAN ELKAAR VAST

Als je met meerdere lastdieren op pad gaat, moet je ze als treinwagons aan elkaar vastbinden. Het touw moet lang genoeg zijn, maar ook weer niet te lang: de dieren moeten comfortabel kunnen lopen en niet over het touw struikelen.

ROLVERDELING

Wijs een drijver aan die de leiding over de dieren heeft en concentreer jezelf alleen op de route. Neem voldoende verzorgers mee voor de dieren.

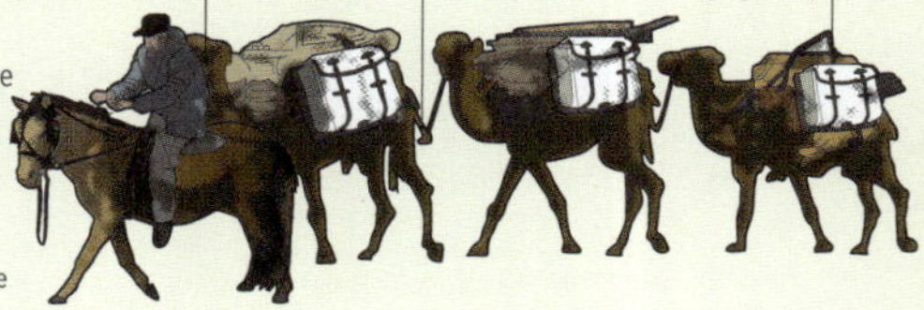

SURVIVALSITUATIES MET LASTDIEREN

In noodsituaties moeten de zadeltassen lichter gemaakt worden door alles wat niet strikt noodzakelijk is achter te laten. Stijg op en rijd naar een veilige locatie. In een levensbedreigend worstcasescenario kun je het dier eventueel opeten.

GEWONDEN VERVOEREN

Als een groepslid gewond is geraakt, bouw dan een stretcher (blz. 278-279) en laat je lastdier deze voorttrekken.

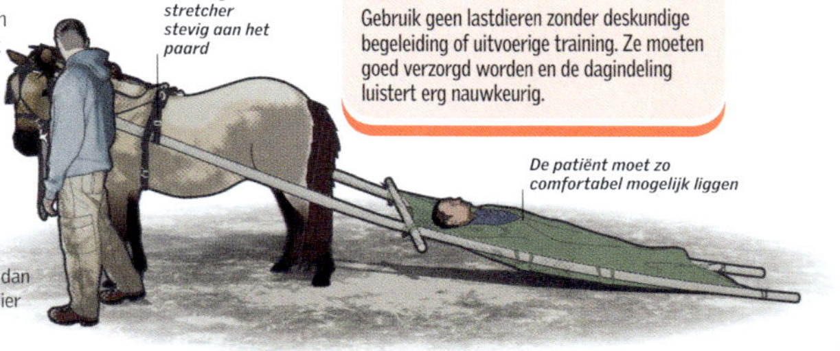

PAS OP!

Gebruik geen lastdieren zonder deskundige begeleiding of uitvoerige training. Ze moeten goed verzorgd worden en de dagindeling luistert erg nauwkeurig.

VERSCHILLENDE SOORTEN LASTDIEREN

Lastdieren zijn lang niet overal beschikbaar. Welk dier je kiest, hangt af van de omgeving, het gewicht van je uitrusting en de afstand die je wilt afleggen. Houd er rekening mee dat elk individueel dier weer anders is en dat formaat en leeftijd ook een rol spelen.

DIERSOORT	GEBIED	BEPAKKING	VOORDELEN	NADELEN
Paard	Overal	▪ 80/100 kg ▪ 20% eigen lichaamsgewicht	▪ Makkelijk hanteerbaar ▪ Sterk ▪ Kan tegen hitte ▪ Steile hellingen geen probleem	▪ Bewerkelijke verzorging ▪ Kan van kamp afdwalen, tenzij vastgebonden
Muilezel	Eurazië Noord en Zuid-Amerika	▪ 55-80 kg ▪ 20% eigen lichaamsgewicht	▪ Blijft altijd bij merrie in de buurt: merrie voorop laten lopen en 's nachts in kamp vastbinden ▪ Erg taai en geschikt voor steile hellingen	▪ Jonge dieren zijn schrikachtig, moeten goed getraind zijn ▪ Eigenzinnig
Husky	Noordpool	▪ 40 kg ▪ 7 honden kunnen 270kg trekken	▪ Taai; bestand tegen kou en sneeuw; hoge snelheid	▪ Hebben veel vers vlees nodig, dus veel bagage ▪ Neiging tot onderlinge gevechten
Kameel	Centraal-Azië Noord-Afrika Australië	▪ 90-140 kg ▪ 30% eigen lichaamsgewicht	▪ Veelzijdig op allerlei terrein ▪ Kan tot een kwart van zijn lichaamsgewicht aan water opnemen en daar meerdere dagen mee toe	▪ Sterke wil en moeilijk hanteerbaar ▪ Agressief bijten en spugen
Lama	Andesgebergte	▪ 35-55 kg ▪ 25-30% eigen lichaamsgewicht	▪ Natuurlijke leefomgeving ▪ Geschikt voor grote hoogtes en moeilijk terrein	▪ Maakt paarden en muildieren nerveus ▪ Lastig als niet goed getraind
Olifant (Indische)	Zuid-Azië	▪ 750-1250 kg ▪ 25% eigen lichaamsgewicht	▪ Kan zware lasten dragen; kan steile hellingen aan	▪ Langzaam ▪ Veel voedsel en water nodig ▪ Langdurige training
Rund	Eurazië Noord- en Zuid-Amerika	▪ 135-205 kg ▪ 30% eigen lichaamsgewicht	▪ Hardwerkend ▪ Erg sterk ▪ Stabiel voetwerk, ook op hellingen	▪ Langzaam ▪ Eigenzinnig

TERREINWAGENS

EEN OP VIER WIELEN aangedreven terreinwagen kan grote afstanden afleggen in omstandigheden waarin een gewone auto het opgeeft. Een ervaren chauffeur manoeuvreert er soepel mee door modder, water, sneeuw, ijs en zand.

WELK TYPE?

Vraag jezelf altijd eerst af waar en waarvoor je de auto gaat gebruiken. Een grote auto biedt meer bagageruimte, maar een kleinere is misschien beter opgewassen tegen de terreinomstandigheden. Krachtige auto's kunnen veel, maar gebruiken ook veel brandstof en zijn voor langere tochten dus misschien geen goede optie.

CHECKLIST

- Check je routekaart en laat een kopie met je tijdschema achter.
- Controleer het voertuig grondig, ook op reserveonderdelen. Check alle vloeistofniveaus (olie, benzine, water, remmen, hydraulische leidingen) en kijk of er iets lekt.
- Inspecteer (reserve)banden, wieldoppen, verlichting en stuurinrichting.
- Neem altijd extra water, brandstof en reservebanden mee. Verder je survivaluitrusting, zandladders, terreinbanden, luchtpomp, winchketting en EHBO-materiaal.

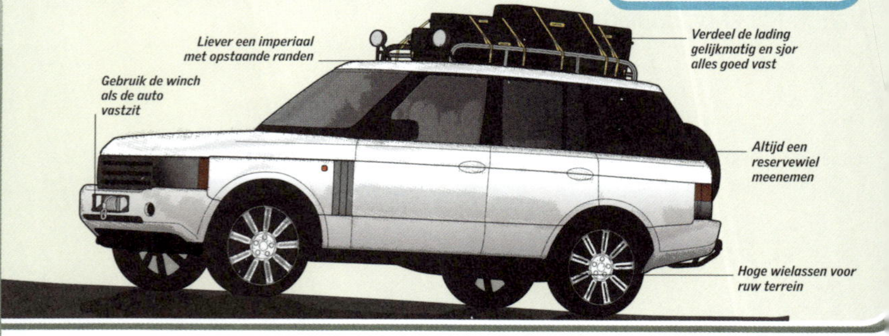

VAN VIER NAAR TWEE EN WEER TERUG

De vierwielaandrijving kun je handmatig uitschakelen als je bijvoorbeeld op gewone wegen rijdt. De motor drijft dan nog maar twee wielen aan. Op zwaar terrein kun je hem dan weer eenvoudig inschakelen, waardoor alle vier wielen weer aangedreven worden.

GEVAARLIJKE ROUTES

Als er ergens op je route obstakels voorkomen, loop dan eerst vooruit om poolshoogte te nemen. Markeer de veiligste route, loop terug en volg de markeringen met de auto. Zorg dat je weet wat de mogelijkheden zijn als je vast komt te zitten en overweeg altijd of het misschien niet beter is om te rijden.

WANNEER VIER EN WANNEER TWEE

Het kost veel benzine wanneer alle wielen worden aangedreven en op normale wegen hebben de banden en de versnellingsbak er veel van te lijden. Maar op moeilijk terrein kun je er in een lage versnelling een enorme trekkracht mee ontwikkelen. Schakel dus pas over op vierwielaandrijving als je die nodig hebt.

PAS OP!

Haak je duimen niet om het stuurwiel. Als je plotseling in een kuil rijdt, kun je ze breken!

AUTORIJDEN IN TEAMVERBAND

Het rijden over ruig terrein is zowel geestelijk als lichamelijk erg vermoeiend. Wissel dus regelmatig van bestuurder. In elke wagen moeten minimaal 2 personen zitten:

- De bestuurder, die de auto bestuurt en onder controle houdt.
- De bijrijder, die de navigatie voor zijn rekening neemt en aanwijzingen geeft. Soms zal de bijrijder voor de auto uit moeten lopen.

HET RIJDEN OP LASTIG TERREIN

Een terreinwagen kan beter overweg met een moeilijke ondergrond omdat alle wielen worden aangedreven. Benzinemotoren zijn doorgaans krachtiger dan dieselmotoren, maar diesels gaan langer mee en doen het goed bij lage snelheden. Met de juiste techniek kun je met een terreinwagen bijna overal komen. Vergeet nooit dat je voor vierwielaandrijving hebt gekozen om te voor-komen dat je vast komt te zitten en niet om door te kunnen rijden tot je daadwerkelijk vast zit.

MAXIMALE GRIP

Op een zachte ondergrond kun je de banden iets laten leeglopen om meer grip te krijgen. Leg een baksteen of iets dergelijks op 1 cm afstand van de band en laat de lucht ontsnappen tot de band de steen raakt. Meet de druk op en breng alle banden op diezelfde spanning. Je moet ze natuurlijk wel weer op kunnen pompen!

LOS ZAND

In los zand werken de wielen het zand naar achteren. Als je ook maar even stopt, graven de wielen zichzelf in. Om dit te voorkomen moet je continu zigzag sturen, zodat de banden niet in hun eigen spoor blijven. Probeer een constante snelheid aan te houden.

MODDER

Door de modder rijden vereist volledige concentratie en een snel reactievermogen. Als er ook nog eens keien in de modder liggen, wordt het nog lastiger. Gebruik voor diepe modder brede banden of verminder de bandenspanning enigszins. Als je bestaande sporen kunt vermijden, heb je meer grip.

SNEEUW EN IJS

Op sneeuw en ijs moet je subtiel te werk gaan. Trek langzaam op en rem geleidelijk af om niet in een slip te raken. Gebruik de lage versnellingen, vooral heuvel af, en schakel niet meer dan nodig is. Met sneeuwkettingen krijg je meer grip. Zorg dat je van tevoren weet hoe je ze aanbrengt.

WATER

Verken altijd eerst zelf het water te voet voordat je erin rijdt. Als het te diep is of te snel lijkt te stromen, steek dan niet over. De juiste snelheid is belangrijk: te snel en het water klotst overal bij op, te langzaam en het motorhuis kan vollopen.

UIT HET ZAND LOSKOMEN

Ook met een perfecte rijtechniek kan het gebeuren dat je auto vast komt te zitten. Je moet weten hoe je dat oplost. Het mooiste is natuurlijk als er nog een terreinwagen aanwezig is, want dan kan de een de ander lostrekken en eventueel wegslepen, of hulp halen als dat nodig mocht zijn.

UITRUSTING

- Lierinstallatie met stropketting
- Sleepkabels of touwen
- Reserveband (opgepompt)
- Schop en zaag
- Slaapzak of deken
- Takken of palen
- Zandladder of matten

BASISTECHNIEK

Geef als de auto vastloopt niet vol gas, waardoor de wielen zichzelf nog verder ingraven en het laatste stukje vaste grond verpulverd wordt. Stap uit, overweeg alle mogelijkheden (achteruit rijden, duwen, uitgraven, takken onder de wielen, lier gebruiken) en neem in alle rust een besluit. Ga niet overhaast te werk: een slecht plan maakt de situatie alleen maar erger.

HEEN EN WEER OF DUWEN

Als het voertuig vast zit, kun je proberen om afwisselend minimale stukjes achteruit en vooruit te rijden in de eerste versnelling.

- Lukt dit niet, vraag dan je passagiers om te duwen terwijl je vooruit rijdt.
- Als de situatie alleen maar erger wordt, stop dan onmiddellijk en probeer iets anders.

UITGRAVEN

Als ook duwen niet helpt, zul je moeten graven. Graaf de wielen uit en maak een helling waar je hopelijk op kunt rijden.

- Graaf het zand voor alle wielen weg zodat er een helling ontstaat
- Rij uiterst voorzichtig de helling op. Geen extra gas geven, want dan gaan de wielen spinnen en graven ze zich weer in.

TAKKEN EN ZANDLADDERS

Leg voor alle wielen takken, plankjes, zandladders, dekens of wat dan ook om de banden meer grip te geven.

- Geef niet te veel gas en rijd de auto voorzichtig de takken etc. op.
- Blijf langzaam rijden met constante snelheid tot je weer op vaste grond bent.
- Stop om alle spullen weer te verzamelen. Laat geen obstakels voor anderen achter.

MET DE LIER

Als alle andere methodes hebben gefaald, wordt het tijd voor krassere maatregelen. Met een goed verankerde kabel en een elektrische lier kun je jezelf lostrekken. Eventueel kan een andere auto je op sleeptouw nemen, maar dan loop je wel het risico dat beide auto's straks vastzitten. Denk rustig na over de mogelijkheden; een natuurlijk ankerpunt is meestal het beste.

PAS OP!
De zweepslag van een brekende kabel kan een boom – en zeker een mens – finaal in tweeën snijden. Leg een deken of een slaapzak over de kabel en houd altijd voldoende afstand!

NATUURLIJKE ANKERS

Bomen, rotsblokken, wortels en zelfs ravijnen kunnen als anker worden gebruikt. Doe de kabel altijd zo laag mogelijk om de boom, het liefst met een brede strop om de boom niet te beschadigen. Als de boom niet sterk genoeg lijkt, span dan hulptouwen van de boom naar andere bomen. Als je een rotsblok gebruikt, moet dat wel zwaar genoeg zijn en stevig in de grond zitten.

EEN ANKER INGRAVEN

Als er geen ankerpunt in de buurt is, kun je ook een kuil maken en daarin een boomstam of een reservewiel begraven. De kuil moet minstens een meter diep zijn. Bind de kabel om je anker, leg het in de kuil en gooi het gat weer dicht. Als je een reservewiel gebruikt, kun je het touw aan de draagconstructie daarvan bevestigen.

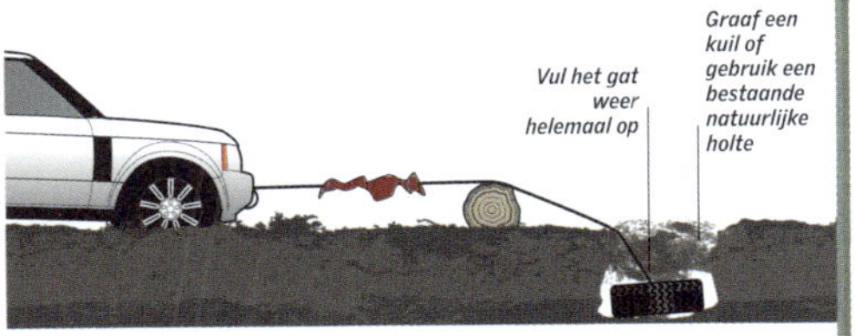

PALEN ALS ANKER

Ook met palen kun je een anker maken. De voorste paal moet dik en sterk zijn, want daar komt de kabel aan vast. Sla de palen achter elkaar in de grond en verbind ze onderling met touw. De palen moeten iets achteroverhellen. Ga er niet vlakbij staan als de lier gaat trekken, want ze kunnen breken of losschieten.

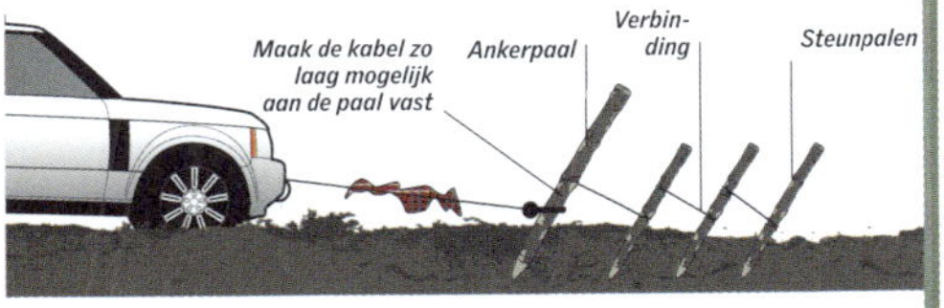

NOODSITUATIES

Als je weet wat je moet doen in bepaalde noodsituaties, kan dat een hoop narigheid voorkomen.

SLIPPENDE VOORWIELEN

Wanneer de banden geen grip op de weg meer hebben, raakt de auto in een slip. Bij het zgn. ondersturen blokkeren de voorwielen in de bocht, waardoor de auto rechtdoor gaat.

- Draai de wielen in de richting waarin de auto gaat, maar niet te ver (oversturen). Als je op ijs rechtdoor glijdt, de koppeling intrappen of – bij een automaat – terug naar de neutrale stand.
- Zodra de wielen weer grip hebben, bijsturen en doorrijden. Kijk in de handleiding of je auto een antiblokkeringssysteem (ABS) heeft.

SLIPPENDE ACHTERWIELEN

Als de achterwielen slippen, draait de achterkant weg en kan de auto om zijn as gaan tollen.

- Stuur naar de sliprichting maar kijk in de richting die je wilt volgen.
- Zodra de voorkant van de auto weer de goede kant op wijst, draai je de wielen recht en houd je ze in de rijrichting, wat er ook met de achterkant gebeurt.

REMMEN WEIGEREN

Kijk voordat je vertrekt altijd even onder de auto of er ook remvloeistof lekt. Als dat zo is, eerst laten repareren. Als je remmen onderweg weigeren, kun je het volgende doen:

- Laat de motor doorlopen en schakel terug naar een steeds lagere versnelling. De auto remt dan op de motor.
- Als de snelheid is teruggelopen tot ongeveer 25 km/u, trek je de handrem aan terwijl je het stuur stevig vasthoudt.

KAPOTTE VERSNELLINGSBAK

Als de versnelling blijft hangen en de auto geen vaart mindert, moet je hem in in zijn vrij of neutral zetten en daarna op de rem trappen.

- Houd er rekening mee dat de stuurbekrachtiging etc. het niet meer doet als je de motor uitschakelt.
- Laat de auto uitrollen. Rem alleen in noodgevallen met de handrem, want dan kan de auto in een slip raken.

MET EEN KANO OF KAJAK

EEN KANO OF EEN KAJAK is een prima transportmiddel in gebieden met veel water. Je bagage ligt veilig en droog opgeborgen en ook voor langere expedities heb je voldoende bergruimte.

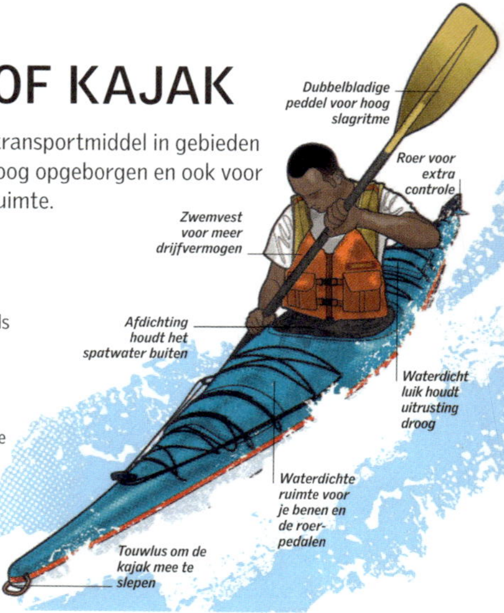

KAJAKKEN

Een kajak is erg praktisch, vooral in open water zoals meren en rivieren en op zee. Ze zijn licht en smal en daardoor gemakkelijk te manoeuvreren.

OMSLAAN

In wild water zal je kajak ongetwijfeld soms omslaan. Je kunt er dan snel uitklauteren en de boot vasthouden, maar een professionele Eskimorol is veel beter.

ESKIMOROL

Bij een Eskimorol blijven je benen droog en hoef je niet opnieuw aan boord te klimmen. Met voldoende oefening wordt het één vloeiende beweging.

1 Draai je lichaam naar opzij zodra je ondersteboven ligt.

- Duw je armen boven water tegen de zijkant van de kajak terwijl je je peddel stevig vasthoudt.

2 Druk, met je hoofd onder water, je bovenlichaam met de peddel van de boot vandaan.

- Breng tegelijkertijd de rotatie van de kajak op gang met je heupen.

3 Blijf met je heupen werken tot de kajak weer normaal op het water ligt.

- Ga rechtop zitten en peddel lekker verder.

PAS OP!

- Draag altijd een zwemvest. Doe in noodgevallen lege waterflessen in je zakken.
- Houd in een noodsituatie je kajak of kano altijd bij je, tenzij het niet anders kan. Vanuit de lucht is het een opvallend oriëntatiepunt voor je redders.

ELEMENTAIRE PEDDELTECHNIEK

De peddel van een kajak heeft twee bladen waarmee de boot naar voren wordt gestuwd. Je stuurt door alleen aan de kant waar je niet heen wilt te peddelen. Er zijn ook kajaks met een voetroer.

GRIP
Pak de peddel stevig vast en steek hem ter hoogte van je voeten in het water.

TURN
Draai je bovenlichaam en breng het blad in positie.

HAAL
Trek het blad krachtig naar achteren door het water.

KEER
Zodra het blad boven water komt, doe je hetzelfde aan de andere kant etc. etc.

KANOËN

Een kano is net als een kajak groot genoeg voor een of twee personen met bagage en wordt ook zittend voortbewogen. Een kano is echter meestal breder en heeft geen gesloten dek. De peddel van een kano heeft maar één blad.

TANDEMKANO

In een tweepersoonskano zit de een voorin en de ander achterin. De voorste peddelt aan een andere kant dan de achterste, die meestal ook stuurt. Wissel op gezette tijden van kant om vermoeidheid en spierpijn te voorkomen.

OMSLAAN

Kano's zijn open en stromen dus vol water als ze omslaan. Als je ondiep water kunt bereiken, kun je de boot daar boven water omkeren en leeg laten lopen. Neem altijd een pomp mee als je alleen gaat.

HULP VAN EEN ANDERE KANO

Als er geen ondiep water in de buurt is, maar wel een andere kano, kun je je boot onder water omkeren en op de andere kano schuiven. Het water loopt er dan uit en je helpers kunnen de kano weer rechtop in het water zetten.

TIPS VOOR KAJAKKEN EN KANOËN

- Bestudeer de route en de weerkaarten zorgvuldig.
- Overlaad de boot niet en verdeel alles gelijkmatig.
- Neem een goede pomp mee, zeker wanneer je alleen gaat.
- Als je kajak geen waterdichte schotten heeft, gebruik dan luchtkussens als opvulling. Er stroomt dan minder water in en de boot krijgt meer drijfvermogen.
- Doe je survivalkit in een waterdichte verpakking.
- Bevestig waardevolle spullen aan de boot of aan je lichaam. Als ze kunnen zinken, maak er dan iets aan vast wat blijft drijven.
- Neem materiaal en elastisch koord mee om lekke tussenschotten te repareren.
- Vaar nooit in je eentje een grot binnen, of zonder helm.
- Maak je peddel met een lang touw aan de boot vast. In noodsituaties kun je hem dan overboord gooien om beide handen vrij te hebben.
- Kauwgum is een uitstekend reparatiemiddel voor kleine lekjes, net als isolatieband en ducktape.

ELEMENTAIRE PEDDELTECHNIEK

Als je alleen bent, moet je beurtelings aan beide kanten peddelen om rechtuit te gaan. Switchen zodra de kano afwijkt.

INSTEKEN

Ga in het midden zitten en zorg dat de kano in evenwicht ligt. Reik naar voren en steek het blad in het water.

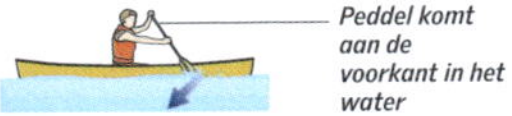

VERTICAAL HOUDEN

Steek de peddel snel en met kracht in het water tot hij verticaal staat.

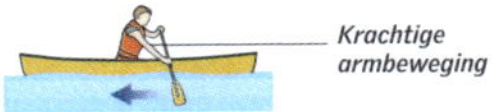

UITDUWEN

Trek de peddel krachtig naar achteren door het water. De kano komt in beweging.

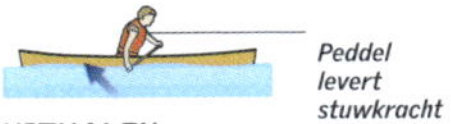

UITHALEN

Trek de peddel aan de achterkant van de boot uit het water en breng hem in positie voor de volgende slag.

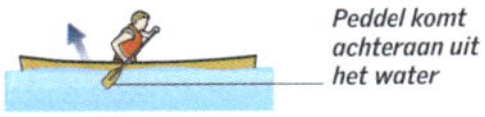

EEN VLOT BOUWEN

HET KAN SOMS ERG HANDIG ZIJN als je weet hoe je een vlot moet bouwen. Misschien moet je onverwachts een meer oversteken of blijkt de route over land onbegaanbaar terwijl er vlakbij een rivier naar je bestemming loopt. Weeg de risico's zorgvuldig af, zeker als je geen zwemvest bij je hebt.

PAS OP!
Meestal drijft een vlot gedeeltelijk onder water (behalve als het van rijshout is gemaakt), waardoor je steeds gedeeltelijk in het water zit. Dat kan in bepaalde omstandigheden tot onderkoeling leiden, dus maak als het kan een verhoogd platform op je vlot.

MATERIAAL EN GEREEDSCHAP
- Mes of zaagje
- Poncho, tentdoek of zeildoek
- Staken, rijshout en riet
- Touw

EEN VLOT VAN RIJSHOUT

Om een vlot van rijshout (kreupelhout) te kunnen bouwen, heb je een poncho, een dekkleed of geteerd zeildoek nodig. Op zo'n eenpersoons vlot blijf je helemaal droog. Bouw het zo dicht mogelijk bij het water, dat scheelt een hoop gesleep.

1 Maak het vlot vlak bij het water

- Leg de poncho op de grond voor de afmetingen van het vlot. Houd rekening met de opstaande randen en de bevestiging.

2 Zet stokken in de grond in een ovaal ter grootte van het te bouwen vlot.

- Vlecht met behulp van de palen de takken en het riet zo compact mogelijk, dan wordt het vlot sterker en blijft het beter drijven. De hoogte van het vlechtwerk bepaalt hoe hoog je boven water zit.

3 Maak een platform van langere stokken die je door de gevlochten vlotrand steekt. Weef de stokken zo goed mogelijk over en onder elkaar door voor meer stevigheid.

- Snij de stokken bij met je mes of een zaagje zodat ze niet uitsteken.
- Haal de hulpstokken weer uit de grond.

EEN PEDDEL MAKEN

Vaak kun je de stroming van de rivier gebruiken als voortstuwing, en je wandelstok om te sturen. Maar als er geen stroming is, zul je moeten peddelen. Hieronder zie je hoe je een geïmproviseerde peddel maakt.

1 Zoek een stok van behoorlijke lengte voor de steel. Zo dik mogelijk, maar hij moet nog wel in je handen passen.

- Splijt de stok aan de onderkant, diep genoeg om het blad in te klemmen.
- Verzamel wat kleinere stokken, steek er een door de spleet en bind hem vast.

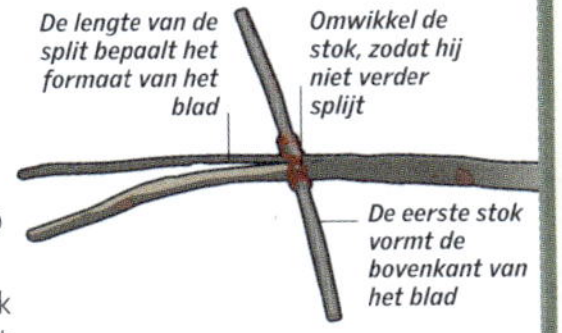

2 Doe hetzelfde met de andere kleine stokken. Bind ze een voor een vast tot het blad groot genoeg is

- Bind de uiteinden van de gesplitste steel zorgvuldig vast.
- Verbind de stokken van het blad voor extra stevigheid.

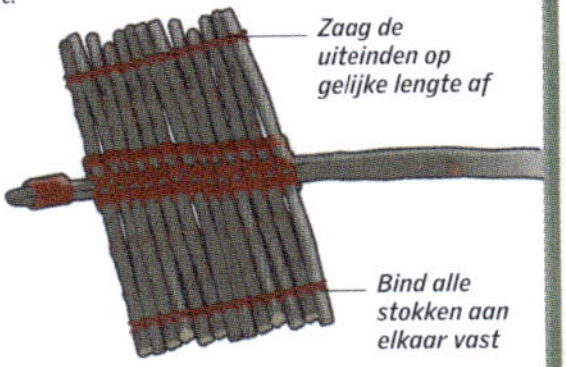

4 Trek je poncho onder het vlot door en maak er een waterdichte bodem van.

- Trek de capuchon van de poncho naar binnen en bind het nekgedeelte vast, zodat het geen water doorlaat.
- Trek de poncho langs de zijkanten omhoog en zet alles met touwen vast.

5 Vul de ruimte onder het platform op met takken, gras of mos. Met lege plastic flessen en opgeblazen waterdichte zakken kun je het drijfvermogen nog verder vergroten.

- Duw of sleep het vlot het water in. Kijk eerst in ondiep water of het blijft drijven voordat je je spullen aan boord brengt.

ANDERSOORTIGE VLOTTEN

Voor het bouwen van een vlot ben je afhankelijk van je omgeving. Verzamel alles wat je maar kunt vinden zoals boomstammen, bamboestokken, lege olievaten etc., als het maar blijft drijven.

VLOT VAN BOOMSTAMMEN

Gebruik droog hout. Het liefst dode stammen, want die drijven beter. Maak inkepingen in de stammen voor de dwarsverbindingen.

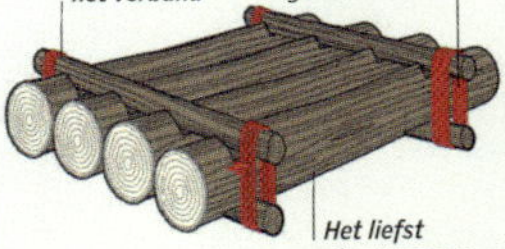

BAMBOEVLOT

Bamboe bestaat uit dikke holle stengels met waterdichte tussenschotjes. Ideaal dus voor een vlot, ook al omdat het erg licht is.

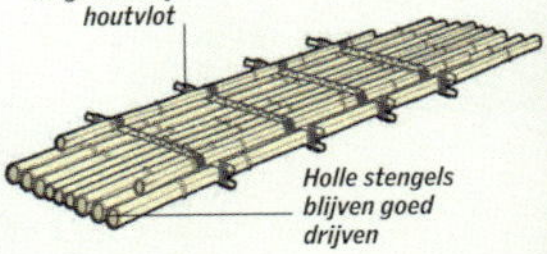

VLOT VAN OLIEVATEN

Van lege olievaten kun je een perfect vlot maken. Er kunnen schadelijke stoffen in gezeten hebben, dus ga er voorzichtig mee om.

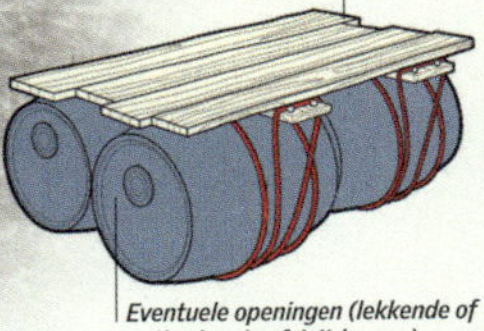

ZWEMMEN

ALS HET WATER TE DIEP IS om doorheen te waden en je ook geen vlot kunt bouwen, zul je moeten zwemmen om aan de overkant te komen. Bedenk eerst hoe je straks weer droog en warm kunt worden. Met een drijfzak kun je je kleding en je uitrusting misschien droog houden.

PAS OP!
Zoals in elke survivalsituatie waar water bij komt kijken, moet je proberen te voorkomen dat je nat wordt. Loop om het water heen of zoek een doorwaadbare plaats. Onderkoeling is gevaarlijk, dus je moet een vuur kunnen maken. Ga nooit het water in als er krokodillen of nijlpaarden rondzwemmen.

SURVIVALZWEMMEN

Trek alles uit, dat zwemt makkelijker. Alleen op rotsachtig terrein kun je beter je schoenen aanhouden. Doe je kleren in een waterdichte zak of maak zelf zo'n zak van je poncho (volgende blz.) en neem alles mee naar de overkant.

EEN RIVIER OVERZWEMMEN

Kies een veilige plek (blz. 88) en bepaal waar je wilt uitkomen.

- Door de stroming drijf je stroomafwaarts. Houd daar rekening mee.
- Stap kalm het water in. Niet springen of duiken.
- Als het water koud is, laat je lichaam er dan eerst even aan wennen.

DE OVERSTEEK

Zwem met je favoriete slag die je lang kunt volhouden terwijl je met één arm de survivalzak meetrekt.

STROOMAFWAARTS ZWEMMEN

Zwem nooit zonder reden een rivier op of af. Lopen is veel veiliger. Mocht je in een snelstromende rivier vallen, bescherm jezelf dan zo veel mogelijk tot je weer aan land kunt komen.

DEFENSIEVE ZWEMTECHNIEK

Defensief zwemmen betekent zo veilig mogelijk met de stroom mee drijven zonder dat je voeten bekneld raken tussen de rotsblokken, want dan word je onder water getrokken. Blijf zo zwemmen tot je ergens aan land kunt komen.

ZWEMTECHNIEKEN

Elke survivor moet eigenlijk weten welke zwemtechnieken er zoal zijn, hoewel je in een noodsituatie waarschijnlijk op je eigen favoriete zwemslag zult terugvallen. Goede zwemmers zouden moeten kiezen voor een energiezuinige slag, bijvoorbeeld de schoolslag. Minder goede zwemmers moeten het liefst helemaal uit het water blijven, tenzij ze geen keus hebben.

OP ZIJN HONDJES

Eenvoudige zwemtechniek. Gewoon met armen en benen in voorwaartse richting peddelen. Terwijl je je rechterarm uitslaat, zet je af met je linkerbeen en vice versa.

BORSTCRAWL

Borstcrawl wordt ook wel 'vrije slag' genoemd. Deze techniek kost veel energie en is dan ook niet optimaal voor survivalsituaties. Het gaat wel erg snel, en dat kan dan soms weer een voordeel zijn.

SCHOOLSLAG

Schoolslag is de meest gebruikelijke techniek. Armen en benen bewegen tegelijkertijd in een vloeiend ritme. Geschikt om een vlot of iets dergelijks op sleeptouw te nemen.

RUGSLAG

In veilig water is dit de ideale slag, want hij kost weinig energie. Het nadeel is dat je niet ziet waar je heen zwemt, wat vooral in rotsachtige gebieden gevaarlijk kan zijn.

EEN DRIJVENDE PONCHO

Als je van je poncho een drijfzak kunt maken, blijven je spullen droog en heb je bovendien een beetje steun in het water. In plaats van een poncho kun je elk groot stuk waterdichte stof gebruiken.

1 Trek de capuchon van de poncho naar binnen en maak het halsgat dicht met touw of elastiek.

- Leg de poncho op de grond met de binnenkant naar boven.
- Leg je bagage erbovenop.

2 Trek één kant van de poncho over je bagage, die in het midden ligt.

- Daarna de drie andere kanten, tot je een rechthoekig pakket hebt.
- Vouw de hoeken dicht en kijk of er geen openingen zijn die water doorlaten.

3 Vouw alles zorgvuldig en waterdicht samen.

- Mocht je nóg een poncho hebben, volg dan opnieuw stap 1 en 2 en pak alles dubbel in. De onderkant blijft de onderkant.
- Opvullen met rijshout vergroot het drijfvermogen.

4 Bind het pak stevig dicht met touw, schoenveters, lianen of wat je ook maar hebt.

- Laat het pakket rustig te water als je er zelf instapt en trek het achter je aan.

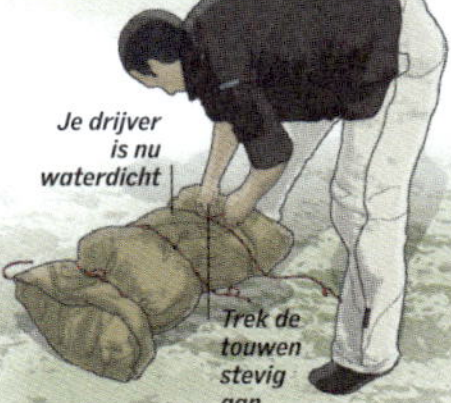

3

VAKKUNDIG KAMPEREN

BASISKENNIS KAMPINRICHTING

Of je nu blijft wachten tot er hulp komt, een veiliger onderkomen zoekt met meer kans op redding of besluit je netelige positie te verlaten, je zult hoe dan ook ergens een bivak moeten maken. Misschien maar voor een enkele nacht, misschien voor langere tijd.
Om de survivalprincipes effectief toe te kunnen passen, moet je weten waaraan je locatie moet voldoen. Een goede locatie is op de eerste plaats veilig en biedt veel kansen. Er moeten voldoende materialen voor een shelter en een vuur aanwezig zijn, maar ook drinkwater en water om te wassen.
Een goed georganiseerd kamp helpt je gedachten ordelijk te houden en vormt een veilige plek voor jezelf en je uitrusting. Een vaste plek voor gereedschap etc. voorkomt dat essentiële zaken kwijtraken en beperkt de kans op verwondingen, zowel voor jezelf als voor het hele team.
Een kampvuur is onmisbaar. Het biedt warmte en kookgelegenheid, laat de reddingsploeg zien waar je bent, houdt wilde dieren op afstand en zorgt dat je nog iets kunt zien als het donker is.

In dit hoofdstuk LEER JE...

- hoe je met bladeren een **regelbare douchekop** maakt..
- waarom **reinheid** goed is voor **lichaam en geest..**.
- hoe je **as van het vuur** kunt laten schuimen als **zeep...**
- dat een **rieten scherm** veel **privacy** biedt...
- hoe je voorkomt dat je **kampvuur** een **vuurzee** wordt...
- dat **kattenstaarten** uitkomst bieden als het **hondenweer** is...

Een kampvuur geeft bovendien een gevoel van veiligheid. Het positieve psychologische effect van het aanleggen van een kampvuur in een survival-situatie is enorm; het negatieve effect wanneer je als survivor niet in staat bent om een vuurtje te maken, is minstens zo groot.
In beroerde omstandigheden is je bivak een veilige plek waar alles routine is en waar je je thuis voelt.

Je kunt vonken slaan

– en dus ook een vuur maken – met een vuurstaal of een magnesiumstick met aanslagijzer (blz. 127).

Een vuurstaal bestaat uit twee delen; een vonkend materiaal (vaak een staaf magnesium of een legering als ferrocerium) en een metalen voorwerp (meestal het lemmet van een mes of een zaagje). Als je met het metalen voorwerp langs het staafje strijkt, ontstaan er vonken.

Met onderstaande methode richt je de vonken effectief en voorkom je dat je de tondel per ongeluk vernielt. Dat gebeurt al snel wanneer je het staafje te dicht bij de tondel houdt en vervolgens naar beneden strijkt, zeker als je koud en nat bent en je handen trillen van vermoeidheid.

1. Zet het staafje rechtop in het midden van de tondel. Druk met je andere hand het aanslagijzer tegen het staafje en houd die hand onbeweeglijk op zijn plek.
2. Trek het staafje omhoog en van je af, zodat het langs het aanslagijzer schuurt. Doordat het staafje nu van de tondel af beweegt, sla je de tondel niet uit elkaar.
3. Speel met de richting waarin je het staafje wegtrekt, en kijk goed waar de vonken het meeste effect hebben.

> Het al dan niet kunnen **aanleggen van een kampvuur** heeft een enorm **psychologisch effect**, zowel in **positieve** als in **negatieve** zin

EEN KAMP INRICHTEN

Maak je kamp op een locatie waar je materiaal kunt vinden voor een shelter en een kampvuur.

HET HANGT NATUURLIJK van de omgeving af waar je je kamp opslaat, maar als leidraad gelden altijd de vier survivalprincipes: protectie, locatie, water en voedsel. Zorg eerst dat je veilig bent en dat je noodsignalen kunt geven. Probeer vervolgens een plek te vinden die ook nog eens dicht bij een waterbron ligt.

Je latrine moet altijd stroomafwaarts liggen van het kamp, want anders vervuil je je drinkwater. Houd ook rekening met de windrichting!

Als er misschien roofdieren zijn, hang overgebleven voedsel dan in een zak in een boom, drie meter van de grond en een meter van de boomstam en andere takken vandaan.

Kies voor hulpsignalen zoals een grote letter V een open plek waar een helikopter kan landen (blz. 236-241).

LOCATIE

Houd bij het kiezen van je locatie rekening met mogelijke gevaren. Als je een geschikte plek hebt gevonden, richt je kamp dan zo efficiënt mogelijk in. Een comfortabele uitvalsbasis maakt het leven een stuk prettiger.

INRICHTING

Of je nu alleen bent of met een groep, in beide gevallen is het voor de veiligheid van belang om het kamp professioneel in te richten en van meet af aan regels en routines in te stellen. Kies voor alles een logische plaats (brandhout, uitrusting, gereedschap, shelter) en doe al je werkzaamheden volgens een vaste routine (zie kader rechts).

Hang je schoenen direct na het uittrekken omgekeerd op een stok zodat er geen beesten in kruipen. Droog ze niet te dicht bij het vuur.

Kies een veilige plek om hout te hakken. Een boomstronk is een prima hakblok.

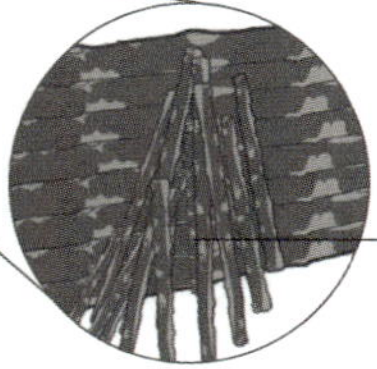

Sprokkel en hak het benodigde brandhout voor het donker wordt en bewaar het rechtop.

GEVAREN

Maak een realistische inschatting van de potentiële gevaren: wilde dieren, omvallende bomen, loszittende rotsblokken, overstromingen etc. Daarmee verminder je het risico gewond te raken en reduceer je gevaar.

WILDE DIEREN

Let op dierspuren. Bouw je kamp indien mogelijk tegen een rotswand, zodat het niet van alle kanten benaderbaar is. Laat de hele nacht een vuur branden. Zorg dat je iets bij de hand hebt waarmee je lawaai kunt maken om roofdieren af te schrikken. Bivakkeer niet dicht bij stilstaand water i.v.m. insecten.

WIND EN WATER

De ingang van je shelter moet niet op de wind liggen. Vlak bij of in een slenk bestaat misschien gevaar voor overstromingen of lawines. In de lus van een rivier is de grond vaak instabiel, maar aan de buitenkant kan de rivier razendsnel buiten haar oevers treden door zware regenval.

DOOD HOUT

Dode bomen kunnen omvallen door zware windstoten of het gewicht van regen en sneeuw. Dood hout is overigens een perfecte brandstof (blz. 121).

LOSSE TAKKEN

Losgeraakte takken kunnen halverwege de boom zijn blijven hangen en onverwacht naar beneden komen. Bij beuken, essen en taxusbomen breken gezonde takken soms spontaan af.

ROTSBLOKKEN EN IJSLAWINES

Controleer rotsen nabij het kamp op scheuren en spleten. De hitte van het vuur kan vallende stenen veroorzaken en in een koude omgeving kan het ijs van de rotsen af glijden.

Als je zware buien verwacht, graaf dan een greppeltje rondom je shelter zodat het water eromheen loopt.

Zoek een waterbron en controleer of het water stroomopwaarts niet vervuild is door bijvoorbeeld dode dieren.

Leg, indien mogelijk, drie signaalvuren aan (blz. 238-239) op een open plek.

ONGESCHIKTE KAMPPLAATSEN:

- Drassige grond en hellingen.
- Te dicht bij water, vanwege overstromingsgevaar en insecten.
- Vlak bij lawaaierige waterbronnen als watervallen. Die overstemmen de geluiden van wilde dieren, maar ook het verlossende geluid van fluitsignalen of helikopterwieken.

TIJDSCHEMA

Als je een veilige locatie voor een kamp hebt gevonden waar je voorlopig wilt blijven ('going static'), houd dan rekening met het invallen van de duisternis en deel je tijd daarop in.

DRIE UUR VOOR DONKER

Je besluit niet verder te gaan. Drink wat water en berg op wat je even niet nodig hebt (kompas, kaart etc.). Trek indien nodig droge kleding aan, maar houd altijd droge kleding in reserve. Zoek de beste plek voor je shelter.

DAARNA...

Richt je kamp in. Bouw een shelter met een slaapplaats, verzamel tondelmateriaal, aanmaakhout en brandhout en zet alles klaar voor je kampvuur. Verzamel water en voedsel. Leg alle locatiehulpen (voor overdag en 's nachts) klaar voor gebruik en binnen handbereik.

EEN UUR VOOR DONKER

Rond tijdens de schemering de inrichting van je kamp af en regel vervolgens je persoonlijke verzorging: was je en ga naar het toilet. Controleer je uitrusting en zorg – als je met een groep bent – dat iedereen weet waar de locatiehulpen te vinden zijn en wat ieders taak is (signaalvuren aanleggen, seinen met zaklamp, fluitsignalen geven). Stel een roulatiesysteem in om het vuur brandend te houden.

PERSOONLIJKE HYGIËNE

PERSOONLIJKE VERZORGING IS EEN belangrijk onderdeel van protectie. Als je schoon en gezond bent, functioneert je lichaam efficiënter en ben je minder vatbaar voor ziektes. Je fysieke toestand heeft bovendien een direct effect op je geestelijk welzijn. Survival is ook een kwestie van discipline: als je je persoonlijke verzorging verwaarloost, wordt binnen de kortste keren je hele kamp een chaos.

SCHONE KLEDING

De staat van je kleding en je uitrusting bepaalt je gemoedstoestand: met vuile, kapotte kleding blijft er weinig over van je survivaldisciplines. Houd je kleren schoon en repareer ze als ze kapot zijn.

CHECKLIST PERSOONLIJKE HYGIËNE

Lichamelijke reinheid en gezondheid hebben alles met elkaar te maken. Een dagelijkse routine zorgt voor veilig en correct gebruik van water, voedsel, kookgerei en protectiehulpen (tabletten, insectenwerende middelen, zonnebrand). Houd je kleding schoon en verzorg je lichaam zorgvuldig.

HAREN

Shampoo is overbodig: geef je hoofdhuid de kans eigen oliën en mineralen aan te maken voor een natuurlijke balans. Was rooklucht of andere sterke geuren uit je haar met warm of koud water.

HOOFDHUID

Controleer elke ochtend en avond je hoofd op beestjes en beten. Kennis van de omgeving is nuttig: in een bosrijke omgeving met herten vind je bijvoorbeeld veel teken.

OGEN

Draag een zonnebril of een hoed om je ogen te beschermen tegen zonlicht of licht dat weerkaatst wordt door sneeuw. Spoel je ogen tweemaal per dag met schoon water om oogontsteking te voorkomen.

OREN

Controleer je oren regelmatig met een schone natte vinger, vooral als je op de grond slaapt.

TANDEN EN TANDVLEES

Wrijf met schone vingers over je tanden en tandvlees. Maak eventueel een tandpasta van zuiveringszout of spoel met water en zout.

LICHAAM

Was om de dag je oksels, kruis, handen, voeten en tenen met stromend water om schimmelinfecties tegen te gaan.

EEN DOUCHE MAKEN

Een douche heeft een wonderbaarlijk effect op je gemoedstoestand: vuil en zweet spoelen weg en je voelt je weer fris. Een nooddouche maak je in no time met een metalen blik of een plastic container.

1 Zet het blik omgekeerd op een stevige ondergrond.
- Perforeer de bodem met de priem van je zakmes of de punt van een gewoon mes.

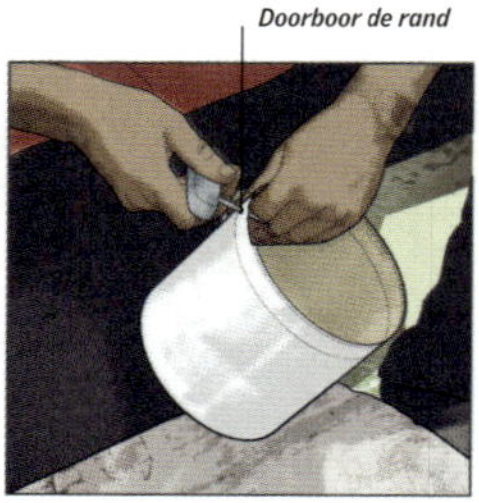

2 Prik op 2,5 cm van de bovenrand een gaatje in de zijkant van het blik.
- Doe hetzelfde aan de andere kant.

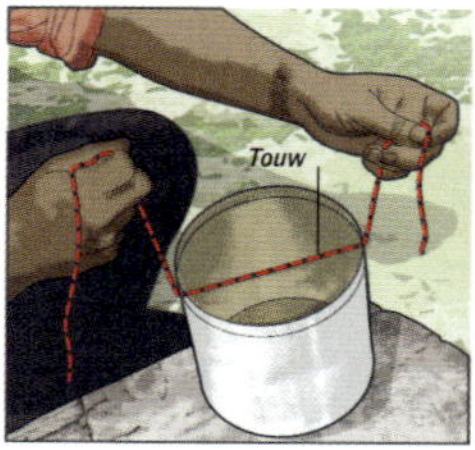

3 Werk de scherpe randjes van de twee gaatjes weg.
- Haal een stuk touw door de gaatjes van minstens 60 cm.

4 Zorg dat het touw aan beide zijden van het blik even lang is.
- Bind de uiteinden samen met een overhandse knoop (blz. 143).

LICHAAMSFUNCTIES

In een echte survivalsituatie eet je minder dan gewoonlijk en dus zal je ontlasting na een dag of twee aanzienlijk verminderen. Toch is het van belang een vaste routine aan te houden, zeker wanneer je met een groep bent.

OP DOORTOCHT

Als je elke dag verder trekt, is het bouwen van een latrine niet nodig. Let in dat geval op het volgende:

- **Urineren:** zoek een plek op enige afstand van het water, benedenwinds van het kamp.
- **Ontlasten:** graaf een gat aan de voet van een boom. Vul het gat naderhand weer op en markeer de plek met stenen of takken. Maak jezelf schoon met toiletpapier, bladeren of gras (met de hand waarmee je niet eet) en daarna met water. Was je handen, ook onder de nagels. Verbrand of begraaf gebruikt toiletpapier.
- **Menstruatie:** Als je geen tampons of maandverband hebt, gebruik dan een lapje katoen of veenmos. Verbrand of begraaf wat je gebruikt hebt.

LANGER OP ÉÉN PLEK

Als je langer dan een paar dagen op dezelfde plek blijft, heb je een latrine nodig. Benedenwinds van het kamp en op ruime afstand van je waterbron. Graaf een diepe geul naast of tussen twee bomen en maak uit twee takken of stammetjes een zitting. Bedek de uitwerpselen met zand of grond om de geur te neutraliseren (vliegen!). Haal als je vertrekt de zitting los, vul de geul en dek de plek af met stenen of takken.

5 Hang het doucheblik over een tak of een buigzaam jong boompje.

- Giet water in het blik om de 'douchekop' te testen. Bladeren op de bodem vertragen de waterstroom.

INZEPEN

Kampeerzeep is een geconcentreerde, antibacteriële vloeibare zeep die zonder water gebruikt kan worden. Met een kleine hoeveelheid, bijvoorbeeld overgegoten in een klein hulsje voor fotorolletjes, kun je weken vooruit. Maar ook de natuur biedt mogelijkheden.

ZEEP MAKEN

Je kunt zeep maken van natuurlijke materialen die zeepstof (saponien) bevatten. Saponien heeft verdund in water een reinigend effect.

- **Berkenblad:** leg wat jonge blaadjes in een bakje (een plastic zakje kan ook, maar pas op dat het niet smelt!). Voeg eerst een beetje koud water toe en daarna wat heet of kokend water. Door te roeren los je de saponien in de blaadjes op en krijg je een natuurlijke zeep.
- **Zeepkruid:** roer zeepkruidblaadjes in water tot er schuim ontstaat. Als het schuim is weggetrokken, kun je je lichaam en je kleding ermee wassen.
- **Paardenkastanje:** hang de bladeren in warm of heet water. Wring de bladeren daarna in je handen uit om het saponien los te maken.
- **Houtas:** vermeng de as met water. Gebruik deze 'zeep' niet te vaak, want je huid droogt ervan uit.

VUUR MAKEN

DE VAARDIGHEID OM een vuur te maken en gaande te houden bepaalt voor een groot gedeelte of iemand tot het uiterste zal gaan om te overleven of het bijltje erbij neergooit. Een kampvuur kan, net als een shelter, een troosteloze schuilplek in een 'thuis' transformeren.

KAMPVUURMATERIAAL

Zorg dat alle benodigdheden voor het vuur klaar staan voor je begint; niet alleen aanmaakhout en brandhout, maar ook je ontstekingsmateriaal. Een draagbare materiaal waarin alles zit om een vuur aan te kunnen steken, maakt alles een stuk eenvoudiger.

VOORZORGSMAATREGELEN

Als je een vuur maakt vlak bij je shelter, denk dan aan het volgende:

- Niet te dichtbij, want het vuur kan groter worden dan je denkt. Een verdwaalde vonk kan je shelter in vlammen doen opgaan.
- Controleer of het vuur geheel is gedoofd voordat je je kamp opbreekt en verder trekt. Als je het kunt missen, giet dan water over het vuur en de grond eromheen. Gebruik anders vochtige aarde of zand.

BRANDDRIEHOEK

Zonder zuurstof, hitte en brandstof (de zgn. branddriehoek) kun je geen vuur maken. Het verbrandingsproces is weliswaar een autonome chemische reactie, maar je moet zelf zorgen dat die reactie voortdurend kan plaatsvinden. Het draait allemaal om het verkrijgen van een optimaal evenwicht tussen de drie bovengenoemde componenten. Als je vuur niet lekker brandt, vraag jezelf dan af welke van de drie niet naar behoren functioneert.

ZUURSTOF Zuurstof is essentieel voor ontbranding en een overdaad aan aanmaakhout verhindert dat het vlammetje voldoende zuurstof krijgt. Ziet je vuurtje eruit alsof het bijna uitgaat, wapper dan met je hand of je landkaart om de zuurstoftoevoer te vergroten.

HITTE

Hitte is nodig om de brandstof te laten ontvlammen. Die hitte produceer je met een vonk (vuurstaal), een chemische reactie of wrijving tussen twee verschillende stoffen (lucifers, kaliumpermanganaat). Ook wrijving tussen twee dezelfde materialen produceert hitte (blz. 126-127; 130-133)

BRANDSTOF

Als het vuur eenmaal brandt, heeft het brandstof nodig om te blijven branden (blz. 120-121). Begin met kleine, droge stukjes brandstof die snel vlam vatten en voldoende hitte produceren om steeds grotere stukken te verbranden.

INGEBLIKTE ONTSTEKING

Onder het motto 'waarom moeilijk doen als het makkelijk kan' is er (oorspronkelijk voor militair gebruik) een kant-en-klaar kampvuurmateriaal ontworpen waarmee je ongeacht de weersomstandigheden snel een vuur kunt maken.

INHOUD

Het blikje is met tape waterdicht te maken en bevat alles om een vuur aan te leggen: vonkenmaker, tondel en brandstof (hexamine). Meng wat schraapsel van de hexamineblokjes door de watten en steek ze aan met de vonken van het vuurstaal. Het tondelmengsel brandt lang genoeg om de brandstofblokjes zelf ook vlam te laten vatten.

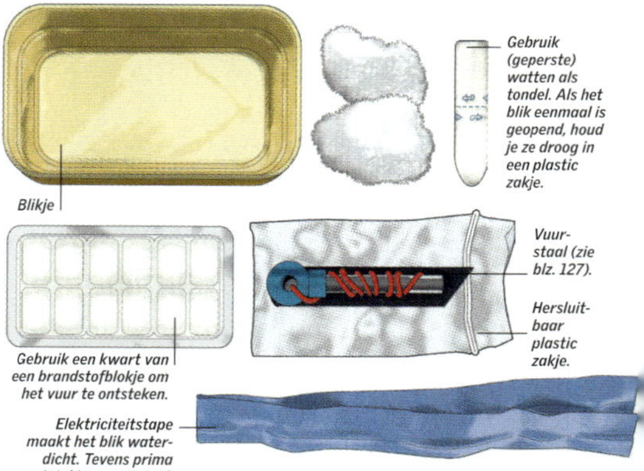

HOE GEBRUIK JE HET?

In het lege blikje kun je water koken. Zet het op twee stokken, 2,5 cm boven de grond en leg er een kwart hexamineblokje onder. Steek het blokje aan en neem pas een mogelijk levensreddende slok als het water gekookt heeft.

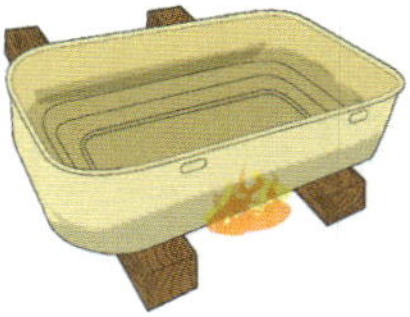

EEN GOEDE START

Het maken van een kampvuur vergt veel meer voorbereiding dan andere survivaltaken. Zonder de juiste materialen – in voldoende hoeveelheden – is het vrijwel onmogelijk om een goed kampvuur aan te leggen. Maar met de benodigde materialen en je uitrusting binnen handbereik is het eigenlijk een fluitje van een cent. Het voorbereiden van de ondergrond is de eerste stap.

EEN VUURPLAATS KIEZEN

Kies de plek voor je kampvuur met de uiterste zorgvuldigheid. Veeg de ondergrond helemaal schoon. Ontsteek je kampvuur nooit direct op de kale grond en let goed op dat je het vuur onder controle houdt.

AANDACHTSPUNTEN

- Draag altijd iets bij je waarmee je vuur kunt maken.
- Oefening baart kunst. Probeer onder wisselende omstandigheden op verschillende manieren vuur te maken.
- Verzamel tondelmateriaal zodra je het tegenkomt. Stop het in je zakken als het nat is, dan droogt het door je lichaamswarmte.
- Verzamel eerst alle verschillende benodigdheden voor het kampvuur en vertienvoudig vervolgens de hoeveelheden. In een penibele situatie heb je misschien maar een of twee kansen om een vuur aan te steken voordat je lucifers of je tondel opraken.

ALTIJD DOEN

- Zorg dat er genoeg hout bij de hand is om het vuur te voeden. Telkens opnieuw hout halen kost energie, en in een survivalsituatie moet je daar zuinig mee omspringen.
- Hark de grond rondom je vuurplaats schoon. Veeg bladeren en alles wat een bosbrand zou kunnen veroorzaken weg.
- Controleer de vuurplek op boomwortels: wortels boven of zelfs net onder de grond kunnen vlam vatten. Als de boomwortels eenmaal branden, kruipt het vuur ondergronds verder en kan het een bosbrand veroorzaken.
- Ontsteek je signaalvuur op een plaats waar passerende voertuigen en vliegtuigen het goed kunnen zien.

NOOIT DOEN

- Veeg de grond nooit schoon met je blote handen, maar gebruik je voet of een tak om insecten- en slangenbeten te voorkomen.
- Maak geen vuur naast oude boomstronken of omgevallen bomen. Als het vuur overslaat, kunnen ze dagenlang onopvallend blijven smeulen en door een opstekende wind abrupt vlam vatten.
- Maak geen vuur onder overhangende takken of bladeren. Door de hitte van het vuur drogen ze uit en worden ze erg brandbaar.
- Zorg dat de wind geen vat heeft op het vuur en voorkom dat rook of vuurtongen je shelter in worden geblazen.

DE BRANDDRIEHOEK

DE DRIE BOUWSTENEN voor een knetterend kampvuur zijn tondel, aanmaakhout en brandhout. Alle drie moeten ze droog zijn en in ruime mate voorradig. Met een zelfgemaakte vuurstok heb je ze alle drie bij de hand. Behalve de stok met tondel, aanmaakhout en brandhout heb je dan alleen nog een vonk nodig om het vuurtje op gang te brengen.

TONDEL VOOR NOODGEVALLEN
Zorg dat je altijd tondel, bijvoorbeeld een tampon of wattenbolletjes, in een fotohulsje of hersluitbaar zakje in je noodmateriaal hebt. Gebruik telkens maar een stukje van de tampon of een klein plukje watten. Watten bestreken met petroleumgel, branden tien keer zo lang.

EEN VUURSTOK MAKEN

Vier tot zes goed gemaakte vuurstokken bevatten voldoende brandbaar materiaal om een kampvuur aan te leggen. Maak er een paar van tevoren en bewaar ze voor noodgevallen. Het beste is om staand dood hout te gebruiken, maar in principe is elk stuk hout geschikt, als het maar droog is. Verwijder bij kleine dode takjes die van een boom zijn gevallen altijd eerst de schors.

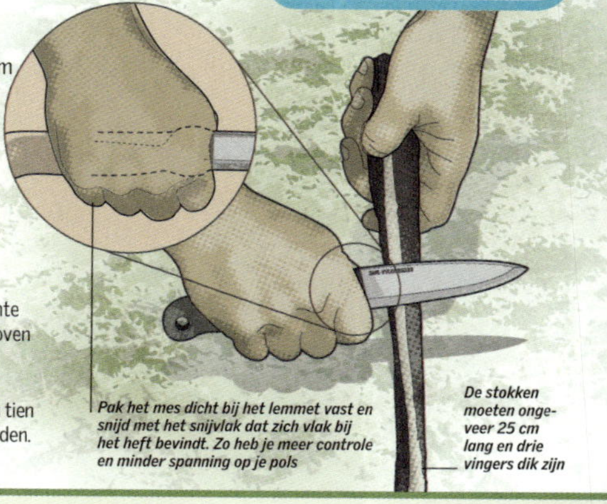

1 Gebruik een stok zonder noesten en met rechte nerven. Leg hem met de vlakste zijde naar boven op een hard, plat werkoppervlak waarop hij niet wegglijdt.

- Houd het lemmet plat op de stok en strijk het mes tien keer langs het hout naar beneden zonder erin te snijden. Zo voel je hoe het mes over hout beweegt.

Pak het mes dicht bij het lemmet vast en snijd met het snijvlak dat zich vlak bij het heft bevindt. Zo heb je meer controle en minder spanning op je pols

De stokken moeten ongeveer 25 cm lang en drie vingers dik zijn

TONDEL

De eerste bouwsteen van het kampvuur is tondel: fijn, droog materiaal dat gemakkelijk vlam vat. Als je het niet bij je hebt in je uitrusting (blz. 122-123), moet je op zoek naar natuurlijk tondelmateriaal of iets anders dat snel ontbrandt. Experimenteer alvast een beetje met allerlei materialen voordat je ze daadwerkelijk nodig hebt. Leg vochtige tondel in de zon te drogen en vul de voorraad aan wanneer je maar kunt.

TONDELMATERIAAL

Natuurlijke tondel: vuurstokken (zie boven), boomschors of schilfers van de buitenkant van een bamboestok, fijn houtschaafsel, topjes van dennentakken, dons van planten en dieren, droge mest en verkoold hout. Verder nog berkenbast (van de zilverberk zelfs natte bast), clematis, kamperfoelie, uitgebloeide kattenstaarten, verdroogd gras, dood en verdord mos en sommige zwammen. Als je vuur maakt met behulp van wrijving (blz. 130-133), kun je het beste tondel maken van boomschors, korstmos, verdroogd gras, schimmels, plantenwortels, houtvezels of dons.
Niet-natuurlijke tondel: wattenbolletjes, tampons, verkoold katoen, hexamineschraapsel (blz. 123), allerlei soorten synthetische vulling, zakdoekjes, fotofilm, reepjes rubber en kaarsenpitten.

Uit elkaar getrokken vezels vatten sneller vlam

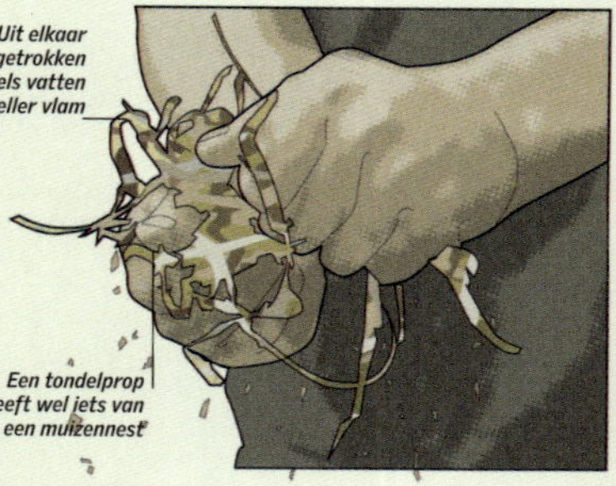

Een tondelprop heeft wel iets van een muizennest

TONDELPROP

Om je tondel sneller vlam te laten vatten, kun je er een prop van maken. Pluk, trek en kneed totdat je een prop hebt ter grootte van een grapefruit. Druk het fijnste en lichtst ontvlambare materiaal in het midden van de prop. Meng bij voorkeur verschillende soorten tondel zoals verdroogd gras, berkenbast en uitgebloeide kattenstaarten door elkaar.

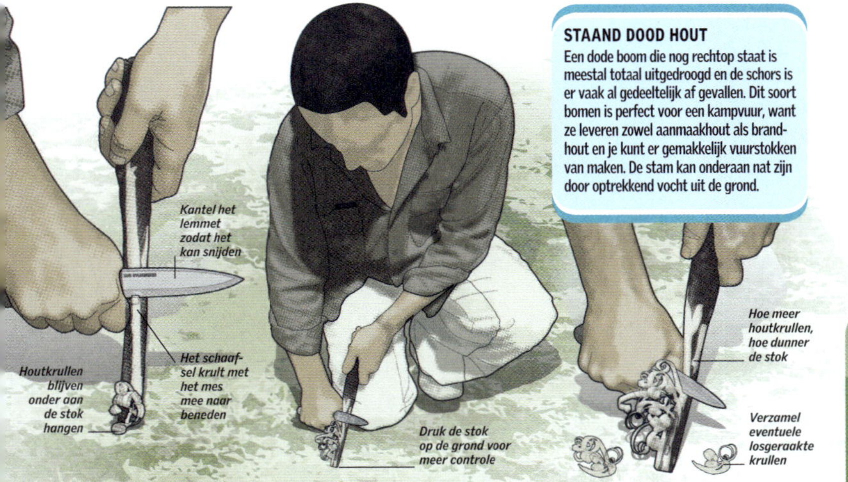

STAAND DOOD HOUT

Een dode boom die nog rechtop staat is meestal totaal uitgedroogd en de schors is er vaak al gedeeltelijk af gevallen. Dit soort bomen is perfect voor een kampvuur, want ze leveren zowel aanmaakhout als brandhout en je kunt er gemakkelijk vuurstokken van maken. De stam kan onderaan nat zijn door optrekkend vocht uit de grond.

2 Kantel het lemmet tot het grip krijgt op het hout.

- Gebruik het bovenste deel van de stok als handvat en schaaf met het mes een lange houtkrul van de stok.
- Stop vlak voor het einde zodat de krul aan de stok blijft hangen.

3 Draai de stok een paar graden en schaaf met het mes de verticale rand weg die is ontstaan in stap 2. Draai op die manier de stok steeds verder rond terwijl je de procedure herhaalt.

- Krijg het ritme te pakken en gebruik je bovenlichaam om kracht te zetten.

4 Als je de techniek onder de knie hebt, werk je de hele stok af tot je onderaan een dun stokje met houtkrullen eraan vast overhoudt.

- Dit gedeelte van je vuurstok is nu klaar voor gebruik als aanmaakhout.

AANMAAKHOUT

Aanmaakhout is de tweede bouwsteen van je vuur. Het kan variëren van houtsplinters tot takjes van vingerdikte. Zodra de tondel brandt, kun je het droge aanmaakhout toevoegen; als je het in stukjes breekt en er klinkt geen gekraak, dan is het waarschijnlijk niet droog genoeg. Bij minder droog hout moet je eerst de bast verwijderen, want die bevat het meeste vocht. Het restant breek je vervolgens in stukjes van ca. 15 cm lang.

SOORTEN AANMAAKHOUT

- Twijgjes van zachte houtsoorten ontvlammen vrijwel onmiddellijk. Harshoudend hout van naaldbomen brandt heter en langer.
- Sommige soorten tondel – schors, palmblad, dennenappels, gras, grondmossen en varens – kun je ook als aanmaakhout gebruiken, maar je hebt er wel veel van nodig.

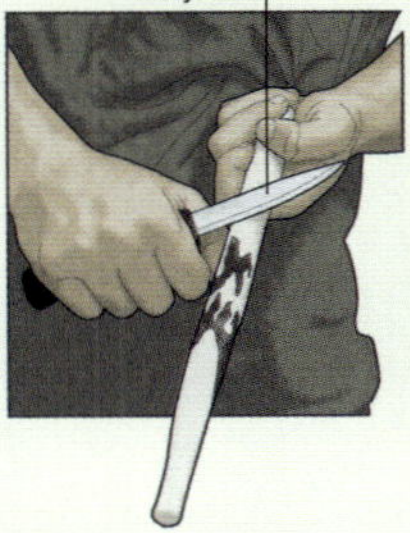

BRANDHOUT

In het begin heeft je vuur steeds aandacht nodig, maar als het eenmaal vijf minuten brandt zonder je hulp, is het klaar voor de grotere stukken brandhout. Die vormen al snel een bed van hete kolen dat het vuur gaande houdt. Brandhout ter dikte van je pols tot je onderarm is het beste. Splijt de eerste paar droge takken, dan vatten ze sneller vlam. Wanneer het vuur eenmaal goed brandt, kun je het eventueel voeden met groen (levend) hout en grotere blokken droog hout. Scherm je vuur altijd af als het regent!

SOORTEN BRANDHOUT

- Hard hout van loofbomen zoals eik, esdoorn, es, beuk en berk brandt heet en lang en produceert goede houtskool, maar is lastig op gang te krijgen.
- Zacht hout van naaldbomen (ceder, den, spar etc.) vat door de vele hars gemakkelijker vlam, maar brandt sneller en minder heet dan de hardere houtsoorten. Bovendien geeft dit hout meer rook.
- In droge heidegebieden kun je soms turf steken en met een mes versnijden. Als brandstof heeft turf veel zuurstof nodig.
- Houtskool is licht, rookt niet en gloeit met veel hitte.
- Gedroogde mest is een uitstekende, rookvrije brandstof.

VERKOOLD KATOEN EN VUURBLIKJES

ALS JE OP PAD GAAT, steek dan altijd wat verkoolde katoen of een vuurblikje in je rugzak. Je kunt dan altijd vuur maken en dat kan in een survivalsituatie van doorslaggevende betekenis zijn. Zuivere katoen is gemakkelijk zelf te verkolen, dus leg een droge lap in je noodmateriaal of op de bodem van je survivaltin (blz. 60-61).

BENODIGDHEDEN

- Blikje met goed klemmend deksel, bijvoorbeeld een schoensmeerblikje
- Spijker
- Lap zuivere katoen (100%)
- Mes of schaar
- Vonk of vlam

KATOEN VERKOLEN

Verkoolde katoen kan zonder zuurstof ontbranden (pyrolyse). Het weegt niets, neemt nauwelijks ruimte in en vormt zelfs bij de kleinste vonk een gloeiende sintel. Ontbranding vindt alleen plaats in kurkdroge toestand, dus je moet het waterdicht verpakken.

1 Leg het deksel van het blik ondersteboven en sla een spijker door het midden.

- Experimenteer met het formaat; meestal werkt een kleine opening beter.

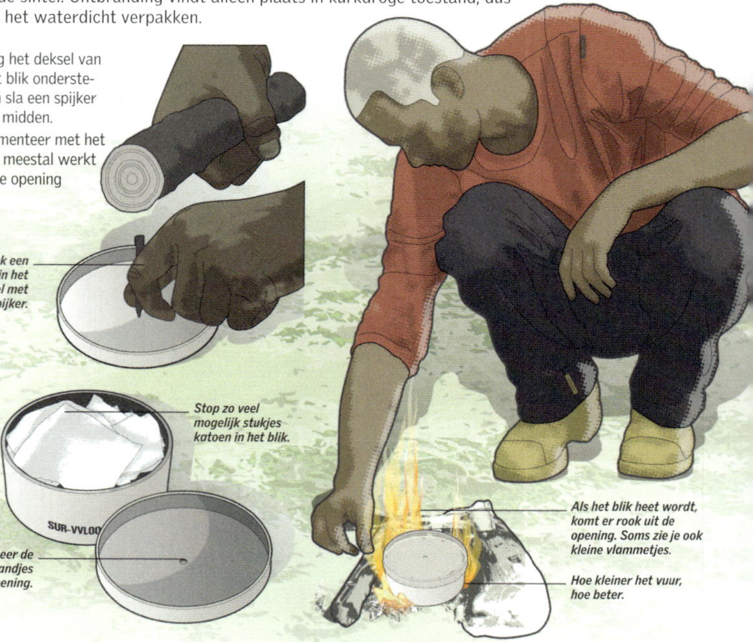

2 Knip zuivere katoen in stukjes die in het blikje passen.

- Knip stukjes van verschillend formaat, anders klitten ze aan elkaar. Niet proppen of plat drukken.
- Sluit het deksel zorgvuldig.

3 Zet het blikje met de katoen op een vuurtje of op de gloeiende houtskool van je kampvuur, zodat de zuurstof kan verbranden.

- Als de rook wegtrekt, is het proces voltooid.
- Haal het blikje voorzichtig van het vuur.
- Open het blikje pas als het is afgekoeld.

EEN VUURBLIKJE MAKEN

Een vuurblikje biedt uitkomst wanneer het kampvuur niet op gang wil komen, maar je kunt er ook op koken of je handen eraan warmen als het koud is. Eenmaal ontstoken blijft het vuurblikje urenlang branden met een compacte, regelbare vlam die geen rook produceert. Als het vuur dooft, kun je nieuwe was toevoegen of een nieuw vuurblik maken.

BENODIGDHEDEN

- Blikje met goed klemmend deksel, zoals van schoensmeer
- Karton (geribbeld of plat)
- Kaars en lucifers/aansteker
- Mes of schaar

1 Knip een lange, smalle strook karton die 4 mm breder is dan de hoogte van het blikje.

- Bij geribbeld karton haaks op de ribbels knippen.
- Rol de strook zodanig op dat hij precies in het blik past.

2 Steek de kaars aan en druppel de smeltende was in het blikje.

- Doordrenk het karton met de vloeibare was totdat het blik gevuld is (dit kan even duren).
- Stop als de was tot de rand komt.
- Wacht tot de was gestold is.

3 Als het blik is afgekoeld, houd je het schuin bij de kaars om het karton aan te steken.

- De vlam breidt zich al snel uit over het hele blikje en blijft mooi compact branden.

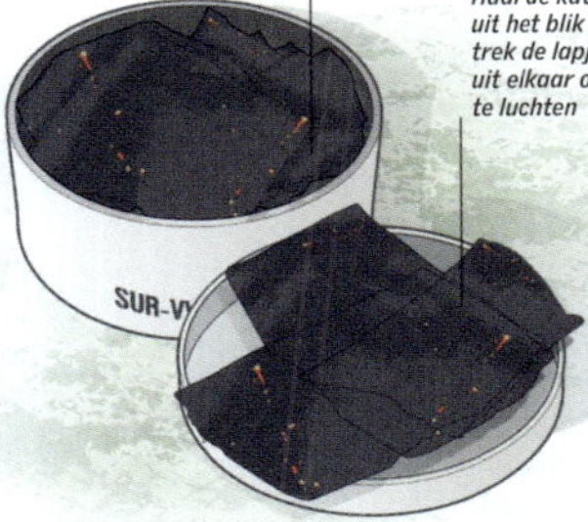

4 Wanneer het blik is afgekoeld, kun je de inhoud inspecteren.

- Elk stukje katoen moet helemaal zwart zijn en slap en zacht aanvoelen. Als het beige of bruin is, moet je het blikje weer in het vuur zetten.
- Katoen dat verbrokkelt kun je niet gebruiken.
- Laat ter controle een vonk op een lapje vallen. Het lapje moet nu blijven gloeien tot er een sinteltje ontstaat.

MAYASTICKS EN KRANTENFAKKELS

Mayasticks zijn stokjes van vettig, harshoudend hout uit Guatemala en Mexico. Ook in natte toestand ontbranden ze gemakkelijk en ze produceren een hete vlam. Je kunt eventueel ook zelf fakkels maken van in brandstof gedoopte repen krantenpapier. Eenmaal opgedroogd is het ook uitstekende tondel.

MAYASTICKS EN KRANTENFAKKELS

- Snijd een kleine houtflinter van het oppervlak van de Mayastick. De hars die verschijnt, steek je aan met bijvoorbeeld een magnesiumstick (blz. 127). Rol stroken krantenpapier tot strakke kokertjes van 10 cm lang en zet ze vast met touw.
- Doordrenk ze met paraffine of kaarsvet en laat ze drogen. Steek ze in het midden aan met een lucifer.

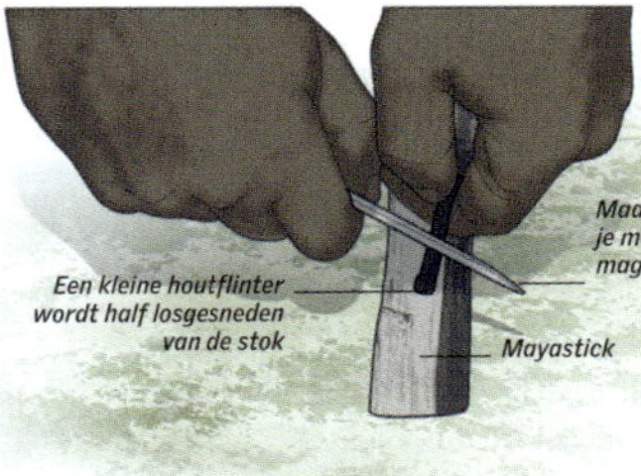

VERSCHILLENDE KAMPVUREN

MET HET AANLEGGEN van een vuur moet je pas beginnen als je voldoende droge tondel, aanmaakhout en brandhout hebt verzameld en alles binnen handbereik hebt gelegd. De juiste opbouw van het vuur hangt af van waar het voor bedoeld is (zie onder). Controleer voordat je begint of de vuurplaats goed is voorbereid en of je veilig kunt werken (blz. 118-119).

KAMPVUURTIPS

Er zijn boeken vol geschreven over het maken van vuur, maar in de praktijk kom je een heel eind met de volgende 4 richtlijnen:

- Minimale inspanning voor maximaal resultaat: kies een vuur dat weinig moeite kost en je zo veel mogelijk oplevert.
- Bouw liever een klein vuur waar je dicht bij kunt zitten dan een groot vuur waarvan je afstand moet houden.
- Verwijder bij vochtig hout altijd de bast en splijt de takken, want de kern is meestal nog droog.
- Leg als het vuur eenmaal brandt eventuele vochtige tondel, aanmaakhout en brandhout bij het vuur te drogen. Let op dat ze geen vlam vatten!

VERSCHILLENDE FUNCTIES EN VORMEN

Als je de keus hebt uit verschillende soorten brandstof en voldoende tijd om een specifiek type vuur aan te leggen, bekijk dan de opties hieronder en bepaal welk vuur het beste aansluit bij je directe behoeften.

- Bedenk altijd eerst wat het doel van het vuur is. Warmte bieden ligt uiteraard voor de hand, maar misschien wil je ook koken, seinen (blz. 238-239), kleding drogen of afval verbranden. Of je wilt een speciaal type vuur dat de hele nacht blijft branden.
- Kijk goed of alle benodigdheden voor het vuur van je keuze aanwezig zijn: de juiste brandstof, de juiste ondergrond etc. Vuistregel: verzamel altijd dubbel zoveel als je denkt nodig te hebben.

TYPE VUUR	PIRAMIDEVUUR	STEENCIRKELS	KUILVUUR	LENGTEVUUR
			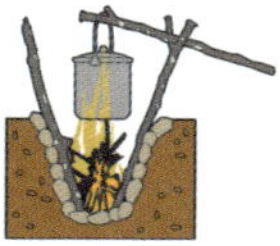	
HOE	• Zet het aanmaakhout rechtop rondom de tondelprop in de vorm van een piramide. Leg van binnen naar buiten diverse blokken in een vierkant aan de voet van de piramide.	• Maak een cirkel van grote, niet-poreuze stenen. Leg in het midden een tondelprop met aanmaakhout eromheen. Als het vuur goed brandt, brandhout toevoegen.	• Bekleed een gat van een meter diep met niet-poreuze stenen. Leg tondel en aanmaakhout in de kuil en zet grote takken rechtop langs de rand, zodat ze steeds verder in het vuur zakken.	• Leg tondel, aanmaakhout en blokken brandhout in een geul van ca. 2 meter lang. Leg vervolgens twee lange, vrij dikke takken op het brandende vuur.
WAAR	• Gebieden met volop brandhout, want het vuur verbruikt grote hoeveelheden	• Op winderige locaties • In populaire survivalgebieden waar je alleen in speciaal daarvoor aangelegde steencirkels een vuur mag maken	• Zandgrond of rotsvrije bodem waarin je gemakkelijk kunt graven	• Bosrijke gebieden, omdat er flinke boomtakken nodig zijn als brandhout
WAAROM	• Brandt snel • Nat hout is bruikbaar doordat het droogt terwijl de piramide brandt	• Minder last van de wind • Door een bestaande steenkring te gebruiken ontzie je de omgeving	• Langere tijd zelfvoorzienend in brandstof; minder vaak bijvullen	• Blijft lang branden, meestal zelfs de hele nacht • Straalt veel hitte uit
TOEPASSING	• Warmte • Koken • Seinen (met rook producerende groene vegetatie)	• Warmte • Koken • Seinen (met groene vegetatie)	• Koken • Seinen (met groene vegetatie)	• Warmte (bij felle kou kun je tussen twee lengtevuren in liggen) • Koken (zodra er gloeiende houtskool ontstaat)

AANSTEKELIJK VOORBEELD

Er zijn talloze manieren om een vuur aan te leggen en op gang te brengen. Iedereen heeft zo zijn voorkeur. Hieronder laten we je kennismaken met een beproefde methode die onder allerlei omstandigheden van pas kan komen.

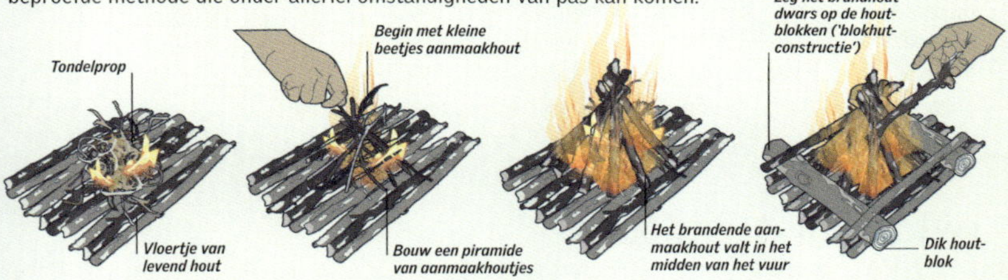

1 Leg de tondelprop (blz. 120) op een vloertje van groen hout.

- Ontsteek de tondel op de manier die je het beste lijkt (blz. 126-127).

2 Voeg voorzichtig het aanmaakhout toe.

- Bouw er een piramide van. Hierdoor komt de zuurstof bij de heetste vlammen.
- Vuurstokken zijn perfecte aanmaakhoutjes (blz. 148).

3 Als de houtjes lekker branden, gebruik je grotere takken.

- Voeg steeds dikkere takken toe en uiteindelijk gekloofde houtblokken (blz. 148).

4 Het vuur is klaar wanneer het vijf minuten zelfstandig brandt en niet dooft.

- Een fiks houtblok houdt de wind tegen. Plaats er ook een aan de andere kant.

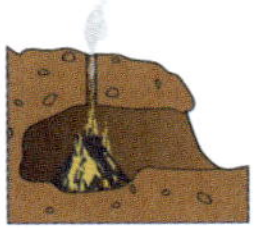 **COMMANDOVUUR**	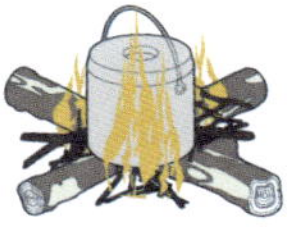 **STERVUUR**	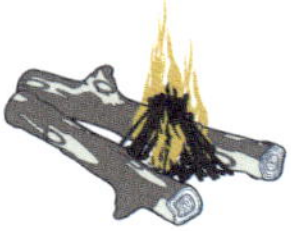 **JAGERSVUUR**	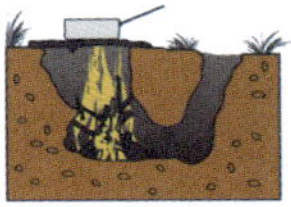 **DAKOTAVUUR**	**TYPE VUUR**
▪ Graaf een diep gat in de zijkant van een wal. Maak in het 'plafond' een rookkanaal en leg een vuur aan in het gat.	▪ Maak een vuur van tondel, aanmaakhout en brandhout ▪ Schuif vier houtblokken in het vuur tot ze elkaar raken ▪ Duw de blokken dieper het vuur in naarmate ze verder opbranden	▪ Maak een vuur met tondel, aanmaakhout en brandhout. Leg twee lange dikke stammen in een V-vorm langs het vuur.	▪ Graaf een diepe kuil voor het vuur die in verbinding staat met een kleinere kuil die dienst doet als rookkanaal. Gebruik kleine blokken als brandstof en kook op maaiveldniveau.	**HOE**
▪ Winderige locaties ▪ Rotsvrije grond of zandgrond	▪ Bosrijke gebieden waar dikke boomtakken te vinden zijn	▪ Koude of winderige locaties	▪ Overal waar je een kuil kunt graven, want het vuur heeft als het eenmaal brandt, weinig brandstof nodig	**WAAR**
▪ Het rookkanaal zuigt lucht aan en zorgt voor een heet vuur ▪ Het vuur ligt beschermd tegen slecht weer	▪ Lange brandtijd ▪ Veel houtskool om op te koken	▪ Hardhouten blokken beschutten het vuur tegen de wind ▪ Produceert veel hitte	▪ Geconcentreerde hitte ▪ De ondergrondse vlammen blijven uit het zicht	**WAAROM**
▪ Warmte ▪ Koken ▪ Verbranden van afval	▪ Koken: plaats de pan op de vier blokken ▪ Water koken	▪ Warmte ▪ Koken	▪ Koken ▪ Warmte ▪ Drogen van kleding	**TOEPASSING**

VONKEN EN VLAMMEN

ELK VUUR BEGINT MET HET AANSTEKEN van de tondel. Lucifers en aanstekers zijn natuurlijk erg gemakkelijk, maar er zijn meer manieren om een vonkje te maken waarmee je de tondel vlam kunt laten vatten. Onder droge omstandigheden is dat niet zo'n kunst, maar met volharding en geduld lukt het ook wanneer het buiten minder goed toeven is.

ONTSTEKINGSMETHODEN

Er zijn heel wat vernuftige manieren om dat onmisbare vonkje of vlammetje te creëren waarmee elk vuur begint. Zonder lucifers of aansteker ben je nu eenmaal aangewezen op andere hulpmiddelen, bijvoorbeeld een vuurstrijker. Je kunt ook improviseren met andere energiebronnen:

- de stralen van de zon versterken met een vergrootglas of een leeg blikje.
- een batterij laten vonken.
- een chemische reactie laten ontstaan met permangaan.

EEN LUCIFER AFSTRIJKE

De manier waarop commando's leren een lucifer af te strijken is even simpel doeltreffend en werkt onder nagenoeg alle omstandigheden.

1 Houd het doosje in de ene hand en de lucifer tussen duim en wijs- en middelvinder van de andere hand.

- Strijk van je af.

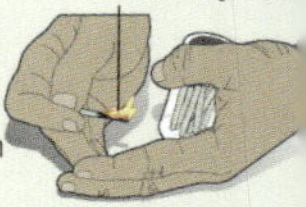

2 Zodra de kop ontbrandt, maak je een kommetje van je handen rond de vlam.

- Laat de vlam heel even omhoog klimmen voordat je hem bij de tondel houdt.

METHODE	 LUCIFERS/AANSTEKERS	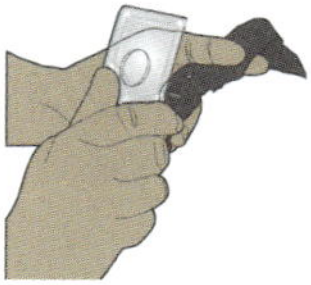 VERGROOTGLAS	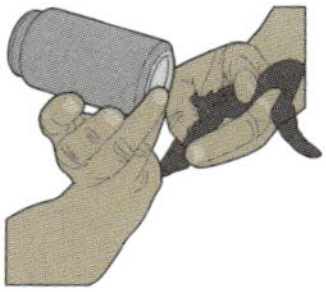 METALEN DRINKBEKER	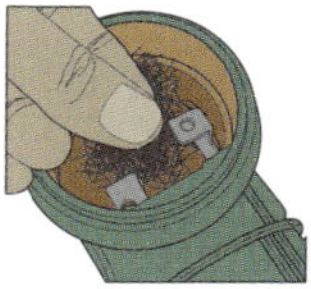 BATTERIJ
MATERIAAL	■ Waterdicht doosje lucifers ■ Aansteker met tape aan een koordje om je nek ■ Droge tondel	■ Vergrootglas ■ Droge tondel	■ Lege drinkbeker ■ Droge tondel	■ Zaklamp met batterij ■ Staaldraad of staalwol ■ Droge tondel
HANDELINGEN	■ Strijk de lucifer van je af en sluit je handen rond de vlam (zie boven)	■ Richt een zonnestraal door het vergrootglas op de tondel. Houd het vergrootglas stil tot er een vlammetje ontstaat.	■ Wrijf de bodem van de beker op tot hij glimt (zie seinspiegel, blz. 245). ■ Laat direct zonlicht via de glimmende bodem weerkaatsen naar de tondel. Houd de beker onbeweeglijk tot er een vlammetje ontstaat.	■ Leg de draad op beide contactpunten van de batterij. De draad zal gaan vonken. ■ Verwijder de lamp en leg staalwol over de contactpunten. De vonken ontstaan zodra je de zaklamp aanschakelt.
OPMERKINGEN	■ Waterdichte lucifers zijn meestal reguliere lucifers waarvan de kop in was of vernis is gedompeld ■ Draag je aansteker altijd aan een koordje rond je nek.	■ Koop bij voorkeur een kompas met daaraan een vergrootglas, bedoeld om details op een kaart te kunnen lezen. ■ Glas uit een leesbril is ook een vergrootglas!	■ Deze techniek vereist wel de nodige oefening voordat je hem in het echt kunt gebruiken.	■ Deze kortsluitingmethode werkt beter naarmate de staaldraad dunner is, zeker bij batterijen met een laag voltage (1,5 V). ■ Zo kort mogelijk kortsluiten, anders loopt de batterij leeg.

EEN CHEMISCHE VLAM MAKEN

Permangaan is eigenlijk onmisbaar in je survivalmateriaal. Je kunt er water en wonden mee steriliseren, maar ook vonken mee maken. Daar heb je dan ook nog wat suiker voor nodig, bijvoorbeeld een kleine hoeveelheid uit je noodrantsoen of een verpulverd snoepje.

PAS OP!
Kaliumpermanganaat is een agressieve stof die je huid en je kleding kan aantasten. In combinatie met andere chemicaliën vormt deze stof een levensgevaarlijk explosief mengsel!

1 Verpulver wat permangaan op een steen of een stuk hout. Pak vervolgens eenzelfde hoeveelheid suiker.

2 Vermeng beide ingrediënten met elkaar. Druk de botte kant van je mes op het mengsel en schraap het over de ondergrond (wrijving).

3 Blijf drukken en schrapen tot er vonken ontstaan.
- Het vlammetje dooft snel, dus houd de tondel paraat.

 **VUURSTAAL**	 **VUURSTEEN EN STRIJKER**	 **ENKELHANDIGE STRIJKER**	 **KALIUMPERMANGANAAT**	**METHODE**
▪ Ferrocerium vuurstaal ▪ Metalen strijker ▪ Droge tondel	▪ Vuursteen, zoals kwarts ▪ Stalen strijker (staal met een hoog koolstofgehalte is het beste) ▪ Droge tondel	▪ Handig apparaatje met magnesiumstick en stalen strijker dat met één hand bediend kan worden ▪ Droge tondel	▪ kaliumpermanganaat ▪ Suiker ▪ Mes ▪ Droge tondel	**MATERIAAL**
▪ Houd de strijker bij de tondel. ▪ Leg de vuurstaal onder de strijker, op de tondel. ▪ Strijk de vuurstaal naar achteren over de strijker, zodat de vonken richting tondel springen. De strijker moet op zijn plek blijven.	▪ Houd de vuursteen boven het tondel. ▪ Strijk met de scherpste rand van het staal neerwaarts langs de rand van de vuursteen. ▪ Als er een vonk op het tondel komt, vormt dat een gloeiend kooltje. Dit breng je over op een bundel tondel.	▪ Steek het staafje in de tondel. ▪ Druk de knop op het handvat in en langs het staafje naar beneden. ▪ Hoe feller je het handvat naar beneden duwt, des te meer wrijving en vonken er ontstaan.	▪ Meng gelijke delen kaliumpermanganaat en suiker op een harde ondergrond. ▪ Druk met je mes het mengsel aan en schraap over de ondergrond (zie boven).	**HANDELINGEN**
▪ Gaat ongeveer 12.000 keer mee. ▪ Temperatuur stijgt tot 3000°C. ▪ Werkt bij alle weersomstandigheden en op elke hoogte	▪ Vuursteen en staal-sets zijn gewoon te koop. ▪ Gedeeltes van oude vijlen met een hoog koolstofgehalte zijn zeer geschikt als strijker. ▪ Je kunt vuursteen vinden tijdens het foerageren.	▪ Werkt onder alle weersomstandigheden. ▪ Veiligheidsknop voorkomt onbedoelde vonkenregens ▪ Ontworpen voor piloten die na gebruik van de schietstoel een arm of hand hebben verwond	▪ Je kunt kaliumpermanganaat ook mengen met een beetje antivries of glycol. Wikkel het mengsel zodra het klaar is in papier en leg het op de grond. Pas op, want de ontbranding is abrupt en fel.	**OPMERKINGEN**

EXTREME SURVIVAL IN DE WOESTIJN

UITRUSTING

- Persoonlijk locatiebaken (PLB)
- Zonnebril en zonnebrand
- Katoenen sjaal of hoed
- Seinspiegeltje en lichtpijlen
- Kaart, kompas, GPS
- Survivaltin, survivalmes
- mobieltje / satelliettelefoon
- poncho / bivakzak

OMDAT NIEMAND OVER ENIGE SURVIVALKENNIS beschikte, liep een noodlanding in Botswana op een haar na fataal af voor de vijf inzittenden van het vliegtuigje.

Op woensdag 1 maart 2000 stegen Carl Du Plessis en zijn zakenrelaties Mike en Lynette Nikolic en Nebojea Graorac op uit Gaborone, de hoofdstad van Botswana. Ze moesten voor zaken naar Maun, een toeristisch stadje in het noorden. Halverwege moest het vliegtuigje door technische problemen echter plotseling een noodlanding maken en het verzenden van een levensreddend noodsignaal bleek niet meer mogelijk. Toen het vliegtuigje bij de landing in brand vloog, liepen zowel de piloot als de vier passagiers brandwonden op. Lynette Nikolic had bovendien een rugkwetsuur en een gebroken arm en Graorac had een geperforeerde long.

'HET VERZENDEN VAN EEN NOODSIGNAAL WAS NIET MEER MOGELIJK'

De volgende ochtend besloten Du Plessis en piloot Costa Marcandonatos, ondanks hun verwondingen, naar Maun te lopen. Een tocht waar ze naar eigen schatting vier dagen over zouden doen. Maun lag 300 km verderop in westelijke richting, terwijl er in oostelijke richting stadjes lagen die veel dichterbij waren. Ze probeerden te navigeren met behulp van de zon, maar zonder machete konden ze in de dichte begroeiing niet op koers blijven. Om water te vinden volgden ze een breed olifantenspoor, waarbij ze ternauwernood aan een aanval van de dikhuiden konden ontkomen. Tot overmaat van ramp bleek er vlak bij het water een rustplaats van leeuwen te zijn. Op zaterdag hadden ze al met al 90 km afgelegd, maar door de gevolgde zigzagroute waren ze nog pas 30 km van het vliegtuig verwijderd.

Puur bij toeval ontdekten ze de volgende dag een jachthut waar enkele parkwachters verbleven. Na enkele vruchteloze pogingen lukte het om de autoriteiten in Gaborone te waarschuwen en op maandag 6 maart landde er eindelijk een helikopter bij het vliegtuigwrak. De gewonden hadden zes dagen op redding moeten wachten.

HANDELINGEN

DREIGT ER GEVAAR?

NEE JA

- NEE: Als je met een groep bent: help mensen die wél gevaar lopen
- JA: Breng jezelf in veiligheid:
  Zon/Hitte – zoek of maak direct beschutting
  Dieren – vermijd confrontaties en loop weg bij gevaar
  Verwondingen – stabiliseren en eerste hulp toepassen

ANALYSEER DE SITUATIE
Blz. 234-235

WORD JE AL GEMIST EN WEET IEMAND WAAR JE NU BENT?

NEE JA

- NEE: Als niemand je mist of weet waar je bent, moet je op elke denkbare manier contact proberen te maken met de buitenwereld
- JA: Als je wordt gemist, is er waarschijnlijk al een reddingsploeg op weg

BESCHIK JE OVER COMMUNICATIEMIDDELEN?

NEE JA

- NEE: Je zult voor onbepaalde tijd moeten zien te overleven tot je gered wordt of hulp vindt
- JA: Heb je een mobieltje of een satelliettelefoon, licht dan direct iemand in. Als er spoedeisende hulp moet komen, gebruik dan je persoonlijk locatiebaken (PLB) als je dat hebt

KUN JE WAAR JE NU BENT OVERLEVEN? *

NEE JA

- NEE: Als je niet kunt overleven waar je nu bent maar je wel kunt verplaatsen, moet je een locatie zoeken met betere kansen op overleving en redding, bij voorkeur beide.
- JA: Gebruik de survivalprincipes: Protectie, Locatie, Water en Voedsel

GA ERGENS ANDERS HEEN* **

DOEN

- Denk na en beslis waar je naartoe gaat
- Als je je auto achterlaat, leg er dan een briefje in met wat je gaat doen
- Houd onderweg je locatiehulpen bij de hand en leg ze binnen handbereik als je halt houdt
- Bescherm je huid tegen de zon en de wind
- Zoek beschutting als je halt houdt en verzamel al het brandhout dat je tegenkomt: in de woestijn is het 's nachts ijskoud
- Let voortdurend op tekenen van bewoning of water: groene planten, samenkomende sporen of rondcirkelende vogels

NIET DOEN

- Op de hete grond gaan zitten
- Verder trekken op het heetst van de dag
- Onnodige risico's nemen: een verzwikte enkel kan fataal zijn
- Het tempo forceren. Loop niet sneller dan de langzaamste van de groep
- Beschutting zoeken in droge rivierbeddingen (kans op plotselinge overstromingen)

BLIJF WAAR JE BENT**

DOEN

- Zoek beschutting of maak direct een shelter. Werk alleen tijdens het koelste deel van de dag. Een shelter van slechts 15 cm diep biedt al verkoeling
- Niet zweten, wel drinken. Boven de 38° heb je een liter water per uur nodig, bij lagere temperaturen een halve liter
- Houd de watervoorraad steeds bij en benut elke kans om hem aan te vullen
- Zet 's nachts alles buiten waar dauw op komt
- Zet al je locatiehulpen klaar voor gebruik. Wees alert op tekenen dat redding nabij is

NIET DOEN

- Weggaan van waar je auto staat. Redders gaan eerst op zoek naar je auto, die van een afstand beter zichtbaar is
- Nodeloos energie verspillen. Kom alleen in beweging om dingen te doen die noodzakelijk zijn
- Je kampvuur verwaarlozen. Gebruik alles wat je kunt vinden om warmte en signaalrook te produceren

* Als je niet kunt overleven op je huidige locatie maar je ook niet kunt verplaatsen door verwondingen of iets anders, moet je je helemaal concentreren op het contact zoeken met mogelijke redders.
** Verandert je situatie, bijvoorbeeld doordat je een locatie vindt waar je wel kunt overleven, neem dan opnieuw dit hele actieplan door.

VUUR DOOR WRIJVING

DEZE METHODE VEREIST BEHALVE primitieve werktuigen zoals een vuurboog ook kennis, oefening, het juiste hout, tijd en inspanning. Maar als je de kunst eenmaal meester bent, geeft dat bijzonder veel bevrediging: de eerste keer dat je op deze wijze een vuur hebt gemaakt, zul je nooit vergeten. In een echte survivalsituatie kies je natuurlijk altijd de snelste en gemakkelijkste methode die tot je beschikking is.

BENODIGDHEDEN
- Touw (paratouw, vissnoer, schoenveters of strotouw)
- Hout
- Mes
- Priem (eventueel)

DE VIER VAARDIGHEDEN

Vuur maken met behulp van wrijving kan op vele manieren. Met een handboog bijvoorbeeld, een bamboe vuurzaag (blz. 133) of een vuurboog. Elke methode kent zijn voordelen; de keus hangt af van het beschikbare materiaal en je vaardigheden. Je moet hoe dan ook vier zaken beheersen om de techniek meester te worden:
- Het herkennen en verzamelen van de juiste houtsoorten.
- Het vervaardigen van de benodigde onderdelen.
- Het produceren van een gloeiende sintel.
- De sintel laten uitgroeien tot een vlam.

EEN VUURBOOG MAKEN

Een van de meest efficiënte methodes om door wrijving vuur te maken, is de vuurboog. De juiste houtsoorten zijn belangrijk, zeker voor de spil en het plankje (zie 'Hout testen' hiernaast).

1 Snijd voor de boog een tak af die net zo lang is als de afstand tussen je oksel en je vingertoppen.
- Maak een inkeping (of een gaatje met je priem) aan beide uiteinden.
- Bevestig het touw met een strop (blz. 142) aan de ene kant en met halve steken (blz. 144-145) aan de andere kant. Het touw moet niet helemaal strak staan: je moet er precies nog één keer een slag mee om je vinger kunnen maken.

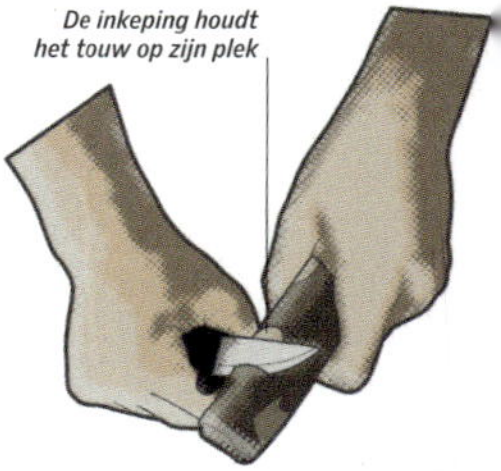

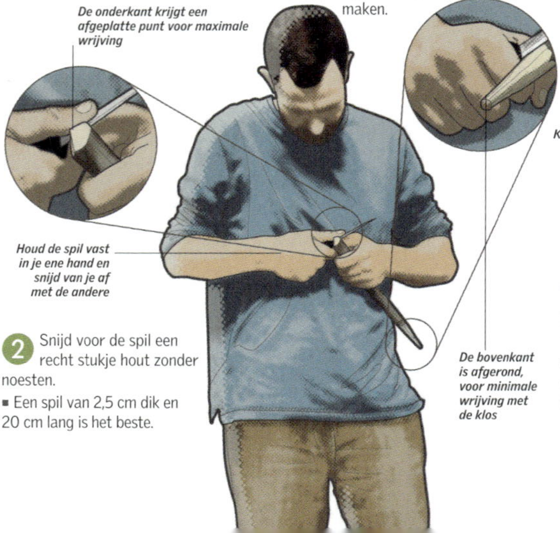

2 Snijd voor de spil een recht stukje hout zonder noesten.
- Een spil van 2,5 cm dik en 20 cm lang is het beste.

3 Maak het klosje uit een stuk hardhout van 7,5-10 cm dik en 12-15 cm lang.
- Splijt het hout doormidden en maak
de binnenkant een kuiltje.
- De stompe punt van de spil moet in h
kuiltje passen. Houd de klos goed vast!

HOUT TESTEN

Droog, staand dood hout is ideaal voor de spil en de plank. Zachthout is gemakkelijker in het gebruik dan hardhout, dus test even van tevoren met welke houtsoort je aan de slag gaat.

DUIMNAGELTEST

Snijd wat schors weg zodat je het hout kunt zien. Als je er met je duimnagel een deukje in kunt maken, is het zachthout. Ontstaat er alleen een krasje, dan is het hardhout.

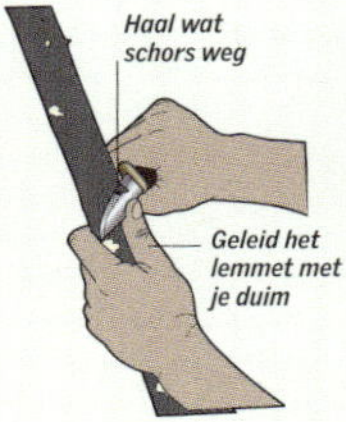

1 Zet je mes iets schuin tegen de tak. Duw het met je duim op het lemmet naar boven.

2 Druk je duimnagel in het blootgelegde hout.

HOUTSKOOLTEST

Elke houtsoort verkoolt weer anders. Hazelaar en linde verkolen gemakkelijk, maar vuurmakers van dit hout slijten snel. Je kunt zien welke houtsoorten geschikt zijn door de spil erin te laten draaien tot het hout begint te roken. Ga nog 5 seconden door en kijk dan naar het resultaat:

- Ligt er fijne as, dan zal het hout goed verkolen.
- Verkoolt het hout brokkelig of valt het uiteen, dan zal er waarschijnlijk geen houtskool ontstaan.

4 Maak het boorplankje van een plat stuk hout van 2,5 cm dik. Hiervoor zul je misschien dikker hout moeten splijten.

- Zet de spil op een centimeter van de rand.
- Maak op dit punt een klein gaatje om de spil op weg te helpen.

5 Installeer de boog, de spil en het boorplankje (zie blz. 132) en boor de spil dieper in het gaatje. Stop als het gat zo breed is als de spil.

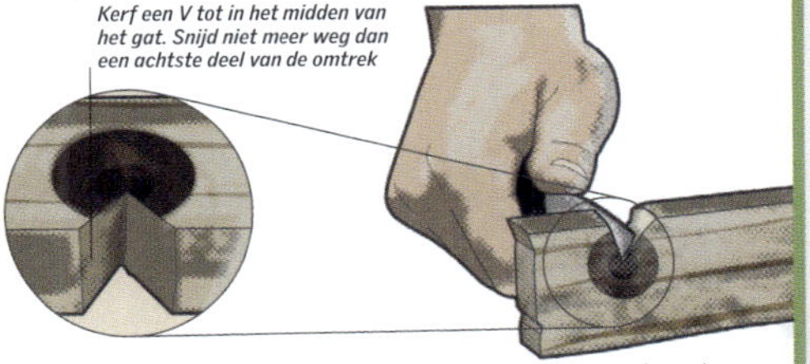

6 Snijd een V uit het plankje tot halverwege het gat. In de onderkant van de V verzamelt zich de gloeiende as, die uiteindelijk een gloeiende sintel vormt op het stukje schors eronder.

DE COMPLETE VUURMAKER

De vuurboog werkt het beste wanneer spil en het plankje van hetzelfde hout zijn gemaakt, omdat de delen dan even hard slijten. Dat lukt niet altijd, dus probeer houtcombinaties uit.

- Geschikte houtsoorten zijn plataan, hazelaar, linde, wilg en sotol (exotische boomsoort).
- Je kunt ook berk, els, ceder, den, spar, esdoorn, eik en populier gebruiken.

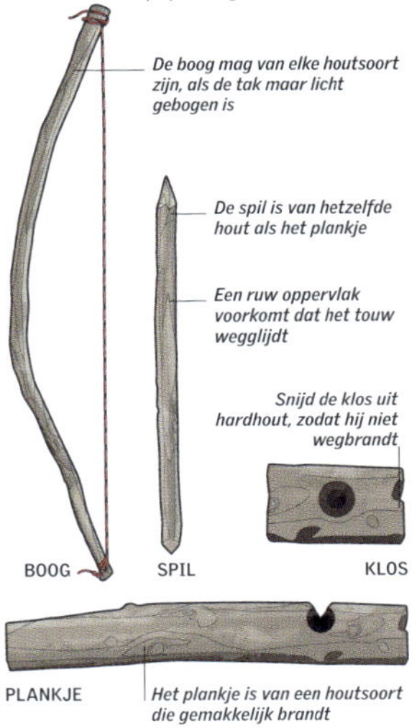

VUUR MAKEN MET EEN VUURBOOG

Leg een droge tondelprop, aanmaakhoutjes en brandhout klaar voor je aan de slag gaat. Als je geen ervaring hebt met een vuurboog zal deze methode je veel energie kosten, dus pas op voor uitdroging en oververhitting. Een vuurtje maken met een gloeiende sintel is een vak apart. Oefen door tondelproppen aan te steken met een kooltje uit je kampvuur.

BENODIGDHEDEN

- Vuurboog (zie vorige bladzijde)
- Stukje schors voor de sintel
- tondelprop, aanmaakhout, brandhout

DE JUISTE POSITIE

Leg het plaatje schors op een droge, platte ondergrond met de V in het plankje erbovenop. Zet je voet op het plankje. Sla het touw een slag om de spil, vanuit de binnenkant. Zet de spil in het gat in het plankje, houd de klos (met een groen blad als smeermiddel) boven op de spil en druk je pols stevig tegen je scheenbeen aan. Zet de knie van je andere been op de grond en buig je over het blok.

1 Houd de boog horizontaal en evenwijdig aan je lichaam.

- Leun naar voren of naar achteren om meer of minder druk op de spil te zetten.
- Beweeg de boog langzaam en ritmisch heen en weer over de volle lengte.
- Adem rustig door, verhoog snelheid en blijf drukken totdat er rook verschijnt. Na nog tien halen op maximale snelheid ligt er dan meestal een gloeiende sintel op het stuk schors.

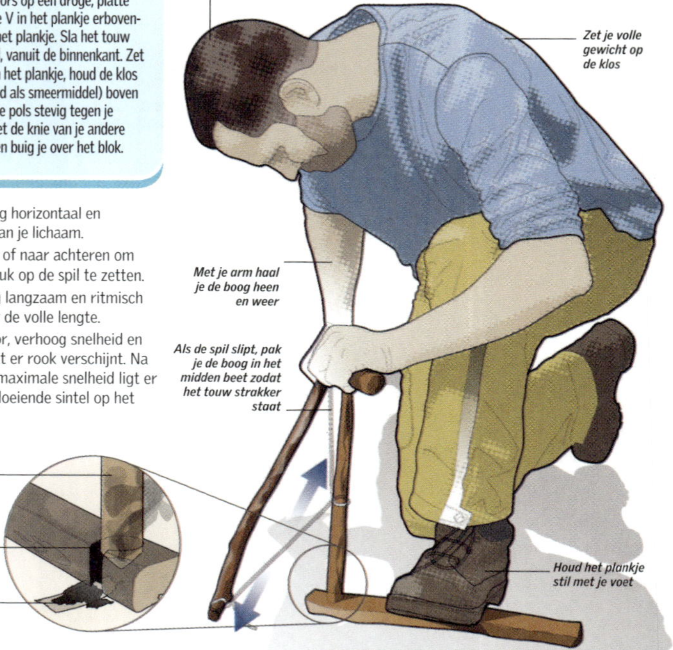

2 Til de spil en het plankje voorzichtig omhoog, weg van de gloeiende sintel.

- Tik de sintel voorzichtig los met je mes als hij vastzit.
- Houd het plaatje met de sintel omhoog om te zien of hij gloeit.
- Zie je alleen rook, wapper dan met je hand tot de sintel opgloeit.

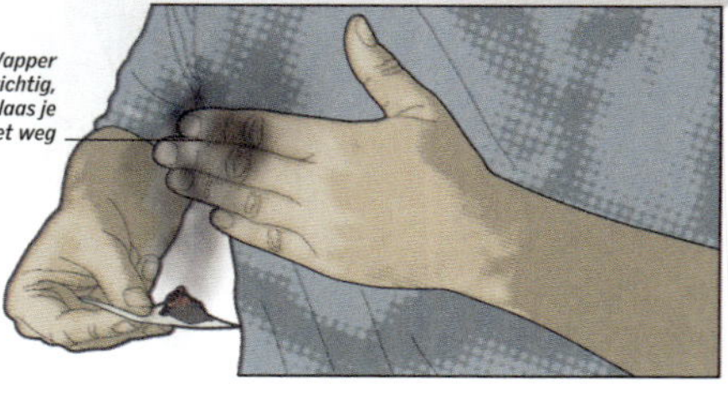

3 Leg de gloeiende sintel in de tondelprop.

- De tondel moet contact maken met de sintel om vlam te vatten, dus druk ze samen. Niet te hard drukken, anders komt er geen zuurstof bij.

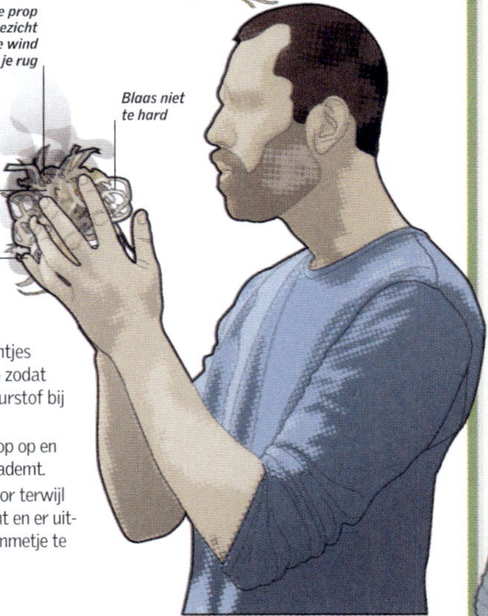

4 Blaas zachtjes in de prop zodat er voldoende zuurstof bij komt.

- Beweeg de prop op en neer terwijl je inademt.
- Ga hiermee door terwijl de rook toeneemt en er uiteindelijk een vlammetje te zien is.

5 Gooi de brandende prop niet op de grond, maar leg hem rustig neer en bouw je vuur eromheen (blz. 124-125).

BAMBOE VUURZAAG

Met deze zaagtechniek breng je de tondel tot ontbranding die je van de buitenkant van de bamboestok hebt geschraapt.

DE VUURZAAG MAKEN

Zoek een bamboestok van 45 cm lang en splijt hem in twee gelijke helften.

1 Maak de rand van de eerste helft zo scherp mogelijk met je mes en snijd aan de buitenkant een V uit de tweede helft.

2 Leg tondel in de tweede helft en houd het met een dunne strook bamboe op zijn plek bij de inkeping.

- Klem terwijl je knielt het scherpe deel tussen de grond en je buik. Bescherm je buik met een kussentje.
- Beweeg het andere deel met de inkeping en de tondel over de scherpe rand heen en weer alsof je zaagt.

3 Als er rook ontstaat, ga je nog 20 keer op en neer. Als het goed is, heb je nu een gloeiende sintel.

SURVIVAL-VAARDIGHEDEN

Als het om survival gaat, ben je nooit uitgeleerd. Ik heb duizenden mensen survivaltechnieken bijgebracht, maar bij elke cursus die ik geef steek ik weer iets op: een handigheidje waardoor je veel tijd bespaart, een nieuwe knoop of een betere manier om een shelter te bouwen.

Commando's in opleiding moeten zich zien te redden met alleen het hoogstnoodzakelijke. Wie alleen maar een minimale uitrusting tot zijn of haar beschikking heeft, wordt gedwongen alle onderdelen optimaal te benutten. Je leert zo bovendien beter waarom bepaalde dingen niet werken en om effectief te improviseren met basistechnieken.

Als je weet hoe je een mes gebruikt, verhoogt dat niet alleen de veiligheid binnen de groep; het voorkomt tevens dat je in een survivalsituatie waardevolle energie verspilt. En als je weet welke knoop voor welke verbinding de beste is, zul je een heel eind komen met een klein stukje touw.

In dit hoofdstuk LEER JE...

- dat **tien strengen** meer waard zijn dan **een lang stuk touw...**
- hoe je een **brandnetel** plukt zonder **geprikkeld** te raken...
- wanneer **rollen** beter is dan **draaien...**
- het verschil tussen een **werkeind** en een **standeind...**
- waarvoor je een **schootsteek** en een **mastworp** kunt gebruiken...
- wat het verschil is tussen een **prang** en een **kukri...**
- hoe je een boom kunt **vellen** met een van zijn **eigen takken...**

Met wat extra hulpmiddelen heb je in een survivalsituatie natuurlijk betere kansen, maar de kunst van het improviseren bepaalt meestal of je de situatie ook echt naar je hand weet te zetten.

Als je iemand met weinig knopenkennis een stuk touw en een opdracht geeft, dan zal hij waarschijnlijk het hele touw gebruiken. Maar als je hem eerst een paar simpele knopen leert, zal hij niet meer touw gebruiken dan nodig is.

MET DE JUISTE KNOOP, sjorring of steek gebruik je het beschikbare touw zo efficiënt en zuinig mogelijk. In een survivalsituatie trek je misschien elke dag verder en moet je elk stukje touw dat je hebt kunnen hergebruiken.

- Gebruik knopen die gemakkelijk, snel en zonder mes kunnen worden losgemaakt. Als je moe en verkleumd bent en moet proberen om in het donker met natte handen een knoop los te maken, is de kans groot dat je het touw uiteindelijk gefrustreerd aan stukken snijdt.
- Leer een paar basisknopen uit je hoofd voordat je op pad gaat. Een slipsteek en een mastworp zijn bijzonder nuttig wanneer je een poncho wilt gebruiken als shelter.
- Oefen net zo lang tot je de knopen met je ogen dicht kunt leggen en losmaken.
- Als je naar koude streken vertrekt, oefen dan met handschoenen aan.

> De **kunst** van het **improviseren** bepaalt of je **de situatie** naar je hand **weet te zetten**

SYNTHETISCH TOUW

IN EEN SURVIVALSITUATIE is synthetisch touw onmisbaar. Het komt van pas bij het bouwen van je shelter, bij het maken van strikken en vallen, bij de reparatie van kleding en je kunt er bovendien een vuurboog van maken. Touw biedt oneindig veel mogelijkheden, dus neem altijd voldoende mee.

HET GEBRUIK VAN TOUW

Wees verstandig en spring spaarzaam om met je beperkte voorraad touw.

- Heb je ergens touw voor nodig, gebruik dan zo weinig mogelijk.
- Leg eenvoudige, sterke knopen die zonder mes losgehaald kunnen worden zodat je het touw kunt hergebruiken.

TOUW INPAKKEN

Bedenk voor je op pad gaat hoeveel touw je nodig zult hebben. Draag een deel in je rugzak en een deel op je lichaam, voor het geval je je rugzak kwijtraakt. Check of de binnenste draadjes van het touw door het oog van de naald in je survivalkit passen.

PARACHUTETOUW

Parachutetouw of 'paratouw' werd ooit speciaal ontwikkeld voor parachutes, maar al snel zat het touw in de standaarduitrusting van bijna alle commando's ter wereld. Het lichtgewicht nylontouw is gemaakt van 32 gevlochten strengen, bestaande uit een aantal dunne draden die op zichzelf weer voor allerlei doeleinden geschikt zijn. Paratouw is sterk, overal verkrijgbaar en neemt ingepakt weinig ruimte in.

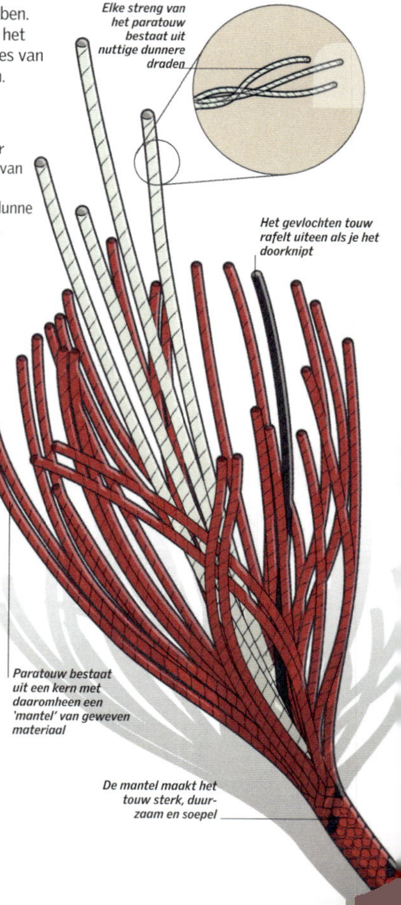

SURVIVALTIP

Militairen gebruiken groen paratouw vanwege de camouflagekleur. In een survivalsituatie is opvallend rood juist beter, want dat is gemakkelijker te vinden en kan ook dienst doen als locatiehulp. Neem niet één lang stuk touw mee. Knip het liever in stukken van circa tien meter en wikkel die tot bundeltjes.

TIEN TOUWBUNDELTJES

Maak bundeltjes van een handzaam formaat. Je kunt er gemakkelijk een stuk of tien kwijt in je rugzak en je broekzakken. Houd ze daar tot je ze nodig hebt.

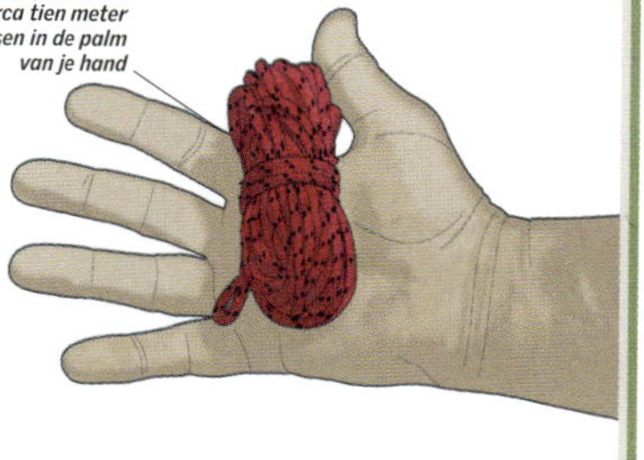

BUNDELS MAKEN

Een bundel touw is snel en gemakkelijk af te wikkelen als je het nodig hebt en je rolt het even simpel weer op. Het opwikkelen gaat met steeds dezelfde herhaalde beweging die al snel een automatisme wordt.

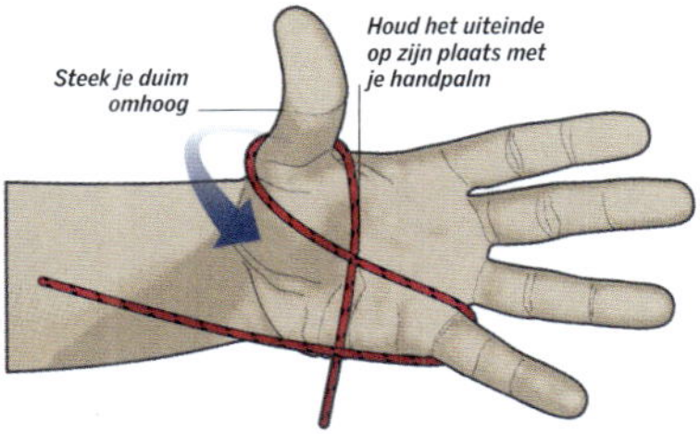

1 Steek je passieve hand (meestal de linker) iets voor je uit en spreid alle vingers.
- Hang het uiteinde van het touw aan de binnenkant van je hand en sla met het touw een achtje om je duim en je pink.

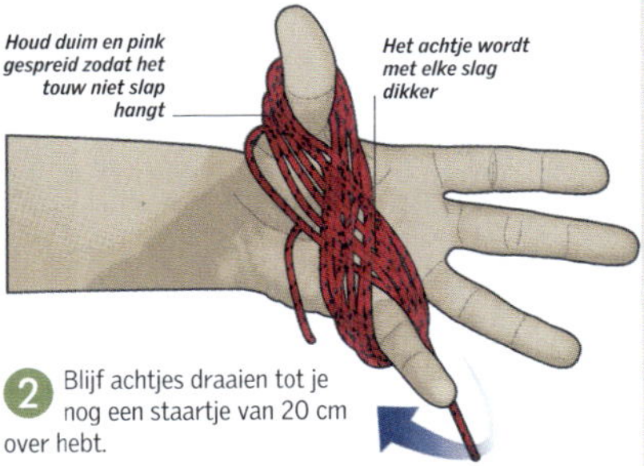

2 Blijf achtjes draaien tot je nog een staartje van 20 cm over hebt.

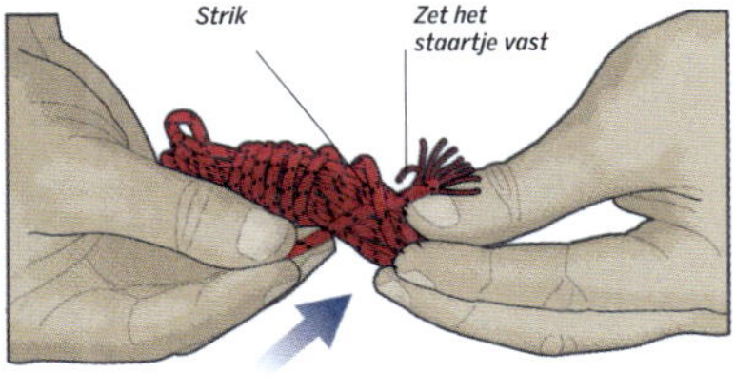

3 Haal de streng van je duim en je pink.
- Wikkel het staartje om de streng en zet het vast met een strik.

ANDERE SOORTEN TOUW

Het kan natuurlijk gebeuren dat je in een survivalsituatie geen of te weinig paratouw bij je hebt. Je kunt dan aan de slag met natuurlijke materialen (blz. 138-141), maar misschien zijn er alternatieven voorhanden:

SCHOENVETERS

Veters uit laarzen en schoenen zijn doorgaans sterk genoeg om als touw te gebruiken. Tijdens een missie binden militairen hun schoeisel vaak vast met lange einden paratouw. Het teveel wikkelen ze rond de bovenrand van hun laarzen en daar strikken ze het vast. Deze reservevoorraad breek je aan door simpelweg een stuk van de uiteinden af te knippen. Zorg dat je voldoende 'schoenveter' overhoudt, dat loopt wel zo prettig.

RIEMEN, KLEDING EN HOOFDDEKSELS

Uit elke riem, van wat voor materiaal ook, kun je repen snijden die bruikbaar zijn als touw. Voor kleding geldt hetzelfde. Daarbij hoef je niet direct een heel shirt te vernielen: knip alleen van de onderrand een reep stof af van ca. 2,5 cm breed. De buitenrand van een junglehoed is in totaal ruim een meter lang en biedt ook mogelijkheden. Je kunt je hoed echter beter anders gebruiken: wikkel er voor je vertrekt paratouw omheen en naai het vast aan de voor- en achterkant.

JE UITRUSTING PLUNDEREN

Er zit altijd wel iets in je bagage dat dienst kan doen als touw zoals scheerlijnen en touwtjes van slaapzakken of uit kleding. Flosdraad, vooral die met was, is ijzersterk en kan gebruikt worden als naaigaren of sjorring. Heb je een auto, dan heb je meestal ook een sleepkabel; ontrafel een stukje ervan tot een aantal dunnere touwen.

OP ROOFTOCHT

Er zijn maar weinig gebieden op aarde waar de mens geen sporen heeft achtergelaten. Afval vind je op de meest afgelegen plekken, van petflessen tot strotouwtjes. Als improvisatie het verschil kan maken tussen leven en dood, moet je alles meenemen wat je tegenkomt.

PARATOUW VERZEGELEN

De uiteinden van paratouw worden al snel rafelig, wat het gebruik lastig kan maken. Verzegel de uiteinden door ze even in een hete vlam te houden. Pas op voor smeltende druppels nylon!

NATUURLIJK TOUW

WIE GEEN TOUW HEEFT, zal het moeten maken. Met een geïmproviseerd touw van wortels en plantenstengels kun je prima een shelter bouwen. Pezen van grotere dieren bewijzen goede diensten als naaigaren.

PAS OP!
Wees voorzichtig tijdens het verzamelen en bewerken van plantenvezels. Bij het plukken van bijvoorbeeld groene varens kunnen aan de stelen messcherpe randjes ontstaan. Snijd de plant liever af of draag handschoenen. Sap uit de stelen van sommige planten kan de huid irriteren, dus was je handen als je klaar bent.

VEZELTOUW MAKEN

Stengels van volgroeide brandnetels en dovenetels hebben de beste vezels. Trek handschoenen aan en pak de onderkant van de stengel stevig vast. Sluit je andere hand rondom de steel tot een vuist en trek hem samengeknepen omhoog, waarbij je de bladeren in één beweging meeneemt.

1 Ga schrijlings op een boomstam zitten en leg de stengel voor je neer. Rol een gladde ronde stok als een deegroller over de stengel terwijl je blijft drukken.
- Ga door totdat de hele steel geplet is.

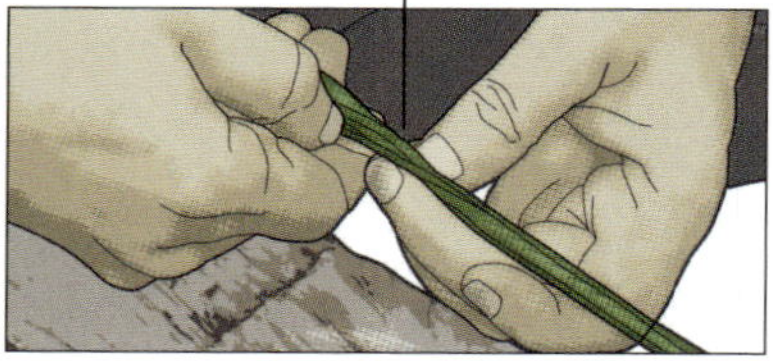

2 Maak met je duimnagel een inkeping en werk de hele steel open. Hierdoor komt het sponzige merg tevoorschijn.

MATERIAAL VERZAMELEN

Touw kun je maken uit allerlei natuurlijke materialen, van boombast en wortels tot stengels en pezen. Kijk goed om je heen; misschien hoef je helemaal niet zo ver te zoeken.

	BOOMBAST	WORTELS
ALGEMEEN	▪ Tussen de schors en het hout van een boom zit het zogeheten cambium, doorgaans in vezelachtige laagjes waarvan je een touw kunt maken.	▪ Altijdgroene bomen als den, spar of ceder hebben veruit de meest geschikte wortels om touw van te maken.
SPECIFIEK	▪ De bast van wilgen en lindebomen is uitermate geschikt. ▪ Bast van kamperfoelie of clematis is bruikbaar als hij gemakkelijk los komt.	▪ De wortels dicht aan de oppervlakte zijn het soepelst. Houd er bij de dikte rekening mee dat de schors er nog af gaat. Snijd per boom maar een paar wortels weg en herstel de overige schade die je hebt aangericht.
WERKWIJZE	▪ Trek de bast van een dode boom en sla de cambiumvezels los. ▪ Trek de vezels in lange stroken van de boom. Gebruik ze onbewerkt (kamperfoelie, clematis) of vlecht ze tot sterkere strengen.	▪ Snijd de wortel overlangs in met een mes. Verwijder de bast en laat de wortel eerst drogen en krimpen voordat je hem in de lengte in tweeën of in vieren splitst. ▪ De bast kun je als tondel gebruiken.

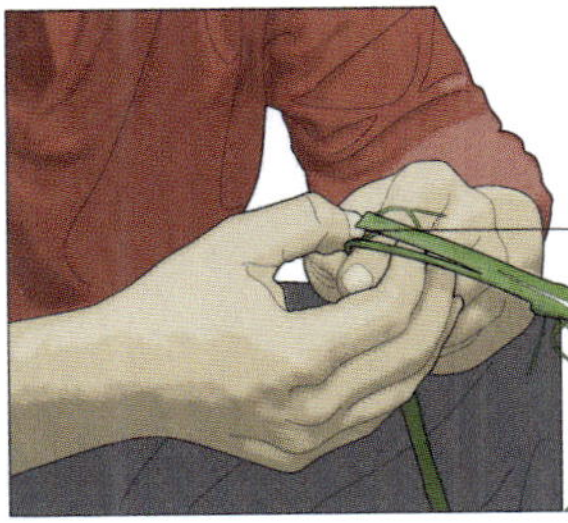

3 Buig de stengel. De merglaag zal daardoor loskomen van de schil, die je nu gemakkelijk kunt verwijderen.

TOUW DRAAIEN UIT PLANTEN

Je hebt om te beginnen nogal wat planten nodig, dus het heeft weinig zin om het enige exemplaar te slachtofferen. Een geschikte plant moet bovendien aan een paar specifieke eisen voldoen:

- De vezels moeten lang genoeg zijn. Als je ze aan elkaar moet knopen, krijg je een zwakker touw.
- Ruwe vezels hechten beter aan elkaar dan gladde of glimmende vezels en rafelen minder snel.
- De vezels moeten sterk en soepel zijn. Geef er een rukje aan en buig ze alle kanten op om te zien hoeveel ze kunnen hebben.

4 Trek de buitenste schil voorzichtig los van de merglaag.

- Trek de schil met duim- en wijsvinger van de steel af terwijl je andere duim met de loskomende schil mee naar beneden duwt.
- Met de lange, vezelige stroken die je overhoudt, kun je iets vastmaken of er een touw van draaien (blz. 140).

	BUIGZAME TWIJGEN	BLADEREN	PEZEN
ALGEMEEN	▪ De lange, buigzame twijgen van wilg, berk, es en hazelaar worden veel gebruikt als dakbedekking en in de tuin. De dunnere twijgen zijn geschikt voor sjorringen, vooral in het voorjaar en in de zomer.	▪ Bladeren van lelieachtigen, agaves en sisalhennep zitten tjokvol bruikbare vezels.	▪ Dierlijke pezen zijn sterk en veelzijdig; soms zelfs sterk genoeg om het gewicht van een volwassen man te dragen. Ze worden onder meer gebruikt om pijlkoppen op pijlen te bevestigen en lederen kleding of sneeuwlaarzen te naaien.
SPECIFIEK	▪ Kies een jonge scheut uit of een lange, soepele twijg. Hoe minder vertakkingen hoe beter, want die moet je eraf halen.	▪ Trek eerst een blad uit elkaar om te zien of het in draderige laagjes uiteenvalt. Als dat het geval is, heb je de juiste plant te pakken.	▪ Pezen verbinden botten met spieren. De langste pezen lopen aan weerszijden van de ruggengraat. ▪ Kortere pezen vind je bijvoorbeeld aan de gewrichten van de achterpoten.
WERKWIJZE	▪ Verwijder alle zijtakjes. Wring met je vuist om de bast tot hij loskomt, waarbij je van onder naar boven werkt. Buig de twijg in een S-vorm tot hij doorknakt om de vezels los te maken. ▪ Snijd vervolgens de tak los van de boom.	▪ Leg de bladeren in water tot de binnenste lagen opzwellen en barsten. Bacteriën verteren ondertussen het celweefsel en scheiden het van de vezels. ▪ Spoel de vezels af met schoon water om de vertering te stoppen en droog ze.	▪ Haal de pees van de botten, verwijder de buitenste laag en leg hem te drogen. Haal de gedroogde vezels uit elkaar en gebruik ze als touw of vlecht ze samen als je een sterker touw nodig hebt. Water of speeksel maken gedroogde pezen weer soepel.

NATUURLIJK TOUW MAKEN

Wanneer je voldoende vezels hebt verzameld, moet je ze eerst in de zon of bij het vuur drogen. In noodgevallen kun je ze ook direct gebruiken. Door de vezels vervolgens te rollen of te vlechten maak je er een natuurlijk touw van. Ook bij deze survivalvaardigheid geldt: oefening baart kunst.

BENODIGDHEDEN
Voldoende behandelde natuurlijke vezels (blz. 138-139) om een touw te kunnen maken van de gewenste lengte

GEDRAAID TOUW

Begin met de eerste vezel niet zomaar ergens in het midden te draaien, maar aan een uiteinde. Zo voorkom je dat alle verbindingen op dezelfde plaats terechtkomen, waardoor er zwakke plekken in het touw ontstaan. Als de gedraaide vezels dun genoeg zijn, kun je ze samenvlechten om een nog sterker touw te maken.

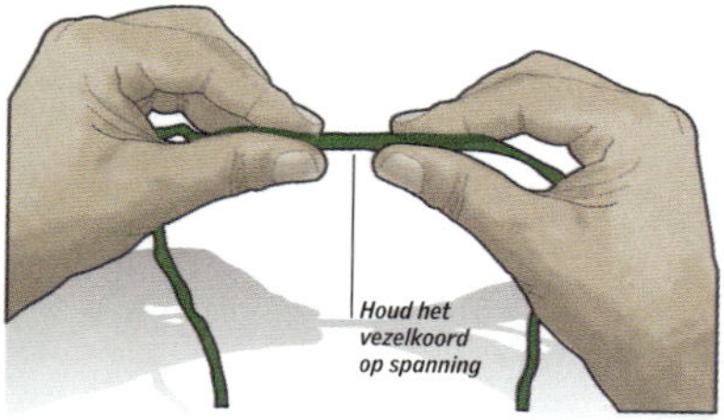

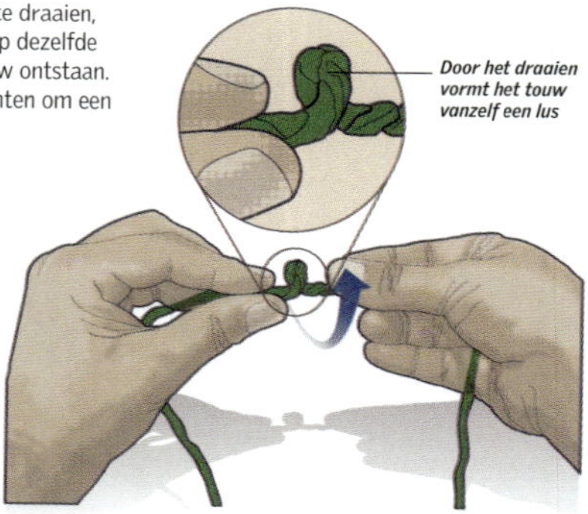

1 Pak de vezel vast met je linkerduim en wijsvinger, op ongeveer een derde van de lengte.

- Pak vervolgens op 3 cm afstand de vezel vast met je rechterduim en wijsvinger.

2 Draai met je rechterhand de vezel rond totdat er een strakke lus ontstaat.

- Houd spanning op de vezel terwijl je met je linkerduim en wijsvinger de lus vastpakt.

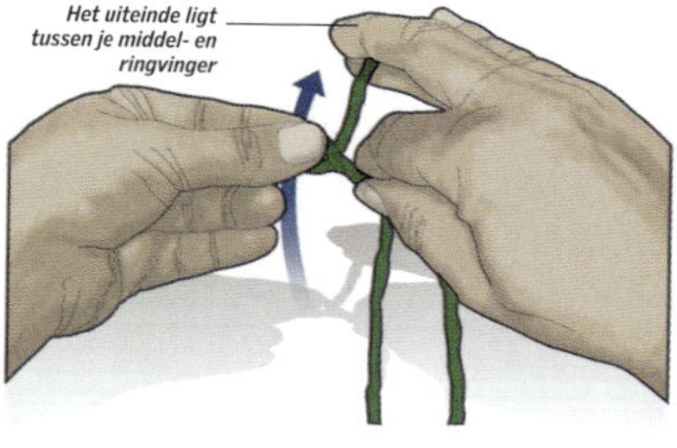

4 Beweeg het uiteinde dat je zojuist gepakt hebt naar rechts, onder de lus door die je met je andere hand vast hebt.

- Kruip met je linkerduim en -wijsvinger naar voren en pak de nieuwe lus vast.

5 Links heb je de nieuwe lus vast. Pak met je rechterduim en wijsvinger het uiteinde beet dat aan je andere vingers bungelt. Laat het 'oude' uiteinde los.

- Pak de vezel 3 cm van je linkervingers vast.

EENVOUDIGE DRAAITECHNIEK

Begin met vezels van wisselende lengte zodat de overgangen niet precies op elkaar komen. Knoop twee vezels met de uiteinden aan elkaar.

- Pak de verbinding tussen linkerduim en wijsvinger en de twee uiteinden tussen rechterduim en wijsvinger, met een tussenruimte van 5 cm.
- Draai beide vezels tussen je vingers alsof je geld telt, steeds opnieuw totdat je zo'n 7,5 cm aan gerolde vezels in je hand hebt.
- Laat nu je linkerhand los. De 'opgewonden' vezels zullen vanzelf in elkaar draaien tot een stuk touw.
- Herhaal de procedure tot je voldoende touw hebt.

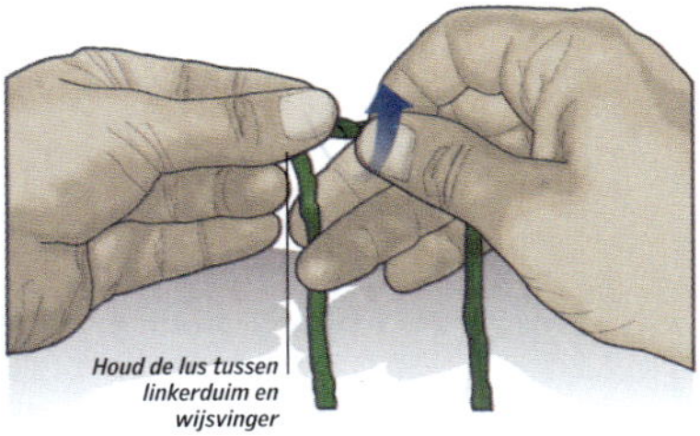

3 Laat je rechterhand 3 cm langs het koord glijden en draai nog een lus.

- Pak tegelijkertijd met je vrije vingers het uiteinde dat uit je linkerhand bungelt.

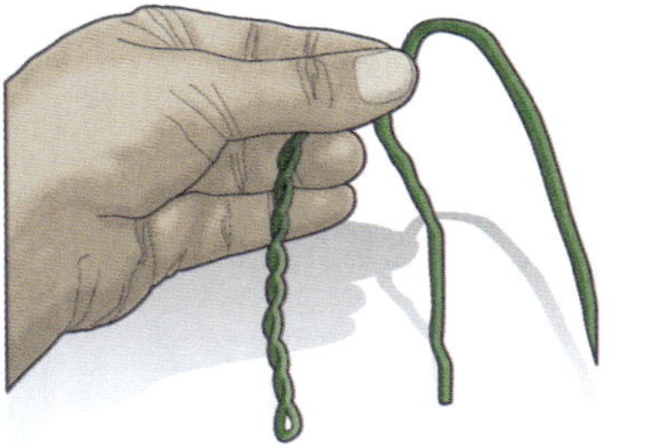

6 Herhaal stap 3, 4 en 5 en werk zo het hele vezelkoord af.

- Voor langer touw laat je het uiteinde van een nieuwe vezel 6 cm overlappen met het uiteinde van de eerste. Draai ze om elkaar heen met je duim en wijsvinger en ga verder zoals hier beschreven.

GEROLD TOUW

Deze methode om touw te rollen gaat het beste wanneer je zit. Ze is afkomstig van de pygmeeën uit Afrika. Net als bij de draaitechniek (kader links) begin je met twee vezels van verschillende lengte die je met de uiteinden aan elkaar knoopt.

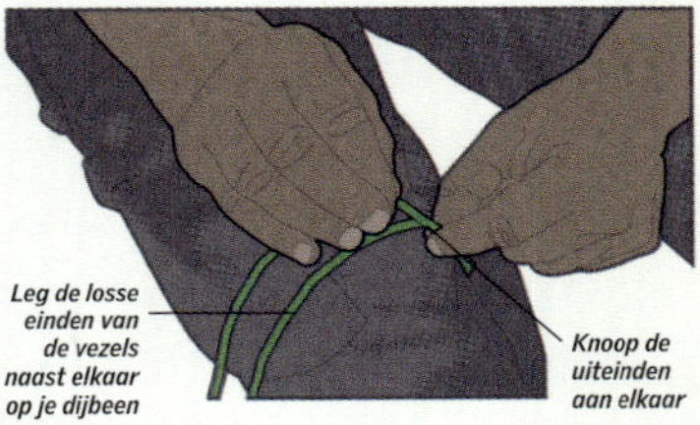

1 Pak de knoop vast met je linkerduim en wijsvinger

- Leg de twee losse stukken naast elkaar op je dij.

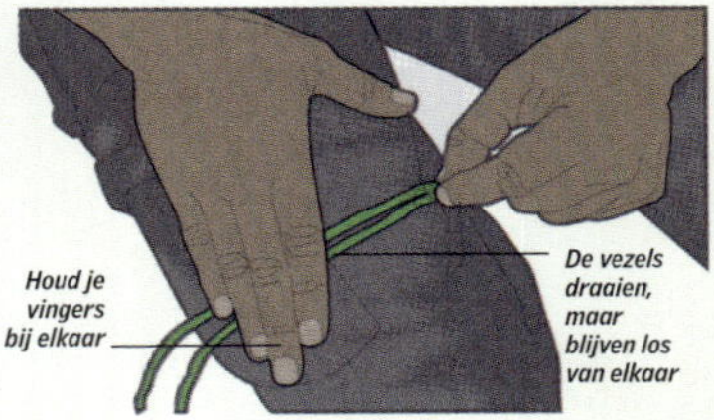

2 Rol (met de palm van je hand of met je vingers) de twee vezels gelijktijdig van je af.

- Als je niet verder kunt rollen, druk je de vezels met je vingertoppen tegen je been.

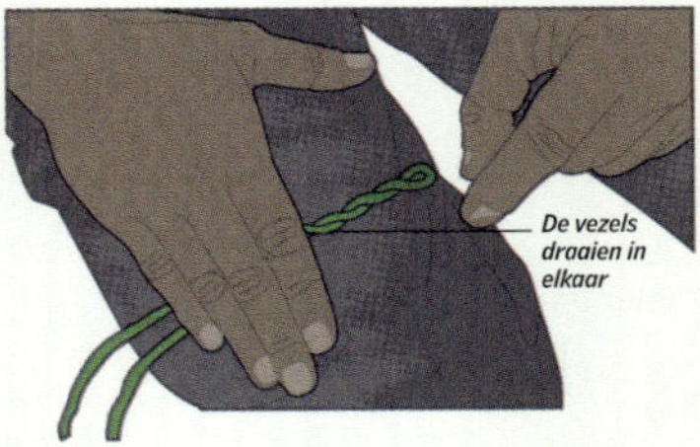

3 Laat met je linkerhand de knoop los. De gerolde vezels draaien vanzelf in elkaar tot een stuk touw.

- Herhaal de procedure en draai indien nodig meer vezels mee.

KNOPEN LEGGEN

ER BESTAAN HONDERDEN verschillende soorten knopen, maar de basisknopen die je op deze pagina's vindt, zijn voldoende voor de meeste survivaltaken. Oefen realistisch, precies zo als wanneer je de knoop in de praktijk zult moeten gebruiken, bijvoorbeeld voor het opzetten van een ponchoshelter. Oefen elke knoop minstens 20 keer.

STAAND EN WERKEND

Het uiteinde van een touw dat je actief gebruikt om de knoop te leggen, heet het werkende eind. Het andere uiteinde heet het staande eind en heeft een passievere rol bij het knopen.

SLIPSTEEK

De simpele, maar veelzijdige slipsteek komt in elke survivalsituatie van pas.

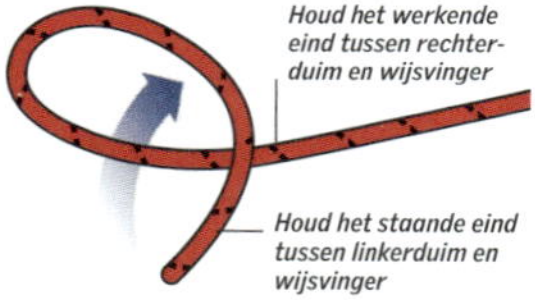

1 Sla de staande lijn over de werkenkende lijn zodat er een lus ontstaat.

- Houd de lus vast tussen linkerduim en wijsvinger.

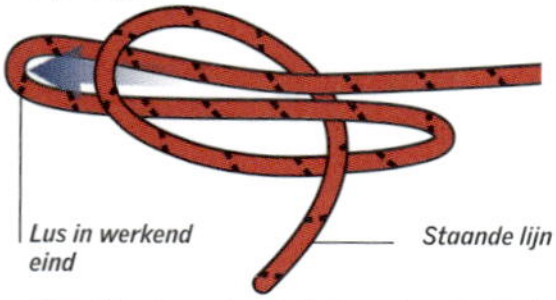

2 Vorm een lus in het werkende deel en schuif die in de eerste lus.

- Pak met links de tweede lus vast en trek hem door de eerste.

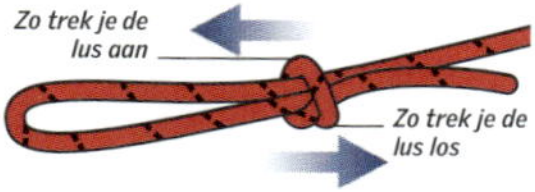

3 Pak beide uiteinden met je rechterhand en trek ze weg van de lus in je linkerhand.

- Leg de lus om wat je wilt vastzetten – bijvoorbeeld je opgerolde bivakzak – en trek de knoop aan.

ANKERSTEEK

De ankersteek is voor allerlei doeleinden geschikt. Als je een poncho of zeiltje wilt ophangen (zie hoofdstuk 4), dan kun je hem gebruiken om een lijn vast te zetten aan een boom of een tentharing. De knoop is ook perfect als sjorring voor twee palen, bijvoorbeeld in een A-shelter (blz. 164).

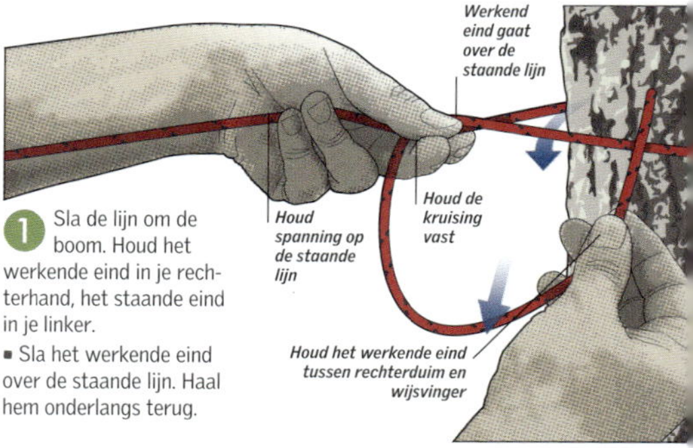

1 Sla de lijn om de boom. Houd het werkende eind in je rechterhand, het staande eind in je linker.

- Sla het werkende eind over de staande lijn. Haal hem onderlangs terug.

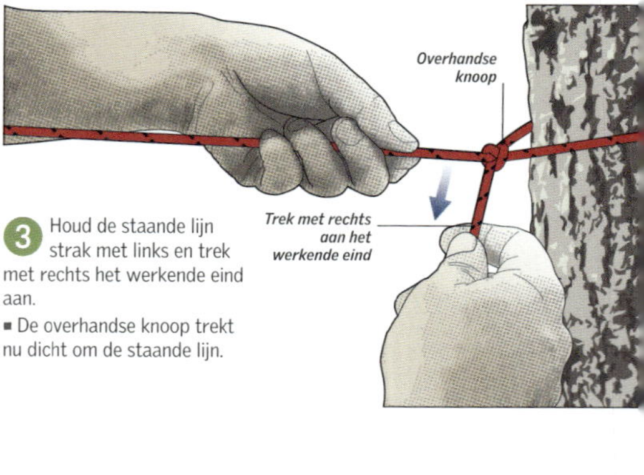

3 Houd de staande lijn strak met links en trek met rechts het werkende eind aan.

- De overhandse knoop trekt nu dicht om de staande lijn.

OVERHANDSE KNOPEN

Een overhandse knoop is het eerste deel van de knoop waarmee je je veters strikt. Hij wordt ook wel een halve knoop genoemd. Twee overhandse knopen vormen een stopper of, als ze om een ander object heen zijn gelegd, een dubbele overhandse knoop.

OVERHANDSE KNOOP

Vorm met de linkerlijn een lus over de rechter. Houd de lus vast met je rechterhand.

- Haal de rechterlijn met je linkerhand door de lus en trek beide uiteinden aan.

DUBBELE OVERHANDSE KNOOP

Leg een overhandse knoop, maar haal het werkende part tweemaal door de lus voordat je de einden aantrekt.

- Een stopper aan het uiteinde voorkomt dat een lijn losschiet

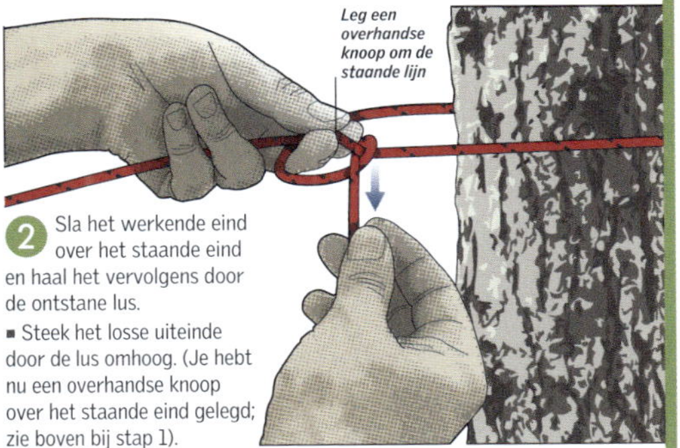

2 Sla het werkende eind over het staande eind en haal het vervolgens door de ontstane lus.

- Steek het losse uiteinde door de lus omhoog. (Je hebt nu een overhandse knoop over het staande eind gelegd; zie boven bij stap 1).

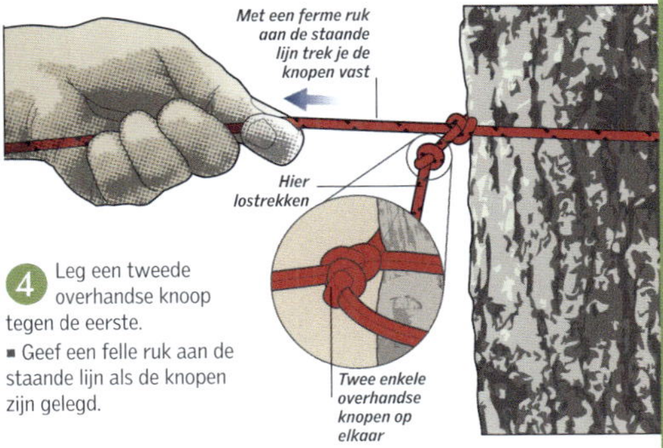

4 Leg een tweede overhandse knoop tegen de eerste.

- Geef een felle ruk aan de staande lijn als de knopen zijn gelegd.

DUBBELE KETTINGKNOOP

Met deze knoop bevestig je het uiteinde van een lijn aan een vast punt. Ideaal bij zware belasting en als de knoop niet los mag schieten.

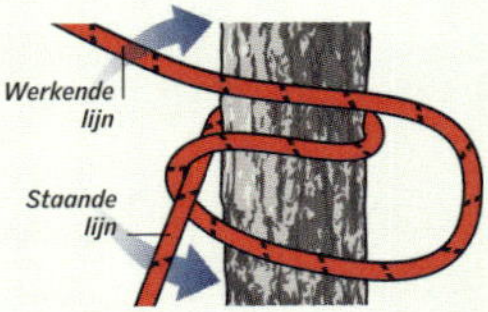

1 Sla de lijn om de boom of de paal.

- Haal het uiteinde over de staande lijn en onderlangs weer terug

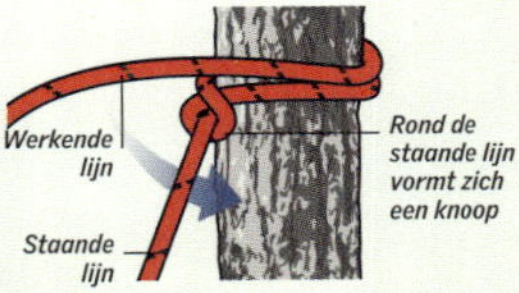

2 Sla de werkende lijn met de klok mee rond het vaste punt en vervolgens over de staande lijn en onderlangs weer terug.

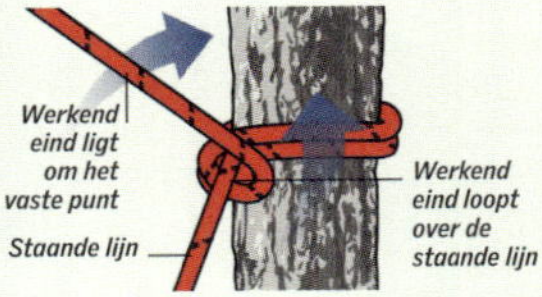

3 Haal nogmaals het werkende eind vanonder de staande lijn om de boom, met de klok mee.

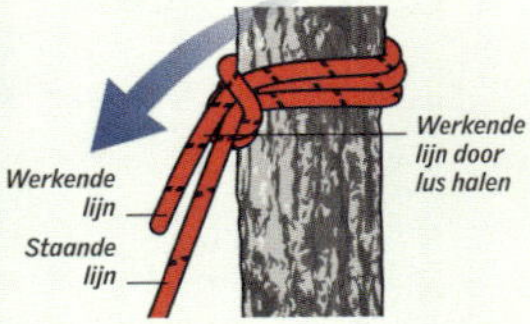

4 Steek de lijn onder zichzelf door. De knoop is nu af.

- Trek de knoop op de gewenste plek strak.

DUBBELE SCHOOTSTEEK

De schootsteek, ook bekend als de weversknoop, is een nuttige survivalknoop waarmee je twee touwen aan elkaar kunt binden. Dubbele schootsteken zijn dubbel zo betrouwbaar en uitermate geschikt om touwen van verschillende dikte aaneen te knopen, waarbij je het dunste touw als werkend eind gebruikt.

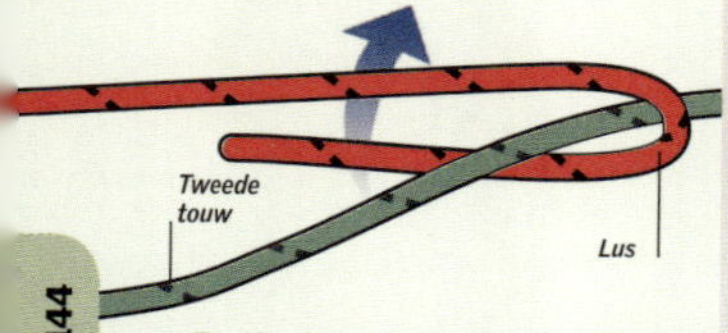

1 Neem twee touwen. Leg een lus in het eerste touw.

- Steek het uiteinde van het tweede touw door de lus.

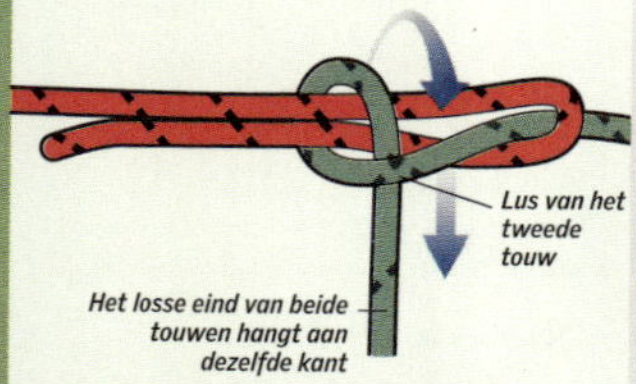

2 Haal het tweede touw onder de lus door en dan bovenlangs weer terug. Steek het uiteinde door de nu gevormde tweede lus.

- Voor een enkele schootsteek trek je nu de twee staande einden van de touwen aan.

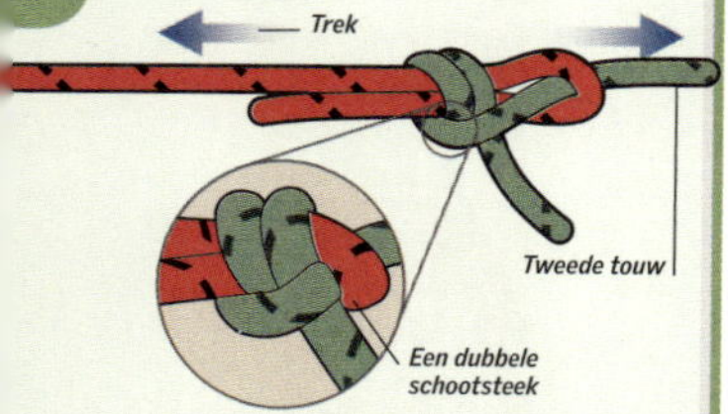

3 Om een dubbele schootsteek te maken, herhaal je stap 2.

- Trek de knoop vast door aan de beide staande einden te trekken.

PAALSTEEK

Deze knoop, ook bekend als de mastworp, is handig als je een touw aan een vast punt wilt bevestigen, bijvoorbeeld de scheerlijn van een ponchoshelter (blz. 158) aan een boom.

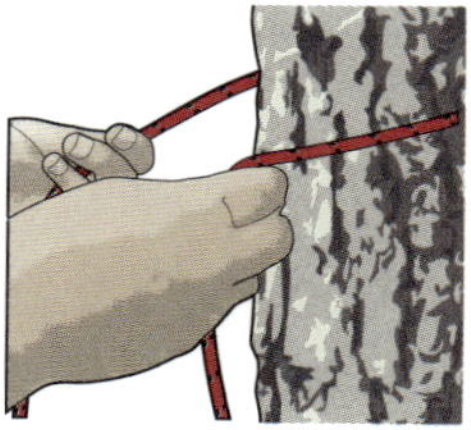

1 Sla het touw om de boom; werkende lijn rechts en staande lijn links.

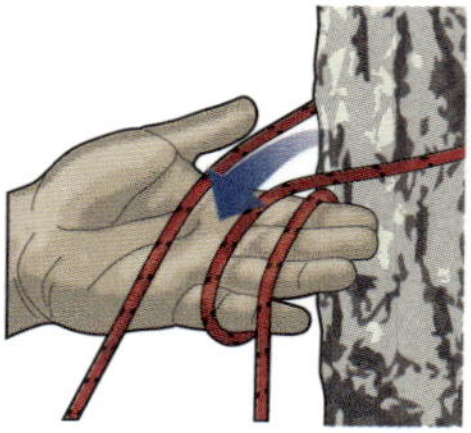

2 Leg de staande lijn in de palm van je linkerhand.

- Sla de werkende lijn anderhalf keer rond diezelfde hand.

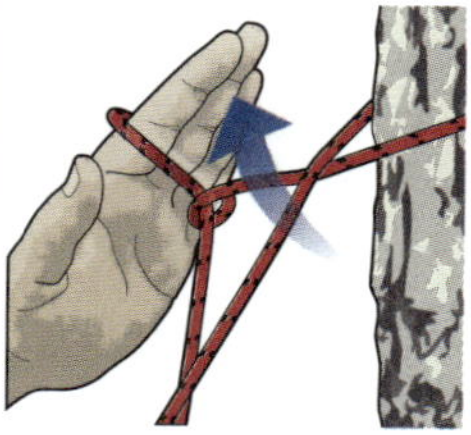

3 Haal links met het werkend eind onder de staande lijn door.

- Kantel je hand zodat de lussen over elkaar vallen.

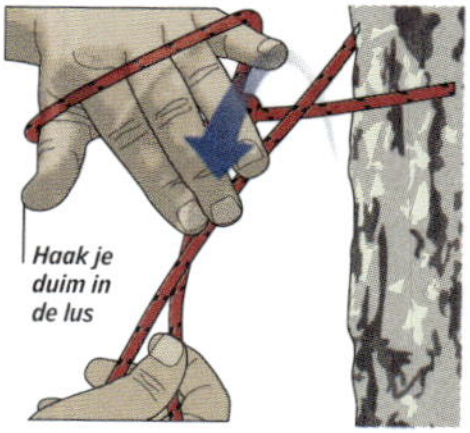

4 Pak met rechts het werkend eind

- Haal je linkerhand met de lus nu over de staande lijn.

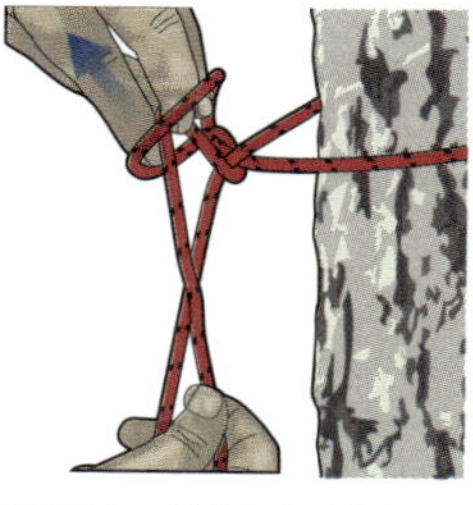

5 Pak met je linkerhand het werkende eind vast en trek het door de lus die nog om je hand hangt.

- De knoop trekt zichzelf nu strakker.

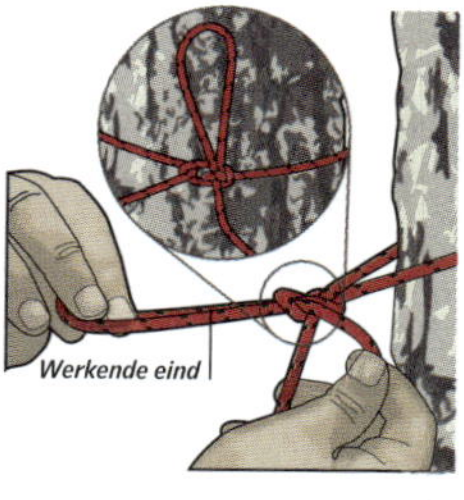

6 Trek nogmaals aan het werkend eind, nu om de knoop strak te trekken rond de boom.

- Je kunt de knoop weer losmaken door aan het staande eind te trekken.

SCHUIFKNOOP

Een populaire knoop in survivalsituaties, vooral omdat hiermee de spanning op een vaste lijn kan worden bijgesteld. Handig voor een tent of wanneer je een boot vastlegt in getijdenwater.

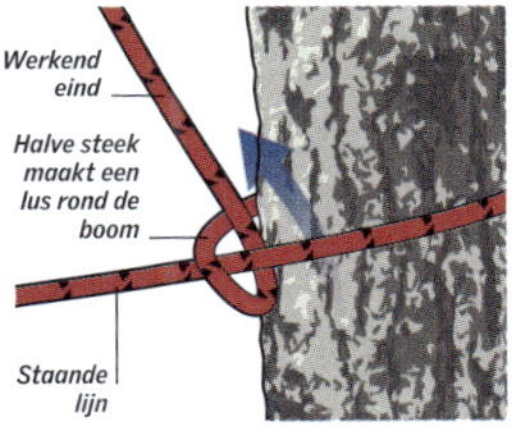

1 Bind de staande lijn aan je ankerpunt, en sla het werkend eind rond de boom.

- Leg een halve steek (hieronder) met het werkend eind rond de staande lijn.

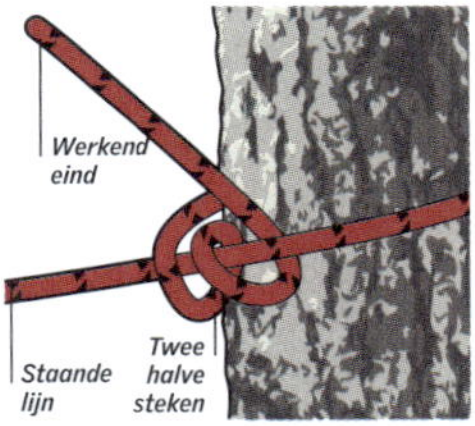

2 Leg een tweede halve steek naast de eerste, zodat ze naast elkaar om de staande lijn liggen.

- Trek de steken nog niet aan.

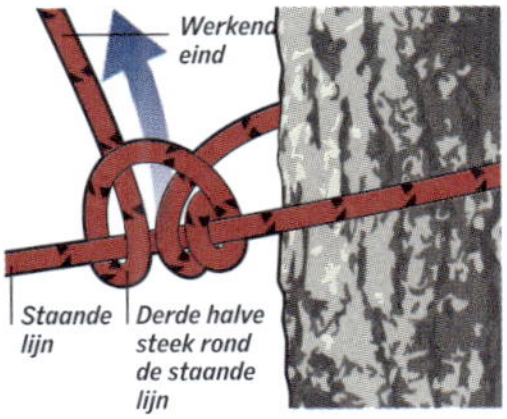

3 Haal het werkende eind onder de staande lijn door en terug door de lus die je nu hebt gemaakt (maar niet door de lussen uit stap 1 en 2).

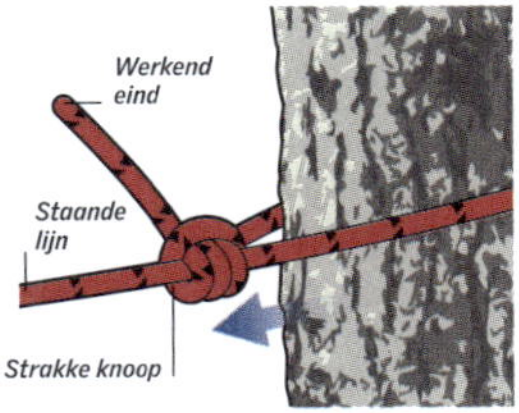

4 Trek de knoop strak door aan beide einden te trekken.

- Door de knoop weg te schuiven van het ankerpunt span je het touw aan.

SLIPKNOOP

Het afbreken van een tent of het losmaken van een boot gaat sneller als je de schuifknoop (links) vastzet met een slipknoop.

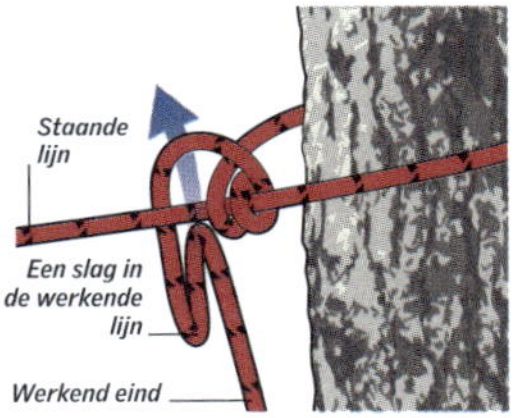

1 Herhaal stap 3 van de schuifknoop, maar maak een lus in de werkende lijn (een zgn. oogsplits) en gebruik deze in plaats van het werkend eind.

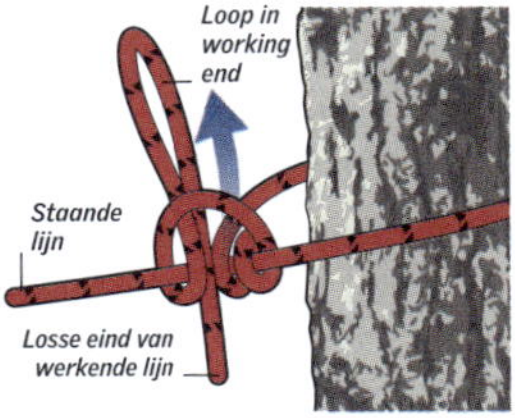

2 Trek de knoop aan zoals in stap 4.

- Laat het werkende eind een stukje uitsteken, dan kun je de knoop snel lostrekken.

HALVE STEEK

De halve steek is een eenvoudige knoop die de basis is voor allerlei ingewikkelder knopen zoals de schuifknoop. De knoop slipt snel en is op zich niet erg betrouwbaar, maar door de knoop te verdubbelen of te verdrievoudigen verbetert de betrouwbaarheid. Twee halve steken kunnen lastig los te maken zijn als ze onder spanning staan, vooral als ze nat zijn geweest.

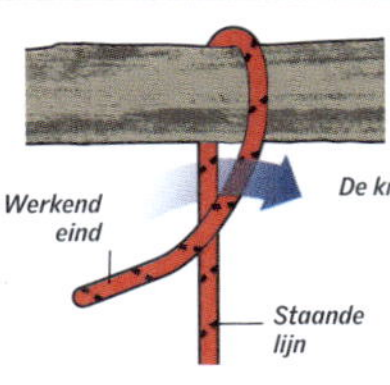

1 Sla het touw rond een vast punt, bijvoorbeeld een paal of tak.

- Sla het werkende eind om de staande lijn en haal het terug door de lus.

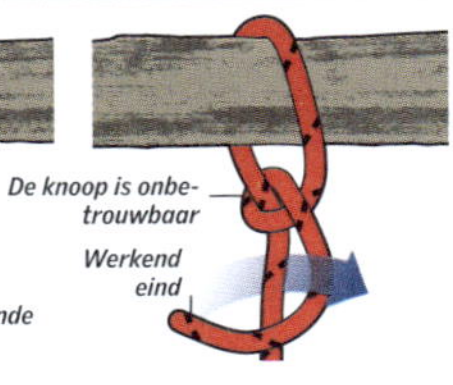

2 Houd de staande lijn vast en schuif de halve steek naar het vaste punt.

- Herhaal stap 1 en 2 voor een tweede halve steek.

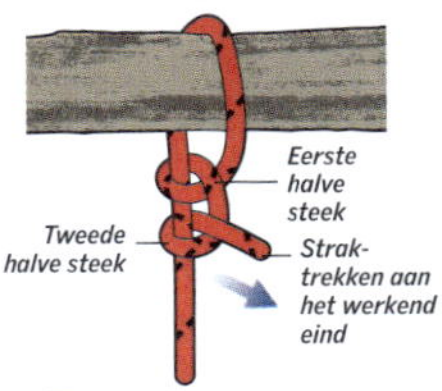

3 Schuif voor extra zekerheid de tweede knoop strak tegen de eerste.

- Leg eventueel een overhandse knoop (blz. 143) in het werkend eind.

MESSEN EN ZAGEN

GA NOOIT OP PAD IN DE WILDERNIS zonder een mes op zak. Op je survivalkennis na is het je belangrijkste hulpmiddel. Bedenk altijd van tevoren in welke omgeving je terechtkomt en of je daar misschien nog meer scherp gereedschap nodig hebt dan je veelzijdige survivalmes. Een zaag bijvoorbeeld.

PAS OP!
Als je mes valt, vang het dan niet op.

SURVIVALMES

Een ervaren survivalliefhebber heeft voor zijn normale dagelijkse taken zoals het maken van vuurstokken (blz. 120-121) genoeg aan zijn survivalmes. Zo'n veel-zijdig mes heeft een aantal cruciale eigenschappen die in bijna elke situatie van pas komen.

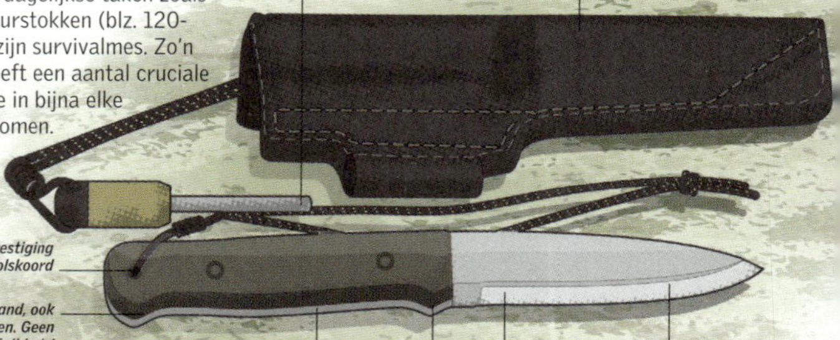

GROTE MESSEN

Over de hele wereld vertrouwen veel mensen op slechts twee essentiële items: een kookpan en een mes.

- Parangs en machetes lijken op elkaar. De parang komt uit Maleisië en kent vele varianten. Machetes tref je over de hele wereld aan, gemaakt van de meest uiteenlopende materialen: in Afrika worden nog machetes gebruikt die 40 jaar geleden werden gemaakt uit de vering van oude Landrovers. Het kukri kapmes vindt zijn oorsprong in Nepal.
- Een parang of machete heeft een lemmet van 45-50 cm en kan snijden en klieven, maar net als een bijl ook complexere taken uitvoeren.
- Gebruik altijd een polslus als je een kukri, parang of machete hanteert, en wees voorzichtig.

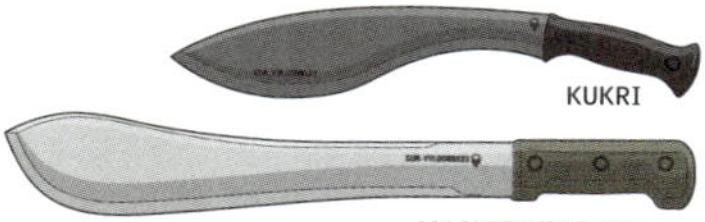

KEN JE MESSEN

- Een survivalmes snijdt, kerft en klieft. Handig om brandhout te maken, maar gebruik liever een zaag of een kapmes om grote houtblokken te hakken.
- Een mes hoeft niet langer te zijn dan 20 tot 22,5 cm.
- Een kartelmes is niet geschikt voor houtbewerking. De zaagtanden maken het lastig om het snijvlak dicht bij het heft te gebruiken, wat essentieel is bij het maken van vuurstokken etc.
- Berg je mes veilig op. Veeg het lemmet schoon en droog voordat je het in het foedraal steekt.
- Draag het foedraal aan je riem of aan een koord om je nek. Riemfoedralen houden het heft boven je riem of juist onder je riem, waardoor je kunt gaan zitten zonder dat het mes in je zij port.

EEN MES SLIJPEN

Het snijvlak moet altijd scherp zijn. Botte messen glijden weg, en dat is gevaarlijk. Bovendien zijn zeer botte messen moeilijk weer scherp te krijgen.

SLIJPSTENEN

Leg thuis een goede slijpsteen neer, dan kun je altijd met een vlijmscherp mes op pad.

- Neem een zakslijpsteentje mee om het mes onderweg scherp te houden.
- Zakslijpsteentjes hebben een ruwe en een fijne kant. Er zijn allerlei soorten, allemaal met een bijpassend lederen foedraaltje.
- Kleine automatische slijpers slijpen je mes tussen twee setjes keramische stenen.

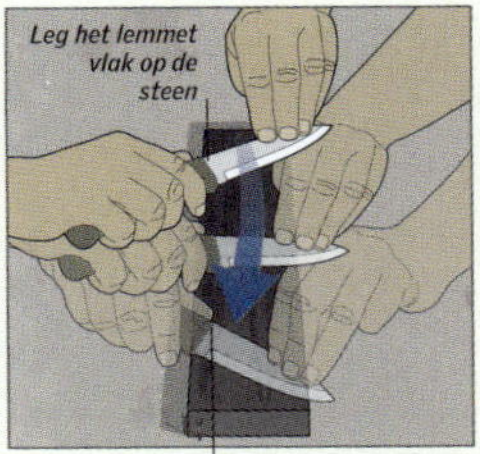

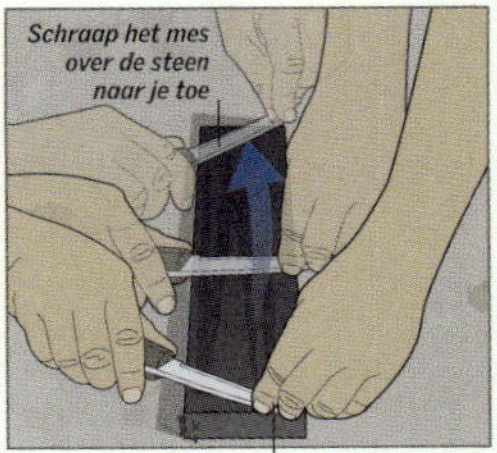

1 Houd het mes bijna horizontaal, met het snijvlak van je af. Leg de vingers van je andere hand op de punt.

- Duw het mes in een vloeiende boog van je af, zodat het lemmet plat over de steen schuurt.
- Til het lemmet op en keer terug naar het beginpunt. Doe dit 6 tot 8 keer.

2 Doe hetzelfde met de andere kant, maar dan net andersom:

- Leg het mes bijna horizontaal aan het einde van de steen, met de snede naar je toe.
- Trek het mes in een vloeiende boog naar je toe. Til het op en keer terug naar het beginpunt, ook weer 6-8 keer.

JE MES GEBRUIKEN

Het correct vastpakken van je mes maakt de survivaltaken een stuk gemakkelijker en veiliger. Met de verschillende handposities kun je het snijvlak van je af of naar je toe bewegen. Voor de meeste taken pak je het heft dicht bij het lemmet stevig vast en snijd je met het deel van het snijvlak dat vlak bij het heft ligt.

EEN MES DOORGEVEN

Als er voor de hele groep maar één mes beschikbaar is, moet dat soms doorgegeven worden. Houd het heft van je af met het snijvlak naar boven gericht. Niet echt moeilijk, maar iedereen moet het wel weten!

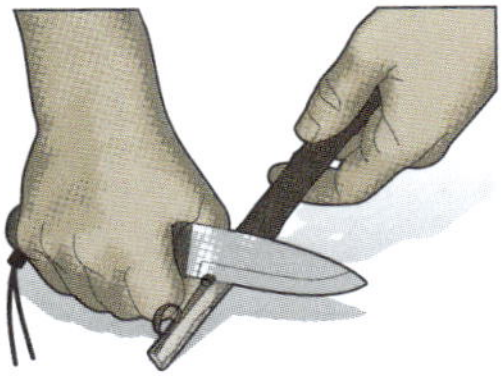

VAN JE AF

Deze manier van snijden zul je waarschijnlijk het vaakst gebruiken. Je brengt kracht vanuit je rug en je arm over op het mes, terwijl je pols de beweging controleert. Door een of soms twee duimen op de lemmetrug te zetten, wordt de controle nog subtieler. Zorg dat de snede naar beneden wijst, anders kun je jezelf lelijk verwonden.

NAAR JE TOE

Je grip blijft hetzelfde, maar nu is het snijvlak naar je toe gekeerd. Een prima methode als je precies wilt zien wat het snijvlak doet of wanneer een uitschieter gevaarlijk zou zijn, bijvoorbeeld bij het aanscherpen van een stok.

VOOR JE BORST LANGS

Een uiterst effectieve techniek waarmee je het mes met het snijvlak naar je toe vastpakt en de spierkracht van armen en borst gebruikt. Je kunt zo dicht bij je lichaam snijden. Je pols houdt het mes onder controle.

HOUTHAKKEN MET EEN MES

Voor shelters en vuur heb je geen bomen nodig die dikker zijn dan 10 cm. Bij dikkere stammen is een bijl nodig, alles wat dunner is kun je zagen (blz. 150-151). Als je geen zaag hebt, gebruik dan je survivalmes of een machete. Voor alle messen geldt: houd de polslus om je pols.

1 Bepaal de groeirichting van de boom. Maak een inkeping aan de andere kant, zodat het blad straks niet klem raakt als de stam begint te vallen.

- Sla met een stomp voorwerp of een dikke stok op de lemmetrug.
- Zet het mes anderhalve centimeter lager en richt het snijvlak op de eerste snee onder een hoek van ca. 45°.
- Doe hetzelfde nogmaals, maar nu boven de inkeping. Blijf zo wisselen tot je een V uit de boom hebt gehakt.

PAS OP!
Zorg dat je mes goed scherp is. Houd het voorwerp waarin je snijdt tussen jou en je mes, met het snijvlak van je af.

HOUT KLIEVEN

Gebruik bij het houthakken het grootste lemmet dat je hebt en zorg voor een stabiele ondergrond. Vermijd hout met grote noesten, dat bespaart veel tijd en energie.

VEILIGE WERKPLEK
Hak hout op een plek waar niemand per ongeluk in de weg kan lopen en waar je voldoende vrije ruimte hebt voor al je bewegingen.

GROTE BLOKKEN

Als je voor het klieven van houtblokken je survivalmes moet gebruiken, probeer dan de onderstaande methode.

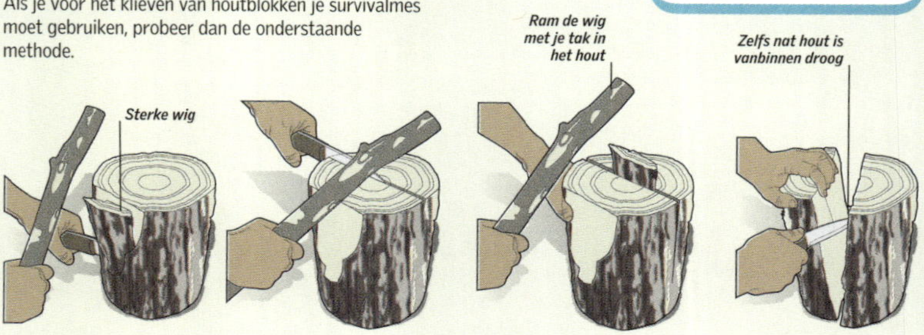

1 Sla met een stok op de rug van je mes om een stevige wig van het blok te snijden.

2 Sla op het mes om de eerste snee te maken.

3 Sla de wig steeds dieper totdat het blok splijt. Gebruik zo nodig meerdere wiggen.

4 Als het blok niet volledig splijt, moet je het open wrikken met je handen of je mes.

STERK LEMMET

Gebruik een mes waarbij het lemmet door het hele heft loopt. De nagels die het heft bijeenhouden kunnen misschien loslaten, maar het mes is veel sterker dan een mes met een korter lemmet of een klapmes.

2 Breid je inkeping zijwaarts uit tot je aan alle kanten de kern van de stam hebt bereikt, behalve aan de onderkant.

- Als je alleen maar rechtuit door de boom probeert te hakken, wordt het werk steeds zwaarder.

3 Breek de stam in tweeën zodra de inkepingen diep genoeg zijn.

- Pas op je voeten wanneer de boom valt.

4 Verwijder de zijtakken. Begin onderaan en werk naar boven, zodat je steeds een korte zwaai kunt maken met het slaghout.

- Houd de boom tussen je lichaam en het mes in en hak elke tak af in de groeirichting.
- Met een machete heb je geen slaghout nodig. Het zware lemmet heeft van zichzelf voldoende kliefkracht.

KLEINERE HOUTBLOKKEN

Een klein blok is lastiger te splijten dan een groot blok, vooral doordat het minder stevig staat.

1 Zet het blok rechtop op een stabiele ondergrond. Plaats het mes op het midden van de bovenkant.

- Sla met het slaghout hard op de achterkant van het lemmet.

2 Blijf slaan totdat het blok splijt. Splijt vervolgens beide helften tot kwarten.

ZAGEN

Voor grotere klussen, zoals brandhout verzamelen of shelterpalen maken, is een zaag veel geschikter dan een survivalmes. Draagbare, lichtgewicht zagen nemen weinig ruimte in beslag. Er bestaan verschillende soorten:

SURVIVAL KETTINGZAAG

Met een survival kettingzaag is het vellen van een dun boompje een veilig en niet al te lastig klusje. Gebruik hem ook voor de takken en om de stam in blokken te zagen.

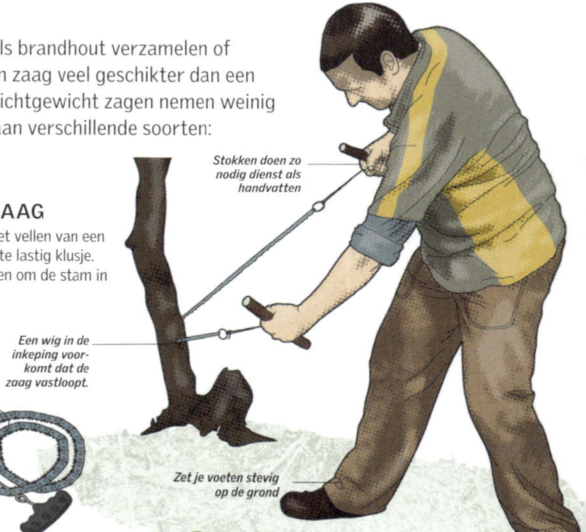

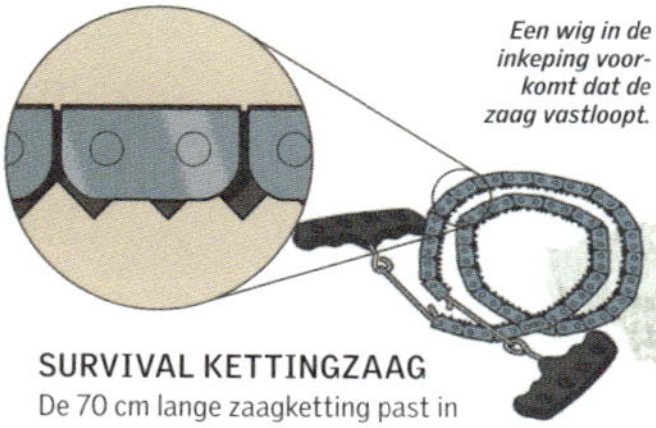

SURVIVAL KETTINGZAAG

De 70 cm lange zaagketting past in een klein blikje, inclusief handvatten en ringen. Je zaagt er in 10 seconden een tak van 7,5 cm dik mee doormidden.

1. Bepaal de groeirichting van de boom en leg de zaag vanaf de andere kant om de boom.

- Trek het zaaglint heen en weer.
- Sla halverwege een wig achter de zaag, zodat de boom het zaaglint niet afklemt.

2. Zaag langzamer als de zaag bijna door de boom heen is.

- Laat het gewicht van de boom zijn werk doen.

3. Pas hetzelfde links-rechts-ritme toe bij de zijtakken.

- Leg de zijtakken die je hebt afgezaagd meteen uit de weg.

4. Zaag de stam op maat.

- Als je over de helft bent, kun je de stam wat hoger leggen.

INKLAPBARE ZAGEN

Inklapbare zagen zijn licht, sterk en handig. Sommige typen hebben een getand zaagblad dat in het handvat klapt (rechts). Andere haal je uit elkaar als je ze opbergt.

OPVOUWBARE TREKKERSZAAG

Deze zaagjes zijn sterk en licht, maar minder effectief dan de survival kettingzaag. Heb je weinig ruimte, neem dan alleen het zaagblad mee en improviseer een beugelzaagje met natuurlijke materialen.

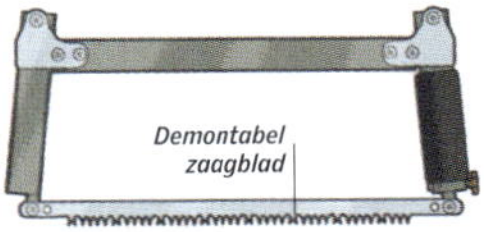

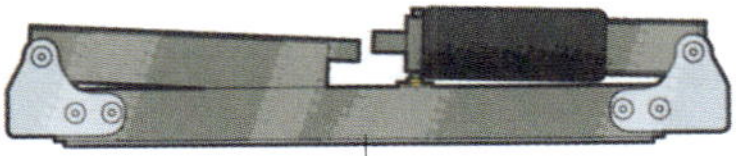

COMMANDOZAAG

Een commandozaag neemt nauwelijks ruimte in beslag en bestaat uit getand staaldraad met een roterende ring aan elk uiteinde. Een nuttig stuk gereedschap, dat echter snel breekt wanneer je de zaag niet volkomen recht houdt. Je kunt er vrij simpel een boomzaag van maken of zelfs een beugelzaag, al kost dat wel wat meer moeite.

EEN BOOGZAAG MAKEN

Snijd een jong boompje van ca. 2,5 cm dik met een gevorkt einde af op een lengte van 90 cm. Haak de ring van het zaagdraad over de vork en zet die tegen de grond. Maak een inkeping aan het andere eind waarin je de tweede ring vastklemt.

ZONDER GEREEDSCHAP

Zelfs zonder zagen en messen kun je hout in stukken delen. Je kunt het bijvoorbeeld breken of met vuur in tweeën branden. Ga nooit staan springen op een tak om hem te breken: in een survivalsituatie moet je zuinig zijn op je enkels en je voeten!

HOUT BREKEN

Ga vooral niet stoer doen wanneer je hout uitzoekt om te breken, maar laat dikke takken met rust. Dood hout is beter dan levend hout, want dat buigt eerder dan dat het breekt.

- Zoek twee bomen die op 30 tot 60 cm van elkaar staan of een boom met twee stammen die als hefboom dienst kan doen. Steek je tak tussen de twee stammen.
- Zet je voeten stevig op de grond, de een iets voor de ander, en trek aan het hout tot het breekt. Trek naar je toe, dan blijft je zwaartepunt tussen je gespreide voeten. Als je duwt, val je naar voren wanneer het hout breekt.

HOUT VERBRANDEN

Leg het deel van de tak dat je wilt breken op het vuur en wacht tot het is doorgebrand. Of wacht tot het half verbrand is en pas dan de breekmethode van hierboven toe, maar niet voordat het hout is afgekoeld.

4

SHELTERS BOUWEN

SHELTERS BOUWEN

Het eerste survivalprincipe, protectie, begint met een shelter. Een shelter kan een tijdelijke schuilplek zijn tijdens een onverwachte bui, maar ook een veilig onderkomen waar je gedurende langere tijd de nacht doorbrengt. Het vakkundig opzetten van een shelter maakt het verschil tussen relatief comfort en een regelrechte nachtmerrie.

Elke survivalsituatie vereist de nodige energie en dus een goede conditie, zowel fysiek als mentaal. Een verregende nacht onder de blote hemel gaat ten koste van die broodnodige energie en werkt door op je activiteiten van de volgende dag. Je wordt humeurig, en raakt snel gefrustreerd. Slaapgebrek kan bovendien leiden tot concentratieverlies en een irrationele gedachtegang, en dat moet je in een survivalsituatie in de wildernis nou juist zien te vermijden. Koude nachten duren tweemaal zo lang: elke minuut die je besteedt aan het regelen van een warme, droge, comfortabele slaapplek is dus goed besteed.

In dit hoofdstuk LEER JE...

- dat je prima kunt **overnachten** in **grotten** en **kuilen...**
- hoe je van je **poncho** een **shelter** maakt...
- het verschil tussen een **kruiptent** en een **bivakzak...**
- hoe je gaat **slapen** in een **pygmeeënhut** en **wakker** wordt in een **wigwam...**
- dat je voor een **shelter** zonder **kopzorgen** je **hoofd** moet gebruiken...
- hoe je met **vijgenbladeren** de **regen** buiten houdt...

Bij het maken van een shelter probeer je, net als bij alle survivaltaken, met zo weinig mogelijk moeite een maximaal resultaat te behalen. Dat kan soms betekenen dat je een grot of een natuurlijke holte als shelter gebruikt. Houd altijd rekening met slechter wordende omstandigheden: dat je de sterren kunt tellen terwijl je in slaap valt, sluit niet uit dat het om drie uur 's nachts regent en onweert.

Neem op elke expeditie iets mee – een zeiltje, of een eenvoudige bivakzak – dat als shelter kan dienen als het weer plotseling omslaat.

IN ELK GEVAL HOORT er een reddingsdeken in je noodkit te zitten, hoe weinig je verder ook meeneemt. Zo'n licht, compact opgevouwen 'ruimtelaken' heeft een zilverkleurige kant die warmte isoleert en een felgekleurde kant die als locatiehulp kan dienen. Een reddingsdeken biedt in elke omgeving binnen enkele seconden provisorische beschutting tegen de elementen.

Als je een beetje handig bent, kun je van de reddingsdeken een shelter maken. In dit hoofdstuk staan allerlei manieren om een shelter te bouwen. Houd daarbij de onderstaande tips altijd in gedachten :

- Kijk eerst of je een natuurlijke shelter ziet
- Let op overstromingsgevaar
- Zet je shelter op voordat het donker wordt
- Veeg de grond schoon voordat je begint
- Maak de ingang haaks op de wind
- Ga uit van de slechtst denkbare weersomstandigheden
- Maak je shelter robuust en stevig
- Span jezelf niet overmatig in tijdens het bouwen
- Maak je slaapplek boven de grond
- Zorg dat je hoofd niet lager ligt dan je voeten

'Een **shelter** maakt het verschil tussen relatief comfort en een **absolute nachtmerrie**'

GROTTEN EN HOLTES

KUN JE GEEN SHELTER BOUWEN, zoek dan beschutting in de natuur: een grot of een kuil in de grond kunnen uitkomst bieden. Vermijd lage schuilplekken als er overstromingsgevaar dreigt en zorg op een helling dat je niet in de baan van de afwatering ligt.

BENODIGDHEDEN
- Stevige graafstok
- Sterke takken of palen en houtblokken
- Zaag (survival kettingzaag)
- Boomschors, veen, bladeren, mos, varens; dennentakken voor het dak

MATRASVULLING

Leg op de bodem van je shelter een isolerende laag om te voorkomen dat je stijf wordt en dat je lichaam alle warmte verliest aan de koude aarde. Na al je inspanningen wil je tenslotte ook lekker liggen. Gebruik de droogste materialen die je kunt vinden (zie onderstaande lijst).

EEN COMFORTABELE MATRAS

Een paar tips om het slaapcomfort in je shelter te verhogen:
- Verzamel tweemaal zoveel vulling als je nodig denkt te hebben: van 15 cm hulst is na een uurtje slapen nog maar 5 cm over.
- Leg takken rond de vulling om te voorkomen dat je matras verschuift.
- Zorg dat je hoofd niet lager ligt dan je voeten.

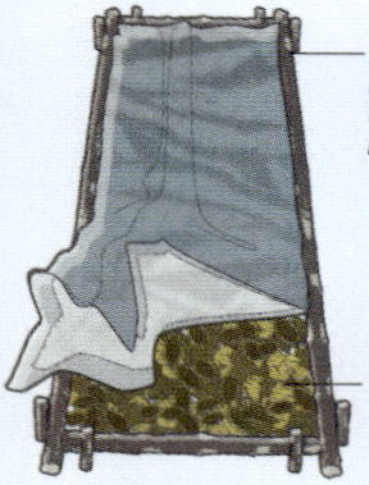

MATRASVULLING

- Eenden- of ganzendons is het beste: dons houdt warmte vast, maar geen vocht.
- Het zal waarschijnlijk lastig zijn om voldoende veren en dons te vinden, dus verzamel ook dennentakken, droge bladeren, mos, varens, gras en hulst. Leg de hulst onderop tegen het prikken.

NATUURLIJKE HOLTES

Een ondiepe kuil geeft bescherming tegen de wind. Met een simpel afdak erboven blijf je bovendien droog.

1 Is de holte te ondiep om beschut te liggen, graaf hem dan uit met een graafstok.
- Let op natte aarde: misschien is er overstromingsgevaar!
- Verhoog de randen met hout als je niet diep genoeg kunt graven.
- Leg eerst je bed op de bodem voordat je verder gaat.

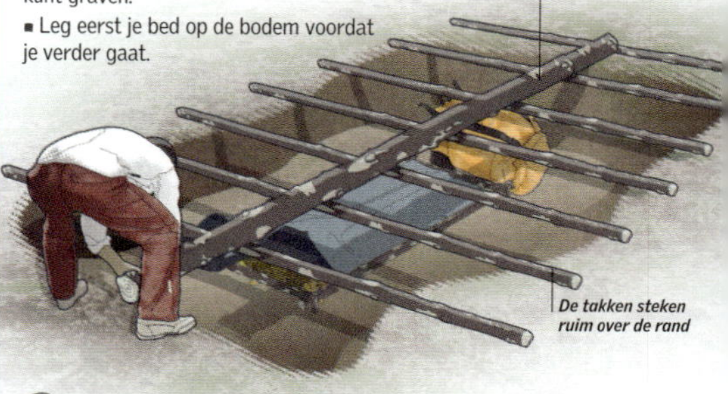

2 Zaag een paar lange, stevige takken af (blz. 150-151) en leg ze dwars over de kuil.
- Zaag ook een dikke stam af en leg die in de lengte over de takken om een aflopend puntdak te maken. De stam moet niet te zwaar zijn.

GROTTEN ALS SHELTER

Grotten zijn eigenlijk kant-en-klare shelters. Meestal zijn ze veilig en droog, maar pas niettemin altijd op voor mogelijke gevaren als dieren, bedompte lucht en vocht. Veel grotten dienen als overloop voor rivieren of staan in verbinding met water. Blijf aan het begin van de grot; verderop zijn er misschien niveauverschillen, gladde stenen of scheuren.

DIEREN

Grotten zijn ook een toevluchtsoord voor beren, vleermuizen, insecten, spinnen en slangen. Controleer de ingang op sporen en nesten. Vampiervleermuizen zijn gevaarlijk: ze kunnen rabiës overbrengen. De uitwerpselen van vleermuizen (guano) klonteren op de grond samen tot een dikke laag die licht ontvlambaar is.

KAMPVUUR

Een vuur aan de ingang van de grot verspert je de weg wanneer het te groot wordt. Bovendien kan de rook naar binnen waaien. Zoek een plek dieper in de grot, met voldoende luchtstroming om de rook af te voeren. Een reflectiescherm of een stapel stenen aan de ingang houden de warmte binnen.

ONZUIVERE LUCHT

Als je in een grot duizelig of misselijk wordt, ga dan direct naar buiten. Er kan een teveel aan kooldioxide in de lucht zitten. Ook een snellere hartslag of ademhaling wijzen daarop. Als een vlam kleiner gaat branden of blauw wordt, moet je zeker maken dat je wegkomt; dit duidt niet op te veel kooldioxide, maar op te weinig zuurstof.

KUSTGROTTEN

Grotten aan de kust kennen dezelfde gevaren als gewone grotten, maar daarbij komt ook nog eens het getij. Er zijn gebieden waar het water in enkele minuten tientallen meters stijgt.

GEVAREN VAN KUSTGROTTEN

Let bij het beoordelen van de veiligheid van een kustgrot op sporen van overstroming:

- Zeewier, drijfhout en andere rommel uit zee. Kijk goed rond in de grot, maar ook op het strand rondom de ingang.
- Een vochtige geur, of sporen van vocht op de wanden.
- Poeltjes zeewater op de rotsen voor of in de grot.

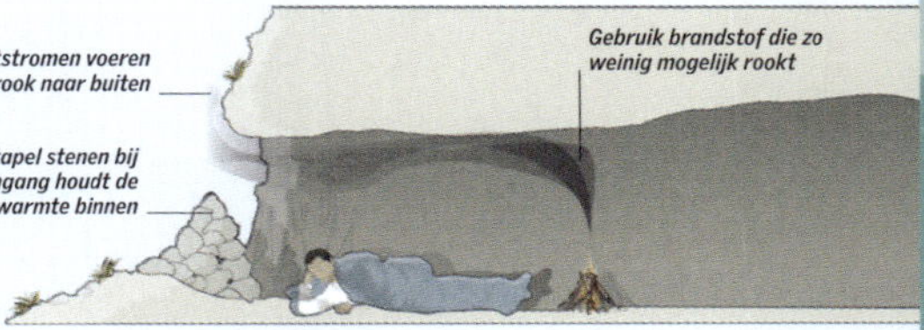

3 Leg kortere takken, stokken en twijgen als dakbedekking over het dakgeraamte.

- Druk het materiaal dicht op elkaar en zorg dat het stevig blijft liggen.

4 Laat aan een kant een opening waar je doorheen past zonder het dak aan te raken.

- Zet de ingang niet recht in de wind: dwars erop is het beste.
- Isoleer het dak met zo veel mogelijk gebladerte.
- Leg de bovenste laag van onder naar boven, zodat het regenwater van het dak af kan stromen.
- Bind bij zware regenval je poncho of reddingsdeken op het dak.

SHELTERS VOOR ALLE OMSTANDIGHEDEN

VAN EEN PONCHO OF BIVAKZAK (blz. 160-161) kun je een shelter maken die altijd en overal zijn werk doet. Je kunt ook andere materialen gebruiken, zoals een reddingsdeken, een grondzeil of een stuk waterdicht doek.

BENODIGDHEDEN

- Poncho, bivakzak, grondzeil, reddingsdeken of tentdoek
- Koord of elastieken
- Stok of paal; houten haringen
- Steen of blok om mee te hameren
- Survivalmes of zakmes

PAALSHELTER

Een simpele shelter die even eenvoudig wordt opgezet als weer afgebroken. Handig als je weinig energie hebt of snel droog wilt zitten. Wacht je op redding, keer dan de felgekleurde zijde naar buiten.

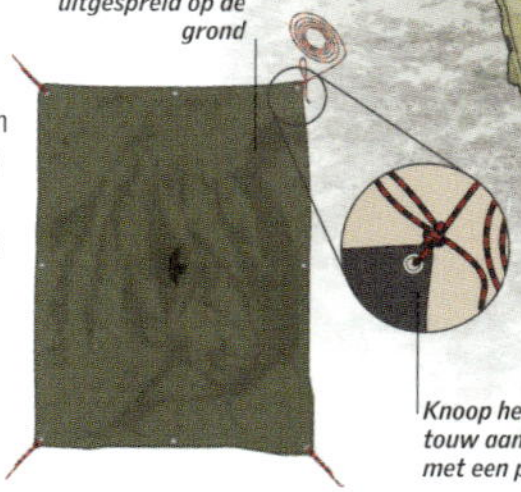

1 Neem drie stukken touw van 60 cm en een stuk van 2 meter.

- Knoop de kortere stukken met een overhandse knoop tot drie lussen (blz. 143).
- Bind het langere met een paalsteek (blz. 144) aan een hoek van de poncho.
- Zet de lussen aan de hoek-oogjes met een tuisteek (prussikknoop).

2 Knoop het lange stuk touw op 1 meter hoogte aan een boom, ook met een paalsteek.

- Je kunt ook een stok in de grond slaan, het touw eroverheen leggen en vastzetten met een haring.

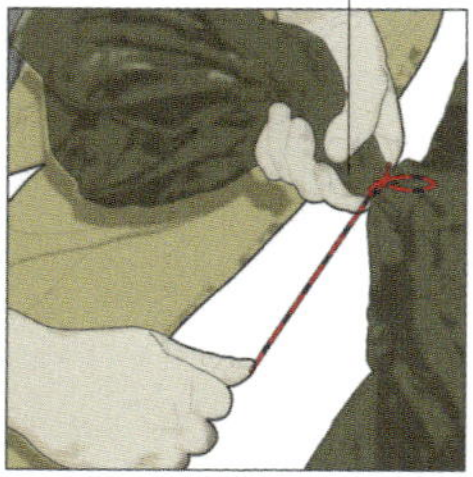

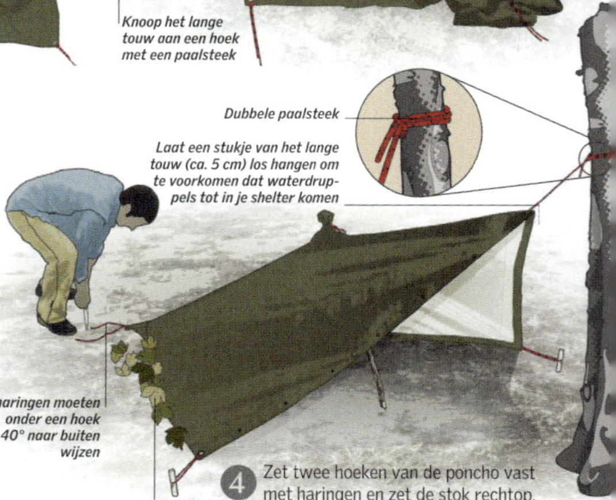

3 Steek een stevige stok van 1 meter in de capuchon.

- Knoop de capuchon strak om de stok met een halve knoop.
- Wind een paar slagen touw om de knoop en zet het vast met een sjorring (blz. 142).

4 Zet twee hoeken van de poncho vast met haringen en zet de stok rechtop.

- Trek de poncho aan de overgebleven hoek strak en zet hem vast.
- Kruip bij het binnengaan van de ponchoshelter om de middenstok heen.

A-SHELTER

Met een lang stuk touw kun je van je poncho een tentachtige A-shelter tussen twee bomen maken. Als je niet genoeg touw hebt, kun je een lange paal gebruiken en de poncho met korte lussen vastzetten (zie onder).

1 Zoek twee bomen die ca. 60 cm verder uit elkaar staan dan de poncho lang is.

- Bind touwlussen van 30 cm aan de oogjes van de lange zijden en een stuk touw van 1 meter aan elke korte kant.
- Bind de capuchon dicht.

2 Bind een van de langere touwen op 1 meter hoogte aan een boom met een dubbele paalsteek (blz. 143).

- Maak het andere touw aan de boom vast met een mastworp (blz. 145). Trek de lijn strak.

3 Trek de middelste lussen van de lange zijden strak en zet ze vast met een haring. Doe daarna hetzelfde met de hoeklussen.

- Heb je voldoende touw, bind de dichtgebonden capuchon dan aan een tweede touw tussen de bomen of aan een overhangende tak.
- Leg lange takken aan weerszijden en kortere takken aan de open kanten, zodat het materiaal waarop je slaapt niet verschuift.

TIPS

- Door de achterkant van je shelter dicht te zetten met takken en bladeren, houd je meer warmte binnen.
- Heeft de poncho geen oogjes, maak dan knoop-lussen (blz. 161).

TENTHARINGEN

Houten haringen kun je zelf maken en eventueel hergebruiken. Kapotte of oude haringen kun je gewoon weggooien: ze verteren vanzelf.

TENTHARINGEN MAKEN

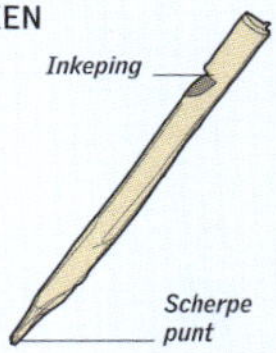

- Het beste formaat is 22,5 x 2,5 cm. Dunnere exemplaren knappen af of worden uit de grond getrokken.
- Gebruik verse takken van groene bomen.
- Geen sprokkelhout, dat is al aan het vergaan.
- Droog nieuwe haringen langzaam boven de gloeiende houtskool van je vuur. Haal ze eraf zodra ze lichtbruin verkleuren. Nat hout geeft een doffe klank als je erop tikt, droog hout klinkt hoger en helderder.
- Stamp nooit haringen de grond in met je voet: een kleine vergissing en de haring steekt door je schoenzool. Gebruik een zware steen of stok.

VARIANT

Als je met een groep bent, kun je twee poncho's aan elkaar binden en gebruiken als shelter met vloerzeil.

TWEE PONCHO'S AAN ELKAAR

Zet de poncho's aan elkaar vast met de drukknoopjes van de lange zijden. De bovenste poncho is de tent, de onderste de vloer.

- Leg al je 'matrasvulling' onder het vloerzeil en leg takken aan de uiteinden zodat je matras niet verschuift.
- Zet de shelter op zoals bij een enkele poncho (links).

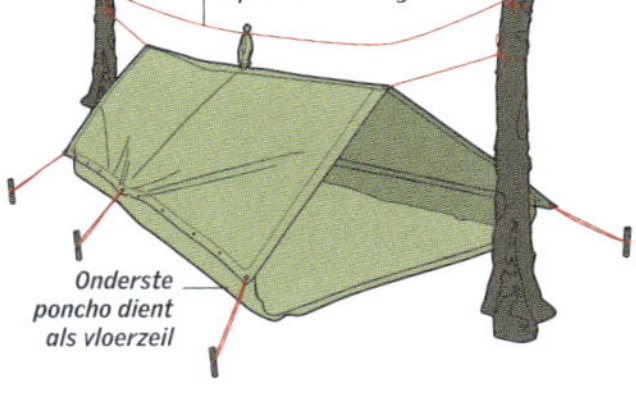

BIVAKZAKSHELTER

Een bivakzak is een lichtgewicht overtrek voor je slaapzak. Het materiaal ademt en gaat condensvorming tegen. Voor ultralight zwerfsport (blz. 52) is het een onontbeerlijk hulpmiddel, dat je desgewenst met een paar simpele ingrepen in een eenpersoons tent kunt omtoveren. Het voordeel daarvan is dat de regen van de zijkanten afloopt in plaats van op de zak te blijven liggen, met alle narigheid van dien.

BENODIGDHEDEN
- Bivakzak
- Buigzame twijgen
- Knooplussen
- Houten haringen
- Touw en mes
- Steen of blok om te hameren

1 Leg de bivakzak plat neer op de plek waar je wilt overnachten.
- Met de afsluitflap aan de bovenkant heb je straks een hangend deurtje. Als de flap onder ligt, kun je hem opbinden.
- Bevestig aan elke onderhoek van de bivakzak een knooplus (zie schema hiernaast).
- Zet de lussen vast met haringen.

2 Maak een knooplus aan het midden van de opening van je bivakzak en houd hem omhoog.
- Trek de linker- en rechterhoek naar beneden en maak twee knooplussen waar ze de grond raken.
- Zet beide lussen vast met een haring.

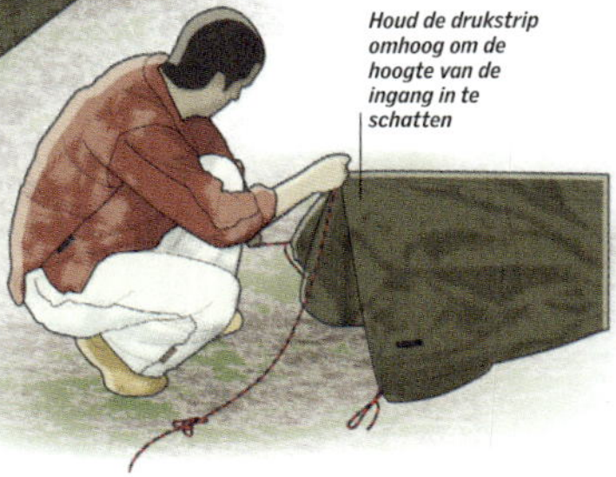

4 Maak een tak op lengte voor de ingang. Een gebogen tak of gekruiste takken kunnen ook.
- Zet de tak in het midden van de ingang, leg het touw van de middelste knooplus eroverheen en zet het vast in de grond.
- Loop alle haringen langs en stel de spanning zo nodig bij.

5 Haal de stok bij de ingang weg als je erin wilt. Steek eerst je voeten naar binnen.
- Let op het openingstouw terwijl je jezelf naar binnen werkt.

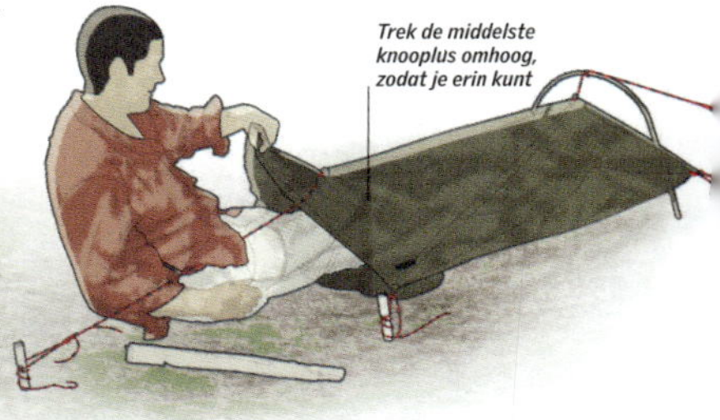

ANDERE SHELTERS

Er zijn allerlei soorten tijdelijke shelters die je kunt opzetten met dezelfde technieken als hiervoor beschreven. Je keus hangt af van wat je bij je hebt: een poncho, een grondzeiltje of een plunjezak.

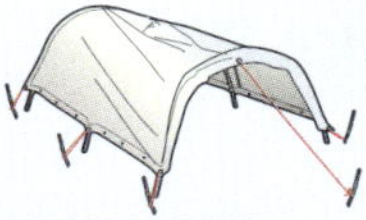

HOEPELSHELTER

Zijn er buigzame takken in de buurt? Span je poncho over drie gebogen exemplaren en zet hem vast met haringen.

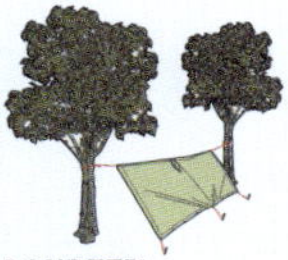

GRONDZEIL

Bevestig een zijde aan een touw dat tussen twee bomen is gespannen en zet de andere kant schuin vast met haringen.

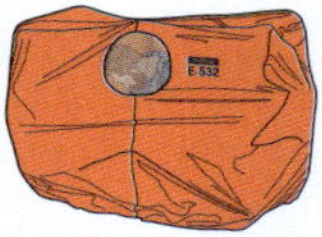

PLUNJEZAK

Een lichte, grote nylon plunjezak beschermt je ook tegen de elementen. Maak er een shelter van zoals bij de bivakzak.

3 Zet een gebogen verse tak of twee gekruiste takken over de achterkant.

- Leg de knooplus die 45 cm van het einde van je bivakzak zit over de boog voor meer voetruimte.
- Zet het touw goed strak vast in de grond met een haring.

6 Plaatsvanuit liggende positie de stok terug in de ingang.

- De afsluitflap kun je open laten of dicht doen.

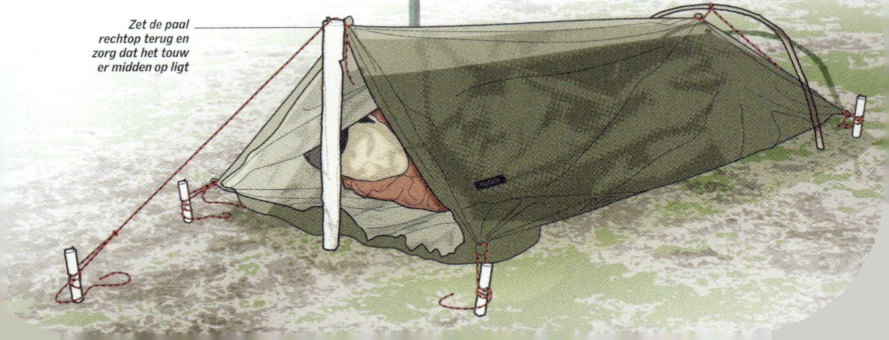

KNOOPLUSSEN MAKEN

Knooplussen zijn eenvoudige, betrouwbare verbindingen waarmee je een touw kunt vastmaken aan poncho's en zeiltjes zonder ringetjes of lussen. Gaten knippen is niet nodig, dus de stof blijft waterdicht.

1 Klem een kleine, ronde en gladde steen in de stof, zodat er een verdikking ontstaat met een halsje. Pak een stuk touw en maak een slipsteek.

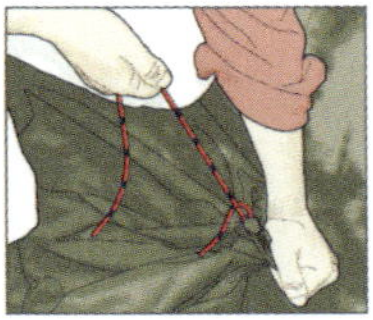

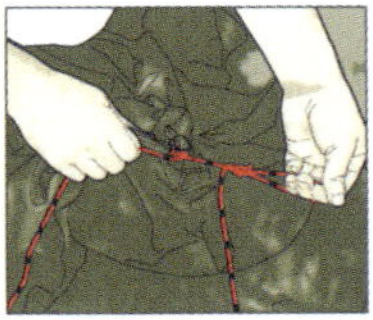

2 Leg de lus om de hals en trek hem strak aan.

3 Maak aan het andere eind van het touw een lus voor de haring.

SHELTERS IN HET BOS

ALS JE NIET OVER EEN PONCHO, bivakzak of zeiltje beschikt, zul je een shelter moeten maken van natuurlijke materialen. In een loofbos kun je een afdakshelter of een A-shelter maken, of een geschikte omgevallen boom gebruiken. Een afdakshelter maken kost veel energie, dus doe dat alleen als je met een groep bent.

BENODIGDHEDEN
- Palen en stokken
- Zaag en mes
- Touw
- Takken
- Takken met blad als dakbedekking

EEN AFDAKSHELTER BOUWEN

Een afdakshelter heeft een schuin aflopend dak dat tegen een horizontale nokbalk leunt. Je hebt een vlak stuk grond nodig met twee bomen of stevig in de grond verankerde palen. Vraag of iedereen naast elkaar wil gaan liggen en tel er per persoon 15 cm bij om de breedte van de shelter te bepalen.

SHELTERS BOUWEN IN HET BOS

In de loof- en naaldbossen van de gematigde streken liggen de mogelijkheden om een shelter te bouwen voor het oprapen. Verbruik zo weinig mogelijk energie voor het verkrijgen van zo veel mogelijk beschutting. Kijk eerst goed wat de natuur aan kant-en-klare mogelijkheden biedt, voordat je zelf een shelter gaat bouwen.

AANDACHTSPUNTEN

Enkele tips voor als je toch een shelter moet bouwen:
- Kies een locatie dicht bij water, maar ver weg van de bijbehorende ongemakken zoals drinkende dieren, insecten en overstromingen.
- Controleer voor je begint of er gevaar dreigt van vallende takken of rotsen, of van een overstroming.
- Kies een locatie die maximale beschutting biedt tegen het weer en waar de benodigde materialen voorhanden zijn.
- Verzamel al je materiaal vóór je gaat bouwen en voordat het donker wordt.
- Zorg dat je locatiehulpen goed zichtbaar zijn en snel geactiveerd kunnen worden.
- Werk veilig; bescherm je handen tijdens het schoonvegen van de grond tegen spinnen en slangen.
- Trek tijdens het werk laagjes kleding uit om oververhitting te voorkomen.
- Maak je shelter zo waterdicht mogelijk en zorg dat je minstens 10 cm van de grond ligt.

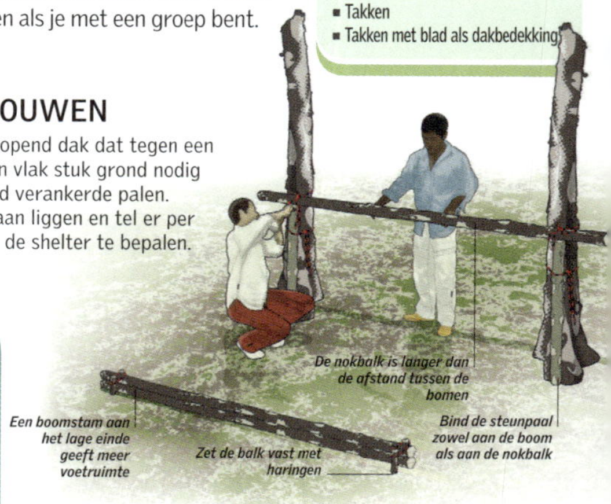

1 Zet de nokbalk op de gewenste hoogte tegen de bomen en bind hem met een sjorring (blz. 142) aan beide stammen.
- Bind tegen beide bomen een steunpaal onder de nokbalk.
- Sla haringen in de grond op de plek waar de voetenbalk komt.

4 Leg het afdekmateriaal op het vlechtwerk van het dak en de wanden. De hoeveelheid hangt af van de weersomstandigheden.
- Leg grotere stukken zoals dennentakken onderop om te voorkomen dat kleinere stukken door het raamwerk vallen.

BOOMSHELTERS

Takken, wortels en de stam van een omgevallen boom kunnen ook als primitieve shelter fungeren. Check eerst of de boom stabiel ligt en niet verder verzakt of afbreekt. Leg bij dode, uitgedroogde bomen geen vuur aan. Controleer goed op slangen, spinnen en insectennesten.

AFGEBROKEN TAKKEN

Een tak die is afgebroken maar nog aan de stam vast zit, is een kant-en-klare nokbalk. Maak er met takken en bladeren een shelter van!

BLOOTLIGGENDE WORTELS

Ook een ontwortelde boomstronk biedt vaak uitstekende beschutting. Check of de regen niet in het gat blijft staan en leg er takjes en bladeren in.

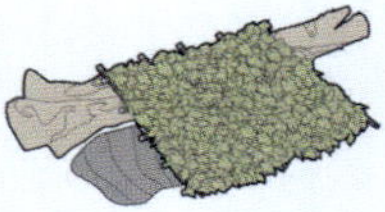

OMGEVALLEN BOOM

Leg takken en stokken tegen de liggende boomstam zodat er een afdak ontstaat. Vlecht buigzame twijgen door de takken en bedek ze met schors, mos en bladeren.

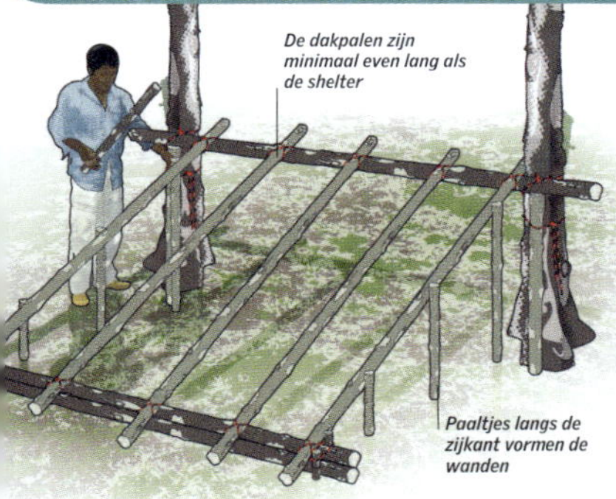

2 Leg vijf palen op gelijke afstand van elkaar met de uiteinden op de voetenbalk en de nokbalk.

- Leg de buitenste palen tegen de binnenkant van de bomen, zodat ze niet wegschuiven.
- Bind elke paal stevig aan de nokbalk vast.
- Sla puntige stokken in de grond om de buitenste palen te verankeren.

3 Vlecht buigzame twijgen door de dakpalen, vanaf de nokpaal naar beneden.

- Leg ze om en om, eerst horizontaal, dan diagonaal.
- Vlecht dunnere twijgen door de palen aan de zijkant.

5 Bij een gezamenlijke afdakshelter hoeft er maar één kampvuur brandend gehouden te worden.

- Bedek de vloer van de shelter met droog, veerkrachtig materiaal.
- Houd 's nachts afwisselend de wacht bij het vuur.

A-SHELTERS

Het bouwen van een A-shelter duurt een paar uur, maar als je enkele dagen op dezelfde plek moet blijven, is het die moeite wel waard. Eenpersoons A-shelters zijn gemakkelijk te maken en prima warm te houden. Je kunt ze bovendien simpel uitbreiden voor gebruik door meerdere personen.

BENODIGDHEDEN
- Palen van diverse lengte
- Verse dunne takken
- Mes
- Zaag (of bijl)
- Touw
- Afdekmateriaal (dennentakken, bladeren, mos etc).

1 Schaaf een zijde van de nokpaal glad met je mes. Laat aan de andere kant de stompjes van de zijtakken zitten.
- Sla twee palen in de grond in de vorm van een A.
- Leg de nokbalk met een uiteinde op de kruising van de A. Het andere uiteinde rust op de grond.

2 Zet een rij paaltjes tegen de stompjes op de nokbalk. Deze zijpaaltjes worden vanaf de 'A' steeds korter naarmate de nokbalk dichter bij de grond komt.
- Laat de zijpalen tegen de stompjes rusten of bevestig ze aan de nokpaal met een sjorring (blz. 142).

REFLECTORWAND

Vuur straalt naar alle kanten hitte uit, ook naar achteren en opzij. Met een reflectorwand benut je het vuur effectiever omdat de warmte naar je shelter wordt weerkaatst. Plaats de reflectorwand zodanig dat je je vuur op ongeveer een meter van de shelteropening kunt aanleggen. Dichterbij zou te warm zijn en gevaar opleveren voor de shelter, verder weg zou veel warmteverlies betekenen. Een L-vormige reflector geeft een optimale warmtereflectie.

1 Let op de windrichting: de rook moet niet tegen de wand waaien.
- Sla twee palen in de grond en een paallengte verderop nogmaals twee.

2 Gebruik groen hout (minder brandbaar) als de wand vlak bij het vuur komt.
- Bouw de wand op met palen tussen de steunpalen.

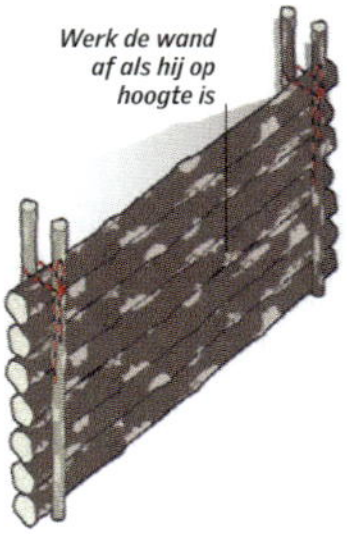

3 Bind de toppen van de steunpalen bijeen.
- Maak de wand even breed als de ingang van je shelter, dan functioneert hij optimaal.

ALTERNATIEVE SHELTERS

Twee andere mogelijkheden zijn een A-shelter met een open voorkant of een eenpersoons afdakshelter. Voor de open A-vorm zet je een nokpaal vast aan een boom. Vervolgens bouw je een A-shelter zoals hiervoor is be-schreven. Voor de afdakshelter leg je de nokpaal op twee gevorkte stokken. Maak de bedekking op dezelfde wijze als voor de meerpersoons afdakshelter (blz. 162-163).

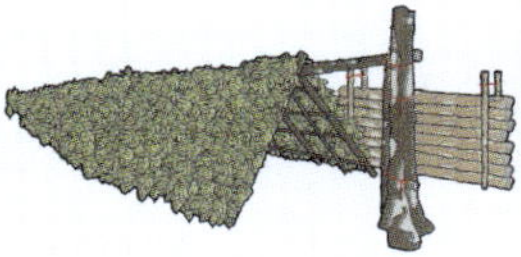

A-VORM MET OPEN VOORKANT

Ondersteun de nokpaal met een kleinere paal en bind hem met een sjorring vast aan de boom. Bouw een reflectorwand aan de windkant.

EENPERSOONS AFDAK

Een klein eenpersoons afdak met een lang vuur ervoor is een warme, droge en aangename plek om de nacht door te brengen.

3 Maak een vlechtwerk voor het afdekmateriaal door vier of vijf rijen soepele jonge takken horizontaal door de zijpaaltjes te vlechten.

- Houd aan de zijkant, dicht bij de voorkant, een opening die breed genoeg is om comfortabel in te zitten.

4 Begin met een dikke onderlaag van dennentakken, twijgen en takjes. Rangschik ze dakpansgewijs.

- Begin achteraan aan de onderkant en werk omhoog en naar voren.

SURVIVALTIP

Om geen rook in je shelter te krijgen, moet de voorkant bijna haaks op de windrichting staan. Het vuur profiteert dan optimaal van de wind. Als de wind van achteren komt, krult hij om je shelter naar de ingang toe.

5 Bedek de onderlaag met bladeren, mos en soortgelijk materiaal. Begin onderaan, aan de achterkant.

- Een reflectorwand voor de ingang (zie hiernaast) geeft extra warmte.
- Leg je uitrusting en je rugzak voor in de shelter.

SHELTERS IN DE TROPEN

IN TROPISCHE REGENWOUDEN vind je volop materiaal waarmee je een shelter kunt bouwen. Het gaat er dus vooral om dat je een geschikte locatie zoekt; wat de shelter zelf betreft heb je een ruime keus. Zorg in elk geval dat je niet op de grond ligt. Maak je slaapplek zo comfortabel mogelijk, want een goede nachtrust is erg belangrijk.

BENODIGDHEDEN
- Poncho met drukknopen
- Touw
- Sterke, lange palen of dikke bamboestokken
- Gevorkte takken
- Mes, zaag, machete of parang
- Naald
- Sterke katoenen wasdraad

PONCHO-STRETCHER

De meeste poncho's hebben drukknopen aan de randen, zodat je een of meer poncho's aan elkaar kunt zetten. Ze hebben ook ogen of ringen waar je touw doorheen kunt halen. Van je poncho kun je op eenvoudige wijze een stretcher maken.

1 Sluit de poncho met de drukknoopjes. Je hebt nu een soort langwerpige huls.
- Bind de ringetjes aan de kant met de drukknoopjes bij elkaar, zodat ze niet losschieten.

2 Hak twee flinke takken af die je gewicht kunnen dragen.
- Schuif de palen in de dichtgeknoopte poncho, aan elke kant één.

3 Hak twee kortere takken om de lange palen uiteen te houden. Spreidbalken met een natuurlijke vork schelen veel werk.
- Bind de balken met een sjorring (blz. 142) op hun plaats.

HANGMATTEN

De meeste hangmatten zijn bedoeld voor tropische klimaten en daarom uitgerust met een muskietennet. Hangmatten zijn uitstekende shelters; je hoeft alleen maar twee bomen te zoeken die op de juiste afstand van elkaar staan. Vooral de Hennesy hangmat is ideaal, omdat hij zo compact opgerold kan worden.

HENNESY HANGMAT
Deze ultralichte, sneldrogende hangmat is gemakkelijk op te zetten en slaapt bijzonder comfortabel (blz. 54). Er zit een zelfsluitende opening in.

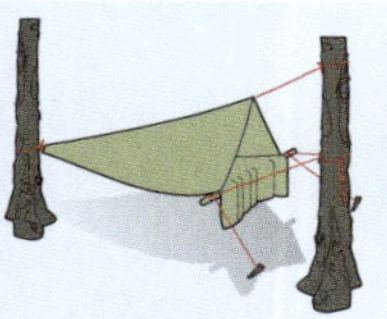

PARACHUTE-SHELTER
Vouw de koepel van de parachute tot een driehoek. Bind een spreidbalk aan de opening en zet hem vast met touw en haringen. Bevestig de top van de driehoek aan de boom.

HANGMAT EN DEKZEIL
Span een lijn boven de hangmat. Hang het zeil erover en maak dat vast aan een horizontale paal die op twee staande paaltjes rust.

ALTERNATIEVEN

Met een goede naald en voldoende draad dat niet snel breekt (zie: survivalkit, blz. 60-61), kun je van een zeil of een grondlaken eenvoudig een stretcher maken. Er zijn twee methodes, die je allebei eventueel al voor vertrek kunt prepareren. Je hebt dan onderweg alleen nog twee palen en een paar spreidbalken nodig om de stretcher op spanning te houden.

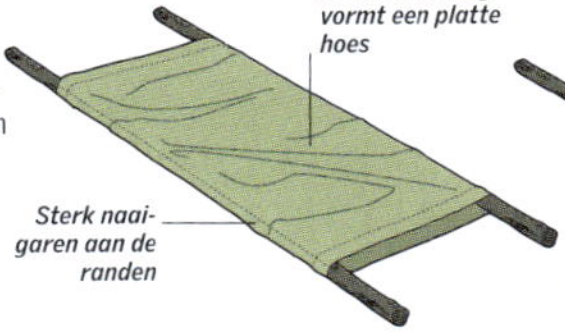

EERSTE METHODE

Leg het doek op de grond en vouw het dubbel. Naai de lange open kant dicht en schuif twee sterke palen in de hoes, tegen de randen.

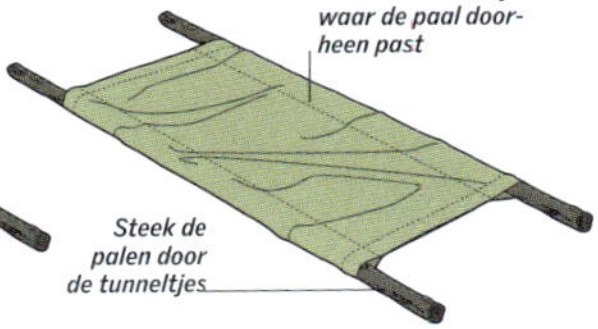

TWEEDE METHODE

Vouw de stof en naai twee smalle tunneltjes aan de uiteinden waar een stevige paal doorheen past die je gewicht kan dragen. Steek de palen door de tunneltjes.

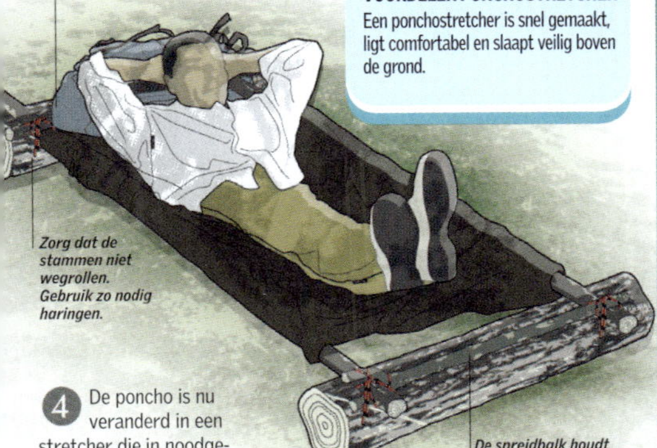

VOORDELEN PONCHOSTRETCHER

Een ponchostretcher is snel gemaakt, ligt comfortabel en slaapt veilig boven de grond.

4 De poncho is nu veranderd in een stretcher die in noodgevallen ook dienst kan doen als draagbaar.

- Leg het bed op twee boomstammen zodat je veilig boven de grond slaapt.

ALTERNATIEF ONTWERP

Met een tweede poncho of een zeiltje kun je een dak boven je stretcher maken (zie ook A-shelter, blz. 159).

- Span een lijn tussen twee bomen en hang de poncho of het zeil eroverheen.
- Hang de capuchon verticaal aan een tweede lijn.
- Zet de hoeken van het dak vast met haringen.

BOUWEN IN DE JUNGLE

In het regenwoud moet je shelter in no time worden opgezet, niet groter zijn dan nodig en beschermen tegen dieren.

CHECKLIST

Een paar tips voor het bouwen van een shelter in het regenwoud:

- Pas op voor vallende takken. Bij commandotrainingen zijn vallende takken de belangrijkste oorzaak van verwondingen.
- Zorg dat je een parang of machete bij je hebt. Een goed survivalmes of een kleine bijl kan eventueel ook.
- Veeg de grond rondom je shelter schoon. Gebruik takken of iets dergelijks als bezem. Nooit met blote handen, vanwege het risico te worden gebeten door mogelijk aanwezige slangen of insecten.
- Leg je bed zo hoog boven de grond als nodig om geen last te hebben van insecten, slangen en andere nachtdieren.
- In tropische gebieden valt de duisternis razendsnel in, dus begin op tijd met je shelter. Met een groot mes palen snijden bij een flakkerend vuurtje is niet erg verstandig.
- Werk in een rustig tempo. De vochtige lucht leidt snel tot oververhitting; je lichaam gaat zweten om af te koelen en dus raak je snel uitgedroogd. Werk niet overhaast, pauzeer regelmatig en drink voldoende.
- Maak je shelter in één keer goed en stevig, zodat je er niet uit hoeft voor reparaties.
- Gebruik in je shelter een muskietennet, ook voor je hoofd.
- Een vuur verjaagt dieren en insecten.

JUNGLE A-FRAME

Een A-frame is gemakkelijk te maken. Maak eerst een bed van een poncho, zeiltje of grondlaken (blz.166-167). Heb je die niet, leg dan takken over de dwarsliggers en maak daar een slaapplatform van.

1 Hak zeven lange palen die je gewicht kunnen dragen. Bind 2 palen met een sjorring (blz. 142) samen tot een A en veranker de verbinding aan een boomstam of een dikke tak.

2 Maak nog een A voor het andere eind.

- Zet hem tegenover de eerste A.
- De afstand tussen beide A-frames moet minstens 60 cm meer zijn dan je lichaamslengte.

3 Leg een nokpaal op de kruisingen van de A-frames.

- Bind de nokpaal vast voor extra stabiliteit.

4 Hang de palen van de stretcher aan de buitenkant van het A-frame.

- Laat de stretcher langs de palen zakken tot hij strak staat.

5 Hang een zeil of tentdoek over de nokpaal.

- Bind touwen aan de hoeken met een paalsteek (blz. 144).
- Zet de touwen met een mastworp vast aan een boom of een haring.

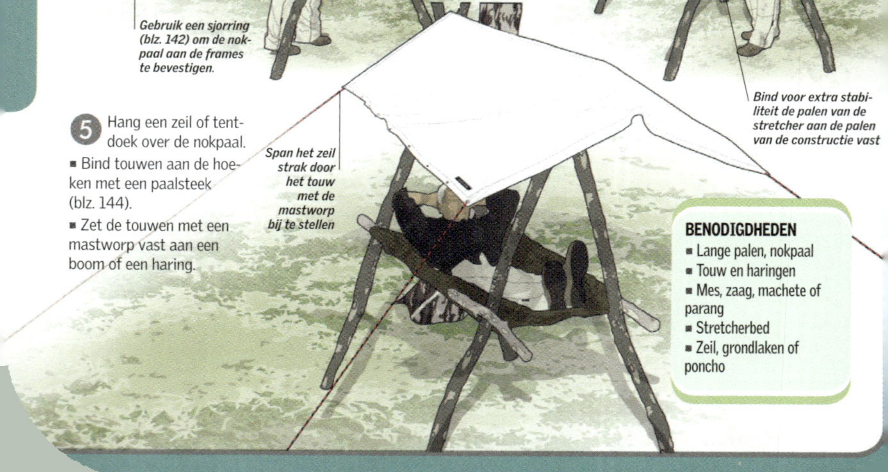

BENODIGDHEDEN

- Lange palen, nokpaal
- Touw en haringen
- Mes, zaag, machete of parang
- Stretcherbed
- Zeil, grondlaken of poncho

BAMBOE AFDAK

Als er voldoende bamboe is, kun je er een prima afdak van maken. Bouw je shelter op de plek waar de bamboe groeit, zodat je niet steeds heen en weer hoeft te lopen. Wil je een verhoogde slaapplek, ga dan te werk als bij de jungle hut (blz. 174).

BENODIGDHEDEN

- Dikke houten palen, bamboestokken
- Mes, zaag, machete of parang
- Touw en haringen
- Poncho en zeil (indien aanwezig)

1 Hak vier dikke, houten palen.

- Sla er twee zodanig in de grond dat je er in de lengte tussen past.

2 Zet tegen beide palen een steunpaaltje. Zorg dat ze even hoog zijn, precies tot waar de ingang komt.

- Leg een houten nokpaal op de steunpalen en sjor de drie palen aan elkaar vast.

3 Zet twee gevorkte stokken in de grond. Evenwijdig aan de hoge palen, maar korter, zodat het dak schuin afloopt.

- Zet de steunen zo ver naar achteren dat de shelter breed genoeg wordt.
- Sla ze in de grond en bind er een nokpaal bovenop.

4 Verzamel bamboestokken van de juiste lengte voor het dak.

- Splijt ze door je mes in de kopse kant te zetten en erop te slaan.
- Splijt voldoende bamboe om het hele dak tweemaal te bedekken.

5 Leg de halve bamboestokken met de holle kant boven naast elkaar op beide nokpalen.

- Leg een tweede laag omgekeerd op de eerste. De helften moeten in elkaar vallen.

6 Bind een lange halve bamboestok aan de onderrand van het dak als dakgoot.

- Zet een bakje onder het laagste einde om het regenwater op te vangen.

JUNGLE HUT

Als je langer op dezelfde plek wilt blijven, is het bouwen van een jungle hut het overwegen waard. Dat kost wel iets meer inspanning dan een A-frame, maar het hoge puntdak en het verhoogde platform maken je verblijf veel comfortabeler. Voor deze methode is een basisconstructie van vier palen nodig.

BENODIGDHEDEN
- Sterke palen en balken
- Takken voor het platform
- Mes, zaag, machete of parang
- Graafgereedschap
- Brede bladeren als dakbedekking

1 Sla vier stevige hoekposten de grond in voor een rechthoek die minstens 30 cm breder en langer is dan je zelf bent.

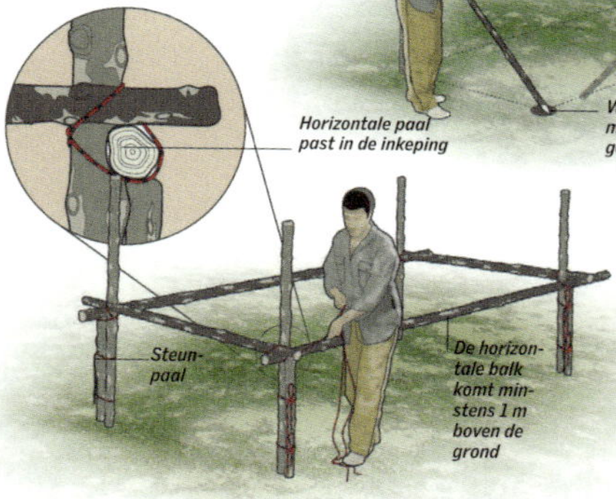

2 Snij of zaag een halfronde inkeping in de hoekposten waar de ronding van de horizontale balken in past.
- Duw de horizontale balken in de inkeping. Zet ze aan de palen vast met een sjorring (blz. 142).
- Maak steunpaaltjes onder de horizontale balken vast aan de hoekposten.

3 Leg voor het platform een rij rechte takken zonder stompjes naast elkaar op de horizontale balken.
- Maak voor de dakbalken op 1 m boven het platform een halfronde inkeping in de binnenkant van de hoekposten.
- Duw twee palen in de inkepingen en sjor ze vast aan de hoekposten.

BLAD ALS DAKBEDEKKING

De vorm van tropische bladeren leent zich uitstekend voor stevige, duurzame wanden en daken. Hoe groter het blad, des te minder werk. Bladeren van de rotanpalm kun je vlechten en dat levert een dichtere bedekking op dan de methode die hierboven beschreven wordt.

ROTANBLADEREN

Rotanbladeren bestaan uit series kleinere, smalle blaadjes. Je kunt ze halveren en als 'dakpannen' gebruiken. Het is ook mogelijk om de blaadjes van de ene kant door de andere kant te vlechten.

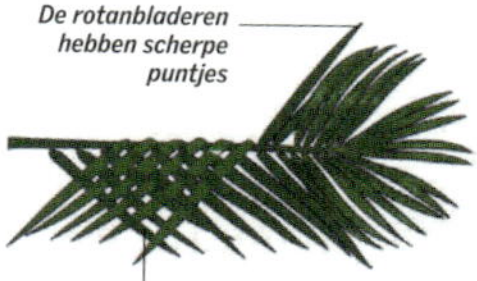

LANGE, BREDE BLADEREN

De brede, lange bladeren van tropische flora (bananenboom, rubberboom, ficus) zijn bij uitstek geschikt als dakbedekking. Leg ze naast elkaar op het vlechtwerk, vouw ze eromheen en zet ze vast met dunne lianen. De bladeren moeten elkaar van boven naar onder overlappen.

ALTERNATIEVE SHELTERS

Wigwams komen onder allerlei benamingen in verschillende delen van de wereld voor, aangepast aan de lokale behoeften en materialen. Indianen gebruikten ze als tijdelijke onderkomens op de vlakten (teepees). Pygmeeën uit het regenwoud bouwden koepelvormige varianten van buigzame takken en twijgen. Met de juiste bedekking zijn het warme, droge shelters.

WIGWAM

Opgebouwd uit een reeks palen die met elkaar zijn verbonden door een sjorring aan de top en een houten vlechtwerk dat wordt bedekt met dierenhuiden of gras.

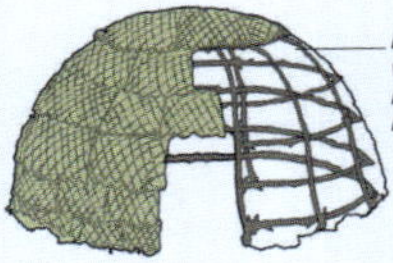

PYGMEEËNHUT

Gemaakt van gebogen boomtakken en buigzame twijgen die in de grond worden gezet en vervolgens bedekt met natuurlijke materialen.

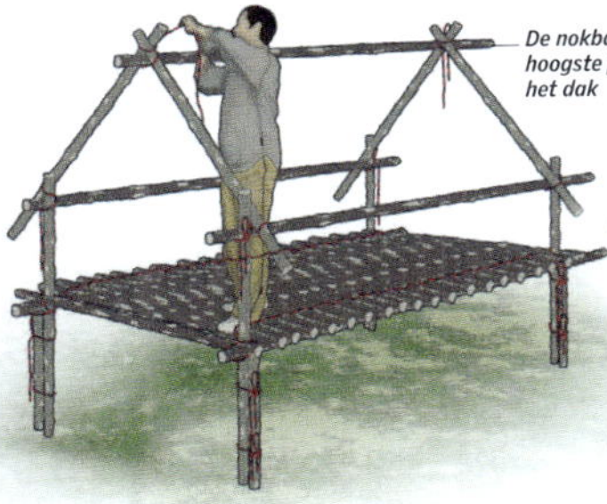

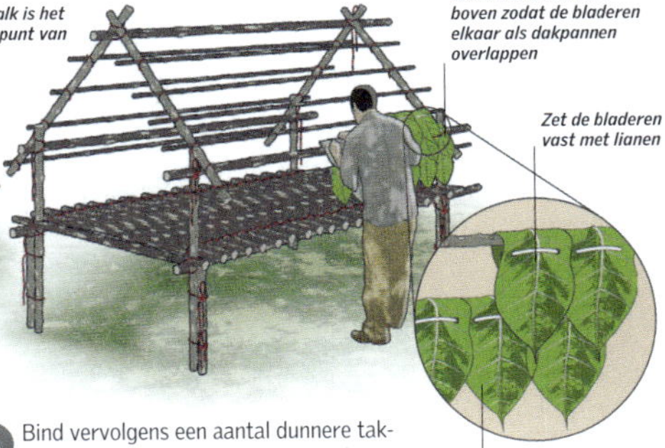

4 Maak van vier kleinere palen twee A-frames. Sjor ze vast aan de uiteinden van de dakbalken, zodat er een puntdak ontstaat.

- Leg een nokbalk op de kruisingen van de A-frames en sjor hem vast.

5 Bind vervolgens een aantal dunnere takken vast aan het A-frame, evenwijdig aan de nokbalk.

- Bedek de dakvlakken met grote, brede bladeren (palm, banaan) door ze om de dunnere takken te vouwen.

DRIELOBBIGE BLADEREN

Drielobbige bladeren zoals het vijgenblad kun je simpelweg met het steeltje omhoog op het vlechtwerk hangen. De bladeren van elke horizontale rij hangen om en om, dat wil zeggen met de buitenste twee lobben vóór en dan weer achter het vlechtwerk. Elke rij verspringt een halve bladbreedte ten opzichte van de rij eronder.

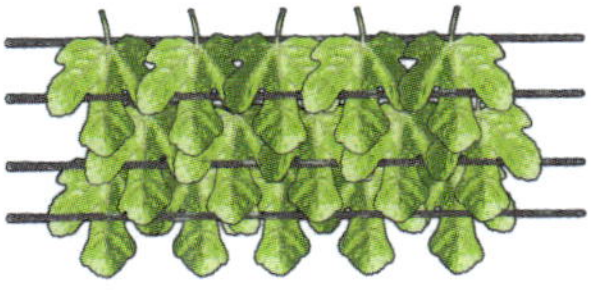

6 Sluit tijdens zware regen een van de open kanten af met drie of vier reuzenbladeren van de bananenboom.

- Vlecht de bladeren in de constructie bij de ingang en laat ze daar als deur hangen.

EXTREME SURVIVAL IN DE JUNGLE

UITRUSTING

- Machete / parang
- Zeil
- Hangmat met muskietennet
- Insectenwerend middel
- Vuurpijlen en fluitjes
- Zaklamp en batterijen
- Eerstehulpset
- Kaart, kompas, GPS
- Survival tin, survival mes
- Mobieltje / satelliettelefoon
- Poncho / bivakzak

GUILHEM NAYRAL EN LOIC PILLOIS, twee Franse avonturiers, raakten tijdens een trektocht van 125 km verdwaald in de uitgestrekte regenwouden van Frans-Guyana. Beiden overleefden 51 hachelijke dagen in de jungle op een rantsoen van palmzaden, slangen en insecten, hoewel een giftige spin Nayral bijna fataal werd.

Op woensdag 14 februari 2007 zetten de twee koers naar Saül, een voormalig mijnstadje in de binnenlanden. De tocht begon bij de Grand Kanori watervallen van de rivier de Approuague en zou 125 km lang zijn. Behalve proviand voor 12 dagen hadden ze een kompas, een landkaart, een machete, een zeil en twee hangmatten bij zich. Ze vorderden langzamer dan gepland: op sommige dagen moesten ze zich een weg door de dichte begroeiing hakken en kwamen ze in een paar uur hooguit een kilometer vooruit. Op de ochtend van 26 februari – de dag dat ze Saül hadden moeten bereiken – kwamen Nayral en Pillois erachter dat ze hopeloos verdwaald waren.

Ze wisten dat ze gezocht zouden worden als ze niet op tijd in Saül arriveerden, dus ze zetten een bivak op en bleven waar ze waren. De taken werden verdeeld: Nayral zorgde voor voedsel en Pillois hield het vuur brandend om de aandacht van de reddingsploeg te trekken. Regenwater was er voldoende, maar het voedsel bestond alleen maar uit palmzaden, kevers, slangen, kikkers en spinnen.

'ZE REALISEERDEN ZICH DAT ZE VERDWAALD WAREN, VER VAN DE BEWOONDE WERELD'

Na drie weken besloten ze op te breken en westwaarts te trekken, richting Saül. Verzwakt als ze waren konden ze elke dag maximaal 3 uur lopen, maar zonder dat ze het in de gaten hadden waren ze na een week nog maar 5 kilometer van Saül verwijderd. In het zicht van de haven sloeg het noodlot echter toe: Nayal verorberde een halfgekookte giftige spin en werd ernstig ziek. Pillois moest zijn vriend achterlaten. Hij wist Saül te bereiken en keerde terug met een reddingsploeg om Nayral op te halen. Die bleek gelukkig nog in leven te zijn, zij het totaal uitgedroogd, vergiftigd en geteisterd door parasieten. Op 5 april 2007, 51 dagen na het begin van de tocht, kwam er een einde aan hun beproeving.

ACTIEPLAN

DREIGT GEVAAR?

NEE – Help anderen die wél in gevaar zijn

JA – Gevaren:
Zon/Hitte/Vochtigheid – pas je tempo aan, zoek snel beschutting of maak direct een shelter
Dieren – slechts 6% van alle slangen zijn giftig, maar alle dieren verdedigen zichzelf
Verwondingen – stabiliseren en eerste hulp toepassen

BEOORDEEL JE SITUATIE
(blz. 234-235)

WORD JE GEMIST OF WEET IEMAND WAAR JE BENT?

NEE – Als je niet wordt gemist en niemand weet waar je bent, moet je al het mogelijke doen om contact op te nemen

JA – Als je wordt gemist, zal er een reddingsploeg naar je op weg zijn

KUN JE CONTACT OPNEMEN?

NEE – Je zult jezelf moeten redden tot je gered wordt of hulp vindt

JA – Heb je een mobieltje of satelliettelefoon, licht dan direct iemand in. Als er spoedeisende hulp nodig is en heb je een persoonlijk locatiebaken (PLB), moet je het activeren

KUN JE HIER OVERLEVEN?*

NEE – Als je niet kunt overleven waar je nu bent en je kunt verplaatsen, zoek dan een locatie waar de kans op survival en/of redding groter is

JA – Pas de principes van survival toe: Protectie, Locatie, Water en Voedsel

ZOEK EEN ANDERE LOCATIE*

BLIJF WAAR JE BENT**

DOEN (zoek een andere locatie)

- Bepaal wat de beste locatie is om naartoe te gaan
- Gebruik je kompas om op koers te blijven, want het zicht is misschien nog geen tien meter
- Bouw een shelter als je halt houdt. Slaap boven de grond in verband met ongedierte en vocht
- Zoek permanent naar tondel en brandstof
- Volg waterlopen altijd stroomafwaarts. Rivieren leiden uiteindelijk naar de bewoonde wereld
- Stap niet zomaar over omgevallen bomen heen, maar ga er eerst op staan en kijk of er misschien slangen zijn

NIET DOEN (zoek een andere locatie)

- Met blote handen je pad vrij maken. Gebruik je machete of je wandelstok
- Ongezuiverd water drinken – kook of zuiver altijd je drinkwater
- Te lang doorlopen om bij daglicht je bivak op te slaan – stop drie uur voor zonsondergang
- Onhoorbaar lopen – geluiden verjagen dieren terwijl je nadert

NIET DOEN (blijf waar je bent)

- Toegeven aan de deprimerende omgeving. Neem het lome ritme van de jungle over in plaats van je ertegen te verzetten
- Brandhout nat laten worden. Berg droog aanmaakhout goed op en splijt vochtig brandhout, zodat je de droge binnenkant kunt gebruiken
- Dingen opeten die je niet kent. Als je ziek wordt, kun je niet meer goed functioneren

DOEN (blijf waar je bent)

- Zorg dat je beschut en boven de grond kunt slapen op een plek waar je locatiehulpen optimaal functioneren
- Gebruik tegen insecten een muskietennet, verbrand natte bladeren om rook te produceren of bedek blote huid met modder
- Zet al je locatiehulpen klaar voor gebruik. Wees alert op tekenen dat redding nabij is
- Houd ondanks de hitte je huid bedekt: hoge luchtvochtigheid bevordert infecties. Was je zo vaak je kunt
- Houd een vuur brandend als locatiehulp en om insecten te verjagen

* Kun je niet overleven op je huidige locatie, maar ook niet verder trekken door verwondingen of iets anders? Probeer dan uit alle macht de aandacht van de reddingsploeg te trekken.
** Verandert je situatie, bijvoorbeeld doordat je een locatie vindt waar je wel kunt overleven, werk dit actieplan dan opnieuw helemaal door.

WOESTIJNSHELTERS

ALS JE DE WOESTIJN IN TREKT, neem dan iets mee dat direct beschutting tegen de zon biedt: een grondlaken, zeiltje, poncho of reddingsdeken. Desnoods een paar stukken parachutestof, die nemen amper ruimte in. Met je poncho maak je snel een eenvoudige shelter, maar je kunt in de woestijn ook eerst wat grond wegschrapen voor meer koelte en daar een shelter bouwen.

BENODIGDHEDEN
- Touw en haringen
- Graafgereedschap
- Mes
- Poncho, reddingsdeken, zeiltje of parachutestof
- Stenen of ballast
- Sterke palen

WOESTIJNSHELTERS BOUWEN

Een shelter bouwen in de woestijn is een hele uitdaging door de hitte en de schaarste aan natuurlijke materialen. Zoek als het even kan een plek waar een boom of struik wat schaduw biedt.

AANDACHTSPUNTEN

De onderstaande tips kunnen nuttig zijn bij het bouwen van een shelter in de woestijn:

- Bouw je shelter nooit op het heetste deel van de dag.
- Probeer niet te zweten en drink regelmatig. Als je zweet, neem dan rust in de schaduw van je reddingsdeken en drink wat. Ben je met meer mensen, verdeel het werk dan.
- Bedenk niet pas op het laatste moment waar je shelter moet staan. Neem tijdig een besluit en ga aan de slag.
- Bouw je shelter nooit in een laaggelegen gebied of een droge rivierbedding (wadi), vanwege de kans op overstromingen.
- Vermijd toppen van hoge, geïsoleerd gelegen heuvels in verband met bliksem en extreem harde wind.
- Op een vlakke, lage heuvel kan het 's nachts wel 10 graden warmer zijn (koude lucht is zwaarder).
- Situeer de ingang op het noordelijk halfrond naar het noorden en op het zuidelijk halfrond naar het zuiden, zodat de zon niet direct naar binnen schijnt.
- Onder de oppervlakte is de grond koeler, dus graaf zo mogelijk een kuil.
- Prepareer je shelter voor de slechtst denkbare omstandigheden, ook als het nu mooi weer is. Er kan onverwachts een heftige storm opsteken die je shelter in stukken scheurt.
- Keer de reflecterende kant van het shelterzeil naar buiten als locatiehulp.

KUILSHELTER

Graaf een ondiep gat en span daarboven een zeiltje. Heb je geen touw, dan zul je het zeil op een andere manier vast moeten zetten, bijvoorbeeld met aarde, zand of rotsen. Als je een shelter met meerdere lagen maakt, zorg dan dat ze strak staan en elkaar niet raken.

TOUWLOZE KUILSHELTER

Als je geen touw hebt om het zeil strak te spannen, graaf dan een iets dieper gat of verhoog de randen van de kuil met zand of keien. Veranker het zeil met stenen.

1 Als je niet diep genoeg kunt graven, verhoog dan de randen van de kuil met de grond die je eruit hebt gehaald.

2 Spreid je poncho, zeil of laken over de kuil.
- Zorg dat het zeil ruim over de randen van het gat valt.

3 Span een tweede lap boven de poncho zodat er een isolerende luchtlaag ontstaat die de warmte tegenhoudt.
- Heb je maar één afdekzeil, probeer dat dan dubbel te vouwen zodat er alsnog een isolerende laag ontstaat.

SNELLE SHELTER

Als je geen kuil kunt graven, kun je op een relatief koele plaats een ponchoshelter opzetten (blz. 158-159), bijvoorbeeld in de schaduw van een boom of op een helling waar meer wind waait.

1 Zoek een boom of sla een paal de grond in bij de plek waar de ingang komt.

- Bind een lijn aan de boom of paal en span je poncho eroverheen met haringen.
- Doe hetzelfde met een tweede poncho, laken of reddingsdeken zodat er een isolerende luchtlaag ontstaat.

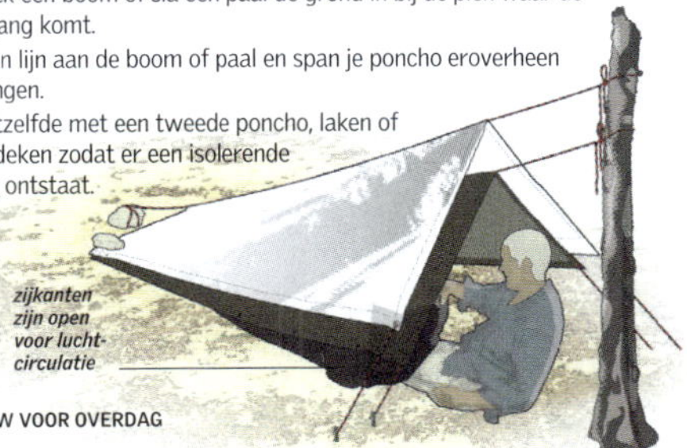

SCHADUW VOOR OVERDAG

2 Haal 's nachts de bovenste laag weg en gebruik die als deken.

- Voorkom onnodig warmteverlies: zet de zijkanten dicht met rotsen, stenen en zand.
- Slaap zo mogelijk op zacht materiaal.

WARMTE VOOR DE NACHT

PARASHELTER

Als je voldoende touw hebt, kun je een afdak op palen maken. Gebruik gestapelde stenen of je rugzak als het touw niet toereikend is.

- Graaf een ondiepe kuil, net als bij de touwloze shelter.
- Gebruik bomen of geïmproviseerde hoekpalen (hout, stenen, rugzak).
- Bind het zeil ruim boven de holte aan de hoekposten, zodat de lucht kan circuleren.
- Span minstens 15 cm boven de eerste laag een tweede.
- Leg – als ze er zijn – takken met bladeren tussen de twee lagen om ze gescheiden te houden.

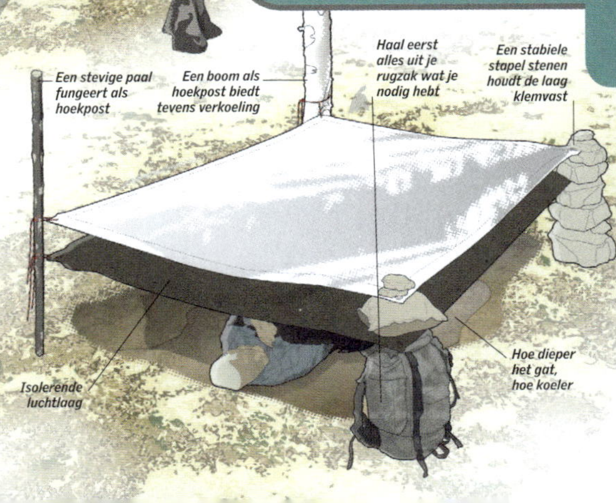

ZONWERING

Bescherming tegen de brandende zon is essentieel. Een paraplu, tent of reddingsdeken kan uitkomst bieden.

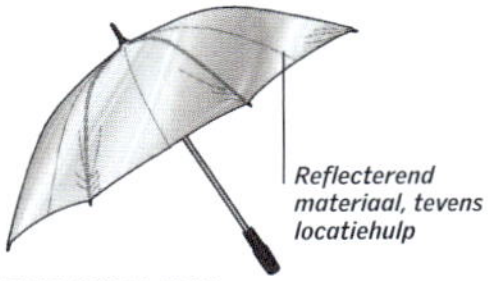

SURVIVALPLU

Een kleine lichtgewicht paraplu beschermt tegen regen, zon en wind, geeft schaduw en kan als wandelstok gebruikt worden. Sommige zijn van reflecterend materiaal of hebben een zaklamp in het handvat.

REDDINGSDEKEN

Dit onmisbare onderdeel van je basisuitrusting biedt snel en eenvoudig beschutting tegen de zon. Het is overigens onmogelijk de deken weer net zo compact op te bergen als in de originele verpakking.

KUSTSHELTERS

IN EEN SURVIVALSITUATIE kan het bereiken van de kust of een rivieroever bepaalde voordelen opleveren. De kans op redding is groter dan landinwaarts doordat je locatiehulpen beter te zien zijn. Langs het water tref je bovendien vaker nederzettingen aan en zelfs op de meest afgelegen strandjes spoelt tweemaal per dag allerlei nuttige rotzooi aan.

BENODIGDHEDEN
- Graafgereedschap
- Drijfhout en/of stenen
- Brede bladeren of grassen c.q. een poncho of zeil
- Mes
- Touw en haringen

DRIJFHOUTSHELTER

Als er voldoende drijfhout aanspoelt, kun je een van de shelters maken die we hiervoor besproken hebben. Een met drijfhout afgedekte kuil voldoet prima, maar heeft wel voortdurend aandacht nodig omdat het zand kan gaan stuiven of misschien vochtig wordt.

1 Graaf een greppel in het zand.
- De greppel moet lang genoeg zijn voor jezelf en je uitrusting, breed genoeg om lekker in te liggen en diep genoeg om je hoofd niet te stoten aan het dak.

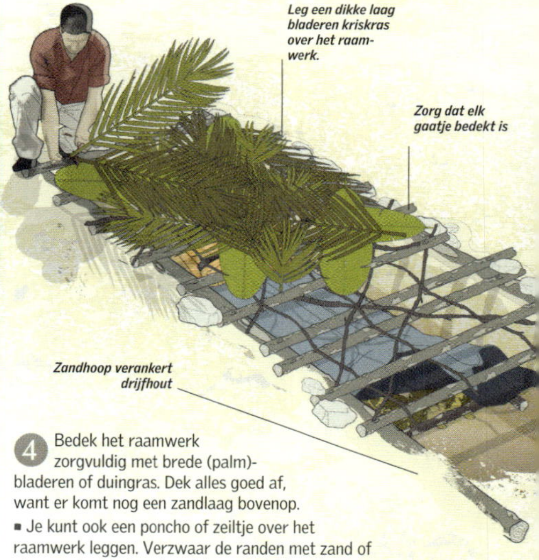

4 Bedek het raamwerk zorgvuldig met brede (palm)bladeren of duingras. Dek alles goed af, want er komt nog een zandlaag bovenop.
- Je kunt ook een poncho of zeiltje over het raamwerk leggen. Verzwaar de randen met zand of stenen, of zet het vast met touw en haringen.

AAN HET WATER

Kustgebieden zijn overal anders; op tropische stranden kun je onder de sterren slapen, maar het is hoogst onverstandig dat op de ruige rotskusten van een noordelijker klimaat te proberen.

AANDACHTSPUNTEN

Bij het overnachten langs het water moet je altijd eerst even goed nadenken:
- Bouw een shelter aan zee voorbij de eerste vloedlijn (blz. 177), op oevers van meren en rivieren boven het maximale waterniveau. Bouw bij twijfel je shelter verder landinwaarts; daar is ook meer materiaal te vinden.
- Kijk goed naar de lucht, het water en de wind om te zien wat voor weer er op komst is (blz. 82-83).
- Ga uit van de slechtst mogelijke omstandigheden en houd een back-up locatie achter de hand.
- Vermijd plaatsen met veel muggen, muskieten, vliegen, horzels en teken.
- Zoek naar sporen van eetbare dieren (krabben, schildpadden).
- Bouw je shelter en verzamel water en brandhout voor het donker wordt.
- Bescherm je tegen zonnebrand en schrale huidplekken, ook op bewolkte dagen.
- Improviseer met drijfhout en alles wat aanspoelt. Bedenk wel dat drijfhout vaak erg zwaar is.

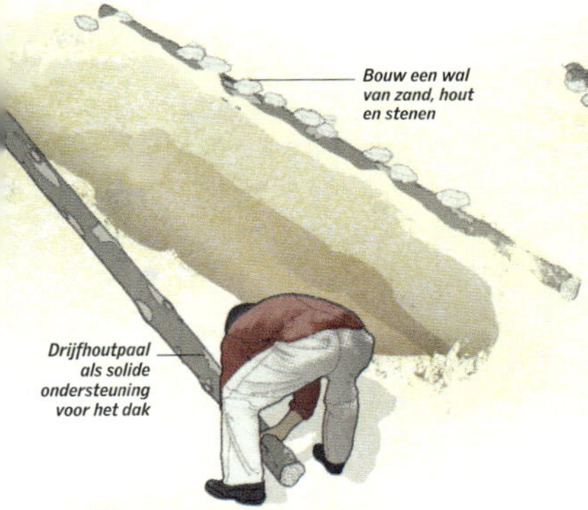

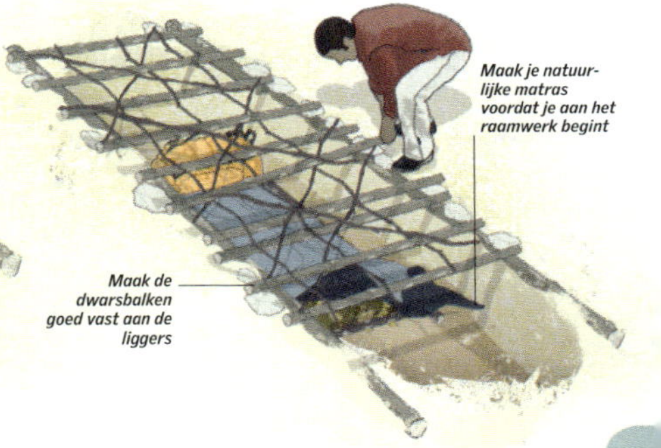

2 Zoek twee stukken hout die even lang zijn als de greppel of meerdere kortere stukken hout.

- Leg het hout aan weerzijden en hoog de randen verder op met stenen en zand.

3 Maak met kortere stukken drijfhout dwars over de greppel een raamwerk voor het dak.

- Vlecht vervolgens dunnere stukken drijfhout door het raamwerk en zet ze vast aan de liggers.

5 Als het raamwerk helemaal afgedekt is, komt er nog een laag zand of stenen bovenop.

- Hoe dikker de zandlaag, hoe meer beschutting tegen het weer. Pas wel op dat je shelter niet instort door het gewicht.

EEN REDDINGSVLOT ALS SHELTER

Als je aan land bent gekomen in een reddingsvlot, dan kun je dat gebruiken als kant-en-klare shelter.

OP HET STRAND

De beste plek voor je shelter is op enige afstand van het water, tegen de duinen aan. Je moet de zee kunnen zien en je kampvuur moet vanuit zee zichtbaar zijn. Bovendien kun je dan je shelter in het vizier houden tijdens het strandjutten.

HET STRAND

Zandstranden worden gevormd door de getijdenwerking. Het zijn in feite afzettingen van zand, fijne kleideeltjes, schelpen etc.

- De natuurlijke richel langs het water, de zeereep, gaat verder landinwaarts over in een helling. Vanaf die helling loopt het strand af naar het water. Helemaal onder aan de helling ligt vaak een mui (dieper gedeelte).
- Het zogenaamd stormstrand reikt verder landinwaarts. Hier laat de wind kleinere zanddeeltjes achter.
- Waar een ophoping van zanddeeltjes ontstaat, vormt zich een duin.
- In zee kunnen zandbanken ontstaan op de plek waar de branding begint en de golven breken.

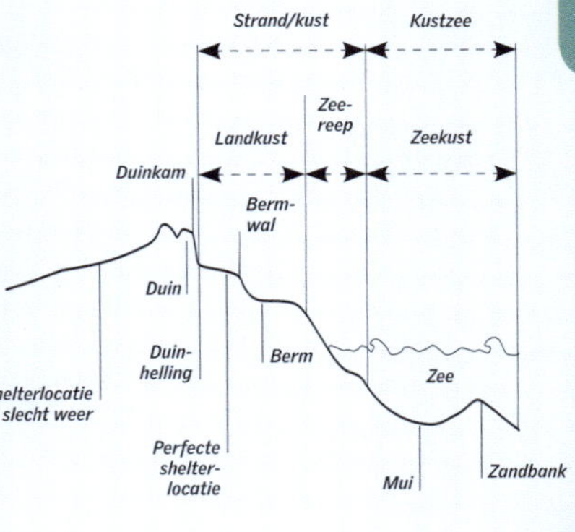

SNEEUWSHELTERS

BIJ HET BOUWEN VAN EEN sneeuwshelter ben je afhankelijk van het soort sneeuw, je uitrusting en de omgeving. Een bos biedt bijvoorbeeld zowel bescherming als bouwmateriaal. Je kunt een sneeuwgreppel, sneeuwgrot of boomkuil maken, maar ook een sneeuwhol of een quinzhee (blz. 180).

BENODIGDHEDEN
- Takken en twijgen
- Slaapmateriaal
- Lange stok
- Schep of bakje om sneeuw te scheppen
- Lang mes of zaag
- Korter mes of metalen blad
- Shelterzeil of grondzeil

SNEEUWGREPPEL

Als je met compacte sneeuw te maken hebt, kun je met een zaag of bijl blokken uit de sneeuw zagen zodat er een greppel ontstaat. Van de blokken maak je een puntdak. Dit ontwerp vergt enige oefening en veel energie, maar het resultaat is een stevige shelter met volop ruimte.

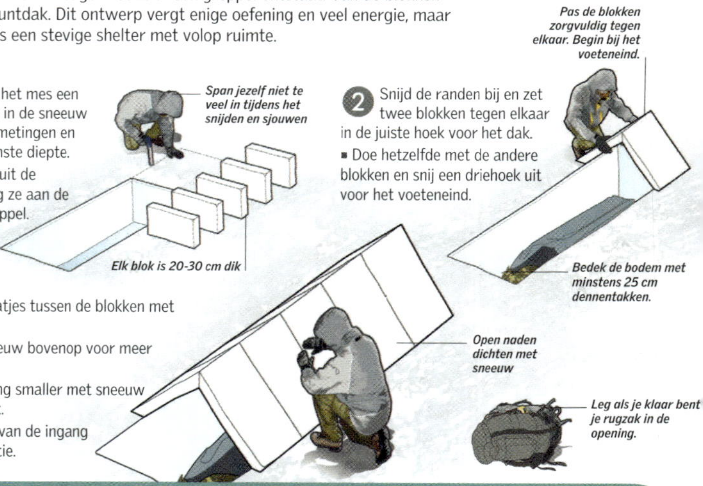

1 Snijd met het mes een rechthoek in de sneeuw van de juiste afmetingen en tot op de gewenste diepte.
- Snijd blokken uit de rechthoek en leg ze aan de rand van de greppel.

2 Snijd de randen bij en zet twee blokken tegen elkaar in de juiste hoek voor het dak.
- Doe hetzelfde met de andere blokken en snij een driehoek uit voor het voeteneind.

3 Vul de gaatjes tussen de blokken met sneeuw.
- Leg extra sneeuw bovenop voor meer isolatie.
- Maak de ingang smaller met sneeuw of met je rugzak.
- Laat een deel van de ingang vrij voor ventilatie.

SNEEUWSHELTERS BOUWEN

Kijk eerst of je met paksneeuw of poedersneeuw te maken hebt.

AANDACHTSPUNTEN

De onderstaande tips kunnen nuttig zijn bij het bouwen van een sneeuwshelter:
- Maak de shelter niet groter dan nodig is. Spendeer geen uren aan het bouwen, maar probeer met minimale inspanning een maximaal resultaat te behalen.
- Begraaf eventuele haringen (lengte 15-30 cm) met touw en al in de sneeuw en stamp de sneeuw aan. Wanneer de sneeuw gaat sinteren (verharden), ligt de haring vast.
- Sneeuw isoleert goed. Verse, niet-samengeperste sneeuw bestaat voor 90-95% uit ingesloten lucht die je warm en droog houdt.
- Wees alert op gevaarlijke zaken als lawines, sneeuwverschuivingen, ijzige wind en roofdieren.
- Maak een ventilatieschacht bij de grond voor de toevoer van frisse lucht en een tweede bovenin voor de afvoer. Check regelmatig of ze nog open zijn.
- Leg gereedschap in de shelter voor het geval je jezelf uit moet graven.
- Markeer de ingang als je op pad gaat en neem altijd je survivalkit mee: beter mee verlegen dan om verlegen.
- Maak jezelf en je uitrusting sneeuwvrij voordat je naar binnen gaat.
- Bind essentiële zaken vast op je lichaam, dan verlies je ze niet in de sneeuw.

KANT-EN-KLARE SHELTER

Als je geluk hebt, vind je een boom waaronder geen sneeuw ligt en hoef je zelfs niet te graven dankzij een laaghangende tak of een sneeuwkuil die rond de stam is ontstaan. Bepaal de diepte van de sneeuw met een stok en pas op voor onzichtbare holtes.

LAAGHANGENDE TAK

Zoek een altijdgroene boom waarvan een grote tak op de sneeuw rust. Graaf aan de lijzijde een kuil, bedek de bodem met takken en zorg voor voldoende ventilatie.

BOOMKUIL

Steek een stok in de sneeuw onder een boom waarvan de takken op de sneeuw rusten. Voel je weinig weerstand, dan is er een kuil. Graaf de kuil uit vanaf de lijzijde, leg takken op de bodem en zorg voor ventilatie.

LOOPGRAAFSHELTER

Zachte sneeuw leent zich prima voor een loopgraaf-shelter. In noodgevallen schop je de sneeuw gewoon met je voeten weg tot je een geul hebt. Zoek een beschutte locatie en controleer vervolgens eerst de dikte van de sneeuw met je wandelstok of met een tak.

TIPS OM WARM OF KOEL TE BLIJVEN

Zowel binnen als buiten je shelter moet je lichaamstemperatuur zo veel mogelijk constant blijven:

- Trek laagjes kleding uit terwijl je werkt, desnoods tot één laag met een waterdichte laag eroverheen. Houd de kleding droog en trek alles weer aan zodra je klaar bent.
- Houd de temperatuur in de shelter constant. Ontdooide en weer bevroren sneeuw isoleert niet.
- Maak je shelter niet te warm. Een kaarsje kan de temperatuur al 4 graden doen stijgen!

1 Schep (bijvoorbeeld met je mess tin), graaf of schop de sneeuw weg totdat er een greppel ligt die groot en diep genoeg is.

- Je moet je liggend kunnen omdraaien zonder het dak te raken.

2 Leg een raamwerk van takken over de greppel.

- Zorg dat je genoeg materiaal hebt voor het dak, want anders komt de sneeuw er doorheen.

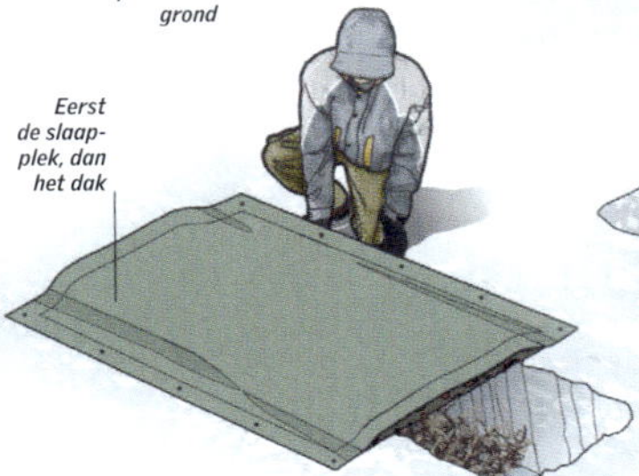

3 Leg een zeil of grondlaken over het raamwerk als extra isolatielaag.

- Je kunt het zeil eventueel ook voor je slaapplaats gebruiken.

4 Bedek het raamwerk met minstens 30 cm losse sneeuw.

- Graaf een kleine kuil om de ingang te vergroten.
- Bij de ingang kun je desgewenst een klein vuur van groen hout aanleggen.

QUINZHEE

Een quinzhee is een hol in een samengeperste sneeuwhoop. Voor eenmalig gebruik is deze shelter geschikter dan de uit sneeuwblokken opgebouwde iglo, die echt vakmanschap vereist maar veel langer meegaat. In een quinzhee kun je niet rechtop staan, maar wel zitten en met opgetrokken knieën liggen.

1 Zoek een vlakke ondergrond met veel sneeuw.
▪ Trek een cirkel in de sneeuw voor je quinzhee, inclusief de 25 cm dikke wanden. Stamp de sneeuw goed aan.
▪ Leg je rugzak met wat takken en stokken onder een zeil midden in de cirkel. Bepaal waar de ingang komt (haaks op de wind).

2 Pak je mess tin, een sneeuwschoen of iets anders waar je sneeuw mee kunt scheppen.
▪ Schep sneeuw op het zeil tot er een koepel ontstaat en strijk de sneeuw vervolgens glad Breng steeds nieuwe laagjes op en strijk ze telkens glad tot de sneeuwlaag 25 cm dik is.

3 Strijk de laatste laag glad en laat afhankelijk van de sneeuwsoort en de temperatuur de quinzhee 1 tot 3 uur sinteren (uitharden).
▪ Blijf in beweging terwijl je wacht: verzamel hout, bouw een vuur (op voldoende afstand van de quinzhee) en bereid jezelf voor op de nacht.

4 Controleer met stokjes of de laag overal even dik is.
▪ Maak voor de ingang een sneeuwhoop.

SNEEUWGROTSHELTER

Een sneeuwgrot vormt een goede beschutting, maar is erg arbeidsintensief. Een laag paksneeuw aan de lijzijde van een heuvel of een sneeuwduin met een harde korst zijn goede locaties. Vermijd verse, poederige, losse, ondiepe sneeuw en sneeuwhellingen. Het formaat van de grot moet zodanig zijn dat je erin kunt zitten en nog voldoende ruimte hebt voor je uitrusting. Maak de ingang in een hoek van 45° van de wind af om dichtsneeuwen te voorkomen.

WERKWIJZE

- Graaf een horizontale tunnel van een meter diep. Maak op twee niveaus een holte: een aan het eind van de tunnel, en daarna nog een grotere die minstens 70cm hoger ligt en waarin je kunt slapen.
- Maak om instorting te voorkomen een rond plafond van minstens 45 cm dik.
- Leg takken om de grot heen als markering, zodat niemand op het dak gaat staan.
- Isoleer de slaapplek royaal met natuurlijke materialen.
- Zorg dat de wind niet recht in de ventilatieschacht waait.

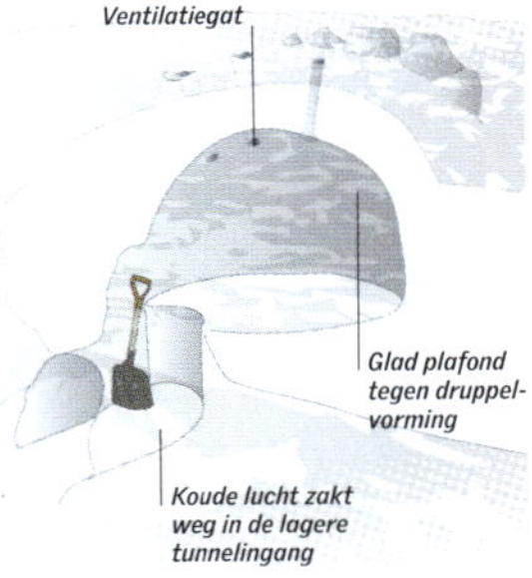

SNEEUWHOL

Een samengeperst sneeuwduin dat niet pal op de wind ligt is uitstekend geschikt voor het maken van een sneeuwhol.

EEN SNEEUWHOL MAKEN

- Hak rechthoekige blokken uit de sneeuw tot de ingang ca. 70 cm diep is.
- Graaf vervolgens omhoog en hol een slaapplatform uit met een rond plafond.
- Leg de uitgehakte blokken horizontaal op de ingang en vul spleten met sneeuw.
- Maak in het dak een ventilatiegat en iets lager een tweede, zodat de lucht kan circuleren.

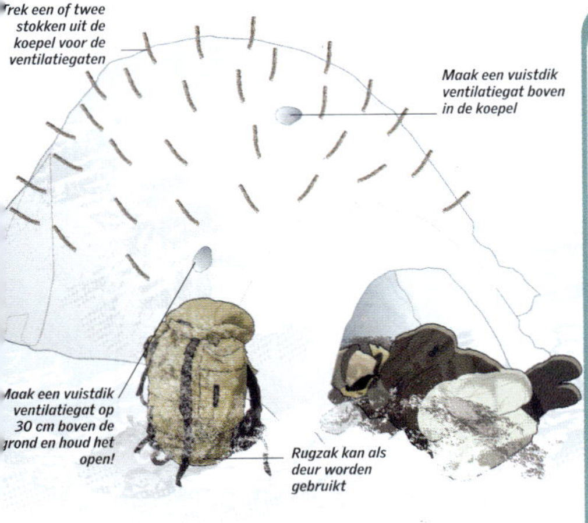

5 Controleer met stokken de dikte van de wand (minstens 25 cm).

- Graaf niet met je handen, want dan worden ze koud en nat.
- Strijk de binnenkant glad om druppelvorming te voorkomen.
- Maak een verhoogde slaapplek. Als de koude lucht naar beneden kan zakken, blijft het slaapgedeelte warmer.

KOOLMONOXIDE

Koolmonoxide is een reukloos gas. Het ontstaat wanneer er niet voldoende zuurstof is om brandstof om te zetten in kooldioxide. Koolmonoxidevergiftiging kan fataal zijn in een goed geïsoleerde, slecht geventileerde ruimte.

VOORKOMEN IS BETER DAN GENEZEN

Steek gaten van 7-10 cm onder in en boven in je shelterwand waar de lucht vrij doorheen kan stromen.

VERSCHIJNSELEN

Koolmonoxidevergiftiging kan zich over een periode van enkele dagen opbouwen. De eerste symptomen zijn vermoeidheid, duizeligheid en een grieperig gevoel, Daarna volgt hevige hoofdpijn, misselijkheid en mentale desoriëntatie.

KOM IN ACTIE

Ga meteen naar buiten. Je moet minstens vier uur lang frisse lucht inademen om de hoeveelheid koolmonoxide in je bloed te halveren.

KOOLMONOXIDEMELDERS

De meeste melders zijn alleen geschikt voor thuis of in de caravan, en ook batterijmodellen zijn doorgaans te groot voor survivaltrips. Er bestaan wel pleisters die verkleuren als er koolmonoxide in de lucht zit.

5

WATER EN VOEDSEL

WATER VINDEN EN ZUIVEREN

Water is iets waar we, absoluut niet zonder kunnen: elke dag heb je 2 tot 3 liter nodig om je vochtbalans op peil te houden. Daarnaast kunnen omgevingsfactoren, leeftijd, conditie en mate van inspanning de behoefte aan water nog verder opschroeven, ook op een korte survivaltrip.

Commando's die in de jungle of in de woestijn opereren, hebben soms wel 14 liter per dag nodig. We staan er normaliter nooit bij stil dat water zo belangrijk is, totdat het er plotseling niet is; dan blijkt het opeens van levensbelang.

Houd bij je planning altijd rekening met de hoeveelheid water die je verbruikt en met de mogelijkheden om de voorraad aan te vullen. Er bestaan allerlei soorten filter- of zuiveringssystemen om van ongezuiverd water drinkwater te maken. Bacteriën uit ongekookt water zijn weliswaar zelden dodelijk, maar ze maken je ziek genoeg om andere survivaltaken niet uit te kunnen voeren.

In dit hoofdstuk LEER JE...

- hoe **vogels** je helpen om **water** te vinden...
- wanneer je op een **kiezelsteen** moet zuigen...
- hoe je een **waterkuil** en een **zonnefilter** maakt...
- hoe een **koude marshmallow** je leven kan redden...
- hoe je **vocht opneemt** zonder te **drinken...**
- hoe je **sneeuw** smelt met een **gevulde maag...**
- het belang van **rietjes, buisjes en slangetjes...**

Alleen in levensbedreigende nood-gevallen moet je ongezuiverd water drinken: als je ziek wordt kan een dokter je genezen, maar aan dood door uitdroging kan hij weinig doen. Drink nooit urine of zout water: je droogt er alleen maar meer van uit.

Uit ondrinkbaar water, zoals zout of brak water of zelfs urine, kun je drinkwater distilleren als je over een vuur beschikt.

WATER ZUIVEREN KAN OP allerlei manieren en met allerlei hulpmiddelen, maar met een vuur kun je het destilleren. Bouw het vuur dicht bij de waterbron of maak vlak bij het vuur een waterdichte kuil in de grond. Een waterdichte, hittebestendige container maakt alles nog gemakkelijker.

Leg niet-poreuze stenen in het brandende vuur en vervolgens, als ze door en door heet zijn, in het zoute of vuile water. Houd absorberend materiaal, bijvoorbeeld een T-shirt of een stuk mos, in de stoom die ontstaat. De stoom condenseertop het materiaal; wring het uit, en je hebt schoon drinkwater. In een pan of survivalblik kun je water koken boven het vuur en de stoom op dezelfde manier opvangen.

Heb je niets om water te zuiveren of te koken, ga dan als volgt te werk:

- Verzamel oppervlaktewater op de helderste plek van een beek of rivier.
- Filter alle deeltjes eruit, desnoods met een sok.
- Bedenk dat vies water beter is dan geen water en drink het op.

> We vinden **water heel gewoon,** totdat het er niet is – dan is het plotseling **goud waard**

HET BELANG VAN WATER

IN EEN SURVIVALSITUATIE moet je absoluut regelmatig drinken, anders droog je uit. Langdurige uitdroging is dodelijk; om te kunnen overleven moeten je waterinname en je waterafscheiding in balans zijn.

WAAROM JE WATER NODIG HEBT

Water is van levensbelang. Het is direct of indirect nodig voor alle fysieke en chemische processen in je lichaam. Een paar voorbeelden:

- **Transport:** water vervoert zuurstof, voedingsstoffen en andere stoffen door je lichaam.
- **Afvalverwerking:** de nieren scheiden water met gifstoffen uit als urine.
- **Verkoeling:** water reguleert de lichaamstemperatuur.
- **Ademhaling:** de longen bevochtigen geïnhaleerde lucht zodat het longweefsel niet geïrriteerd raakt.
- **Tastzin:** water helpt bij het versturen van zenuwprikkels door het lichaam.
- **Schokdemping:** water beschermt de organen en legt een vochtlaagje om de gewrichten.

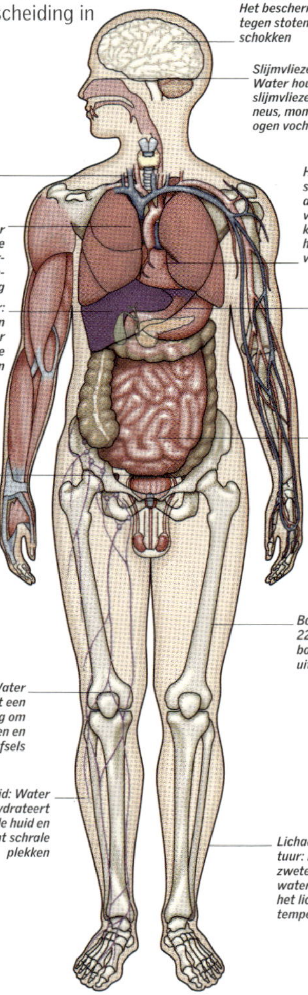

HOEVEEL WATER HEB JE NODIG?

De hoeveelheid water die je nodig hebt in een survivalsituatie hangt onder meer af van de omgeving en je fysieke toestand. Zelfs zonder inspanning en in de schaduw verlies je ruim 1 liter water per dag via je ademhaling en je urine. Als je zweet, verlies je nog veel grotere hoeveelheden vocht. Om in een survivalsituatie je gezondheid op peil te houden, heb je minstens 3 liter water per dag nodig; bij hoge temperaturen of grote inspanning aanzienlijk meer.

WAT IS UITDROGING?

Je droogt uit als je meer vocht verliest dan je binnen krijgt. Probeer tekenen van uitdroging tijdig te herkennen. Factoren die uitdroging kunnen bevorderen zijn hoge en lage temperaturen, luchtvochtigheid en inspanning.

EFFECTEN VAN VOCHTTEKORT		
1-5% TEKORT	**6-10% TEKORT**	**11-12% TEKORT**
▪ Dorst ▪ Ongemak ▪ Donkere urine ▪ Verminderde eetlust ▪ Ongedurigheid ▪ Slaap ▪ Lethargie ▪ Misselijkheid ▪ Hoofdpijn	▪ Duizeligheid ▪ Droge mond ▪ Blauwe extremiteiten ▪ Onduidelijke spraak ▪ Dikke tong ▪ Wazig zien ▪ Tintelende ledematen ▪ Moeizaam lopen ▪ Moeizame ademhaling	▪ Stijve gewrichten ▪ Doofheid ▪ Verminderd gezichtsvermogen ▪ Rimpelige huid ▪ Gevoelloze huid ▪ Slikproblemen ▪ Delirium ▪ Bewusteloosheid ▪ Dood

ZIEKTES DOOR DRINKWATER

Bepaalde ziektes loop je op door water te drinken dat besmet is met ontlasting of urine van mens of dier en waarin protozoa, virussen, bacteriën en parasieten kunnen voorkomen.

	ZIEKTE	SYMPTOMEN
ZIEKTEVERWEKKER	Cryptosporidium-besmetting	Verminderde eetlust, misselijkheid en buikpijn, meestal vergezeld van stinkende, waterige diarree en overgeven
ZIEKTEVERWEKKER	Giardiasis	Verminderde eetlust, lethargie, koorts, overgeven, diarree, bloed in urine en buikkrampen
VIRUS	Hepatitis A	Misselijkheid, verminderde eetlust, verhoging, pijnlijke spieren, donkere urine, geelzucht en buikpijn
BACTERIE	Amoebedysenterie	Vermoeidheid en lusteloosheid. De ontlasting kan vast zijn, maar gaat vergezeld van bloed en slijm
BACTERIE	Shigellose (bacteriële dysenterie)	Koorts, buikpijn, spierkrampen, hoge temperatuur. Bloed, pus en slijm in de ontlasting
BACTERIE	Cholera	Overgeven, slechte bloedsomloop, koude en klamme huid, spierkrampen, snelle uitdroging en verhoogde hartslag
BACTERIE	E.coli-besmetting	Diarree en overgeven. Kan dodelijk zijn voor kwetsbare groepen als zuigelingen en ouderen.
BACTERIE	Ziekte van Weil	Gelig uiterlijk, lethargie, hoge temperatuur, pijnlijke spieren en overgeven. Kan dodelijk zijn bij late diagnose.
BACTERIE	Salmonella	Misselijkheid, diarree, hoofdpijn, maagkramp, koorts, mogelijk bloed in de ontlasting en overgeven
PARASIET	Schistosomiasis (voorh. bilharzia)	Irritatie aan urinewegen en bloed in urine, uitslag of jeukende huid, buikpijn, hoesten, diarree, koorts en vermoeidheid
PARASIET	Haakwormen	Bloedarmoede en lethargie. Larven nestelen zich in de longen, worden opgehoest en doorgeslikt naar de maag. Daar groeien ze uit tot wormen.

TEVEEL WATER?

Hyponatriëmie treedt op als water zo overvloedig in het lichaam aanwezig is dat het niet bijtijds kan worden afgevoerd. Dit resulteert in zouttekorten in het plasma, gezwollen lichaamscellen (hersenen!) en neurologische problemen, soms met de dood tot gevolg.

Ga bewust om met je vochtbalans en het zoutpeil van je lichaam. Heb je geen zouttabletten bij je, filter dan zout uit zoutwater.

WATER RANTSOENEREN

Een beperkte watervoorraad moet zorgvuldig gerantsoeneerd worden en zo mogelijk aangevuld: doe alles wat je kunt om water te vinden wanneer je te weinig hebt. Er bestaat weliswaar discussie over het wel of juist niet drinken in het eerste etmaal van een survivalsituatie, maar volgens ons is het beter om te zorgen dat je vochtbalans van meet af aan goed op peil is. Je specifieke situatie bepaalt de beste strategie, maar bedenk altijd het volgende:

- Ben je op een stressvolle of dramatische manier in deze situatie verzeild geraakt? Daar krijg je dorst van.
- In de eerste 24 uur werk je hard aan de survivalprincipes protectie en locatie (blz. 27). Ook daar krijg je dorst van.
- Bij fysieke factoren als zeeziekte en verwondingen of bepaalde omgevingsfactoren (woestijn!) is het rantsoeneren van je drinkwater geen reële optie.
- Als je uit zuinigheidsoverwegingen 24 uur niets drinkt, kun je zo uitgedroogd raken dat water drinken niet meer helpt.

OP ZOEK NAAR WATER: GEMATIGDE KLIMATEN

WATER OPSPOREN IS VAAK niet eenvoudig, ook niet voor de ervaren survivalspecialist. De mogelijkheden hangen sterk af van de omgeving en de omstandigheden. Zorg dat je op de hoogte bent van alle mogelijkheden om water te verkrijgen in de omgeving waar je naartoe gaat.

PAS OP!
Zelfs als je denkt dat redding hooguit een kwestie van uren is, moet je direct op zoek gaan naar water zodra je protectie en locatie (blz. 155-181) geregeld zijn. Je kunt desnoods drie weken zonder eten, maar zonder water red je het hooguit een paar dagen.

WATER VERZAMELEN

Waterbronnen verschillen uiteraard in waterkwaliteit en toegankelijkheid. Probeer altijd de schoonste en best toegankelijke bron in je directe omgeving te lokaliseren.

REGENWATER OPVANGEN

Regen opvangen is de veiligste manier om drinkwater te verzamelen. Als je opvangmateriaal schoon is, hoef je het niet te zuiveren. Allerlei niet-poreuze materialen (zeil, poncho, reddingsdeken, grote bladeren) kunnen als regenvanger worden ingezet. Hoe groter je regenvanger, hoe meer water je verzamelt.

BENODIGDHEDEN
- Zeil
- Vier stokken
- Touw
- Zwarte steen
- Opvangblik

1. Zoek een plek dicht bij je kamp waar de regen ongehinderd valt.

2. Bind het zeiltje zo stevig mogelijk aan vier stokken van gelijke lengte. Zorg dat het zeiltje naar een kant iets afloopt.

3. Leg een zware steen in het zeil, iets meer naar de lage kant, zodat er een geultje ontstaat.

4. Plaats aan het uiteinde van het geultje een blik of iets dergelijks op de grond om het water te verzamelen.

ANDERE NATUURLIJKE WATERBRONNEN

Als er geen regen valt, zijn er wellicht andere waterbronnen: rivieren en beekjes, maar ook onzichtbare bronnen als ondergrondse putten en boorgaten. Zuiver het water altijd voordat je het drinkt.

BRON	KENMERKEN
BRONNEN	Bronnen ontstaan als water door onderaardse druk of door communicerende werking naar de oppervlakte wordt gedwongen. Je treft ze aan in laaggelegen gebieden en doorgaans vallen ze nooit helemaal droog. Afwijkende groene vegetatie kan wijzen op de aanwezigheid van een bron.
RIVIEREN EN BEEKJES	Rivieren en beekjes vormen een waardevolle waterbron, maar denk altijd even na voordat je eruit drinkt. Hoe dichter bij de oorsprong in de bergen, hoe sneller het water stroomt en hoe schoner het is. Verder stroomafwaarts raakt het water steeds meer vervuild met mogelijk schadelijke mineralen. Inspecteer de rivier stroomopwaarts op dode dieren die het water misschien hebben besmet, of loop een flink eind stroomafwaarts. Verzamel altijd het snelstromende oppervlaktewater. In droge gebieden droogt een rivier soms gedeeltelijk op, waardoor er veel stof en vuil in het water zal zitten.
ROTSPOELEN	Dit soort natuurlijke regenvangers vind je vaak in hooggelegen terrein. Gebruik een plastic slangetje als je er niet goed bij kunt. Filter en zuiver het water voordat je het drinkt.
PUTTEN EN BOORGATEN	Op lokale landkaarten staan vaak nog oude putten en boorgaten aangegeven. Soms liggen ze echter heel diep en dan wordt het lastig om er water uit te halen. In afgelegen gebieden worden putten soms afgesloten en gemarkeerd door de lokale bevolking; zorg dat je weet wat die herkenningstekens zijn.
MEREN EN VIJVERS	Meren en vijvers worden doorgaans gevoed door stromend water van rivieren en beken. Verzamel het water waar het binnenkomt, want daar staat het minder lang stil en raakt het dus minder vervuild. Kijk goed waar het water het helderst is en verzamel geen water op plekken waar rommel drijft of waar veel algengroei is. De aanwezigheid van vis duidt erop dat er voldoende zuurstof in het water zit.
SIJPELWATER	Aan de voet van kliffen en rotsformaties komt soms water tevoorschijn, afkomstig van een onzichtbaar stroompje dat door het gesteente naar beneden sijpelt.
STROOM-GEBIEDEN	Soms staat er nog water van overstromingen in laaggelegen gebieden langs rivieren en kreken. Vaak is het vervuild doordat dieren er gebruik van maken. Aan de vegetatie kun je meestal zien waar nog water staat. Zuiver en filter het water zorgvuldig voordat je het drinkt.

GEVAREN VERMIJDEN

Dieren gebruiken waterbronnen als drinkwater, badwater en toilet. Filter en zuiver daarom altijd het water dat je hebt verzameld (blz. 200-201). Alleen regenwater kun je ongezuiverd opdrinken. Let bij het verzamelen van water op het volgende:

- De kans dat je (gevaarlijke) dieren tegenkomt bij of op weg naar het water is relatief groot.
- Bij dieren die drinken geldt het recht van de sterkste. Als alle gazellen opeens wegrennen, vraag je dan even af waarom ze dat doen.
- Pas bij rivieren op voor wat erin rond kan zwemmen, zoals krokodillen en slangen.
- Een droge rivierbedding kan tijdens het regenseizoen sneller vollopen dan jij kunt rennen.

VERBORGEN WATERBRONNEN

Waar water is, zie je leven – groene vegetatie, diersporen of een nederzetting. Maar ook zonder tekenen van leven kun je water vinden.

KIJK NAAR HET LANDSCHAP

- Inspecteer het landschap op groene vlekken. Bedenk dat begroeiing vaak geen oppervlaktewater nodig heeft, maar met lange dunne wortels vochtige lagen in de aarde aanboort.
- Water is onderhevig aan zwaartekracht. Ga dus op zoek in dalen en laaggelegen gebieden als valleien, droge rivierbeddingen, smalle ravijnen en aan de voet van rotsformaties en kliffen. Een slingerende groenstrook in de verte die aan de buitenzijden kariger wordt duidt op de aanwezigheid van een rivier.
- Zeewater dringt vaak door tot achter de duinen, waardoor er poelen met brak water ontstaan. Soms is het water al drinkbaar; als het nog te zout is, kun je het distilleren met een zonnefilter (blz. 191).

LET OP DE DIEREN

- Bedoeïenen in de woestijn luisteren 's ochtends en 's avonds naar vogelgekwetter en volgen de vliegroutes om drinkwater te lokaliseren.
- Vogels die in een groep rondcirkelen, vliegen meestal boven een waterbron. Dat geldt niet voor roofvogels of aaseters (gieren, arenden, haviken); die halen vocht uit hun prooi.
- Vinken en andere vogels die granen eten hebben regelmatig water nodig. Observeer hun gewoontes om de waterbron te vinden.
- Bijen drinken water, dus een bijenkorf is nooit ver van een waterbron.
- Diersporen, vooral van kuddedieren, leiden vaak naar waterbronnen. Let op paden waar sporen samenkomen.
- Vliegen blijven altijd in de buurt van water, en als er muskieten zijn, is het water nooit ver weg.
- Let op de trekrichting van kuddedieren als buffels, olifanten, impala's en wildebeesten. Zij hebben ook drinkwater nodig.

WATER VERZAMELEN

Zelfs als je omgeving eruitziet alsof er geen druppel water te vinden is, kunnen er manieren zijn om water te verzamelen. Kennis van zaken kan je leven redden.

DAUWDRUPPELS VERZAMELEN

Dauw bestaat uit kleine druppeltjes die zich 's ochtends vroeg en 's avonds laat aan allerhande materialen hechten. Ze ontstaan als de oppervlaktetemperatuur laag genoeg is om de warmere lucht erboven te laten condenseren. Dauw is een waardevolle bron van zoet water die je zo van een niet-poreus oppervlak als een autodak, tentzeil of gras haalt door er een doek op te leggen en die daarna uit te wringen. Je kunt ook dauw uit de natuur verzamelen.

DAUWTRAPPEN

Je kunt dauw uit de natuur verzamelen door met absorberend materiaal (bijvoorbeeld een T-shirt) om je enkels gewikkeld in de vroege ochtend over een bedauwd veld te lopen.

1 Wikkel de stof stevig om je enkels en wandel door het bedauwde gras. De stof neemt de dauw gaandeweg op.

2 Wring de lappen uit boven een blik en ga door tot je voldoende hebt verzameld of tot er geen dauw meer is.

UITDROGING UITSTELLEN

Als water schaars is, kun je uitdroging enigszins uitstellen door de volgende handelingen:

- Ga zuinig met je water om en gebruik het effectief.
- Werk als het koel is en vermijd zweten.
- Zoek schaduw op en dek je af als de zon schijnt.
- Sabbel op een knoop of een steentje om je speekselklieren te stimuleren en het dorstgevoel te verdrijven.
- Eet geen eiwitrijk voedsel; dat vereist meer water bij het verteren dan ander voedsel.

EEN DAUWVANGER MAKEN

Graaf een kuil van 45 cm diep en bekleed die met plastic. Vul de kuil met gladde, schone stenen. 's Nachts zal zich op de stenen condens vormen. Verzamel het opgevangen water zo vroeg mogelijk, zodat het niet verdampt.

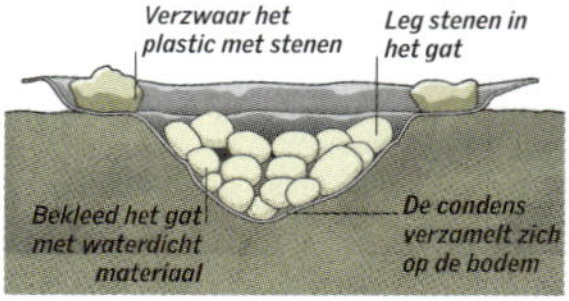

WATER OPVANGEN VAN PLANTEN

Planten 'zweten' door water te verdampen met hun bladeren. Dit water kun je gemakkelijk opvangen als aanvulling op je zoetwatervoorraad. Het enige dat je nodig hebt is een plastic zak.

EEN VERDAMPINGSZAK MAKEN

Leg een gladde steen in een hoek van een plastic zak en hang de zak om de bladeren van een boomtak. Bind de zak dicht. Het vocht dat verdampt zal in de zak condenseren en zich in de verzwaarde hoek verzamelen.

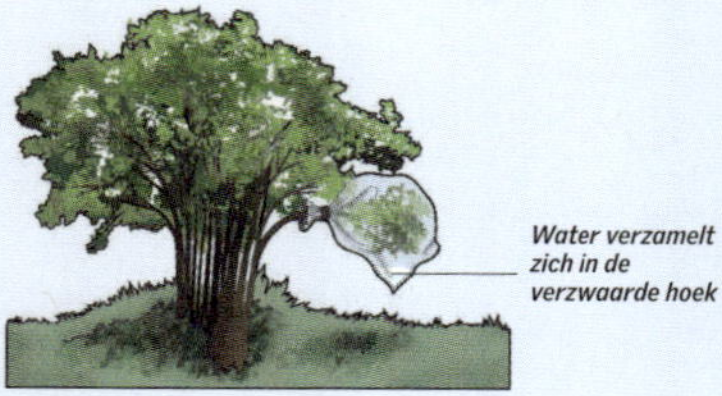

EEN CONDENSZAK MAKEN

Snij groene planten af en stop ze in een plastic zak met een gladde steen in de hoek. Bind de zak dicht en leg hem in de zon. Het vocht uit de bladeren zal verdampen en condenseren tot druppels, die zich in de verzwaarde hoek verzamelen.

EEN ZONNEFILTER MAKEN

Een zonnefilter werkt volgens hetzelfde principe als een condenszak (blz. 190). Het verzamelt via verdamping drinkwater uit vegetatie, ongezuiverd water of vochtige aarde.

1. Zoek of graaf een gat in de grond van minstens 60 cm breed en diep. Zet een leeg blik in het midden. Vul het gat met vegetatie of zet er een bakje ondrinkbaar water (zoutwater, urine) in of een doek gedrenkt in vuil water.

2. Leg over het gat een plastic zeiltje en zet het vast met stenen. Leg vervolgens een kleine steen in het midden van het zeil, recht boven het lege blik. Door de hitte van de zon stijgt er schone waterdamp op uit het onzuivere water, de planten en de urine, die aan de onderzijde van het plastic condenseert. De druppels glijden naar het laagste punt en vallen in het lege blik.

BENODIGDHEDEN

- Schep
- Twee blikken
- Vegetatie en/of ondrinkbaar water
- Kledingstuk of lap
- Plastic zeiltje of reddingsdeken
- Stenen
- Infuusslang

EEN WATERKUIL MAKEN

Met deze techniek kun je stilstaand water filteren en water verzamelen uit vochtige grond. Het water moet daarna nog wel gezuiverd worden (blz. 201).

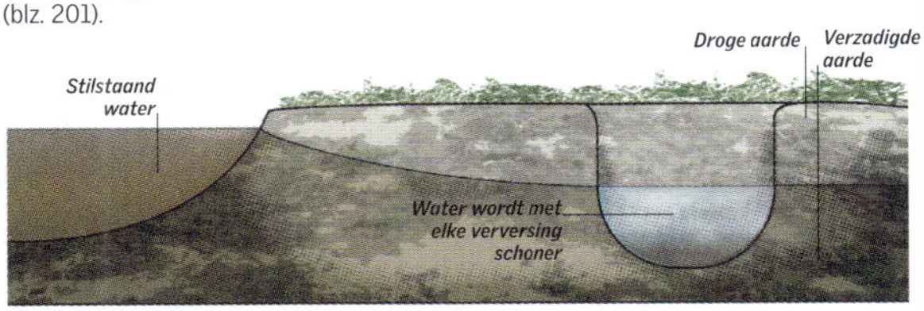

1. Graaf vlak naast stilstaand water een gat waar je met een blik in je hand je arm in kunt steken. Het gat dient minstens 30 cm dieper te zijn dan het water ernaast. Wacht tot het gat zich met water heeft gevuld.

2. Schep het modderige water eruit en laat het gat opnieuw vollopen. Herhaal de procedure tot het water helder is. Dit heldere water kun je verzamelen, zuiveren en opdrinken. Dek de put af, zodat er geen rommel of kleine dieren in komen.

INFUUSSLANG

Stop altijd een stukje infuusslang in je survivalkit. Zo'n veelzijdig hulpje neemt nauwelijks ruimte in.

- Je kunt er water door opzuigen dat net buiten bereik is
- Je kunt er water mee drinken uit een zonnefilter zonder die af te breken
- Je kunt hem in een condenszak steken en drinken zonder de zak te hoeven openen

OP ZOEK NAAR WATER: WARME KLIMATEN

IN WARMERE KLIMATEN neemt je behoefte aan water toe omdat je lichaam zich koelt door te transpireren. Als je minder vocht drinkt dan je verliest, droog je uit. Zelfs de allereerste symptomen kunnen je overlevingskansen nadelig beïnvloeden. Hete klimaten kunnen vochtig zijn of juist extreem droog.

PAS OP!
Er zijn voldoende waterbronnen in regenwouden en jungles, dus onder normale omstandigheden zul je geen vocht tekort komen. Toch moet je op de hoogte zijn van andere methodes om water te verzamelen, want rivieren kunnen droog staan en op grotere hoogtes is weinig waterhoudende vegetatie te vinden.

TROPISCH KLIMAAT

De hoge luchtvochtigheid in de jungle en de regenwouden maakt het vinden van water vinden niet zo'n probleem. Je moet je vochtbehoefte in deze regionen beslist niet onderschatten: om uitdroging te voorkomen heb je soms wel 14 liter water per dag nodig.

WATER VERZAMELEN UIT VEGETATIE

Veel planten hebben holle delen waarin regen of dauw zich verzamelt. Er zijn bomen die water opslaan in holtes en spleten en in noodgevallen kun je zelfs water of sappen drinken uit boomwortels. Je kunt met je mes een sneetje in groene bamboe maken om te zien of er water in staat, of een tapje maken en dat in een waterboom steken. Ook onrijpe kokosnoten bevatten dorstlessend vocht. In de jungle kun je bijna letterlijk overal water vandaan halen.

WATERLIANEN

Waterlianen komen veelvuldig voor in de jungle en zijn gemakkelijk te herkennen. Ze zitten vol met heerlijk zoet water. Helaas produceren niet alle waterlianen drinkbaar water, en sommige bevatten zelfs giftige sappen.

1. De meeste waterlianen zijn ongeveer 5 cm dik. Heb je er een gevonden, maak dan een klein sneetje en inspecteer de kleur van het vocht. Drink het niet als het melkachtig van kleur is. Helder vocht kun je gerust drinken. Hak de liaan zo hoog als je kunt door.

2. Snijd het onderste deel van de liaan af en gooi dat weg. Laat het zoetige, frisse water van het stuk dat je overhoudt in je mond druppelen, maar steek de liaan zelf niet in je mond: de bast kan bijtende stoffen bevatten.

3. Als de poriën aan het uiteinde zich sluiten, stopt de waterstroom. Snij de uiteinden af en je kunt verder drinken.

REGENWATER OPVANGEN

Regenwater opvangen is de beste manier om water te verzamelen: het enige wat je hoeft te doen is het plaatsen van regenvangers. Hoe je de regen ook opvangt, zuiver het water (blz. 200-201) voordat je het drinkt.

BAMBOEDAK

Maak een aflopend bamboedak (zoals op blz. 169) met een gootje. Gebruik het als dak voor je shelter, of alleen om water op te vangen.

DAK VAN BREDE BLADEREN

Met brede bladeren kun je dakbedekking maken. Leg ze dakpansgewijs van onder naar boven (blz. 170). Maak onderaan een bamboegootje om het regenwater dat van de bladeren af stroomt, op te vangen.

BAMBOEGOOTJE

Kijk goed hoe het water langs een boomstam sijpelt en onderbreek de stroom met een bamboegootje. Vang het water onder aan het gootje op.

DRUIPLAPPEN

Bind een T-shirt of ander absorberend materiaal rond een boom, zodat het doordrenkt raakt met water dat langs de boom sijpelt. Trek de stof in een punt naar beneden en zet er een opvangbakje onder.

WOESTIJNKLIMAAT

Wie de droge hitte van de woestijn wil betreden, dient ruim voldoende water mee te nemen – plus een noodvoorraad. Mocht je niettemin zonder water komen te zitten: groene vegetatie duidt op de aanwezigheid van vocht. De technieken die in gematigde klimaten werken, bieden ook uitkomst in sommige woestijntypes.

BRONNEN VAN VOCHT

Als er geen oppervlaktewater is en je kunt nergens water verzamelen, dan is een waterhoudende plant je enige optie. De vruchten, het heldere sap of het opgeslagen regenwater zal je ergste dorst lessen, maar waterhoudende planten zijn geen betrouwbare leverancier voor langere tijd.

BOLCACTUS

Bolcactussen bevatten een melkachtig vocht dat je veilig kunt drinken. Hak met een machete de top van de cactus en stamp met een stok het sponzige binnenste tot pulp. Zuig het vocht op door een holle grasspriet. Je kunt ook een lap stof in de pulp drenken en uitwringen. De resultaten zijn in beide gevallen minimaal.

AGAVE

Agaves groeien in Mexico en in het zuiden van de VS. De dikke, vlezige bladeren bevatten drinkbaar vocht. Snijd de enorme bloemstengel af met een mes en vang het vocht op.

CACTUSVIJGEN

Cactusvijgen (opuntia) groeien in brede clusters van 90 cm hoog. Je vindt ze overal waar het warm, droog en zanderig is. De eetbare vruchten bevatten een ruime hoeveelheid vocht.

ONDERGRONDS WATER

Waar water is, is leven, ook in de woestijn. Kleine clusters vegetatie wijzen op een vochtige ondergrond; uitbundiger begroeiing duidt wellicht op een waterbron. Water wordt zelden gevonden op minder dan twee meter diepte, dus je zult ernaar moeten graven. Graaf alleen tijdens de koelste dagdelen.

In tegenstelling tot wat wel in films of andere boeken wordt beweerd, is de kans dat je water vindt in de bocht van een droge wadibedding uiterst klein. De inspanning die je moet leveren kost bovendien zoveel vocht dat je poging wel eens fataal kan aflopen!

DENK AAN ALLE MOGELIJKHEDEN

Als je in de woestijn op zoek moet naar water, is je situatie waarschijnlijk al vrij hachelijk. Houd altijd in je achterhoofd dat je met kennis van de technieken op blz. 190-191 (zonnefilter, dauw, condenswater) mogelijk genoeg vocht kunt verzamelen om in elk geval in leven te blijven.

CHECKLIST VOOR HETE, DROGE GEBIEDEN

Ook bij een perfecte planning kunnen er altijd onverwachte dingen gebeuren, maar een deel van de problemen die zich in de woestijn kunnen voordoen, voorkom je met een goede voorbereiding.

- Zorg bij vertrek dat je vochtbalans in orde is.
- Neem voldoende water mee, plus een aparte noodvoorraad waarmee je de woestijn weer uit komt.
- Houd je waterverbruik bij. Verbruik je meer dan gepland, wijzig dan je route of ga desnoods terug en zie het als een leer voor de volgende keer.
- Spreek zo nodig je noodvoorraad aan.
- Zoek naar bronnen op je kaart en informeer bij de lokale bevolking of de kaart klopt. Vraag ook naar eventuele bronnen die niet op de kaart staan.
- Markeer waterbronnen die je passeert op je kaart of je GPS. Je kunt beter omkeren om bij te vullen dan op goed geluk verder trekken.
- Bewaar waterflessen in de schaduw en in de wind.

OP ZOEK NAAR WATER: KOUDE KLIMATEN

IN KOUDE STREKEN PAS JE weliswaar in principe dezelfde methoden toe als in gematigde gebieden (blz. 186-191), maar de lagere temperaturen maken alles een stuk lastiger. De poolreiziger in moeilijkheden ondergaat een tantaluskwelling: hij of zij is omgeven door water, maar kan sterven van dorst omdat het allemaal bevroren is.

PAS OP!
Probeer nooit sneeuw te smelten in je mond, want je mond en je lippen kunnen bevriezen. Bovendien verliest je lichaam warmte aan het koude ijs, waardoor je de dunne grens tussen kou en onderkoeling overschrijdt.

CHECKLIST VOOR KOUDE KLIMATEN

Ga net zo effectief met je water om als je in de woestijn zou doen (blz. 193).

- Water verzamelen is een van je eerste prioriteiten. Zoek een waterbron dicht bij een plek waar je vuur kunt maken.
- Zoek eerst naar een waterbron voordat je sneeuw of ijs gaat smelten. Het kost minder energie, tijd en brandstof om je flessen te vullen met water uit een bron dan om ijs boven je vuur te smelten.
- Of je water kunt verzamelen bij temperaturen onder nul hangt af van je vaardigheden om een vuur aan te leggen.
- Sneeuw smelten vereist het nodige geduld en veel brandhout.
- Reguleer je lichaamstemperatuur, zodat je niet zweet.
- Bewaar drinkwater op je lichaam om het vloeibaar te houden, maar niet direct op je huid. Berg het op in de warme lucht tussen twee lagen kleding.
- Smelt geen pasbevroren zeewater, want dat is te zout.

SNEEUW EN IJS SMELTEN

Kun je kiezen tussen sneeuw en ijs, smelt dan ijs. Het is 17 keer compacter dan sneeuw en smelt sneller. Is er geen ijs, gebruik dan dichte paksneeuw. Zowel voor sneeuw als ijs geldt: hoe witter en ongerepter, hoe beter.

IJS SMELTEN

Als je nog water hebt, giet dan een beetje in een blik en verhit het op het vuur. Breek het ijs in kleine stukken en gooi ze een voor een in het hete water. Houd het water heet maar laat het niet koken, want dan verdampt het.

HITTEPLATFORM

Heb je geen water, smelt dan langzaam een blok ijs op een plat stuk hout of een platte steen boven het vuur.

1. Bouw een vuur. Zoek een brede platte steen en twee houtblokken of stenen die sterk genoeg zijn om de steen te dragen. Leg de blokken op het hout met de platte steen erbovenop, net niet waterpas, zodat het smeltwater van de steen afloopt. Leg het ijsblok op de steen.

2. Het ijs smelt terwijl het vuur de steen opwarmt. Vang het smeltwater dat van het platform afloopt op in een blik.

SNEEUW SMELTEN

Heb je nog water, volg dan de stappen voor het smelten van ijs (zie hiernaast): verhit water en voeg beetjes sneeuw toe. Druk de sneeuw niet te dicht opeen, want als er een luchtbel onder komt zal niet de sneeuw, maar het blik worden verhit. Het kan dan barsten voordat de sneeuw is gesmolten.

WATER OPSLAAN

Sneeuw isoleert enorm. Zelfs bij 40 graden onder nul blijft water in een fles vloeibaar als deze is afgedekt met minimaal dertig cm sneeuw. Sla de flessen ondersteboven op: mocht er toch een beetje water bevriezen, dan ligt het ijs op de bodem en niet bij de opening.

EEN BEVROREN MARSHMALLOW

Snij een bol opeengepakte sneeuw en spies hem aan een puntige stok, als een enorme marshmallow. Zet de stok dicht bij het vuur zodat de bol smelt en zet er een blik onder om het water op te vangen.

EEN SMELTZAK GEBRUIKEN

Een vergelijkbare techniek als bij de bevroren marshmallow (links), maar nu hangt de sneeuw bij het vuur in een zak van waterdoorlatende stof, bijvoorbeeld een T-shirt of een sok. Het vuur smelt de sneeuw en het water druppelt door de stof in het blik eronder.

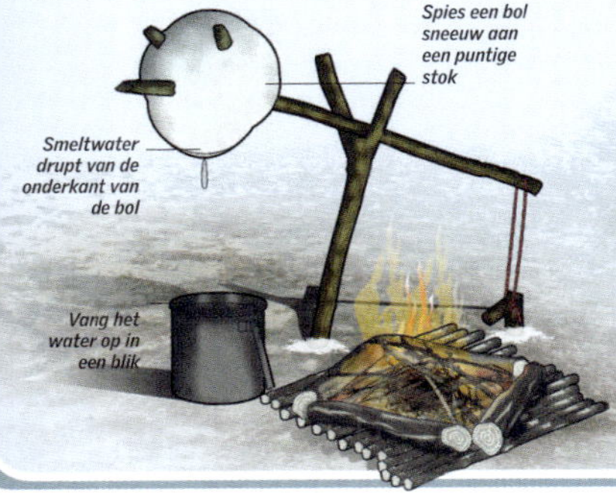

RAMPENSCENARIO

Op een kale ijsvlakte is er geen natuurlijke brandstof voor een vuur. Zolang je je eerste- of tweedelijns survivalkit (blz. 42) nog hebt, kun je steeds aan drinkwater komen.

VUURBLIKJE

Zet het deksel op de grond en scherm de vlam met je lichaam af tegen de wind. Gebruik je survivaltin als pannetje. Ontsteek de vlam, houd het blik erboven en smelt beetje bij beetje kleine stukjes ijs of sneeuw.

ZONDER AANSTEKER

Leg het deksel op de grond. Ontsteek met een vuurstaal en een watje een hexamine-blokje en smelt kleine beetjes ijs in het blikje of in je survivaltin. Laat het blik afkoelen voordat je gaat drinken, want het wordt gloeiend heet.

LICHAAMSWARMTE

Als Eskimo's een kariboe slachten, halen ze eerst de maag leeg, keren hem binnenstebuiten en vullen hem met sneeuw. Daarna binden ze de maag dicht met een stuk darm en duwen hem terug in het dier. Wanneer ze klaar zijn met het villen, openen ze de maag en zuigen de inmiddels gesmolten sneeuw op door een blokje ijs, dat als filter fungeert.

OP ZOEK NAAR WATER: OP ZEE

DE ZEE IS WAARSCHIJNLIJK de moeilijkste omgeving voor een survivalsituatie. Protectie tegen zon, wind, regen of zeewater is lastig en locatiehulpen zijn er niet te vinden. Overal is water, maar je kunt het niet drinken. Er zijn weliswaar apparaten om zeewater te ontzilten, maar als je die niet hebt, zul je iets anders moeten verzinnen om in leven te blijven.

PAS OP!
Drink nooit zeewater. Er zit driemaal zoveel zout in als in je bloed en het droogt je helemaal uit. Als je het toch drinkt, geven je nieren het uiteindelijk op en kom je zeker om.

WATERRANTSOENERING OP ZEE

Rantsoeneer ook op zee je watervoorraad, vooral wanneer je niet weet of er snel hulp komt of hoelang het duurt voordat je weer aan land bent:

- Inventariseer de hoeveelheid drinkwater en bereken hoeveel water je zonnefilter oplevert en hoeveel mensen ervan moeten drinken. Stel vervolgens het dagrantsoen vast.
- Laat het drinkwater niet in contact komen met zeewater.
- Houd drinkwater uit de zon en uit de zonweerkaatsing van de zee.
- Bevochtig ter verkoeling je kleding met zeewater, maar doe dit niet te vaak. Het zoute water schuurt en brandt op je rug, waardoor je na verloop van tijd open wonden zult krijgen.
- Span je niet in. Slaap zoveel je kunt.
- Gebruik alles wat je hebt om regenwater op te vangen. Sluit volle watercontainers af en bind ze vast aan je vlot.
- Heb je geen water, eet dan niet. Spijsvertering kost vocht en daardoor droog je uit.

DRINKWATER VERZAMELEN

Als je stuurloos op zee dobbert en er geen uitzicht is op spoedige redding, dan is drinkwater verzamelen je eerste prioriteit. Zonder zonnefilter of osmosepomp zul je creatief moeten zijn. Gelukkig zijn er mogelijkheden.

REGENWATER OPVANGEN

De meeste reddingsvlotten hebben tegenwoordig ingebouwde systemen om regenwater en dauw van de buitenzijde naar zakjes aan de binnenkant te voeren. Zijn die er niet, dan kun je hetzelfde doen met een stukje zeil of ander waterdicht materiaal. Speur de lucht af naar voortekenen van een regenbui (blz. 80-81). Hang je zeil in een brede trechtervorm zodat je zo veel mogelijk regenwater kunt opvangen. Zet de trechter ook op als je gaat slapen, dan profiteer je ook van nachtelijke buitjes.

DAUW VERZAMELEN

Leg het zeil 's nachts plat neer en vouw de randen omhoog zodat de dauw erop blijft liggen. Met een spons of T-shirt kun je dauw van je boot opdweilen.

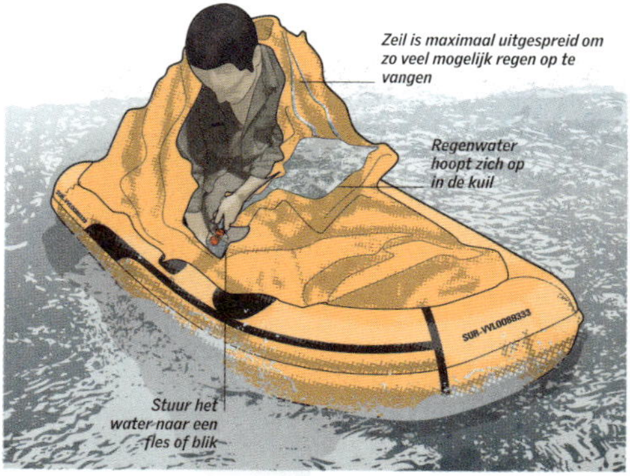

ZEEWATER ONTZILTEN

Er bestaan apparaten die zeewater omzetten in drinkwater, waardoor je niet bent aangewezen op regenwater en dauw. Je vindt ze aan boord van de meeste reddingsvlotten, maar neem voor de zekerheid altijd zelf een ontzilter mee als je een zeereis gaat maken.

ZONNEFILTER

Zeewater kun je vrij eenvoudig destilleren met zonnewarmte. Dek een emmer of blik met zoutwater af met een stuk plastic. Het water verdampt door de hitte van de zon, waarna de damp als zoetwater condenseert aan de onderzijde van het plastic en in een opvangbakje drupt. Drink het eruit met een plastic slangetje. Zonnefilters die standaard op de reddingsvlotten aanwezig zijn, zijn meestal opblaasbaar.

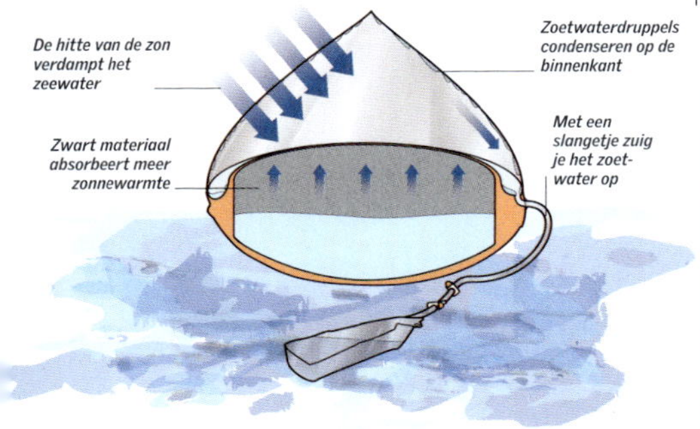

ZELF EEN ZONNEFILTER MAKEN

Met de juiste materialen kun je heel eenvoudig zelf een zonnefilter maken. Je hebt een grote en een kleinere emmer of bak nodig, een stuk plastic, wat touw en een gewichtje om te bepalen waar het water van het plastic af zal druppelen. Met een slangetje kun je het water drinken zonder het filter uit elkaar te halen.

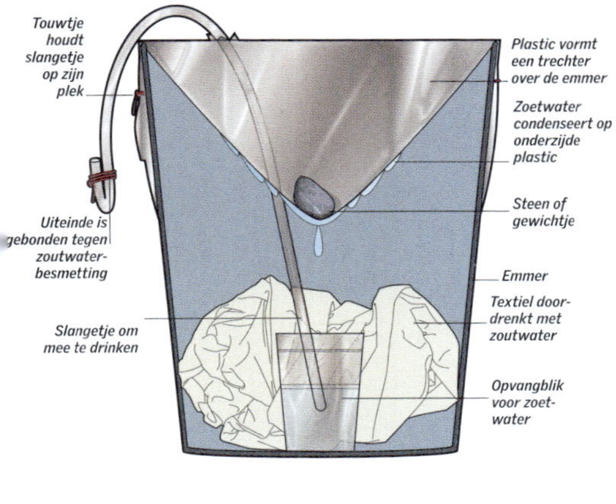

OSMOSEPOMP

Met een osmosepomp kun je handmatig onder hoge druk zeewater door een membraan persen dat de zouten eruit filtert. Een osmosepomp levert ongeveer 23 liter zoetwater per dag.

ONTZILTINGSKIT

Deze apparaatjes zetten zoutwater om in zoetwater door een proces waarbij ionen worden uitgewisseld. De opbrengst is laag, dus gebruik ze alleen als je langere tijd geen zonnefilter kunt gebruiken.

LAATSTE REDMIDDELEN

In echte noodgevallen biedt de oceaan nog andere bronnen van vocht:

ZEE-IJS

In Arctische oceanen drijven blokken oud zee-ijs dat bijna geen zout meer bevat. Het ijs is blauwachtig van kleur, heeft afgeronde hoeken en splintert snel. Jong zee-ijs is melkachtig grijs, hard en zout. IJsbergen bestaan ook uit zoetwater, maar erbij in de buurt komen is gevaarlijk; alleen in absolute noodgevallen vormen ze een laatste redmiddel.

VIS

De ogen en de ruggengraat van grote vissen bevatten een waterige, drinkbare vloeistof. Snijd de vis doormidden om bij het vocht in de rug te komen; de ogen zuig je leeg. Komt je lichaam echt vocht tekort, laat de rest van de vis dan liggen; het verteren van de vetten en eiwitten kost meer vocht dan je eruit opneemt.

ZEESCHILDPAD

Het bloed van zeeschildpadden heeft hetzelfde zoutgehalte als menselijk bloed. Snijd de keel van het dier door en vang het bloed op. De zeeschildpad is een bedreigde diersoort, dus dood er alleen een als je echt niet anders kunt.

REHYDRATIEKLYSMA

Heb je water dat niet zout of giftig is, maar te zeer vervuild om te drinken? Je kunt via je darmen per dag ruim een halve liter vocht absorberen – voldoende om in leven te blijven – dus improviseer een klysma.

WATER VERVOEREN EN OPSLAAN

IN ELKE SURVIVALSITUATIE zul je beslissingen moeten nemen. De juistheid van deze beslissingen bepaalt of je het tot een goed einde brengt. De aanwezigheid van drinkwater en de mogelijkheden het te vervoeren en op te slaan zijn doorslaggevend voor je keus op hulp te blijven wachten of jezelf proberen te redden.

PAS OP!
Markeer je waterhouders. In het donker is een vergissing tussen gezuiverd en ongezuiverd water of zelfs vloeibare brandstof snel gemaakt.

WATERHOUDERS

Je kunt warme en koude vloeistoffen vervoeren en opslaan in allerlei soorten waterhouders, variërend van stalen flacons en plastic flessen tot jerrycans en opvouwbare waterzakken.

PLASTIC BIDON
Sterk en licht, met afschroefbare dop en/of afsluitbare tuit

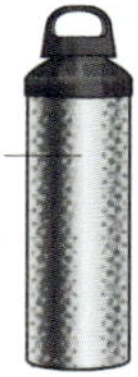

METALEN FLES
Zwaarder en sterker dan plastic bidons.

THERMOSKAN
Zwaar, maar maakt het bewaren van warme dranken mogelijk

COMMANDO-UITVOERING
Behoort wereldwijd tot de militaire standaarduitrusting

OPVOUWBARE JERRYCAN
Robuuste plastic jerrycan met schoudertas

WATERRUGZAK

Een waterrugzak is een flexibel waterreservoir met een slangetje dat je met een tuigje op je rug draagt of in je rugzak steekt. Een klein nadeel is dat je niet kunt zien hoeveel water je nog over hebt.

OPVOUWBAAR WATERVAT
Licht en praktisch, ook als scheidingsvak in je rugzak

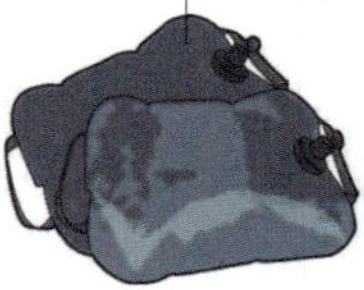

WATERZAKKEN
Geschikt om vele liters tegelijk naar je kamp te vervoeren en als ze leeg zijn tevens om je spullen droog te houden

GEÏMPROVISEERDE WATERHOUDERS

In onverwachte survivalsituaties zul je vaak geen flacons of opvouwbare jerrycans bij je hebben. Met een beetje vindingrijkheid is het meestal toch mogelijk voldoende water te vervoeren en op te slaan.

SURVIVALPAK

Wat water buitenhoudt, kan het ook binnenhouden. De meeste survivalpakken zijn van binnen met kalk behandeld om niet te verkleven, dus spoel het pak eerst goed uit.

WATERDICHTE KLEDING

In principe kun je elk waterdicht kledingstuk gebruiken als waterhouder. Knoop armsgaten en beenopeningen dicht. Gore-Tex sokken zijn waterdicht en ook veel rugzakken kun je prima gebruiken voor het opslaan van water.

AFVAL

Bijna overal ter wereld ligt afval. Als je goed rondkijkt, zit er vaak iets bij dat geschikt is om water in op te slaan, van petflessen en plastic tassen tot grote jerrycans. Reinig en steriliseer de waterhouder voor gebruik.

KALEBASSEN

De gedroogde schil van een uitgeholde kalebas is uitstekend geschikt om water te bewaren. Dat geldt ook voor grotere vruchten als pompoenen en meloenen.

NOODVOORRAAD

Je kunt eventueel afgesloten zakjes met 50 ml water kopen en bewaren voor noodgevallen. Probeer altijd eerst nieuw water te verzamelen voordat je deze noodvoorraad aanbreekt.

BAMBOE

Snij een stok 2,5 cm onder een verdikking door en vervolgens 2,5 cm onder de volgende verdikking. Werk de scherpe randen bij.

EEN WATERRESERVOIR MAKEN

Het kan gebeuren dat je te weinig opslagcapaciteit hebt of dat het niet mogelijk is telkens water te gaan halen, bijvoorbeeld omdat je gewond bent of door de grote afstand. De oplossing is dan een reservoir in de grond waarin je regenwater opvangt (zie ook blz. 188).

1. Zoek een plek waar het graven de minste energie kost. Een bestaande kuil scheelt veel graafwerk! Graaf het gat verder uit met een stok of een ander werktuig.

2. Strijk de bodem en de randen glad en bekleed ze met waterdichte stof, bijvoorbeeld een reddingsdeken. Zet de stof vast met stenen en houtblokken, zodat er geen vuil in het reservoir kan spoelen.

WATERHYGIËNE

Water dat enige tijd in een reservoir is opgeslagen, dient vóór gebruik gefilterd en gezuiverd te worden (blz. 200-201).

WATER ZUIVEREN

IN EEN SURVIVALSITUATIE is regenwater het enige water dat je direct kunt drinken. Al het andere water moet je zuiveren om te voorkomen dat ziekteverwekkers en schadelijke micro-organismen in je lichaam terechtkomen.

WATER FILTREREN

Heb je geen waterzuiveringssysteem bij je, dan zul je drinkwater handmatig moeten filtreren en vervolgens destilleren. De Millbankzak (zie kader) is daarvoor een veel gebruikte methode, maar je kunt ook zelf een filter maken.

MILLBANKZAK

De Millbankzak wordt veel gebruikt door commando's. Het is een filtreerzak die je meerdere malen kunt gebruiken en die nauwelijks ruimte inneemt. Begin meteen zodra je ergens arriveert, want het filteren duurt relatief lang (5 min. per liter). Vergeet niet om het water nadien nog te zuiveren!

EEN DRIETRAPSFILTER BOUWEN

Heb je geen Millbankzak of iets dergelijks bij je, maak dan met drie stokken en een paar verschillende stukken stof een drietrapsfilter.

1. Sjor drie stokken of gebogen boomscheuten aaneen tot een driepoot. Hang drie steeds fijnere filters onder elkaar van verschillend materiaal, bijvoorbeeld katoen, parachutestof en ten slotte nylon.

2. Giet water in het bovenste filter. Alle ongerechtigheden blijven in de filters achter terwijl het water naar beneden loopt.

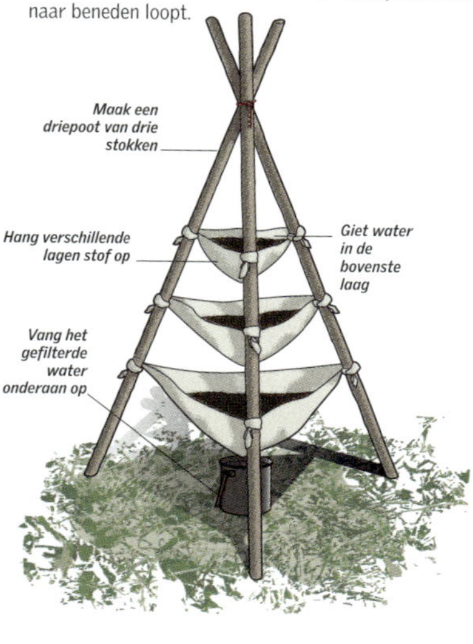

EEN FILTERFLES MAKEN

Je kunt een simpele filterfles maken door uit een plastic fles de bodem te snijden of er een gat in te maken. De methode werkt ook met een sok.

1. Hang de fles op de kop aan een tak en sluit de dop af met een lapje stof. Vul de fles met verschillende materialen: de fijnste als eerste en de grofste als laatste.

2. Giet het water van bovenaf in de fles en laat het door de lagen sijpelen.

WATER ZUIVEREN

Water desinfecteren is belangrijk: als je ongezuiverd water drinkt, kun je allerlei ziekten oplopen (blz. 187). De meest effectieve manier van water zuiveren is koken. Kun je geen vuur maken, dan moet je andere hulpmiddelen gebruiken om veilig drinkwater te maken.

WATERZUIVERINGSPOMPJE

Deze draagbare pompjes filtreren en zuiveren ondrinkbaar water via microfilters, chemicaliën of een combinatie van beide. De capaciteit loopt uiteen van kleine pompjes waarmee je maximaal 50 liter kunt zuiveren, tot grote apparaten die enorme hoeveelheden water kunnen verwerken.

ZWAARTEKRACHT- EN DRUKFILTERS

In sommige bidons zit een zuiveringsysteem waar het water langzaam doorheen loopt of handmatig doorheen kan worden geperst. Dit type flessen bevat drie filters: een filter voor sedimenten en organische vervuiling, een microfilter voor protozoa en een chemische stof die bacteriën en virussen doodt.

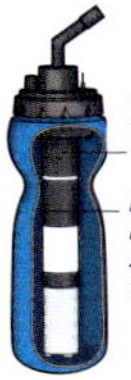

SURVIVALRIETJES

Deze compacte waterzuiveraars bevatten een filtersysteem en daarnaast koolstof- of jodiumfilters om ziektekiemen en schadelijke chemicaliën uit te schakelen. Als je een voorraad drinkwater wilt aanleggen, zul je het moeten opzuigen en in een waterhouder uitspugen – een moeizaam proces .

ANDERE METHODEN

Kun je geen water koken en heb je geen pompje, dan zul je het anders moeten aanpakken. Hoeveel water je kunt zuiveren en hoelang het duurt, hangt af van de waterkwaliteit en temperatuur.

'BIG BUBBLES, NO TROUBLES'

Micro-organismen en de meeste ziekteverwekkers sterven al bij temperaturen ver onder het kookpunt. Water aan de kook brengen is doorgaans voldoende om het te desinfecteren; doorkoken betekent verspilling van tijd, energie, brandstof en water.

METHODE	BESCHRIJVING
Jodium (vloeibaar of in tabletvorm)	Jodium vernietigt bacteriën, virussen en ziektekiemen, waardoor het erg geschikt is om water te zuiveren. De concentratie, de watertemperatuur en de duur van het proces bepalen de effectiviteit. In een concentratie van 8 mg/l bij 20 °C zijn na 10 minuten alle ziekteverwekkers uitgeschakeld.
Chloortabletten	Tabletten op chloorbasis vernietigen bacteriën als Giardiasis en Cryptosporidium, maar ze zijn minder effectief tegen virussen en andere ziektekiemen. De werking verbetert in combinatie met fosforzuur.
Kaliumpermanganaat	Kaliumpermanganaat is verkrijgbaar bij de drogist. Los een paar korrels op in het water tot het lichtroze kleurt. Laat het daarna nog een halfuur staan voordat je het drinkt.
Bleekwater	De goedkoopste manier om je water te zuiveren is chloor: een beetje bleekwater is voldoende. Per liter water slechts 1 druppel toevoegen, hooguit 2 als het water troebel is. Laat het een halfuur staan voordat je het drinkt. Bleekwater is overigens niet altijd even effectief tegen Giardiasis en Cryptosporidium.
Ultraviolet licht (UV-straling)	Bij veel schadelijke micro-organismen verstoort UV-straling de DNA-huishouding in de cellen, waardoor de organismen geen kwaad meer kunnen. De hoeveelheid ultraviolet licht die hiervoor nodig is, hangt af van de waterkwaliteit: hoe troebeler het water, hoe lastiger de UV-straling erin door kan dringen.
UV (passief)	Vul plastic flessen met water, schroef de doppen erop en leg ze in de volle zon, het liefst op een donkere ondergrond. De zonnestralen doden bacteriën die veelvoorkomende ziekten overbrengen.
UV (actief)	Er bestaan kleine UV-lampjes die je simpelweg in gefilterd water steekt en inschakelt. Sommige modellen kunnen in minder dan 48 seconden een liter water zuiveren.

VOEDSEL ZOEKEN EN BEREIDEN

Je lichaam zet voedsel om in brandstof, die weer wordt omgezet in warmte en energie. Die brandstof heb je ook nodig voor het herstellen van inspanningen, verwondingen en ziekte. Met ademhalen verbruik je ongeveer 70 calorieën per uur en zware inspanningen kosten 5500 calorieën per dag, maar een gezond persoon kan wekenlang in leven blijven zonder te eten, puur door het verteren van opgeslagen vetreserves.

Op de korte termijn is voedsel zoeken je laatste prioriteit. Je hebt waarschijnlijk kortgeleden nog gegeten en er zit vast nog wel iets eetbaars in je rugzak, dus je komt echt niet meteen om van de honger. Wel zul je merken dat je lichaam reageert op het gebrek aan nieuwe brandstof: je hebt honger, minder energie en je coördinatievermogen neemt af. Als je de kans krijg om te eten, moet je dat natuurlijk doen. Eet per keer maar een klein beetje en zorg dat je voldoende water drinkt om de spijsvertering te ondersteunen.

Bij een survivalsituatie die langer duurt, verschuiven je prioriteiten. Je moet op

In dit hoofdstuk LEER JE...

- Hoe je **lekker** kookt op **hete stenen...**
- Hoe je van een **colablikje** een **vishengel** maakt...
- Dat **gitaarsnaren** ook hun **goede kanten** hebben...
- Hoe je een **hagedis stropt** en een **eekhoorntje stroopt...**
- Dat er vele **manieren** zijn om een **konijn te villen...**
- Welke **larven** naar **gebakken eieren** smaken...
- Hoe je **vogels** in de **val laat lopen...**

een gegeven moment voedsel vinden om in leven te blijven. Het verschil tussen voedsel niet als prioriteit zien en te laat beginnen met voedsel zoeken is maar klein, dus wacht er niet mee tot je al je energie verbruikt hebt. Voedsel verzamelen in de wildernis vereist behalve kennis van zaken en een dosis geluk ook veel inspanning!

Bedenk altijd dat het zoeken van voedsel minder energie moet kosten dan het oplevert. Als het andersom is, heeft het geen enkele zin.

RICHT JE IN EERSTE INSTANTIE op voedsel dat gemakkelijk te vinden is.

- **Planten** rennen er niet vandoor en zolang er voldoende in je omgeving te vinden zijn, hoef je geen honger te lijden. Check altijd of ze eetbaar zijn; als je ziek wordt van een giftige plant, ben je nog verder van huis.
- **Vissen** kost relatief weinig energie: als de lijnen en vallen eenmaal zijn uitgezet, hoef je er verder weinig meer aan te doen. Vis is bovendien eiwitrijk en gemakkelijk te bereiden.
- **Insecten, reptielen en amfibieën** zijn in principe eetbaar, maar spendeer niet meer energie aan het jagen dan dat ze opleveren. Veel insecten, slangen en amfibieën zijn weliswaar giftig, maar je kunt ze gebruiken als lokaas voor vissen en grotere zoogdieren.
- **Vogels en zoogdieren** hebben zo hun eigen overlevingsstrategieën en zijn vooral in afgelegen gebieden erg schuw. Heb je toch een dier weten te vangen, dan moet je het doden, plukken of villen en vervolgens bereiden.

"Het zoeken van **voedsel** moet meer energie **opleveren** dan **het kost**"

WILD BEREIDEN

IN DE WILDERNIS is het verstandig al je voedsel eerst te koken, zodat schadelijke bacteriën worden gedood. De voedingswaarde vermindert maar het komt de smaak en verteerbaarheid zeker ten goede.

GEVONDEN VLEES
Snijd het vlees van een dier dat je dood gevonden hebt altijd in kleine stukjes en kook het minstens een halfuur. Raak het niet aan als je wondjes aan je handen hebt.

KOKEN OP OPEN VUUR

Verhit het water boven grote vlammen en laat het vuur daarna kleiner worden zodat je op de gloeiende houtskool kunt koken (blz. 121). Rijg het vlees aan een spit van groen hout en rooster het boven het vuur tot het door en door gaar is.

KOKEN EN SUDDEREN

Bij het koken van voedsel blijven de vetten en sappen in het water achter. Drink het kookvocht op zodat je alle voedingsstoffen binnenkrijgt, tenzij er gifstoffen in het voedsel zaten.

DAMPERBROOD

Dit gistvrije brood werd oorspronkelijk gebakken door Australische cowboys.

1. Kneed bloem en water tot een soepel deeg. Doe er wat zout bij en maak er een lange rol van.

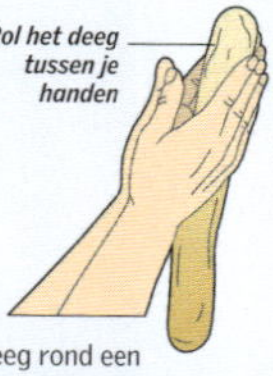

2. Wikkel de rol deeg rond een stok en houd die al draaiend boven de gloeiende houtskool. Het brood wordt bruin en schuift gemakkelijk van de stok als het gaar is.

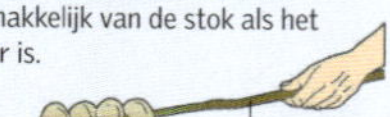

VOEDSEL STOMEN

Door groenten en vis te stomen in plaats van te koken blijven de voedingsstoffen beter bewaard. Bladgroenten zijn al na een paar minuten gaar. Om voedsel te stomen moet je het boven kokend water hangen.

BAMBOE STOOMBUIS

Bamboestengels zijn hol en hard en opgebouwd uit segmenten. Neem een stuk van drie segmenten en prik met een scherpe stok vanaf de bovenkant gaatjes in de bovenste twee tussenschotjes. Laat het onderste intact. Giet er water in tot het onderste segment vol is en duw voedsel in het bovenste. Sluit de stoombuis bovenaan af met wat gras en een stukje bamboe. Zet de buis tegen een gevorkte stok boven het vuur.

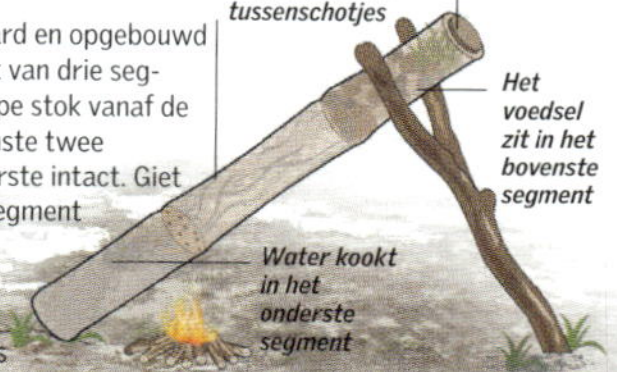

KOKEN IN KLEI

Als je in klei kookt, heb je verder geen kookgerei nodig. Uiteraard moeten dieren worden schoongemaakt en ontdaan worden van hun ingewanden, maar de kleipakking doet de rest. Als het vlees gaar is, blijven huid, graten en veren in de zachte klei achter. Wikkel vis en groenten eerst in bladeren als je de waardevolle voedingsstoffen van de huid en de schil wilt behouden.

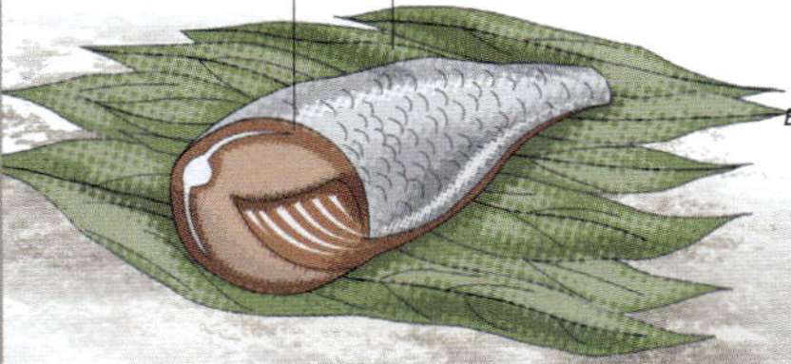

1 Verpak het eten in verse groene bladeren en bind het pakketje dicht met lange grasssprieten. Gebruik alleen blad van niet-giftige planten.

2 Sluit het pakketje rondom af met een gelijkmatige laag zachte klei.

3 Leg het kleipakket op de hete kolen en bouw er een klein vuurtje bovenop. Afhankelijk van de hoeveelheid duurt het garen 30 tot 60 minuten. Breek de klei open en haal het gare voedsel eruit.

KOKEN OP HETE STENEN

Het duurt even voor stenen opgewarmd zijn, maar eenmaal op temperatuur houden ze de hitte lang vast. Daardoor kun je er prima op bakken en braden. Bedek het voedsel met hout of berkenschors om het gaarproces te bekorten. Gebruik alleen niet-poreuze stenen. Je kunt ook hete stenen in een kuil leggen met daarop het eten en wat bladeren. Gooi de kuil dicht en graaf het voedsel weer op als het gaar is.

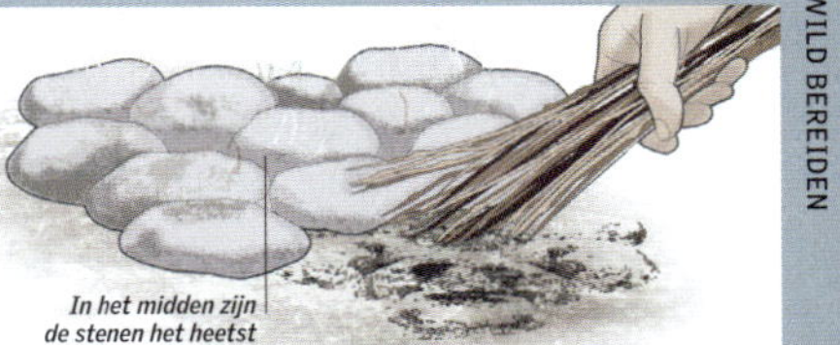

2 Veeg de houtskoolresten en de as van de stenen. Denk om je handen, want de stenen zijn erg heet!

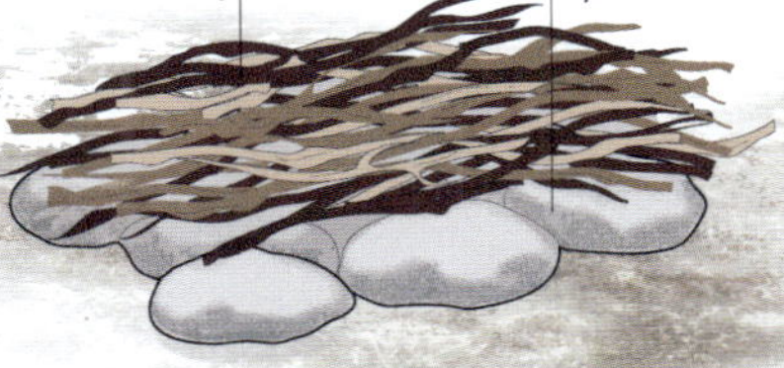

1 Leg een aantal grote, platte stenen bij elkaar. Stook er een vuur van droge takjes bovenop en laat dit helemaal opbranden terwijl je het eten voorbereidt.

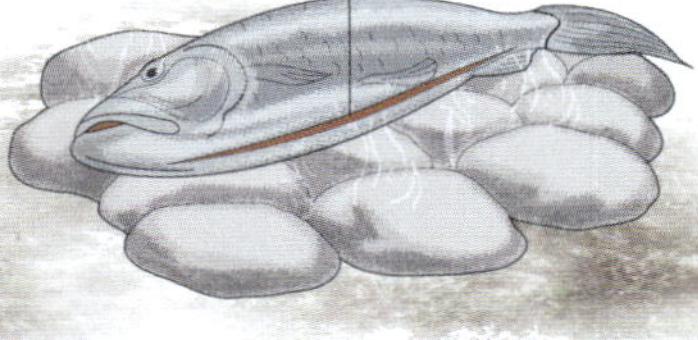

3 Leg het rauwe voedsel op de stenen. De heetste stenen liggen in het midden, dus leg eten dat langzaam moet garen aan de rand. Bak zoveel je kunt zolang de stenen heet zijn.

EETBARE PLANTEN

IN EEN KORTSTONDIGE SURVIVALSITUATIE is voedsel van ondergeschikt belang. Het kost veel tijd en energie om het te vinden en je loopt altijd het risico dat je de verkeerde planten eet. In een langdurige survivalsituatie echter is je kennis van eetbare planten van levensbelang.

PAS OP!

De universele eetbaarheidtest (onder) gaat niet op voor paddenstoelen. Eet nooit paddenstoelen als je niet 100% zeker bent dat je elk afzonderlijk exemplaar kunt identificeren. Nog niet zo lang geleden kwam een Britse vrouw om het leven doordat er een giftig paddenstoeltje tussen de champignons bleek te zitten.

PLANTEN VERZAMELEN

Neem een tas mee tijdens het verzamelen en zorg dat je de geplukte planten niet plet. Pluk niet te veel verschillende soorten, om het risico op oneetbare of giftige planten te beperken. Voer de universele eetbaarheidtest uit om te checken of een plant eetbaar is of niet, tenzij je absoluut zeker weet met welke plant je te maken hebt. Dat een konijntje aan een plant knabbelt, houdt niet automatisch in dat het gewas geschikt is voor menselijke consumptie!

WORTELS OPGRAVEN

Wortels en knollen zitten boordevol koolhydraten en de schil bevat vitaminen. In het voorjaar zijn de bijbehorende plantjes moeilijk te identificeren, dus let goed op.

1 Snijd een stok van hardhout (eik), slijp een uiteinde tot een beitel en verhard die in het vuur.

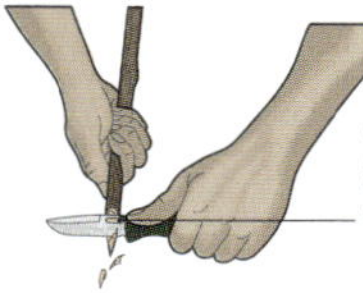

2 Steek de stok in de grond naast de plant. Wroet de aarde los en trek de plant met wortels en al uit de grond.

UNIVERSELE EETBAARHEIDTEST

Met deze test kun je controleren of een plant eetbaar is of niet. Ben je in een groep, wijs dan per plant één testpersoon aan. Zorg dat er volop drinkwater is en dat je een vuur kunt maken (kader rechts). De proefpersoon mag 8 uur voor de test niets eten. Test de planten een voor een, en elk onderdeel van de plant (wortel, blad, steel, knop, vruchten) afzonderlijk. Test de plant zoals je hem gaat eten: gekookt of rauw. Het onderzoeken van planten die niet in ruime mate voorhanden zijn, heeft weinig zin. Verzamel ook geen planten met melkachtig of schuimend sap, of felgekleurde planten: felle kleuren zijn in de natuur een waarschuwingssignaal!

1 Inspecteer de plant: hij moet er vers en gezond uitzien. Stinkende planten en planten met een amandel- of perzikgeur (cyaankali!) vallen af, net als slijmerige planten.

2 Wrijf een stukje van de testplant langs de binnenkant van je pols of elleboog. Is er na een kwartier nog geen zwelling, irritatie, prikkeling of uitslag te zien, ga dan verder met stap 3.

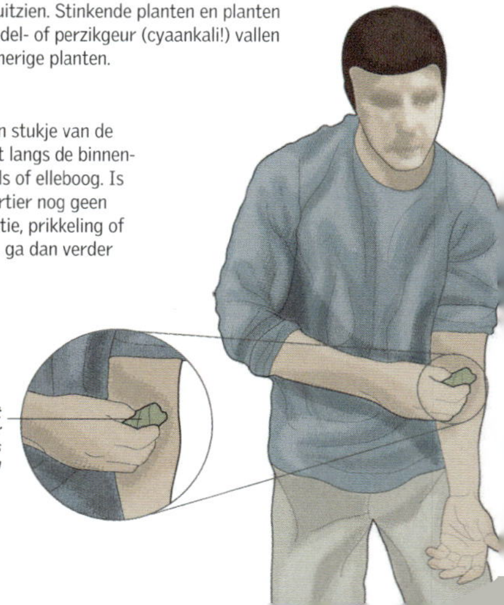

NAALDENTHEE

De naalden van groenblijvende bomen (den, spar) bevatten veel vitamine A en C. Je kunt er een verkwikkend en mogelijk levensreddend kopje thee van zetten.

1 Neem voor elk kopje thee twee theelepels naalden. Kneus ze met een steen.

2 Schenk kokend water op de naalden en laat het mengsel 10 minuten trekken. Houd de thee warm en roer af en toe.

3 Schenk de thee door een schone doek in een beker of blik. Voeg als je hebt suiker of honing toe.

3 Raak met de plant je mondhoek aan en wacht 10 minuten. Als er geen reactie volgt, houd dan de plant even tegen je tong en je lip. Wacht een kwartier. Volgt er weer geen reactie, ga dan verder met stap 4.

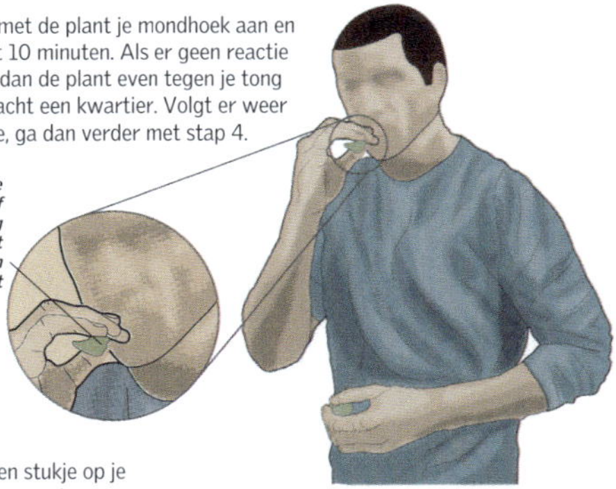

4 Leg een stukje op je tong en wacht een kwartier. Kauw erop en houd het stuk nogmaals een kwartier in je mond. Volgt er geen reactie, slik het dan door en wacht 8 uur. Verder niets eten, alleen volop water drinken.

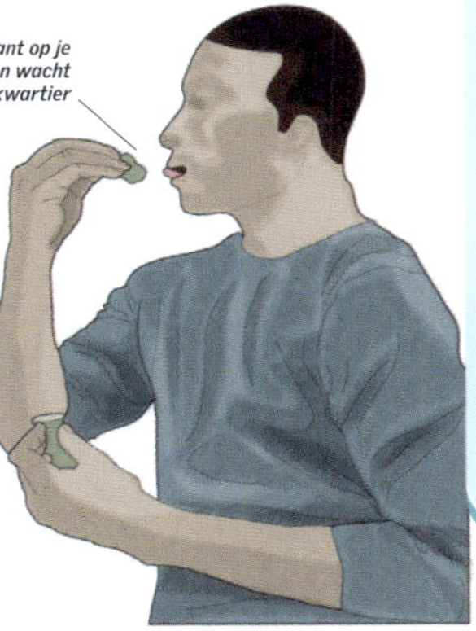

5 Blijft een reactie uit, eet dan enkele eetlepels van de bereide plant en wacht wederom 8 uur. Als er dan nog steeds niets gebeurt, is de plant eetbaar. Stop je niet meteen helemaal vol, maar eet er regelmatig kleine beetjes van.

WAT TE DOEN BIJ AFWEERREACTIES

Volgt er tijdens de test een lichamelijke reactie, doe dan het volgende:

- Stop de test onmiddellijk.
- Eet niets anders tot de symptomen verdwijnen.
- Spoel bij externe reacties de huid grondig af.
- Wek – als de reactie volgt na het opeten – braakneigingen op door zout water te drinken of een vinger in je keel te steken.
- Drink veel warm water (vandaar dat je voldoende water en een brandend vuur bij de hand moet hebben).
- Schraap een theelepel houtskool van een stuk brandhout en vergruizel het. Maak er met water een papje van en slik het door. Als je niet gaat braken, zal de houtskool de boosdoener neutraliseren.
- Slik een dik papje van witte houtas en water tegen eventuele buikpijn.

Als de testpersoon niet reageert:

Wek geen braakneiging op. Haal medische hulp en houd het slachtoffer nauwlettend in de gaten.

VIS VANGEN

VISSEN KUN JE OP allerlei manieren vangen: in een net, aan een haakje of met een speer, of met je blote handen. Bestudeer de vissen en hun voedingspatroon om te bepalen wat de beste methode is. Sommige vistechnieken zijn illegaal, en mogen alleen in uiterste nood worden gebruikt.

AAS EN LOKAAS

Vissen gaan af op de geur van hun favoriete voedsel, dus varieer het lokaas. Roofvissen komen af op bewegend aas, zoals een worm aan een haak. Een stukje glimmend metaal, een veer of een stukje stof kan als kunstvlieg fungeren waarmee je het gedrag van een insect op het water kunt nabootsen.

VISUITRUSTING

Je visuitrusting kun je samenstellen uit alle mogelijke materialen. In je survivalkit zitten vissnoer en haakjes, maar je kunt ook improviseren, bijvoorbeeld met een stok als hengel.

EEN MOLENTJE MAKEN

Een leeg frisdrankblikje kan uitstekend dienst doen als molentje. Bind een stuk touw aan het lipje en wikkel het rond het blikje tot er nog 60 cm over is. Hang een haakje, een dobber en wat loodjes aan het uiteinde. Houd de bovenkant van het blik in je ene hand en de dobber in de andere. Gooi de dobber uit en wijs hem na met de onderzijde van het blik. Heb je beet, geef dan een rukje aan de lijn en wikkel hem om het blikje terwijl je de vis naar je toe trekt.

GEÏMPROVISEERDE HAAKJES

Spijkers, naalden, veiligheidsspelden en ijzerdraad kunnen allemaal dienst doen als vishaakje. Ook de natuur biedt mogelijkheden in de vorm van doorns, hardhout, kokosnootschil, bot, graten en schelpen. Heb je geen vissnoer, gebruik dan paratouw (blz. 136) of draai een vislijn van natuurlijke materialen (blz. 138).

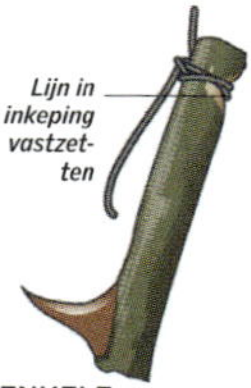

ENKELE DOORNHAAK
Snijd een takje af van 2,5 cm met een scherpe doorn. Bind het vissnoer aan de inkeping..

MEERDERE DOORNHAKEN
Bind drie sterke doorntakjes aan elkaar met vissnoer. Kerf de stokjes in en bind de lijn er strak omheen.

HOUT OF BOT
Snijd van een bot- of hardhoutsplinter een scherpe pijl en bind hem aan een takje.

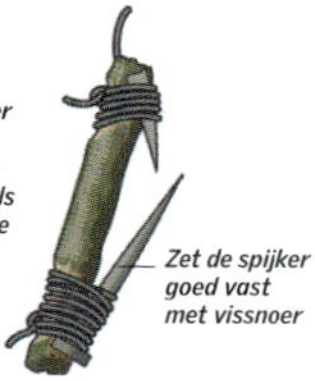

SPIJKER
Druk de kop van een spijker in een inkeping van een stukje hardhout en bind hem goed vast.

VEILIGHEIDSSPELD
Haal het veiligheidskapje weg en buig de scherpe punt tot een haak. Bind de haak aan de vislijn.

EEN VISHAAK VERWIJDEREN

Probeer nooit een vishaak te verwijderen die diep in je vlees zit. Knip de lijn zo dicht mogelijk bij het haakje door, leg iets op de scherpe uiteinden en wind er een verband om. Zoek zo snel mogelijk medische hulp en let op tekenen van infectie. Ben je op jezelf aangewezen, verwijder de haak dan als volgt:

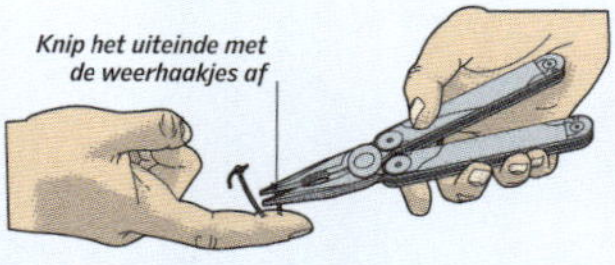

1. Steken de weerhaakjes door je huid, knip ze dan af met een tang. Zo niet, druk de haak dan verder door tot je ze ziet en knip ze af.

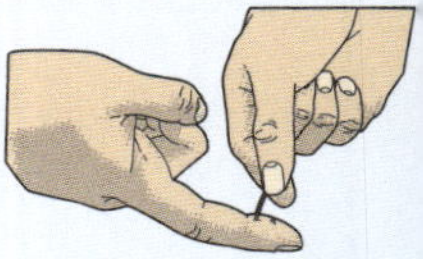

2. Trek de haak vervolgens aan het oogje langzaam terug uit de wond. Maak de wond schoon en dek hem af.

SOORTEN AAS

Levend aas:
- Wormen en slakken
- Krekels, kevers en sprinkhanen
- Maden en rupsen
- Kikkers, ook grote kikkervisjes
- Kleine visjes (voor grote vis)

Niet-levend aas:
- Slachtresten: vlees, ingewanden, genitaliën
- Noten, kleine vruchten
- Brood, kaas, pasta

LOKAAS

Maak een haakje en bind er een vislijn aan. Hang vlak boven de haak een felgekleurde veer. Beweeg het lokaas langzaam over het wateroppervlak.

DOBBERS EN LOODJES

Een dobber zorgt ervoor dat de haak op de juiste diepte blijft hangen en een loodje dat het haakje niet afdrijft. In je survivalkit horen loodjes te zitten die je zo om de lijn dichtdrukt, maar ook met kiezeltjes kom je een heel eind. Als de dobber onder water verdwijnt, heb je beet.

EEN DOBBER MAKEN

In de natuur vind je allerlei materialen voor dobbers, bijvoorbeeld schors of een rozenbottel (zie onder). Je kunt een vogelveer kaalplukken en de uiteinden van de gebogen pen aan elkaar binden.

1 Doorboor met een naald of een doorn het hart van de rozenbottel.

2 Steek het vissnoer door het gaatje. Heb je geen vissnoer, gebruik dan dun touw.

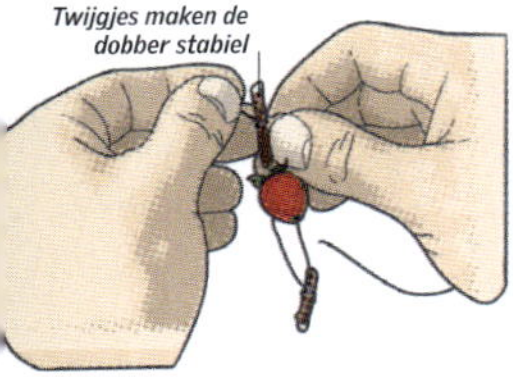

3 Bind boven en onder de rozenbottel een twijgje om te voorkomen dat de dobber langs de lijn glijdt.

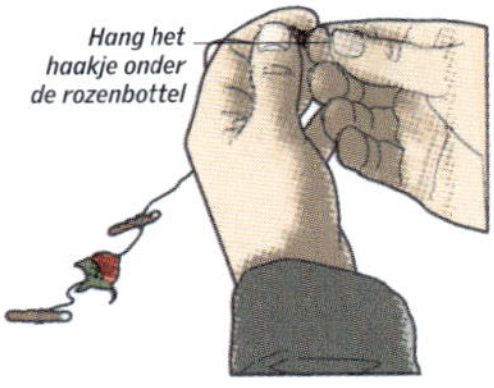

4 Bevestig de haak (hier een aangepaste veiligheidsspeld) op de juiste lengte onder de dobber. Heb je een loodje, hang dat dan onder de haak.

HENGELEN

Hoe meer haakjes, des te groter de kans op succes. De methoden hieronder zijn passief – zet ze uit en laat de haakjes de rest doen.

ZELFINHALENDE LIJN

Als de vis bijt, wordt de borg losgetrokken en zal de gebogen hengel omhoog schieten. De lijn trekt met een ruk strak en de vis zit aan de haak.

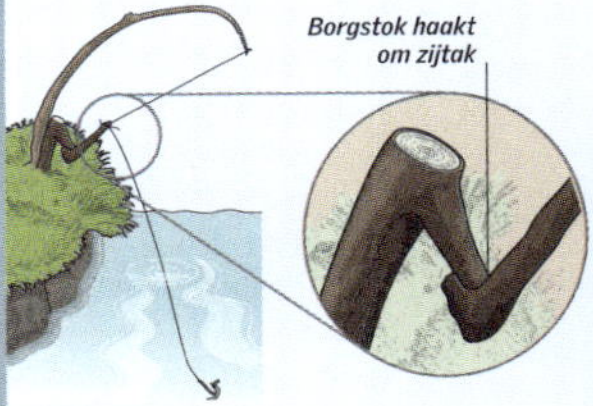

IJSVISSEN

Controleer of het ijs dik genoeg is (5 cm) om je gewicht te dragen. Hak een wak van 30 cm doorsnee boven het diepste deel van het meer.

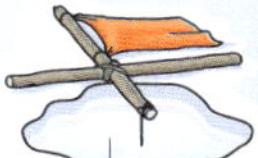

1 Bind een vislijn (met haak en aas) aan een kruis van stokken. Maak er een vlag aan vast.

2 Als je beet hebt, draait het stokkenkruis en zie je de vlag.

NACHTVISSEN

De kans op succes neemt toe als je vissen uit verschillende diepten lokt. Bind een steen aan het einde van een vislijn en zet het andere eind vast aan de oever. Hang haakjes met levend aas op verschillende plekken aan de lijn en gooi hem uit. Laat de lijn de hele nacht hangen.

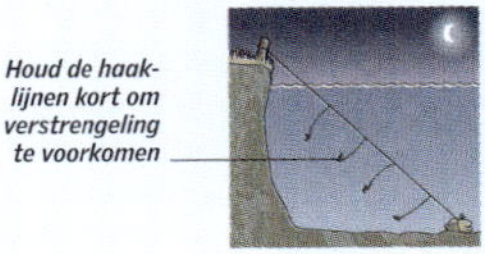

NETTEN, VALLEN EN HARPOENEN

Als je een uitgezette vislijn niet regelmatig controleert, kan een grotere vis ervandoor gaan met de vis die je aan de haak had geslagen. In een survivalsituatie zijn netten en vallen beter, omdat je ze kunt uitzetten en er vervolgens geen omkijken naar hebt.

PAS OP!
Fijnmazige netten en vallen zijn in veel landen illegaal. Gebruik ze alleen in noodgevallen.

EEN SCHEPNET MAKEN

Vissen die te klein zijn om te harpoeneren kun je beter vangen met een schepnet. Ga op zoek aan de randen van riviertjes en meren, of in rotspoelen. Het schepnet maak je van een gespleten of gevorkte tak en een muskietennet. In plaats van een muskietennet kun je ook een hemd, T-shirt of panty's gebruiken.

1 Maak twee kleine sneetjes in de zoom van het muskietennet of het textiel. Steek de twee uiteinden van de takvork door de openingen.

2 Snijd de zoom van het resterende deel open op de plek waar de vorkuiteinden elkaar raken. Vouw de randen om de vork en bind ze weer vast.

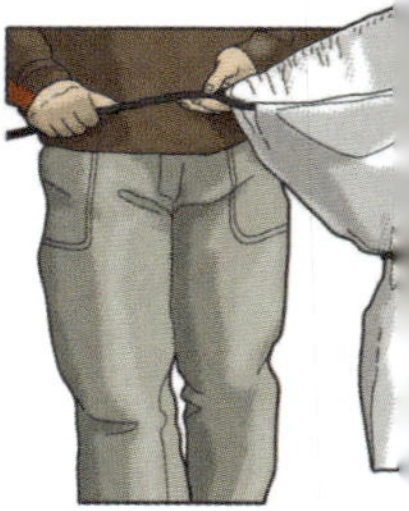

3 Bind het net aan de onderzijde dicht (boven eventuele hals- en armopeningen!) en knip het overtollige textiel weg of keer het net binnenstebuiten.

EEN FIJNMAZIG NET MAKEN

Met een staand net vang je relatief gemakkelijk vis die stroomopwaarts of stroomafwaarts zwemt. Het net mag niet langer in de rivier staan dan strikt noodzakelijk, omdat er vissen en dieren van allerlei formaten in blijven hangen of gewond kunnen raken. Knoop het net van paratouw of zelfgemaakt touw (blz. 136-139).

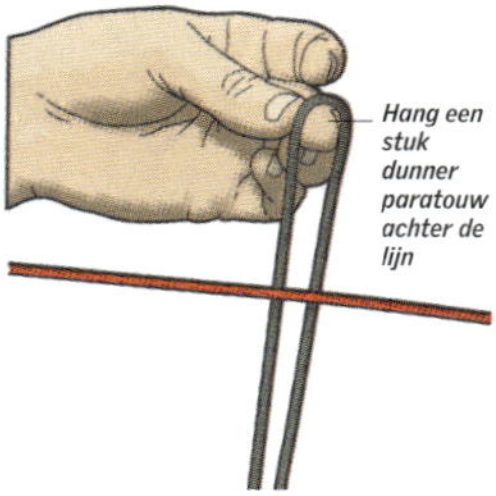

1 Span een stuk paratouw tussen twee bomen. Pak een dunner stuk gesplitst paratouw, doe het dubbel en houd de lus achter de lijn.

2 Neem de twee uiteinden van het dunnere koord in je andere hand, haal ze onder de lijn door en er weer overheen door het lusje.

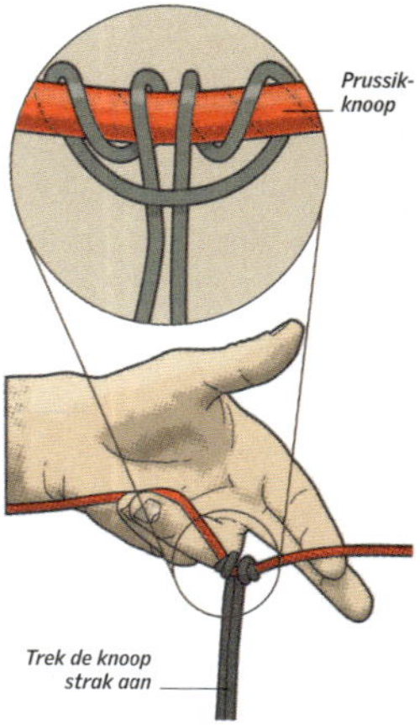

3 Trek de knoop aan. Doe hetzelfde om de 4 cm met andere dunne stukken paratouw, tot het net in wording de gewenste breedte heeft.

EEN HARPOEN MAKEN

Het kost tijd, geduld en oefening om een vis aan een harpoen te rijgen. Houd de punt onder water zodat de vis niet schrikt. Mik vlak voor je doelwit en steek de harpoen met een felle beweging in de vis. Een simpele puntige harpoen is snel gemaakt.

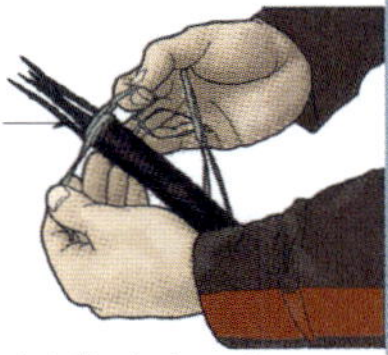

2 Steek de takjes in de grotere tak en bind ze vast. De verbinding moet het gewicht van de vis kunnen dragen.

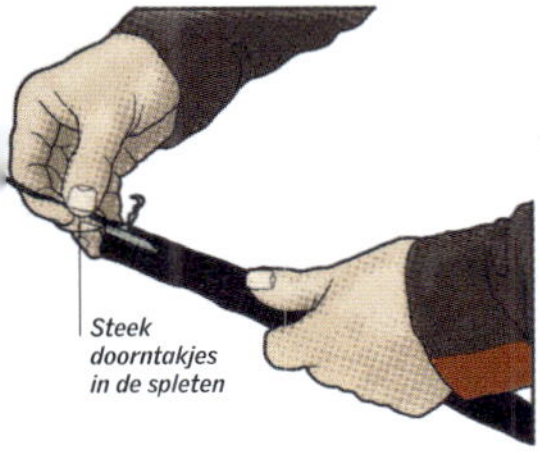

1 Verzamel wat korte, sterke, doornige takjes. Zoek een langere rechte tak en snijd diepe spleten in de kopse kant.

3 Beschadig de doornhaken niet door tijdens het vissen over de bodem te schrapen. Haal de gespietste vis binnen met een net.

4 Knoop horizontaal steeds twee naast elkaar hangende touwen van een verschillend paartje aan elkaar met een overhandse knoop (blz. 143).

- Bij de tweede horizontale rij knoop je de touwtjes aan het touw aan de andere kant, bij de derde rij ga je terug naar het eerste touw en zo verder tot het net klaar is.

5 Hang de lijn tussen twee bomen of palen aan weerszijden van de rivier. Laat het net 15 cm onder het wateroppervlak zakken.

- Met dit soort netten kun je overigens ook vogels vangen.

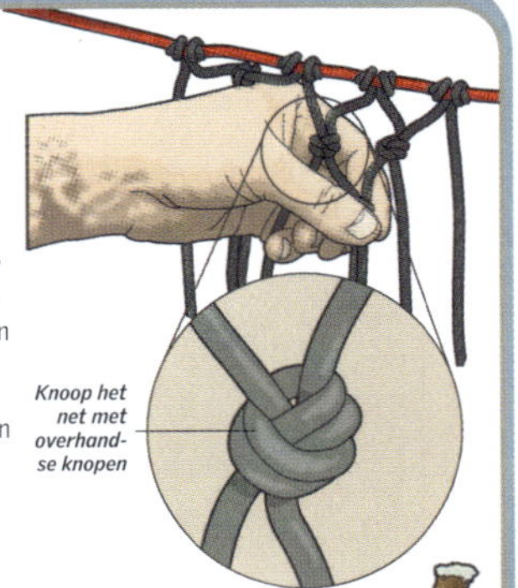

VALLEN

Een val kun je van verschillende materialen maken. Met stenen bouw je een muur onder water en van takken en touw kun je een mand vlechten. Ook van niet-natuurlijke objecten als flessen kun je een val maken. Kleine visjes kun je in de val als aas gebruiken voor grotere vissen.

FUIK

Met een grote plastic fles kun je kleine vissen vangen. Snijd de fles vlak onder de hals door en steek de hals omgekeerd terug. Smelt met een hete naald gaatjes in de fles, zodat hij volloopt en zinkt. Leg aas in het onderste deel, bind de losse delen aan elkaar en leg de fuik in de rivier. Kijk regelmatig of er wat in zit en vul zo nodig het aas bij.

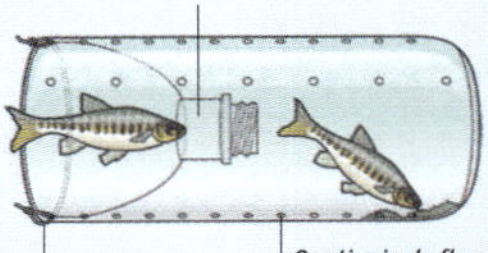

ENKELWANDIGE VAL

Ligt je kamp vlak bij een getijdenrivier, dan kun je een damval bouwen. Zoek bij hoog tij een geschikte plek en bouw het muurtje bij laag tij. De vis blijft achter in de val wanneer het tij opnieuw zakt.

VIS BEREIDEN

ALLE ZOETWATERVIS is eetbaar, maar door de aanwezigheid van parasieten en bacteriën kun je ze alleen veilig eten na verhitting. Zoutwatervissen kun je rauw eten, maar ze smaken beter na bereiding. Eet nooit vis die vies ruikt of waarvan de kieuwen bleek zijn, de ogen verzonken liggen of het vel los zit.

PAS OP!
Raak je ogen niet aan wanneer je met vis bezig bent. In het slijm kan een bacterie zitten die een pijnlijke oogontsteking veroorzaakt (conjunctivitis). Heb je wondjes aan je handen, dek die dan af voor je de vis aanraakt. Was al het slijm van je handen als je klaar bent.

HYGIËNE

Direct na het vangen zou je de vis moeten doden en, nadat je de ingewanden verwijderd hebt, bereiden en opeten. Vis bederft namelijk snel, vooral in warme klimaten. Het slijmerige vel is een broedplaats van bacteriën en vliegen. In koude streken blijft gevangen vis 12 uur goed, wat het vissen een stuk eenvoudiger maakt.

VIS FILEREN

Bij het fileren verwijder je de onderdelen van de vis die snel bederven. Probeer zoveel mogelijk eetbare delen over te houden. Van de graten en de kop kun je voedzame visbouillon trekken. Doe dit direct, bewaar de bouillon koel en drink hem binnen een paar uur op. Van sommige vissen kun je de graten beter pas verwijderen als ze gekookt zijn.

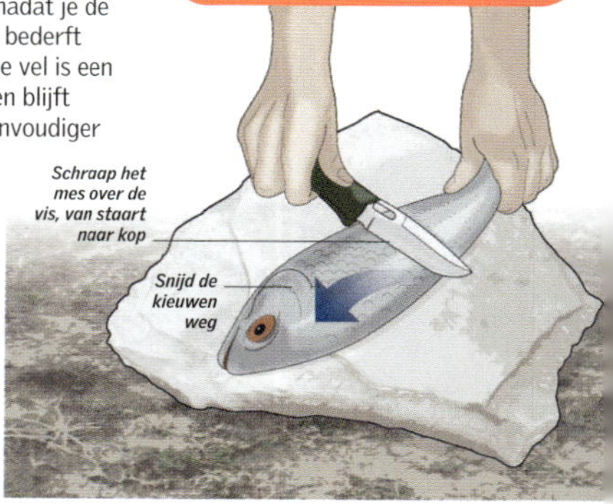

1 Dood de vis en snijd de keel open. Snijd de kieuwen af en veeg het slijm weg zodat je meer grip hebt.

- Vissen hoef je niet te villen; het vel zit juist vol voedingsstoffen. Uitzonderingen zijn paling en meerval (zie kader hiernaast).

2 Je kunt vis met schubben en al koken, maar als je genoeg tijd hebt kun je ze beter weghalen, vooral als ze groot zijn. Je loopt anders de kans dat je je erin verslikt.

- Pak de vis bij de staart en schraap de schubben met het mes van de vis, te beginnen bij de staart. Nooit naar je toe schrapen!

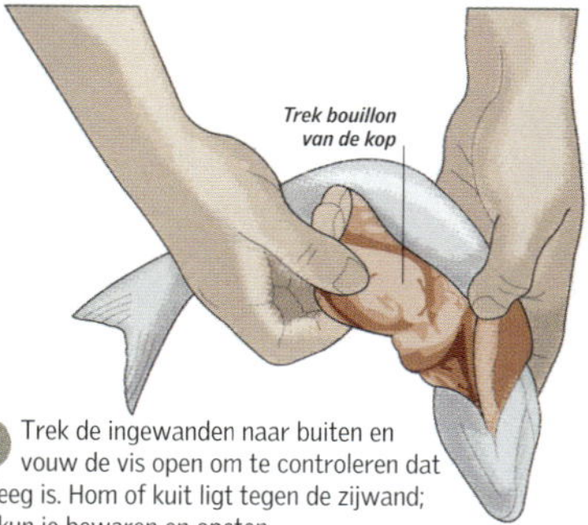

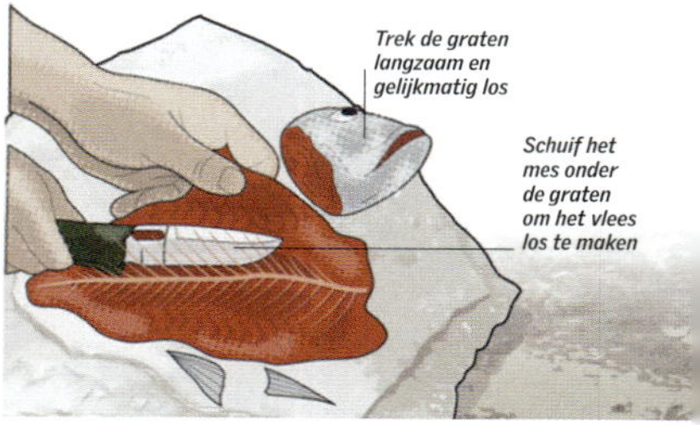

4 Trek de ingewanden naar buiten en vouw de vis open om te controleren dat hij leeg is. Hom of kuit ligt tegen de zijwand; die kun je bewaren en opeten.

- Was de vis van binnen en van buiten.

5 Snijd kop, staart en vinnen af. Vouw het lijf verder open en schuif het mes onder de graten om ze los te maken, beginnend bij de kop. Gebruik je handen als de graten te glibberig worden.

- Doe hetzelfde met de graten aan de andere kant.

KLEINE VIS

Visjes van minder van 15 cm hoef je niet te fileren. Haal de ingewanden eruit en grill, bak of rooster ze in hun geheel. De kop en de staart voorkomen dat de vis uit elkaar valt.

VIS AAN HET SPIT

Kleine visjes aan het spit vormen een smakelijk en voedzaam maaltje dat je snel kunt bereiden boven gloeiende houtskool. Rijg de visjes (baarsjes bijvoorbeeld) aan een groene tak en rooster ze.

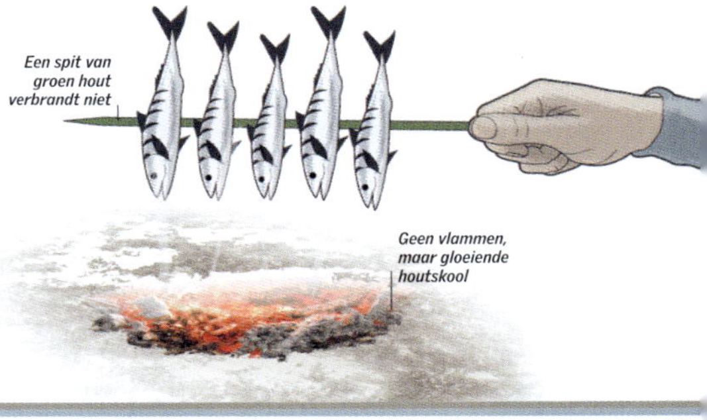

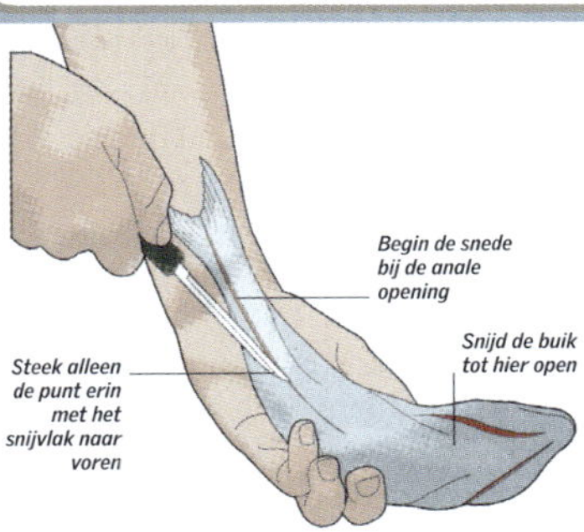

3 Houd de vis met de buik naar boven en de staart naar je toe. Steek de punt van een scherp mes (met het snijvlak naar voren) in de anale opening en snijd de buik open tot aan de keel. Zo beschadig je de organen niet.

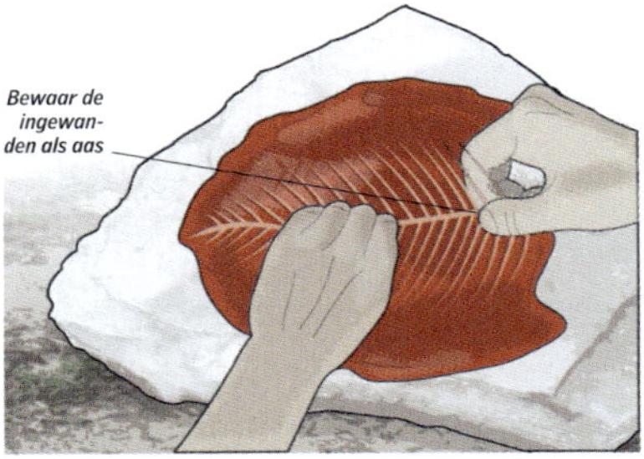

6 Scheid met de punt van je mes de ruggengraat van het vlees. Trek de graten in hun geheel los.

- Verwijder achtergebleven graatjes met een pincet of een klein tangetje.

VIS VILLEN

Paling en meerval smaken uitstekend, maar ze moeten wel gevild worden. Verwijder de ingewanden zoals hiernaast beschreven of volg stap 3 hieronder. Meerval heeft een kraakbeenskelet; het vlees kun je kruislings tot biefstukjes snijden.

1 Steek een tak door beide kieuwen en leg de tak op twee gevorkte staanders.

- Snijd het vel achter de kop rondom door.
- Doe hetzelfde rond de vinnen.

2 Maak het bovenste randje vel los van de kop en trek de huid naar beneden.

- Pak de huid stevig met beide handen beet en trek gelijkmatig. Is de vis erg groot, snijd de huid dan overlangs in repen.

3 Haal de vis van de stok en breek de rug. Als je nu de kop eraf trekt, komen de ingewanden mee.

- Snijd staart en vinnen weg.

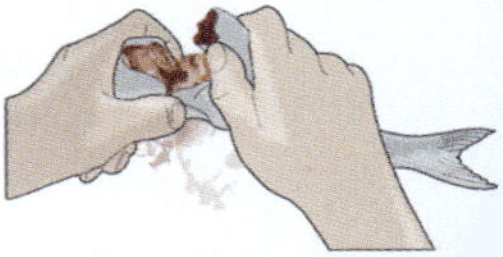

EXTREME SURVIVAL - SCHIPBREUK

BENODIGDHEDEN

- Reddingsvlot, zwemvest, survivalpak
- Waterhouders
- Zonnefilter/osmosepomp
- Locatiebaken (PLB) en VHF-radio
- EHBO-kit, zonnebrandmiddel, zonnebril
- Zaklamp, batterijen
- Kompas, kaart, GPS
- Survivalkit, commandomes
- Mobieltje/satelliettelefoon
- Poncho/bivakzak

IN 1972 WIST DE FAMILIE ROBERTSON 38 dagen in leven te blijven in een piepklein reddingsbootje op de Stille Oceaan. Het uit 5 personen bestaande gezin was al 18 maanden onderweg op een tocht rond de wereld toen hun schip, de Lucette, water begon te maken en uiteindelijk zonk. Ze overleefden dit drama dankzij een combinatie van ervaring, improvisatievermogen en geluk.

De houten schoener was op 27 januari 1971 vertrokken uit Falmouth (Engeland), met vader Dougal aan het roer. De bemanning bestond uit zijn vrouw Lynn en de kinderen Anne, die op de Bahama's van boord zou gaan, Douglas en de tweeling Neil en Sandy. Tot aan de Caribische Eilanden ging alles goed, maar op 300 km ten westen van de Galapagoseilanden sloeg het noodlot toe. De boot werd aangevallen door een groep orka's en even later zat er een groot gat in de romp van het schip.

'DE BOOT WERD AANGEVALLEN DOOR EEN GROEP ORKA'S'

Lucette begon snel te zinken en er was geen tijd om een noodsignaal via de radio te verzenden. Razendsnel werden de reddingsboot en opblaasbaar vlot te water gelaten. Met een geïmproviseerd zeil zette het gezin koers naar de Doldrums, een gebied met veel regen. De nooduitrusting bestond uit 10 liter water, uien, sinaasappelen, brood met extra vitamines, glucose, vier vishaken, visdraad, een verbandkistje, een keukenmes en 8 vuurpijlen. Ze vingen regenwater op in een stuk zeildoek en de gevangen vis werd rauw opgegeten of gedroogd in de zon en bewaard voor later.

Na 16 dagen was het vlot zo beschadigd dat iedereen aan boord van het reddingsbootje ging. De resten van het vlot werden gebruikt als beschutting voor de zon en om regen in op te vangen. Met behulp van de wind en de stroming voeren ze noordoostwaarts in de richting van Midden-Amerika. De aanwezige voorraad werd zorgvuldig gerantsoeneerd voor een periode van 3 weken, zodat ze voldoende energie zouden overhouden om uiteindelijk door de branding te kunnen roeien. Gelukkig voor hen kwam het niet zo ver. Op 23 juli werden ze gered door een Japanse vissersboot, die hun vuurpijlen had opgemerkt.

ACTIEPLAN

DREIGT GEVAAR? +

NEE JA

- Als je met een groep bent: kijk of iemand je hulp nodig heeft
- Breng alles in gereedheid om het schip te kunnen verlaten. Zet koers in de richting van land of drukke scheepsroutes
- Verdeel de taken
- Check of zwemvesten en reddingsvlotten klaarliggen

Prioriteiten:
Zinkend schip – Regel drinkwater, locatiehulpen, protectie tegen het weer en tegen verdrinken
Dieren – Plons niet wild in het water, dat trekt haaien aan
Verwondingen – stabiliseren en eerste hulp verlenen

BEOORDEEL JE SITUATIE
Blz. 234-235

WORD JE GEMIST OF WEET IEMAND WAAR JE BENT?

NEE JA

Als niemand je mist of weet waar je bent, probeer dan op alle mogelijke manieren een noodoproep te verzenden

Als iemand je mist, wordt er waarschijnlijk al een reddingsoperatie op touw gezet

KUN JE CONTACT OPNEMEN?

NEE JA

Je moeten zien te overleven tot je gevonden wordt of aan land komt

Als je mobiel kunt bellen, onmiddellijk de situatie en je locatie doorgeven. In serieuze noodgevallen je PLB (persoonlijke locatiebaken) gebruiken

KUN JE HIER OVERLEVEN?*

NEE JA

Laat alle reddingsvlotten neer. Verlaat het schip zo rustig mogelijk en probeer droog op een vlot te komen. Gebruik reddingslijnen voor mensen die te water raken en volg de instructies op die op de binnenkant van de vlotten staan afgedrukt

Gebruik de survivalprincipes: Protectie, Locatie, Water, Voedsel

ZOEK EEN ANDERE LOCATIE*

BLIJF WAAR JE BENT**

DOEN

- Gooi het zeeanker uit om niet af te drijven
- Inventariseer de voorraden en stel rantsoenen vast
- Installeer de osmosepomp of het zonnefilter (drinkwater)
- Bescherm jezelf tegen de elementen: zon, wind en opspattend zout water
- Als er geen vlot is, vorm dan een compacte groep met de kinderen in het midden. Neem als je alleen bent de SOS-positie in
- Improviseer zo veel mogelijk drijfhulpen: plastic zakken, lege flessen, samengeknoopte kleding of wat dan ook

NIET DOEN

- Het verbindingstouw met het schip doorsnijden voordat het gaat zinken. Redders gaan op zoek naar het schip
- Zeewater drinken. Je droogt er alleen maar meer van uit
- Eten zonder te drinken. Vis bevat veel eiwitten, die alleen samen met water verteren

NIET DOEN

- Tabletten tegen zeeziekte vergeten in te nemen. Je droogt uit en raakt gedemotiveerd als je moet overgeven
- Vergeten om je survivaluitrusting steeds bij je te dragen en te controleren of iedereen ermee overweg kan
- De redders tegenspreken als ze arriveren. Volg hun aanwijzingen strikt op, ze weten waar ze mee bezig zijn

DOEN

- Hulpdiensten op de hoogte stellen van je situatie en zo veel mogelijk informatie doorgeven
- Zwemvesten en survivalkleding klaarleggen voor het geval je het schip moet verlaten
- Zorgen dat je weet hoe je met je survivaluitrusting moet omgaan en locatiehulpen bij je steken (vuurpijlen, fluitje, plastic waterflessen)
- Zorgen dat redders veilig aan boord kunnen komen (losse rommel verwijderen, zeilen klaar om te reven in verband met helikopterlanding)
- Voorraad inventariseren en rantsoeneren

\+ Redders gaan eerst op zoek naar het schip, dus blijf zo mogelijk aan boord. Gebruik alles wat voorhanden is en verzamel een uitgebreide survivaluitrusting.
* Als je niet kunt overleven waar je bent maar je ook niet kunt verplaatsen (verwondingen), concentreer je dan alleen op het verkrijgen van hulp.
** Als je situatie verandert, bijvoorbeeld doordat je afdrijft naar een locatie waar je kunt overleven, handel dan opnieuw volgens dit actieplan.

VALLEN ZETTEN

IN EEN SURVIVALSITUATIE is elk dier een potentiële prooi. Je kunt op jacht gaan, maar het zetten van vallen is gemakkelijker en kost minder energie en die energie kun je dan weer voor andere dingen gebruiken. De eenvoudigste val is een strik.

ANDERE MATERIALEN

Gitaarsnaren zijn erg geschikt, maar je kunt ook een strik maken van natuurlijke materialen.

EEN STRIK MAKEN

Er zijn kant en klare strikken te koop van staaldraad, compleet met een oogje voor de strop en een lus die als bevestiging kan dienen. Maar meestal zit er alleen maar een gewoon stuk koperdraad in je survivalkit, waarmee je zelf aan de slag moet.

1 Vlecht de draad tot een koord van de benodigde sterkte (kader hieronder).

- Laat de draad onder een stok tussen je voeten doorlopen en bevestig beide uiteinden aan een ander stokje.
- Draai het bovenste stokje rond tot de draden een koord vormen en haal de stokjes weg.

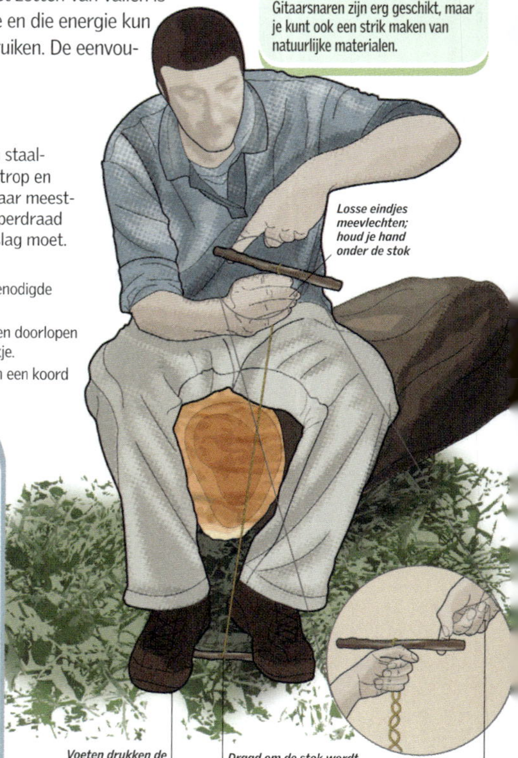

VERSCHILLENDE STERKTES

Het ijzerdraad uit je survivalkit is meestal niet sterk genoeg voor een strik. Als je er een koord van draait, kun je de sterkte verdubbelen of verviervoudigen.

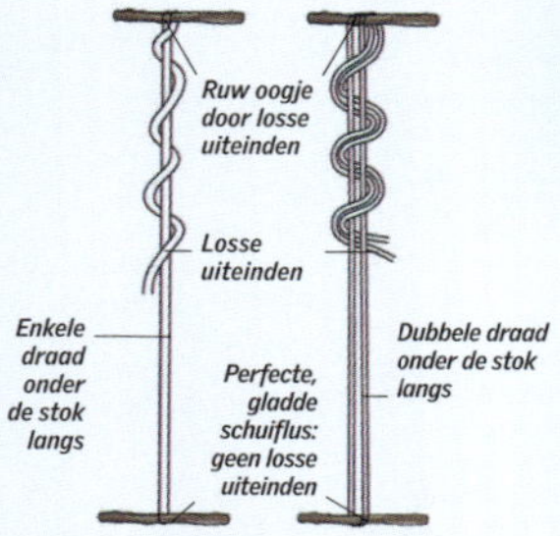

TWEE DRADEN
Een dubbele draad voor dieren ter grootte van een eekhoorn

VIER DRADEN
Vier ineengevlochten draden voor dieren ter grootte van een konijn

EEN KONIJN SLACHTEN

Tenzij je een expert bent, moet je niet proberen de nek van het konijn te breken door aan zijn kop en zijn poten te trekken. Je trekt dan de heupen uit de kom en doet het dier nodeloos pijn. De beste methode is met een stok op de achterkant van de nek slaan, dan hoef je het dier ook niet beet te pakken met het risico van krab- en bijtwonden.

KIJK EN LUISTER

Eerst moet je bepalen wat voor soort dier je wilt vangen. Je moet dus weten wat voor dieren er in de omgeving voorkomen en waar je ze kunt vinden. Prooidieren zijn schuw en laten zich niet gemakkelijk vangen, dus je moet vakkundig te werk gaan. Zoek op de grond en in de bomen naar eventuele sporen. Goed luisteren is ook belangrijk: vaak kun je een dier niet zien, maar wel horen.

ZOEK NAAR:

- Pootafdrukken, sporen en wildpaden
- Uitwerpselen
- Aangevreten en geplette vegetatie
- Natuurlijke water- en voedsellocaties
- Holen, legers en schuilplekken

EEKHOORNPAAL

Bevestig meerdere strikken (dubbele draad; diameter ca. 8 cm; uiteinde ca. 30 cm) aan een lange paal, de onderste op ca. 60 cm hoogte. Als er een eekhoorn vast zit, eerst afwachten: andere eekhoorns zullen komen kijken wat er aan de hand is.

2 Om een strop te maken haal je het ruwe oogje door de gladde schuifllus. Niet andersom, want het ruwe oogje heeft losse eindjes die in de vacht kunnen blijven haken en daardoor het dichttrekken van de strik verhinderen.

- Maak met een Prusikknoop (blz. 210) een stuk touw vast aan het ruwe oogje.

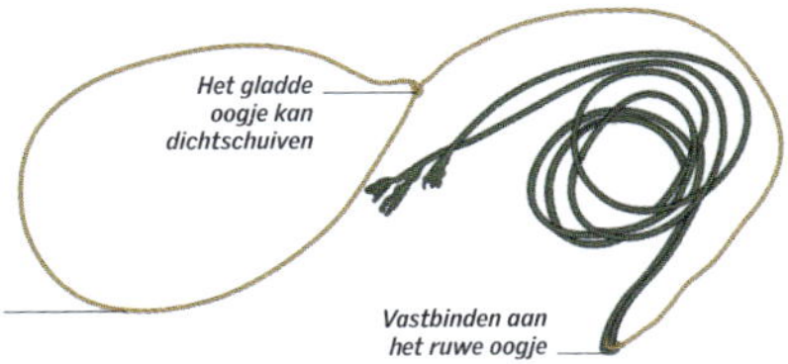

3 Begraaf de strik en laat hem een paar uur zo liggen of houd hem in het vuur om hem dof te maken en de geur van mensen te maskeren.

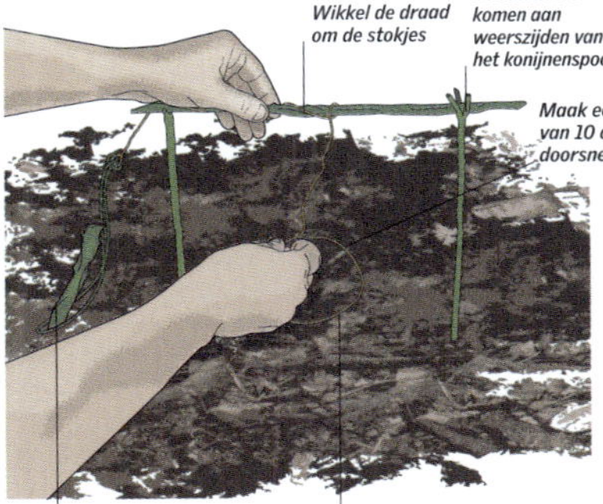

4 Raak de strop zelf niet aan en ga er niet op staan, want dan ruikt hij weer naar mensen. Camoufleer de strik met takjes etc. en gebruik natuurlijke materialen om het dier naar de val te leiden:

- Maak van hulst of andere stekelplanten aan weerszijden van de strik een trechtervormige barrière.
- De barrière zorgt ervoor dat het dier naar de val wordt geleid.

WAPENS EN TECHNIEKEN

Een speer is het gemakkelijkste wapen om te maken en te hanteren. Als je voldoende tijd en materialen hebt kun je ook andere wapens maken, maar daar zul je meer mee moeten oefenen. Ook het leren van andere technieken, bijvoorbeeld om insecten te vangen, kan nuttig zijn.

WERPSTER

Met een werpster heb je vier keer zoveel kans om een prooi te raken als met een speer en zelfs als geen van de scherpe punten het dier treft, zal het verdoofd raken door de klap. Houd de werpster onder handbereik, zodat je hem snel kunt gebruiken.

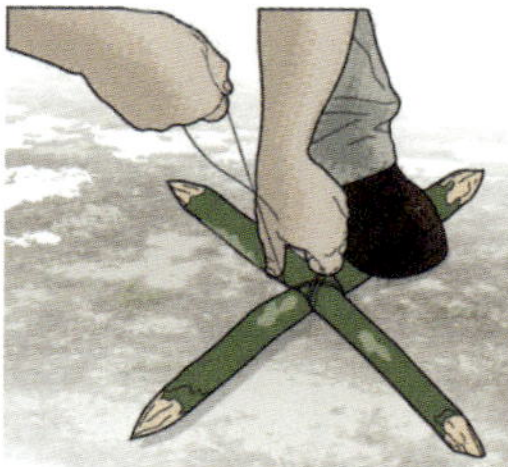

1 Zoek twee stokken van ca. 5 cm dik en 45 cm lang. Snijd wat hout weg in het midden en maak er scherpe punten aan.

2 Maak een kruisverbinding door de uitsparingen op elkaar te leggen en vast te binden met parakoord of natuurlijke materialen.

3 Vanuit een staande positie kun je harder gooien. Mik op de poten van de prooi.

GEVORKTE SPIES

Met een gevorkte spies kun je kleine prooidieren in hun holen verschalken. Als je het dier voelt, draai je de stok tot hij in de vacht vastzit en trek je hem voorzichtig naar buiten.

KATAPULT

Geschikt voor kleinere dieren. Snijd een gevorkte tak af en maak aan de uiteinden van de vork een inkeping. Steek het elastiek uit je survivalkit (blz. 60-61) door een stukje leer of plastic en bevestig het bij de inkepingen aan de vork. Leg een kiezelsteen in het leertje, trek het elastiek naar achteren en mik op de prooi.

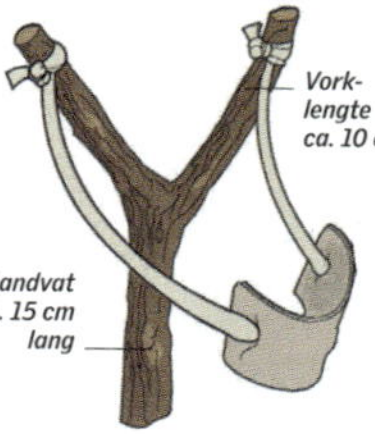

STOKSTRIK

Zeer geschikt voor het vangen van hagedissen, langzaam lopende dieren en slapende vogels. Met een ruk aan de stok trek je de strik van ijzerdraad of gevlochten touw (blz. 216-217) dicht om de nek van het dier. Besluip de prooi langzaam en geruisloos.

LARVEN OP BESTELLING

Mieren leven in kolonies en de meeste soorten zijn gewapend tegen indringers. Ze bijten venijnig of spuwen een bijtend zuur om zich te verdedigen, maar als je behoedzaam te werk gaat, heb je binnen de kortste keren een voedzame maaltijd. In de noordelijke gematigde streken kun je met de onderstaande techniek de larven van de bosmier bemachtigen. De mieren komen ze zelf brengen als je hun nest verstoort, maar verniel het niet helemaal.

MIEREN À LA CARTE

Gebakken mierenlarven smaken net als garnalen en ook de volwassen exemplaren zijn prima te eten. In Colombiaanse bioscopen verkoopt men de gebakken achterlijven zelfs als hartige snacks.

1. Leg een stuk zeildoek in de zon, vlak bij het nest. Schep het nestmateriaal met de mieren en de larven op het zeil.
2. Leg een paar stokken langs de rand van het zeil en vouw het naar binnen. De mieren slepen de larven nu naar de schaduw.
3. Na een tijdje vouw je het zeil weer open en raap je de larven op. Mierenlarven lijken op dikke korrels witte rijst.

INSECTEN VANGEN

Veel vliegende insecten zijn eetbaar, maar lastig te vangen. Kruipende insecten zoals mieren (zie boven) en termieten vormen een voedzame maaltijd als je er voldoende kunt verzamelen.

TERMIETEN HENGELEN

Termieten komen voor in de tropen en de subtropen. De meeste soorten wonen in grote bouwwerken van aarde en speeksel. Als een vreemd voorwerp de heuvel binnendringt, vallen ze aan met hun indrukwekkende kaken.

1. Haal de bast van een lange, rechte stok en duw hem langzaam in de termietenheuvel.
2. Trek de stok langzaam terug en veeg de termieten in een klaarstaande pan.

MOTTEN EN NACHTVLINDERS

Nachtelijke insecten komen op licht af. Span een wit laken tussen de boomtakken en bevestig de onderkant met houten pennen aan de grond, boven een bak water. Hang een zaklamp achter het laken: de insecten vliegen tegen het laken en vallen.

KLEINE ZOOGDIEREN SLACHTEN

ALS EEN WARMBLOEDIG DIER dood is, gaan vlooien en luizen op zoek naar een andere gastheer. Laat het karkas dus een tijdje afkoelen in de schaduw voordat je ermee aan de slag gaat. Als je het te veel laat afkoelen, wordt het lastiger je prooi te villen.

> **PAS OP!**
> Hazen, konijnen en andere knaagdieren kunnen besmet zijn met tularemie, een ook voor mensen levensgevaarlijke aandoening. Draag handschoenen als je op je handen een schram of iets dergelijks hebt of bedek je handen met een laag zeepschuim. Was je handen als je klaar bent. De bacterie wordt vernietigd door hitte, dus het vlees helemaal gaar koken. De konijnenziekte myxomatose is voor mensen onschuldig.

KONIJNEN EN SOORTGELIJKE ZOOGDIEREN

De onderstaande methode is van toepassing op alle bontdragende zoogdieren die ongeveer het formaat van een konijn hebben. Voordat je gaat slachten, moet je eerst de urine verwijderen door het dier bij de voorpoten te pakken en met knijpende bewegingen je andere hand van de borst naar de darmen te bewegen. Let op dat de straal urine van je af spuit. Snijd alle geurklieren weg, want die bederven de smaak. Je vindt ze meestal in de oksels en rondom de anus. Bij stinkdieren extra zorgvuldig te werk gaan!

ONTWEIEN

Gooi niets zomaar weg. De ingewanden van het dier kun je bijvoorbeeld als aas gebruiken om te vissen. Organen voorzichtig verwijderen en niet opeten als ze bleek of vlekkerig zijn. De lever bevat veel vitamines en mineralen en hoeft niet lang gekookt te worden. Eet hem zo vers mogelijk, maar haal wel eerst de galblaas weg. De nieren liggen meestal ingebed in een vetlaag en zijn daardoor een rijke voedingsbron.

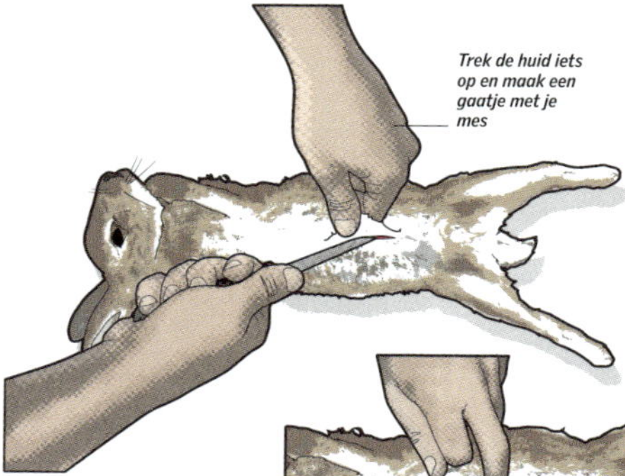

1. Leg het dier op zijn rug en met de kop naar je toe op wat dennentakken of een andere schone ondergrond. Maak met je mes een gaatje in de buik, maar pas op dat je de ingewanden niet beschadigt.

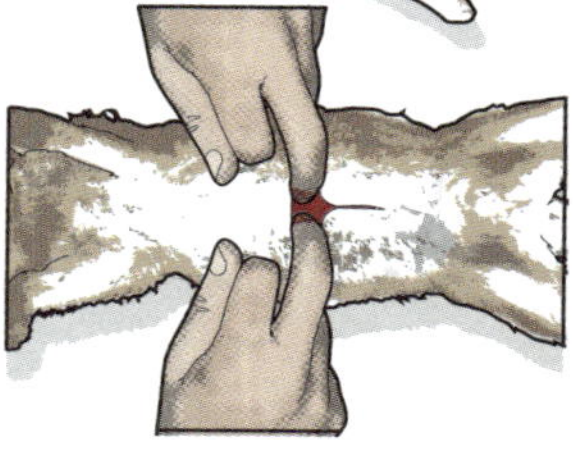

2. Trek de huid naar opzij en duw een vinger van elke hand in de opening

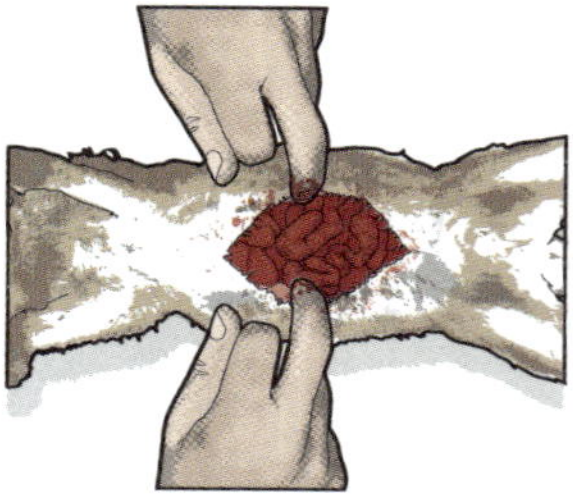

3. Scheur de buik open en verwijder de ingewanden. Haal ook het hart, de lever en de nieren weg en was je handen voordat je gaat villen.

> **PAS OP!**
> Konijnen zijn prima voedsel, maar het vlees bevat weinig vet en vitamines. Als je alleen maar konijn eet, gebruikt je lichaam zijn eigen vetreserves en mineralen om het te verteren. Wanneer die niet aangevuld worden, krijg je diarree en voel je je zwak en hongerig. Ga je dan nog meer konijn eten, dan wordt alles nog erger en kun je zelfs verhongeren. Je moet je dieet aanvullen met vetten en plantaardig voedsel.

VILLEN

Ga voorzichtig te werk, vooral als je de huid later nog wilt gebruiken, bijvoorbeeld om handschoenen van te maken. Om de huid te conserveren hang je hem opgerekt in de zon of vlak bij je kampvuur. Als je de huid inwrijft met houtskool, gaat het proces sneller.

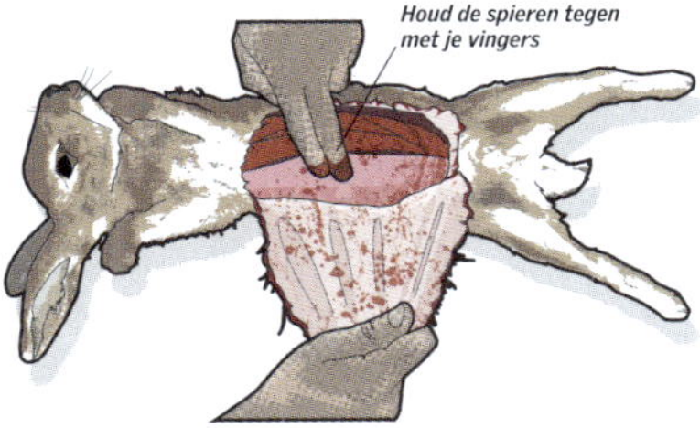

1 Begin bij de buik: maak de huid los van de spieren rondom de buikholte. Trek de huid verder zijwaarts open tot aan de rug en doe hetzelfde aan de andere kant. Dit gaat gelukkig gemakkelijker dan het klinkt.

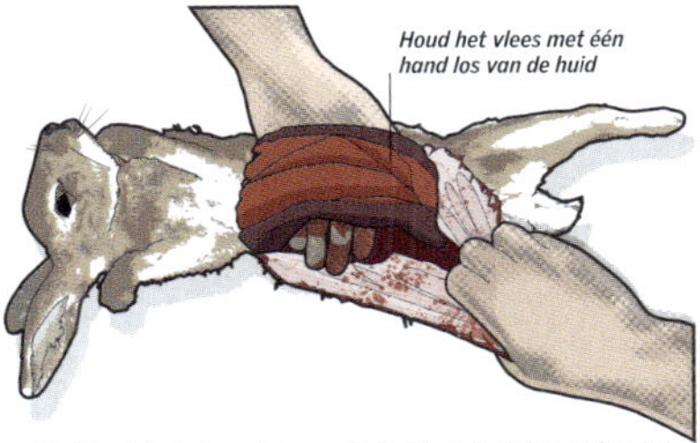

2 Houd het vlees los van de huid en trek het vel met je andere hand over de poten; eerst over de ene poot, dan over de andere. Bij de staart zit het vel nu nog vast, dus die moet je afsnijden, net als de geurklieren.

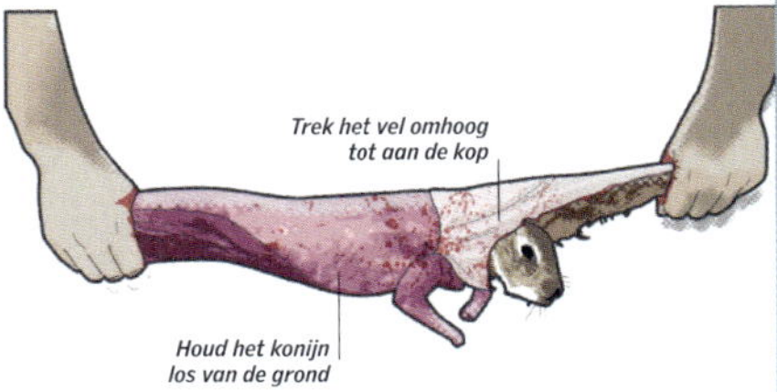

3 Houd het konijn bij de achterpoten vast en trek het vel verder tot over de nek. De voorpoten komen vanzelf los. Snijd de kop af en was het karkas om achtergebleven stukjes vacht te verwijderen.

AFSTROPEN

De beste manier om een konijn of een soortgelijk dier te villen zonder dat het vuil wordt, is het beestje aan de achterpoten ophangen en het vel afstropen. Bind de poten aan een sterke tak.

- Als je geen mes hebt, breek dan het onderste deel van een voorpoot af. Met de scherpe botrand kun je snijden.
- Ontwei het kadaver. Snijd de huid rondom alle poten door en ook de huid tussen de achterpoten.
- Trek het vel naar beneden tot aan de kop.
- Snijd de kop af of trek desgewenst de huid ook over de kop.

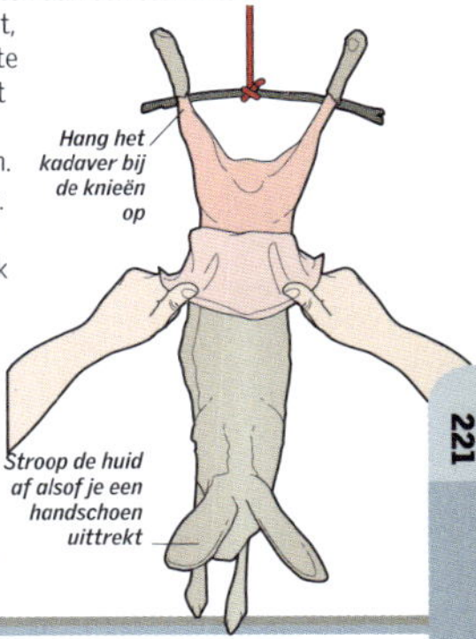

EEN EEKHOORN VILLEN

Eekhoornvlees is mals en smakelijk. Als je de eekhoorn gevild hebt, kun je hem aan het spit rijgen en in zijn geheel roosteren boven een vuurtje. Je kunt hem ook klein snijden en stoven. Een grote eekhoorn is genoeg voor twee maaltijden.

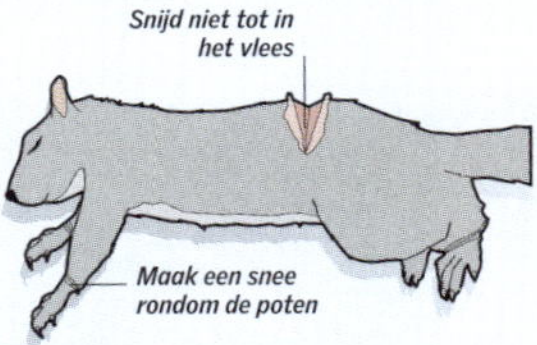

1 Ontwei de eekhoorn (zie hiernaast). Snijd de huid rondom de poten weg en maak een snee door de huid van de rug.

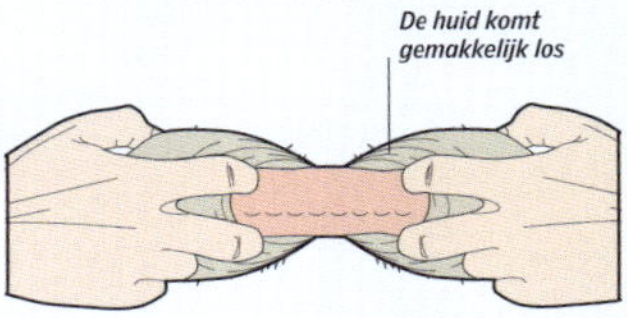

2 Steek twee vingers van elke hand in de snee en verwijder de huid. Was het vlees tot het vrij van haren is.

GROTERE ZOOGDIEREN SLACHTEN

ALLE GROTE ZOOGDIEREN zijn eetbaar, maar je moet wel oppassen. De levers van ijsberen en bepaalde zeehonden bevatten levensgevaarlijke doses vitamine A en veel wilde dieren hebben parasieten, bijvoorbeeld ringwormen. Om besmetting te voorkomen moet je zorgen dat het vlees altijd helemaal gaar is.

PAS OP!
Het wild is misschien nog niet dood als je het benadert en gewonde dieren zijn doorgaans erg agressief. Raak met een stok of met de loop van je geweer de ogen aan. Als het dier alleen maar bewusteloos is, zal het met de ogen knipperen. Vil en slacht het dier ter plekke. De geur van vers bloed trekt roofdieren en aaseters aan, die je niet bij je kamp wilt hebben.

SLACHTEN

Het optillen van grote dieren als herten kost veel energie, dus als je alleen bent, leg je het dier voor je op de grond. Als je met meerdere mensen bent, kun je de prooi beter aan de spronggewrichten van de achterpoten ophangen. Het karkas bloedt dan beter leeg en je kunt het gemakkelijker villen en ontweien. Hang het aan een tak of maak een frame.

LEEG LATEN BLOEDEN

Laat het dier eerst leegbloeden, dan blijft het vlees vers en smaakt het beter. Bovendien koelt het kadaver dan sneller af. Snijd de keel door van oor tot oor en laat het bloed wegstromen. Bloed is rijk aan vitamines en mineralen (zout!), dus vang het op en gebruik het voor een stoofschotel. Bewaar het bloed op een koele plaats en zorg dat er geen vliegen bij kunnen komen.

VILLEN

Als je de huid nog wilt gebruiken, kun je het dier beter eerst villen en dan pas ontweien. Snijd de buikzijde open van keel tot staart, om de genitaliën heen. Snijd vervolgens de poten open, vanaf de hoeven naar de buik. Trek nu de huid los met behulp van je mes. Als je op de grond slacht en de huid niet nodig hebt, kun je hem gedeeltelijk vast laten zitten tot je helemaal klaar bent.

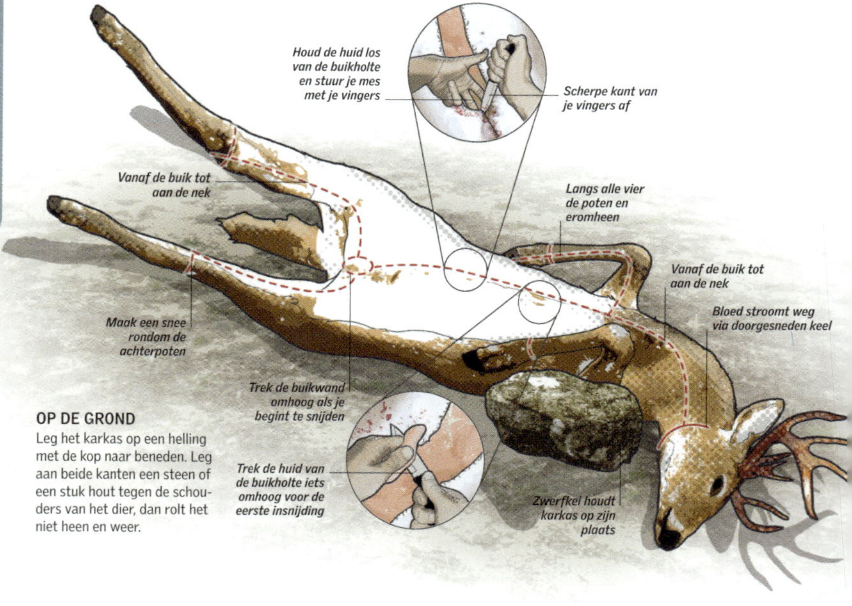

OP DE GROND

Leg het karkas op een helling met de kop naar beneden. Leg aan beide kanten een steen of een stuk hout tegen de schouders van het dier, dan rolt het niet heen en weer.

ONTWEIEN

Bij het ontweien hieronder gaan we ervan uit dat het dier op zijn rug ligt. Inspecteer na afloop het hart, de lever en de nieren. Als er wormen of parasieten in zitten, moet je ze niet eten. Een gevlekte lever wijst op ziektes; gooi in dat geval alle organen weg en kook het vlees door en door gaar.

1 Trek om de organen intact te laten de buikwand ter hoogte van het borstbeen iets naar boven en maak een incisie waar je met je vingers in kunt.

- Snijd met de scherpe kant van het mes richting anus en dan eromheen. Stuur het mes met je vingers.

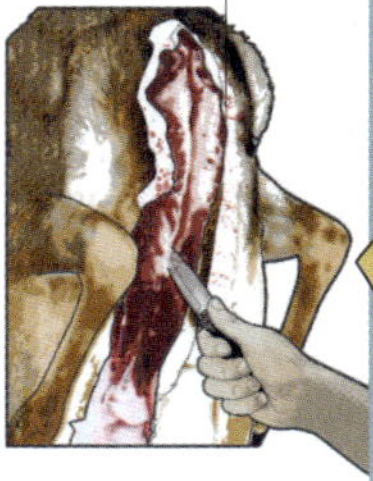

2 Open de borstholte door het borstbeen en de borstspieren door te snijden, of beter nog te zagen.

3 Snijd het diafragma door, dit is het spierweefsel dat de scheiding vormt tussen de borstholte en de ingewanden. Snijd zo diep mogelijk, tot op de ruggengraat.

- Haal de lever weg, maar beschadig de gal niet.

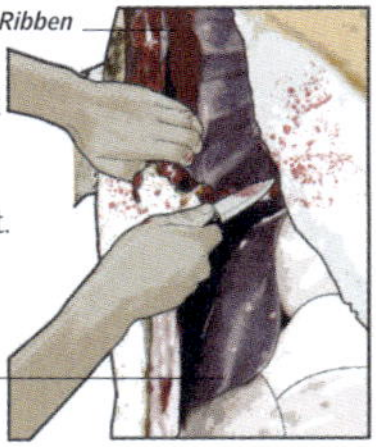

4 Snijd in de borstholte de luchtpijp en de slokdarm door. Houd ze vast met een hand en trek met je andere hand de organen als één geheel naar buiten.

- Controleer of er niets in de anus is achtergebleven. Duw je vingers erdoor als je geen daglicht ziet.

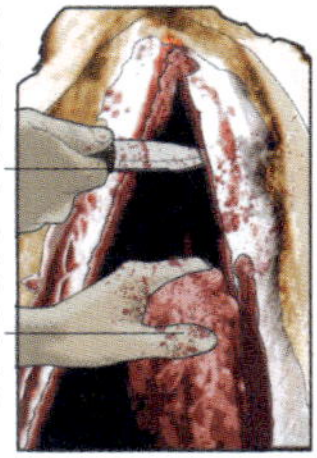

INGEWANDEN MEENEMEN

Neem als het even kan de ingewanden, klieren en geslachtsdelen in een luchtdichte container mee naar je kamp. Gebruik ze als lokaas in vallen of om mee te vissen. Het vet rondom de ingewanden kun je als bakboter gebruiken.

UITBENEN

Groot wild moet in kleinere porties verdeeld worden om het naar je kamp te kunnen vervoeren. Als je het ter plekke uitbeent, hoef je alleen maar het vlees mee te dragen. Wikkel het ergens in of stop het in een plastic tas en bewaar het zo koel mogelijk. Elk dier is natuurlijk weer anders, maar aan de achterkant zitten altijd de biefstukken en het voedzaamste vlees.

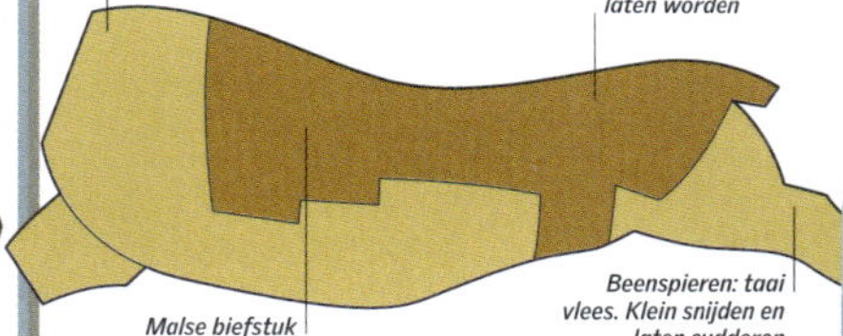

DE HUID

Een gedroogde huid is erg licht en kan dienst doen als deken of als kleding. Je kunt er ook repen van snijden om een zweep van te maken. De pezen kun je als touw gebruiken (blz. 140).

EEN HUID PREPAREREN

Span de huid over een frame en schraap alle achtergebleven vlees- en vetresten weg met een scherpe steen of een bot. Haal de hersenen uit de schedel en kneed er met warm water een dikke brij van. Smeer vervolgens het goedje op de haarloze kant van de huid en laat hem 24 uur drogen. Alle zoogdieren hebben toevallig precies genoeg hersenen om hun eigen huid te prepareren, behalve de buffel.

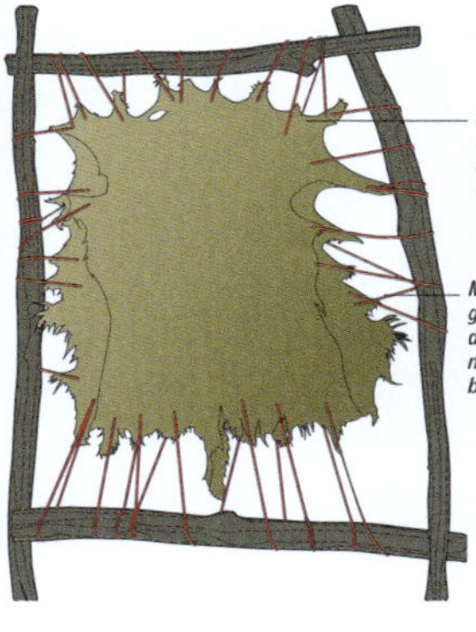

ANDERE DIEREN BEREIDEN

ELK DIER LEVERT IN PRINCIPE voedingsstoffen, dus ook ongewervelde dieren, reptielen en amfibieën. Ze komen overal voor en zijn relatief gemakkelijk te vangen. Op een dieet van reptielen en amfibieën kun je prima overleven!

WORMEN EN SLAKKEN

Naaktslakken eten giftige planten en zijn daardoor niet geschikt voor consumptie. Huisjesslakken moet je altijd eerst 24 uur laten vasten of op een veilig dieet van bijvoorbeeld wilde knoflook zetten om ze te ontgiften. Je kunt ze koken in water of op de gloeiende sintels van je kampvuur leggen tot het sap uit het huisje borrelt. Nooit waterslakken eten of slakken met een lichtgekleurd huis, want die zijn giftig. Aardwormen zijn zonder uitzondering allemaal eetbaar, zowel rauw als gekookt. Leg ze eerst een tijdje in water tot ze inwendig schoon zijn.

VOEDSEL IS VOEDSEL

Larven en sprinkhanen zijn misschien niet je favoriete hoofdgerecht, maar in een survivalsituatie kun je niet kieskeurig zijn. In sommige culturen gelden ze trouwens als een delicatesse, mits op een speciale manier bereid. Als je een dier absoluut niet lust, hak het dan in mootjes en maak er een stoofschotel van.

EETBARE INSECTEN

Insecten bestaan grotendeels uit eiwitten en zijn daardoor erg voedzaam. Eet geen harige, felgekleurde of vies ruikende insecten en larven. Ook geen volwassen exemplaren van soorten die steken of bijten, behalve mieren en honingbijen. De meeste insecten kun je rauw eten, behalve als ze een hard schild hebben zoals kevers.

KREKELS EN SPRINKHANEN

Deze springers hebben grote gespierde achterpoten en smaken uitstekend. Eet geen felgekleurde exemplaren. Verwijder de voelsprieten, de vleugels en de voetjes en rooster ze om eventuele parasieten te doden.

RUPSEN EN LARVEN

De larven van de cossidae (nachtvlinders) zijn de favoriete lekkernij van de Aboriginals in Australië. Geroosterd in hete as smaken ze net als gebakken eieren, maar je kunt ze ook rauw eten. Voor rupsen geldt hetzelfde.

Grote witte larven: rijk aan eiwitten en calcium

REPTIELEN EN AMFIBIEËN

Alle kikkers van het geslacht Rana (blz. 292-293) zijn eetbaar, maar je moet ze wel eerst villen voordat je ze kookt of grilt. Het beste vlees zit aan de achterpoten. Padden en felgekleurde tropische kikkersoorten zijn erg giftig, zelfs al bij aanraking. Slangen en hagedissen vormen een rijke bron van eiwitten. Eerst villen en de ingewanden verwijderen, vervolgens roosteren aan een stok of in stukjes hakken en koken. Je kunt elke slang veilig opeten, alleen de kop niet. De smaak van een slang lijkt op die van kip.

1. Houd de dode slang vast achter de kop en snijd hem ca. 15 cm lager doormidden.

Begraaf de kop als het een gifslang is

2. Snijd met een scherp mes de buik open en verwijder de ingewanden en de organen. Gooi ze weg of bewaar ze als aas.

Snijd de buik over ca. 30 cm open

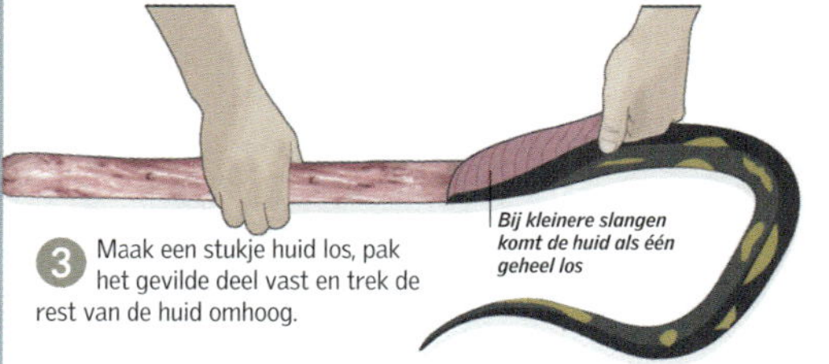

Bij kleinere slangen komt de huid als één geheel los

3. Maak een stukje huid los, pak het gevilde deel vast en trek de rest van de huid omhoog.

KRAB ETEN

Pas op met de scharen, bind ze desnoods vast. Om ze dood te maken gooi je ze in kokend water of je steekt met je mes door de oogkas of door de opening onder het schild. Ongeveer vijftien minuten laten koken.

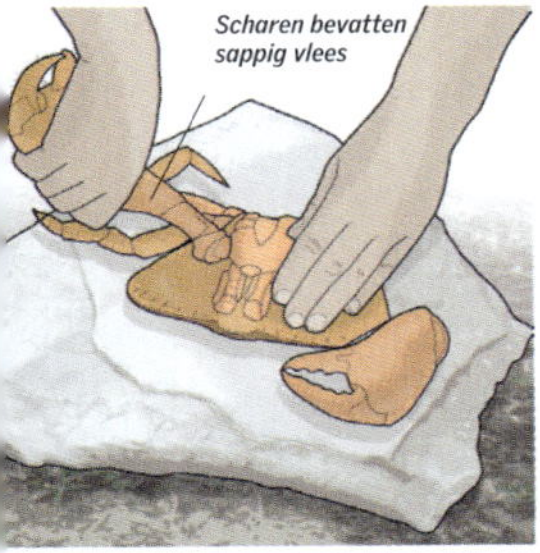

1 Leg de gekookte krab op zijn rug. Draai de poten en de klauwen eraf en open ze met een vork; het vlees is erg lekker.

2 Steek je mes naar binnen, draai het een halve slag en wrik de schalen open. Verwijder de onderste schaal.

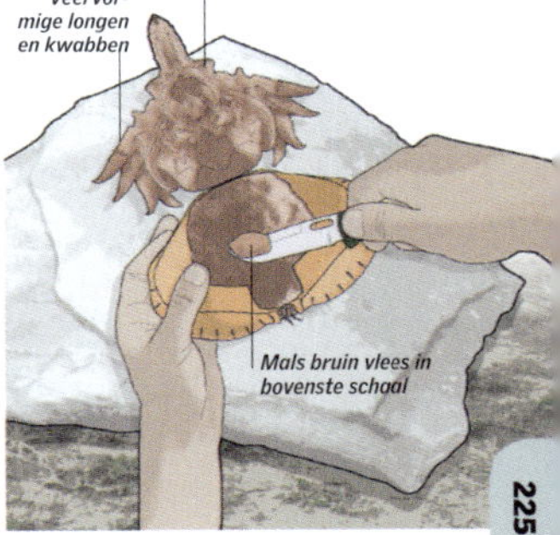

3 Haal al het groene slijm weg en vervolgens de maag, de longen en de kwabben, want die zijn allemaal giftig. Schep het vlees uit de schaal.

SCHAALDIEREN

Schaaldieren vind je in rivieren en aan de kust van meren en zeeën. Raap bij zee geen schaaldieren op die bij vloed niet onder water komen of die in vervuild water leven. Controleer ook of ze niet dood zijn: levende schelpdieren zoals mosselen sluiten hun schelp als je ze beklopt en gezonde zeeslakken klampen zich steviger vast aan de rots waar ze op zitten. Kook ze snel en eet ze meteen op.

PAS OP!
Mosselen uit tropische wateren kunnen 's zomers giftig zijn. Zwarte mosselen uit de poolstreken en aanliggende koude gebieden zijn het hele jaar door giftig. De symptomen van mosselvergiftiging zijn buikpijn, misselijkheid, braken, diarree en koorts.

EEN OESTER OPENEN

Oesters zijn rijk aan vitamines en mineralen. Je kunt ze openen door een mes aan de dikke, puntige kant tussen de schalen te steken en om te draaien. Hoewel je oesters ook rauw kunt eten, is het in een survivalsituatie verstandiger ze eerst te koken. Kook ze nog vijf minuten door nadat de oester is opengegaan. Exemplaren die in heet water dicht blijven, niet opeten.

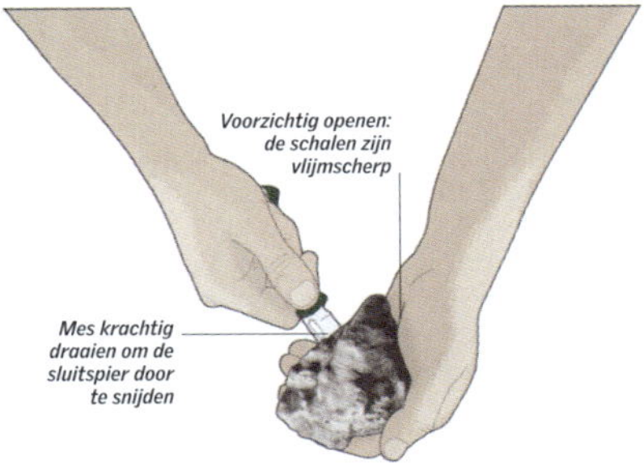

GARNALEN, KREEFTEN EN KRABBEN

Kleine schaaldieren zoals garnalen moeten vijf minuten in kokend water liggen. Kreeften en krabben moeten afhankelijk van het formaat tot 20 minuten koken. Je kunt ze ook op een stokje steken en boven gloeiend houtskool roosteren.

VOGELS VANGEN

VOGELS KUN JE VANGEN met netten, tunnels of kooitjes, maar ook met strikken en projectielen. De beste methode kan per vogelsoort verschillen. Kijk eerst goed hoe de vogel zich gedraagt, waar hij foerageert en wat zijn vliegroutes zijn.

PAS OP!
Eieren uit nesten op de grond zijn een gemakkelijke buit, hoewel sommige vogels (meeuwen!) hun broedsel verdedigen. In veel gebieden is het leeghalen van nesten verboden, dus doe het alleen als het absoluut noodzakelijk is.

VIERVAL

Een vierval is een val waarmee je vogels die op de grond foerageren kunt vangen. De 'vier' slaat op het hulpstuk waarmee je de val laat dichtklappen. Omdat de val de vogels (of kleine zoogdieren!) niet beschadigt, kun je ze eventueel pas later doden en opeten.

HET HULPSTUK

Maak van 3 stokken (een voor het aas, een als borg en een als ondersteuning) het cijfer 4, zoals aangegeven op de afbeelding hieronder.

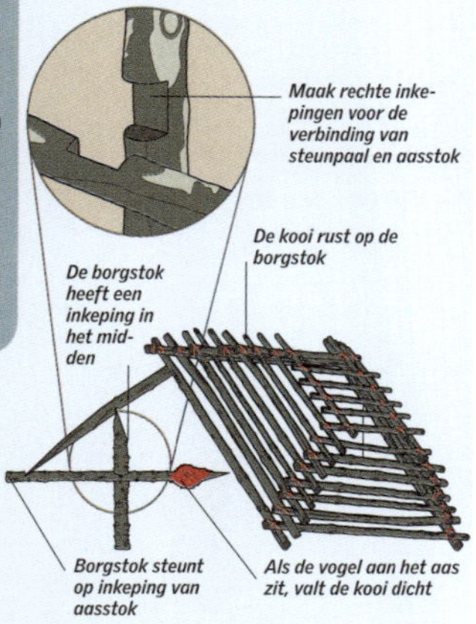

DE KOOI

Maak een piramidevormige kooi door steeds kortere stokken over elkaar te leggen en vast te binden. Zet de kooi op scherp boven het aas.

LOKAAS

Vederwild als kwartels en nieuwsgierige aaseters zoals kraaien kun je vangen met een val en wat lokaas. Watertrekvogels (eenden, ganzen) komen tegen het eind van de zomer in de rui en kunnen dan niet wegvliegen.

INLOOPVAL

Een inloopval is erg geschikt voor het vangen van jachtvogels. Hun stugge veren groeien in één richting en buigen niet mee, waardoor de vogel bij het omkeren vast komt te zitten.

- Graaf een taps toelopende, horizontale tunnel, vlak boven de grond.
- Leg een spoor van zaden of bessen tot achter in de tunnel.
- De vogel loopt al etend de tunnel in en kan er niet achterwaarts uit.

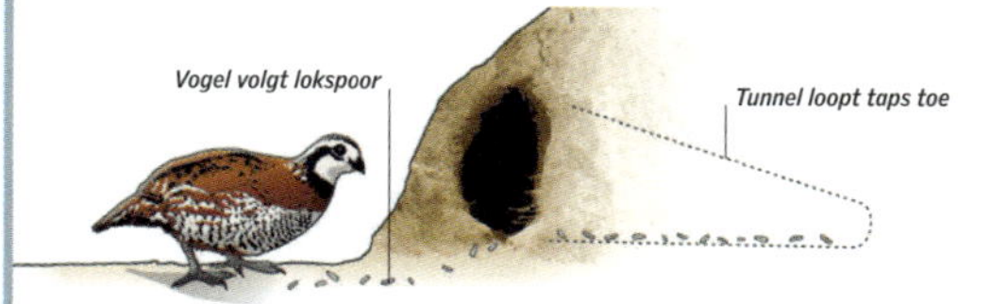

IN VOLLE VLUCHT

Als je de vliegroute kent, kun je een net tussen de bomen spannen om vliegende vogels te vangen. Met een bola gaat het ook, maar dat vereist wel enige vaardigheid.

EEN BOLA MAKEN

Bind drie touwen van ongeveer een meter samen met een bovenhandse knoop (blz. 143). Laat ongeveer een decimeter uitsteken. Wikkel drie stenen van ca. 200 gram elk in een lap en bind ze aan de andere uiteinden van de touwen.

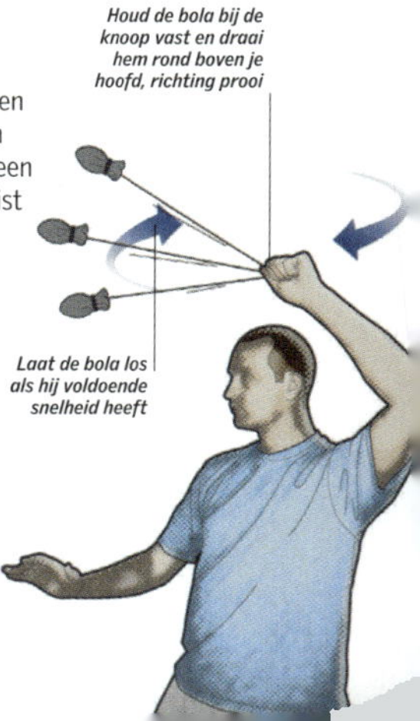

NESTVOGELS

Vogels zijn gewoontedieren en slapen doorgaans altijd op dezelfde plek, bijvoorbeeld in een boom waar ze veilig zijn voor rondsluipende roofdieren. Zodra het donker is, komen ze niet meer van hun plaats. Kijk ook uit naar nesten: een broedende vogel blijft bijna altijd op zijn nest zitten. Vang alleen broedende vogels wanneer dat absoluut van levensbelang is.

STRIKSTOK

Vogels die in bomen overnachten, kun je vangen met een strikstok. Haal de vogel uit de strik zodra hij vast zit, want het lawaai en gefladder verjaagt andere vogels.

- Maak een paar enkelvoudige snaarstrikken (blz. 216-217) met een diameter van 2,5 tot 5 cm, afhankelijk van het formaat van de vogel.
- Bevestig de strikken aan een stok. Maak voor elke strik een inkeping, zodat alle strikken in de juiste positie blijven.
- Bind de stok aan een tak van de boom waar de vogels overnachten.

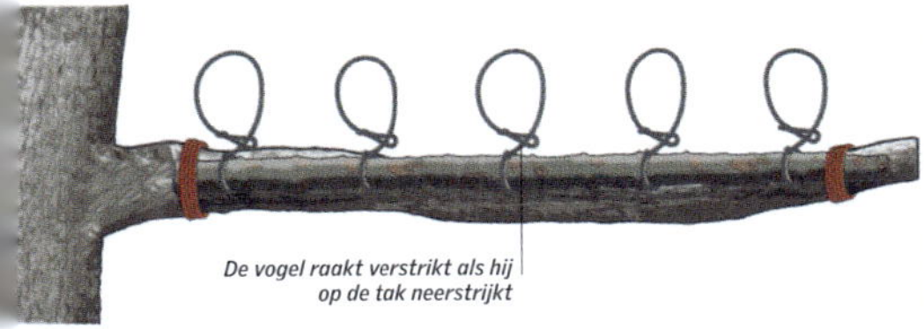

FAZANTENVAL

Fazanten slapen bijna altijd op dezelfde tak van dezelfde boom en komen 's nachts niet van hun plaats. Steek de strik langzaam omhoog tot vlak voor de vogel. Hij zal naar de folie pikken en steekt daarbij zijn kop door de strik. Trek op dat moment de strop dicht met het touw.

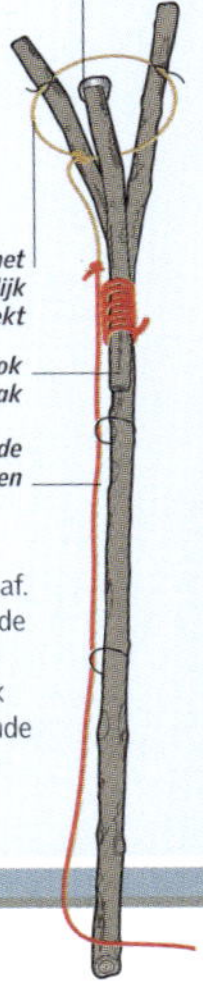

CONSTRUCTIE

Snijd een lange gevorkte tak af. Bind een andere stok tussen de vork met daaraan een stukje aluminiumfolie en zet de strik losjes vast. Verleng het uiteinde van de strik tot onder aan de stok met een touw.

GEBOGEN HEKWERK

Eenden komen vaak uit het water als de zon schijnt en ze overnachten bij voorkeur op eilandjes die onbereikbaar zijn voor roofdieren. Met een hangende strik zijn ze daar betrekkelijk eenvoudig te vangen.

- Snijd wat jonge twijgen af en maak een dubbele snaarstrik (blz. 216).
- Buig de twijgen, steek beide uiteinden in de grond en maak op die manier een hek rondom het eiland. De bogen moeten elkaar overlappen.
- Hang in het midden van elke boog een strik.
- Als je niet genoeg strikken hebt, hang ze dan alleen boven de sporen waar de vogels uit het water komen. Maak een barrière van takken die de eenden dwingt om via je strikken op het eiland te komen.

VOGELS PLUKKEN EN BEREIDEN

VEDERWILD EN WATERVOGELS smaken uitstekend; eigenlijk zijn bijna alle vogelsoorten prima te eten, mits ze vakkundig klaargemaakt zijn. Je kunt het vel in zijn geheel afstropen, maar als je de vogel plukt, blijven de voedingsstoffen in het vel behouden.

VOORBEREIDING

Vaak zal de vogel al dood zijn door de manier waarop je hem gevangen hebt. Als hij echter nog leeft, moet je hem alsnog doden, bijvoorbeeld door zijn keel door te snijden. Er zijn ook andere manieren om een vogel te doden (zie hieronder). De vogel moet altijd eerst leegbloeden voordat je hem plukt, maar wacht niet met plukken tot het dier helemaal koud is.

PAS OP!

Vermijd het aanraken van aaseters als kraaien, buizerds en gieren. Ze zitten vol met luizen en teken en vormen een bron van infecties.

- Kook het vlees van dit soort vogels minstens een halfuur om de bacteriën en parasieten te doden. Het vlees wordt er ook malser door.
- Was altijd je handen als je een vogel hebt aangeraakt.

VOGELS DODEN

Laat een vogel niet onnodig lijden als je hem doodt. Vouw de vleugels tegen het lichaam en houd de vogel onder je arm. Dek de kop af met je jack, dan wordt hij rustig en loop je minder kans op verwondingen door krabben of pikken. Leg een stok van ca. 60 cm op de grond en leg de vogel er met zijn nek onder. Ga aan weerszijden van de vogel op de stok staan en trek met een ruk de vogel aan zijn poten onder de stok vandaan. De kop komt nu los van de romp.

STROPERSMETHODE

Stropers legden vroeger een dode fazant met de kop naar zich toe op de grond, spreidden de vleugels en gingen met een voet op elke vleugel staan. Vervolgens trokken ze uit alle macht aan de poten, waardoor het vlees van de borst en de poten losscheurde van het karkas. Met een korte slaande beweging werden de ingewanden verwijderd. In een survivalsituatie waarbij je zonder mes zit, is dit een goede manier om toch wat vlees te bemachtigen.

EEN VOGEL PLUKKEN

De veren laten gemakkelijker los als je de vogel eerst een paar minuten in warm water onderdompelt. Niet in kokend water en niet te lang, want dan wordt de huid gaar. Dit geldt niet voor watervogels en zeevogels: daarvan gaan de veren juist vaster zitten als je ze in warm water houdt.

1 Leg de vogel op zijn rug, pak een paar borstveren tussen duim en wijsvinger en trek ze eruit.

- Een stevige ruk in de richting waarin de veren liggen is voldoende.

2 Trek niet aan te veel veren tegelijkertijd, want dan beschadigt de huid. Pluk beetje bij beetje van voor naar achteren tot alle veren verwijderd zijn.

- Bewaar de veren, tenzij het aaseters betreft (zie kader boven). Gebruik ze als aas, tondel of isolatiemateriaal.

EXTRA'S

Bewaar van vederwild de inhoud van de krop (slokdarm) om andere vogels te vangen. Een vrouwelijke vogel heeft misschien eieren in haar lichaam die je kunt opeten. Ook hart en lever zijn eetbaar, mits ze vers zijn en er geen vlekken of parasieten op zitten.

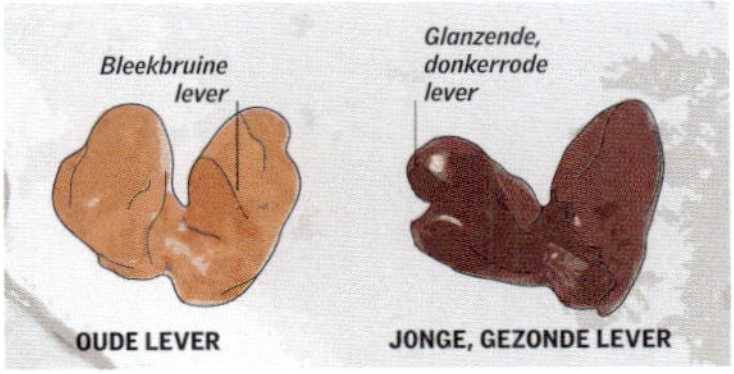

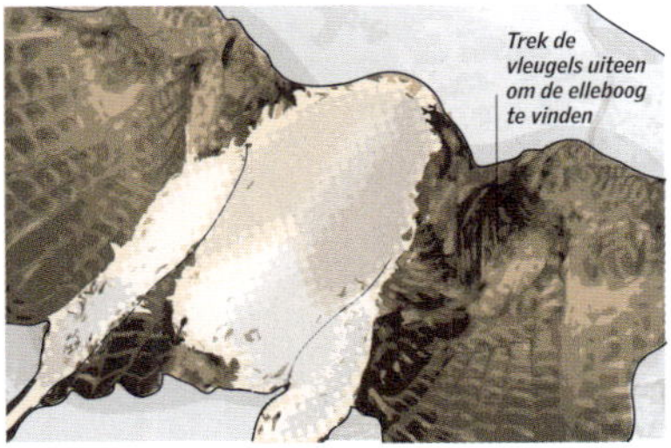

3 Pluk de poten op dezelfde wijze. Zoek het ellebooggewricht en knip daaronder de vleugels af. Pluk het resterende gedeelte.

■ Snijd de kop – als die er nog aan zit – zo dicht mogelijk bij het lichaam af.

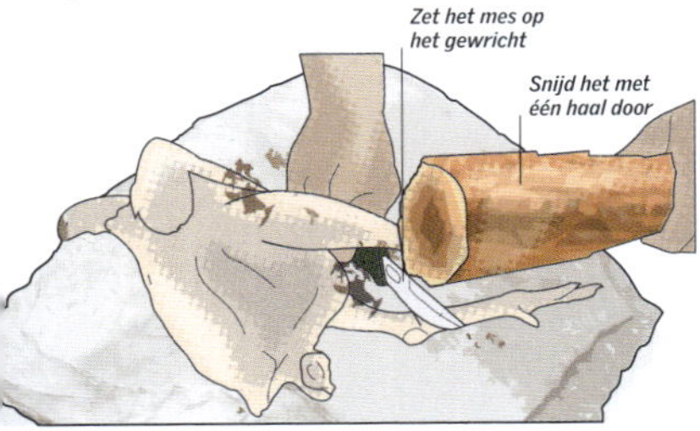

4 De poten snijd je af door je mes op het enkelgewricht te zetten en hard te drukken.

■ Bij grotere vogels zoals kalkoenen kun je eventueel met een stok op het lemmet slaan.

SCHOONTREKKEN

De gebruikelijke manier om de ingewanden etc. te verwijderen is bovenlangs (slokdarm) en onderlangs (de rest). Bij de survivalmethode snijd je de vogel helemaal open en pak je alles in één keer eruit. Als je geen mes hebt, kun je de huid van de buikholte open trekken; voor de slokdarm ga je met je vingers binnendoor omhoog.

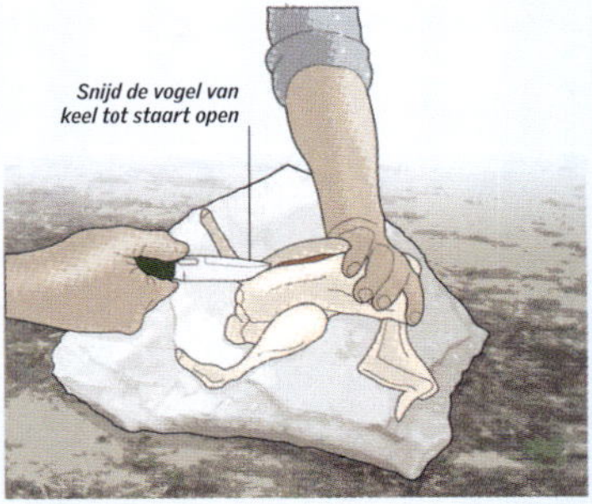

1 Leg de vogel op zijn rug met de staart naar je toe en houd hem goed vast. Steek de punt van je mes in de keel.

■ Snijd in één keer door tot aan de staart. Zorg dat je de ingewanden niet raakt.

2 Steek je hand in de buikholte en haal de ingewanden eruit. Eventuele eieren heel laten! Kijk of hart en lever gezond zijn (zie kader linksboven).

■ Maak de vogel goed schoon met koud water en was je handen als je klaar bent.

6

NOODSITUATIES

NOODSITUATIES

Bij survival – het woord zegt het al – is het de bedoeling dat je overleeft. Dat kan op twee manieren: je redt jezelf of je wordt door anderen uit je benarde situatie gered. In sommige gevallen kun je jezelf niet redden: je bent misschien hopeloos verdwaald, een plotselinge overstroming maakt verplaatsing onmogelijk of een van je medeavonturiers is zwaar gewond geraakt waardoor je niet verder kunt. In dat soort situaties ben je afhankelijk van anderen. Je moet dus contact kunnen maken met de buitenwereld en alle locatiehulpen activeren die je kunt bedenken. Wacht nooit met het inroepen van assistentie omdat je dat als een nederlaag ervaart. Het gaat erom dat je overleeft: gekwetste trots is altijd nog beter dan een eenzame dood. De sleutel voor elke redding is een goede voorbereiding. Als er mensen zijn die ongerust worden omdat je niet op tijd ergens arriveert, ben je al een heel eind. De juiste locatiehulpen voor de omgeving waarin je verkeert en weten hoe je ze moet gebruiken scheelt ook behoorlijk in je overlevingskansen.

In dit hoofdstuk LEER JE...

- Dat er bij survival **vijanden** op **de loer liggen...**
- Hoe belangrijk **led-lampjes** kunnen zijn...
- Wanneer je een **blokhut** in brand moet steken...
- Dat **kerstversiering** ook 's zomers **van pas komt...**
- Wat je moet doen als een **nijlpaard** gaat **geeuwen...**
- Dat je **lawines** over je heen moet laten komen...
- Hoe je je **broek** het beste kunt **opblazen...**

De belangrijkste beslissing die je in een survivalsituatie moet nemen betreft je locatie. Blijf je waar je bent of ga je op pad om een locatie te vinden met betere overlevingskansen en/of meer kans op redding? De juiste beslissing is afhankelijk van allerlei factoren, maar blijven waar je bent is meestal een goede optie. Voordat je het weet kom je in nog grotere gevaren omdat je te snel hebt besloten dat je huidige locatie niet voldoet.

Locatiehulpen zijn van levensbelang. Een recente uitvinding op dit gebied is de skystream, een zilverkleurige, opblaasbare vlieger van slechts 43 gram die ingepakt niet groter is dan een pocketboekje. In een survivalsituatie blijkt het een multifunctioneel hulpmiddel.

LOCATIEHULP Als je hem opblaast, wordt het een V-vormige vlieger die je al bij een beetje wind (6 km per uur, windkracht 2) moeiteloos oplaat.

- Het bijbehorende touw (op zichzelf al erg nuttig!) is 50 meter lang, waardoor de vlieger boven de bomen uit komt en het zonlicht weerkaatst. Op 3 km afstand is zo'n baken nog duidelijk met het blote oog te zien.
- Om ook 's nachts je locatie aan te geven kun je er een zaklamp of een lichtstick aan hangen.
- Het zilverkleurige oppervlak is tot op 17 km afstand zichtbaar op de radar van vliegtuigen. Een commando bond hem ooit aan zijn slee tijdens een poolexpeditie, zodat het reddingsvliegtuig hem kon vinden terwijl hij ondertussen in veiligheid probeerde te komen.

Noodspalk De vlieger kan als spalk om een gebroken been worden opgeblazen.
Thermokleding Een opgeblazen skystream tussen je kleding is een prima bodywarmer.
Wateropslag In plaats van lucht kun je er ook water in opslaan.

"Er is pas sprake van **survival** wanneer je **gered bent** of jezelf in **veiligheid hebt gebracht**"

DE SITUATIE BEOORDELEN

ZODRA ER GEEN ONMIDDELLIJK gevaar meer dreigt, moet je de balans opmaken. Denk rustig na, want de eerste beslissingen die je neemt zijn doorgaans cruciaal. Meestal is blijven waar je bent de beste optie, maar elke situatie is natuurlijk weer anders. Probeer overal rekening mee te houden: de omgeving, de omstandigheden, de mogelijkheden, je karakter en je conditie – allemaal factoren die meespelen bij het nemen van de juiste beslissingen.

OVERLEVINGSSTRATEGIE

Ga in elke noodsituatie te werk volgens de survivalprincipes: protectie, locatie, water en voedsel. Je specifieke situatie bepaalt welk principe het meest urgent is. Als er geen direct gevaar meer dreigt en je bent niet gewond, kun je je het beste concentreren op het inrichten van een veilige locatie en de mogelijkheden op redding. De hieronder uitgestippelde overlevingsstrategie, S. U. R. V. I. V. A. L. (zie kader), geeft in grote lijnen weer wat je moet doen om in leven te blijven en weer gezond thuis te komen.

DE REGELS VAN DRIE

Tijd is vaak een beslissende factor als het om overleven gaat, en het getal drie speelt daarbij een opvallende rol. Survivalspecialisten spreken daarom van de 'regels van drie'. Deze zijn erg belangrijk in elke survivalsituatie, zeker wanneer je gewond bent of anderszins in gevaar verkeert. Over het algemeen gelden de volgende vuistregels:

- **Drie seconden** is de psychologische reactietijd om een beslissing te nemen.
- **Drie minuten** is de maximale periode dat je hersenen zonder zuurstof kunnen zonder dat er blijvende schade wordt aangericht.
- **Drie uur** is de limiet voor survival zonder bescherming in extreme klimaten.
- **Drie dagen** is ongeveer de periode die je kunt overleven zonder drinkwater.
- **Drie weken** is ongeveer de periode die je kunt overleven zonder voedsel.

SITUATIE BEOORDELEN	UITVOERIG NADENKEN	RATIONEEL HANDELEN	VREES ONDERDRUKKEN
▪ Beoordeel je omgeving, je fysieke conditie en je uitrusting. ▪ Neem in een groep je verantwoordelijkheid, maar bedenk dat alles wat je doet consequenties heeft voor iedereen.	▪ De meeste mensen reageren bij een noodsituatie óf instinctief, óf ze vallen automatisch terug op wat ze vele malen getraind hebben. Rustig alles overwegen en beredeneerde beslissingen nemen is er meestal niet bij.	▪ Elke survivalsituatie wordt overzichtelijker als je weet waar je bent. Je kunt dan beter rationele beslissingen nemen over wat je moet doen en waar je eventueel heen zult gaan.	▪ Angst en paniek zijn slechte raadgevers. Een gerichte training voorkomt dat je ten prooi valt aan onberedeneerde angstgevoelens.
▪ Omgeving: elke omgeving is anders: heet en droog, heet en vochtig, koud, veel beschutting of juist niet etc. Bedenk wat je moet doen om je aan de omgeving aan te passen. ▪ Uitrusting: inventariseer wat je bij je hebt en wat je er in deze specifieke situatie mee kunt doen. ▪ Conditie: breng jezelf en anderen eerst in veiligheid. Check of er mensen gewond zijn en behandel ze. Controleer ook jezelf, want door de traumatische stress van een ongeluk voel je vaak niet dat je gewond bent geraakt.	▪ Wat er ook gebeurt, blijf altijd kalm en denk rationeel na. De situatie vereist bedachtzaamheid en zorgvuldige planning. ▪ Bij overhaaste reacties zie je misschien bepaalde zaken over het hoofd, of raak je spullen kwijt waardoor alles alleen nog maar erger wordt. 'Haastige spoed is zelden goed' geldt zeker in survivalsituaties! ▪ Luister naar wat je gevoel je influistert. Een instinctieve reactie op gevaar is vaak de enig juiste.	▪ Als je weet waar je bent, kun je beter beoordelen of het waarschijnlijk is dat redders je zullen vinden of dat je op moet breken en jezelf moet zien te redden. Ook voor het optimaal benutten van je locatiehulpen is het van belang dat je weet waar je je bevindt. ▪ Als je een noodplan (blz. 24-25) hebt achtergelaten, is er in elk geval iemand die weet wanneer je terugverwacht wordt en waar je nu ongeveer bent. ▪ Controleer voortdurend of al je locatiehulpen geactiveerd zijn, zodat eventuele redders je niet mislopen.	▪ Paniek en angst maken intelligente, rationele beslissingen onmogelijk: gevoel en verbeelding krijgen de overhand, waardoor je geen oog meer hebt voor de reële situatie en je eigen capaciteiten. Je raakt geblokkeerd, alle energie stroomt uit je weg en negatieve gevoelens gaan overheersen. ▪ In een groep heeft je gedrag een directe invloed op de anderen. Een positieve houding stimuleert en motiveert, een negatieve houding ondermijnt het zelfvertrouwen en de moraal.

VIJANDEN VAN SURVIVAL

In elke survivalsituatie liggen er 7 vijanden op de loer die je stuk voor stuk moet zien te verslaan. Het scheelt enorm als je weet wie ze zijn en wat ze doen, want het zijn **V**ijandige **P**loerten **D**ie **V**eel **T**e **H**ard **A**anvallen (VPDVTHA):

VERVELING EN EENZAAMHEID

Wie zich verveelt, wordt steeds minder actief en is daardoor niet meer in staat om de situatie effectief te lijf te gaan. Je moet bezig blijven. Eenzaamheid geeft een hulpeloos gevoel met als gevolg dat je overal als een berg tegenop ziet.

PIJN

Het is gevaarlijk verwondingen te negeren. Kleine ongemakken kunnen uitgroeien tot levensbedreigende blessures als je ze niet behandelt. Pijn kun je gedeeltelijk onderdrukken door een positieve instelling in combinatie met drukke bezigheden.

DORST

Dorst geeft een onbetrouwbare indicatie van je vochtbalans: je lichaam kan al helemaal uitgedroogd zijn tegen de tijd dat je dorst krijgt. Zorg dat je regelmatig voldoende drinkt en pas de hoeveelheden aan je omgeving aan.

VERMOEIDHEID

Vermoeidheid leidt in het beste geval tot frustraties en in het slechtste geval tot de dood. In een survivalsituatie krijg je waarschijnlijk minder energie binnen dan je verbruikt, dus alles gaat je steeds zwaarder vallen. Rust is een essentieel onderdeel van je overlevingsstrategie!

TEMPERATUUR

Temperatuur is een belangrijke factor die je niet moet onderschatten. Samen met wind, regen en luchtvochtigheid bepaalt de temperatuur je lichamelijke conditie. Wees alert op signalen van uitdroging, onderkoeling, hittestress en zonnesteek (blz. 272-273).

HONGER

In een korte survivalsituatie (1 tot 5 dagen) is voedsel niet je eerste prioriteit. Voldoende drinken en je niet overmatig inspannen is belangrijker. Mocht je voedsel kunnen bemachtigen zonder al te veel inspanning, dan moet je dat natuurlijk doen.

ANGST

Angst geeft vleugels, ook in een survivalsituatie. Maar angst kan ook destructief werken als je er geen controle over hebt. De sleutel tot het onder controle houden van angst is kennis.

IMPROVISEREN	VOLHOUDEN	ANTICIPEREN	LEREN
• Om succesvol te improviseren moet je eerst weten wat er moet gebeuren en waarom. Heb je voldoende kennis in huis om te overleven en je conditie op peil te houden?	• Ook zonder training en uitrusting kun je overleven. Er zijn genoeg voorbeelden van mensen die het puur door wilskracht en overlevingsdrang gered hebben.	• Overal ter wereld hebben zowel de in het wild levende dieren als de plaatselijke bevolking weten te overleven door zich aan te passen aan de omstandigheden.	• Een goede basiskennis verhoogt je overlevingskansen. Toen een ervaren survivalspecialist gevraagd werd hoe hij toch altijd weer veilig thuis kwam, antwoordde hij: 'Hoe meer ik train, hoe meer mazzel ik heb'.
• Misschien vertrok je met een perfecte uitrusting, maar ben je onderdelen kwijt geraakt of is er van alles kapot of versleten. Je improvisatievermogen bepaalt in een dergelijke situatie of je redelijk comfortabel overleeft of in grote moeilijkheden verzeild raakt. • Wees creatief, zoals de bergbeklimmer die zonder locatiehulpen vast was komen te zitten. Hij gebruikte de flitser van zijn fototoestel om de reddingshelikopter naar de juiste plek te dirigeren. Overleven is vaak een kwestie van improviseren!	• Uit verhalen van krijgsgevangenen kun je leren hoe je gemotiveerd blijft: geloofsovertuiging, gedachten aan familie en vrienden of puur het gevoel dat je de vijand de overwinning niet gunt. Met alleen motivatie red je het niet, maar het kan wel een doorslaggevende factor zijn. • De gedachte dat ontberingen een relatief begrip zijn en dat sommige culturen altijd in soortgelijke omstandigheden leven of leefden, kan een positieve uitwerking hebben. • Een sterke wil te overleven en mentale kracht moeilijkheden het hoofd te bieden, zijn cruciaal. Kennis en uitrusting zijn erg belangrijk, maar niet voldoende!	• Observeer de kleding en het gedrag van bewoners uit de streek. In een omgeving met hoge temperaturen wordt het zware werk verplaatst naar de koelere uren en ligt het werktempo lager, zodat men minder zweet en dus water bespaart. • Kijk in een woestijn wat dieren doen om schaduw te vinden. Meestal zijn ze 's nachts actief en blijven ze overdag onder de oppervlakte. Leer van de plaatselijke fauna hoe je aan water komt: de zwarte zandkever in Namibië bijvoorbeeld likt 's morgens de dauw van zijn schild. • Als in de jungle alle diergeluiden plotseling verstommen of als alle dieren er in paniek vandoor gaan, dreigt er waarschijnlijk gevaar.	• Survival staat of valt met een goede voorbereiding. Zorg dat je alles weet over de omgeving waar je heen gaat, oefen met alle onderdelen van je uitrusting en train je vaardigheden tot ze een automatisme zijn. Een juiste voorbereiding neemt de angst weg voor het onbekende en vergroot je zelfvertrouwen, waardoor je elke situatie aankunt.

NOODSIGNALEN

ALS JE JEZELF NIET kunt redden, bijvoorbeeld omdat je gewond of hopeloos verdwaald bent, ben je afhankelijk van anderen. Om redders te waarschuwen en naar je verblijfplaats te gidsen, moet je alle meegenomen locatiehulpen activeren en er zo nodig nog een aantal ter plekke improviseren.

LOCATIEHULPEN

Zorg dat je weet hoe je locatiehulpen werken, want je leven kan ervan afhangen. Een helikopter die overvliegt komt niet meer op dezelfde plek terug, dus je hebt maar een paar minuten om de aandacht van de piloot te trekken.

SATELLIETCOMMUNICATIE

Een geactiveerd PLB (persoonlijk locatiebaken) stuurt een radiosignaal naar twee satellieten, *Leosar* en *Geosar*. Deze signalen vormen samen het '*Sospas-Sarsatsysteem*'. Het signaal wordt automatisch doorgeseind naar een reddings-coördinatiecentrum in de buurt. PLB's zenden uit op 406 Mhz, militaire verbindingen maken gebruik van de 243,5 Mhz en 282,8 Mhz frequentie.

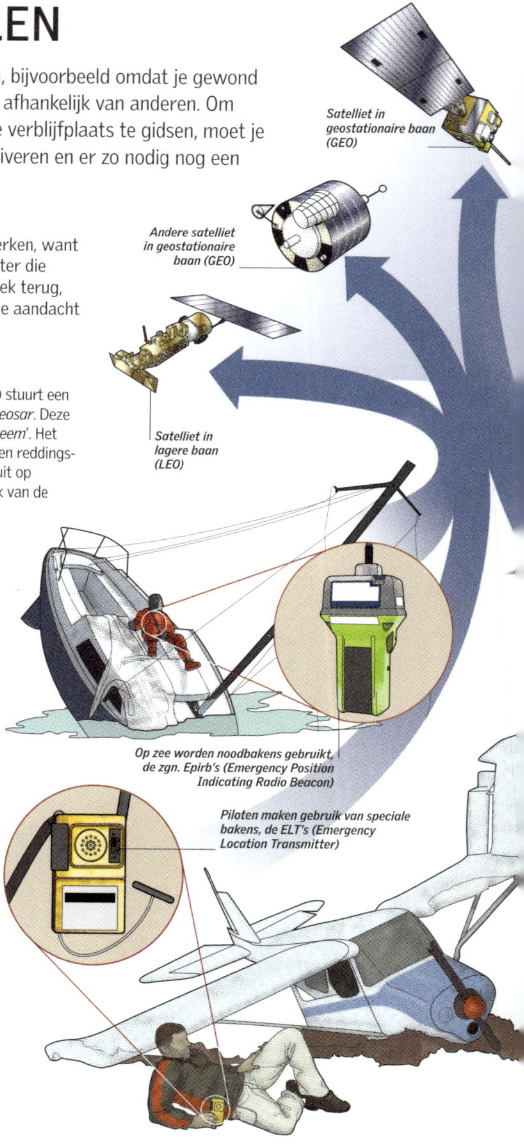

EFFECTIEVE NOODSIGNALEN

In een survivalsituatie moet je alle locatiehulpen optimaal inzetten. Ga daarbij uit van de onderstaande principes:

- **Contact zoeken:** zoek een geschikte plaats met de meeste kans op succes, bijvoorbeeld een open plek of een heuvel. Zet alle hulpen zo neer dat ze van alle kanten en van zo ver mogelijk zichtbaar zijn. Hoe opvallender het signaal, hoe beter.
- **Contact houden:** blijf signaleren tot je het sein krijgt dat men je kan zien. Geef via *May Day* of *Help message* (blz. 237-241) alvast allerlei nuttige informatie door zoals het aantal mensen en of er gewonden bij zijn.
- **Gidsen:** welke locatiehulpen je ook gebruikt, zodra je contact hebt met je redders, moet je ze naar de juiste plek dirigeren, al dan niet via radiocontact. Zorg dat eventuele briefjes die je hebt achtergelaten alle informatie bevatten over je route en de tijdstippen waarop je op bepaalde plekken denkt te arriveren.

BLIJVEN OF VERDERGAAN?

Je moet kiezen: blijven waar je bent of op zoek gaan naar een andere locatie waar je misschien betere kansen hebt. Bedenk als je verder trekt altijd het volgende:

- Houd je locatiehulpen gebruiksklaar. Wanneer je onder in je rugzak naar je seinspiegeltje moet zoeken als er een vliegtuig of een auto passeert, ben je te laat.
- Activeer 's avonds alle locatiehulpen, ook al is dat veel werk en moet je alles de volgende ochtend weer inpakken.
- Laat als je verder trekt duidelijk zichtbare briefjes achter waarop staat waar je heen gaat en laat onderweg duidelijke sporen na, zodat men je kan vinden.

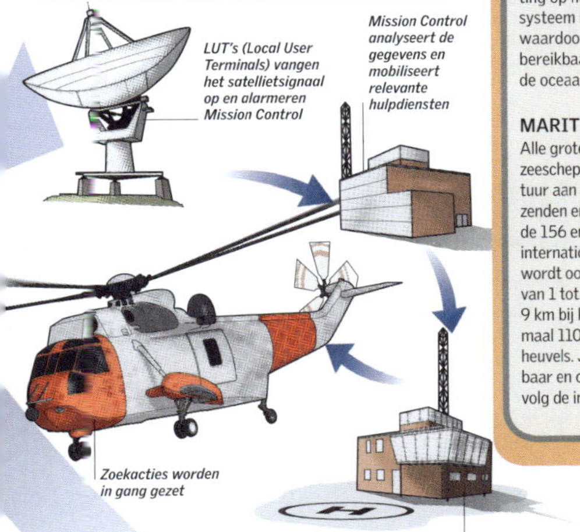

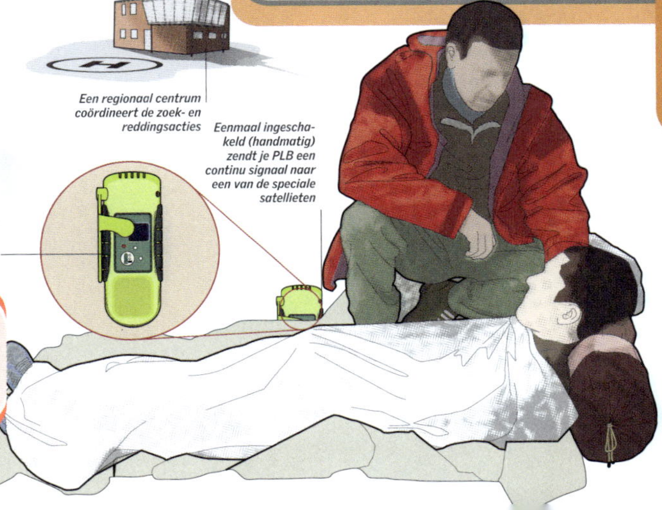

PAS OP!

PLB's mogen alleen in noodsituaties worden gebruikt.

MOBIELTJES EN ZENDAPPARATUUR

Neem op een survivaltocht altijd een mobieltje of een satelliettelefoon mee (zie blz. 43). In noodsituaties zijn ze van onschatbare waarde. Op zee heb je meer aan een VHF-zender zoals de marine die gebruikt.

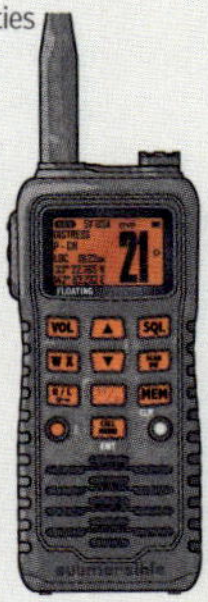

SATELLIETTELEFOON EN MOBIELTJE

Overal ter wereld kun je een mobieltje kopen of huren dat contact maakt met lokale netwerken. Neem er een met GPS, dan weet je altijd waar je bent. Een ingebouwde camera is nuttig om bijvoorbeeld verwondingen duidelijk te maken of je omgeving in beeld te brengen. Een goed alternatief is een satelliettelefoon met aansluiting op het Iridium Satellite Phone System. Dit systeem maakt gebruik van 66 LEO-satellieten waardoor het netwerk overal ter wereld bereikbaar is, ook op de polen en midden op de oceaan.

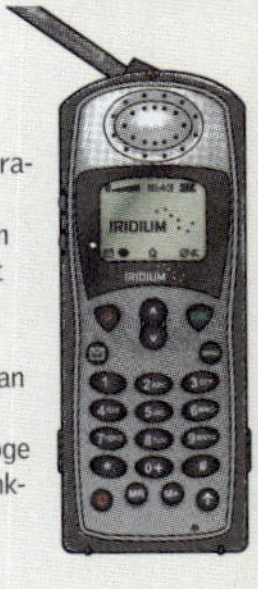

MARITIEME VHF-ZENDER

Alle grote schepen en de meeste kleinere zeeschepen hebben maritieme VHF-zendapparatuur aan boord. Deze handzame apparaatjes zenden en ontvangen op een frequentie tussen de 156 en 174 MHz, meestal op kanaal 16, het internationale communicatiekanaal. Kanaal 9 wordt ook wel gebruikt. De sterkte varieert van 1 tot 25 watt en het bereik loopt uiteen van 9 km bij kleine bootjes op zeeniveau tot maximaal 110 km op grote, hoge schepen en op hoge heuvels. Je VHF-radio moet waterproof, onzinkbaar en oplaadbaar zijn. Als je hem gebruikt, volg de instructies dan letterlijk op.

SIGNAALVUREN AANLEGGEN

Een signaalvuur is een opvallend baken voor reddingswerkers, maar voor het aanleggen moet je wel over de nodige energie en de juiste materialen beschikken; en je moet ervoor zorgen dat het veilig gebeurt (blz. 118-119). Een goed signaalvuur op de juiste plek produceert een rookkolom die van grote afstand zichtbaar is. We bespreken hier twee varianten: het 'koepelvuur' en de 'brandende blokhut'.

GEREEDSCHAP
- Mes en zaag
- Palen, lange takken
- Groene takken en bladeren
- Tondel, aanmaakhout, brandstof
- Aansteker of lucifers

SIGNAALVUREN

Bij het aanleggen van de verschillende signaalvuren gelden altijd dezelfde belangrijke principes:

OPSTELLING

Maak als je kunt drie signaalvuren in een opvallende opstelling, bijvoorbeeld een driehoek of een rechte lijn. Ze kunnen dan niet verward worden met een bosbrandje of het kampvuur van plaatselijke bewoners. De afstand tussen de vuren moet minstens 20 meter zijn, maar je moet ze wel allemaal snel kunnen aansteken en brandend houden.

BESTANDDELEN

In principe bestaat elk signaalvuur uit een stapel droge tondel, aanmaakhout en brandhout. Het materiaal moet met een paar vonkjes of een klein vlammetje onmiddellijk vlam vatten.

- Een vuurplatform boven de grond zorgt dat alles droog blijft en dat de wind eronder kan komen.
- Bedek de bovenkant met grote hoeveelheden groene vegetatie en ander materiaal dat veel rook produceert, zoals autobanden.
- Leg flink wat extra brandstof klaar om het vuur gaande te houden.

STARTKLAAR

Als het signaalvuur klaar is, moet je een aantal zaken steeds bij de hand houden om onmiddellijk in actie te kunnen komen:

- Droge tondel in een waterdichte verpakking onder elk platform.
- Hexamineblokjes, benzine, papier, berkenbast of andere brandstof om het vuur aan te wakkeren als het dreigt uit te gaan.
- Een aansteker, lucifers of iets wat vonkt.
- Een gespleten stok met tondel ('heksenbezem') om met het vuur van je kampvuur snel de signaalvuren te ontsteken.

EEN KOEPELVUUR BOUWEN

Leg een vuur aan op een platform, met daarboven een koepelstructuur van lange gebogen takken. De lucht van onder het platform zorgt samen met de groene bladeren voor een rookkolom. Je kunt bovendien rechte takken in een tentvorm zetten.

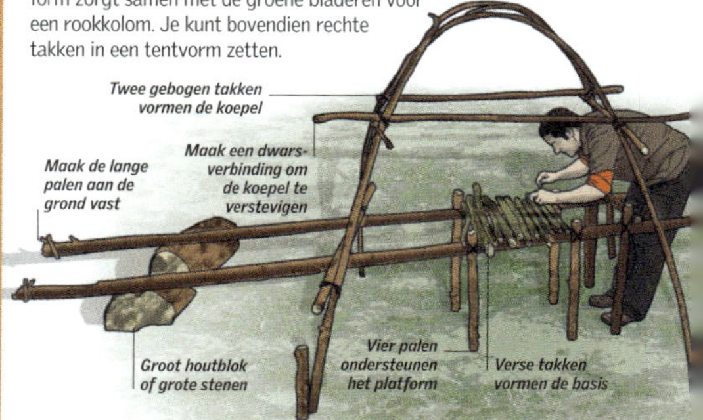

1 Leg twee lange palen evenwijdig aan elkaar op de grond. Schuif er aan de ene kant een houtblok of twee grote stenen onder en maak de andere kant vast aan vier paaltjes die je in de grond hebt gestoken. Bouw van verse takken een platform.

- Buig twee lange takken die elkaar kruisen tot een koepelvorm.

4 Leg een dak van groene takken en bladeren over de koepel.

- Houd meer dak-materiaal bij de hand voor als het vuur brandt.

BRANDENDE BLOKHUT

Dit type signaalvuur heet zo vanwege de manier waarop het is opgebouwd.

- Het geraamte bestaat uit vers hout dat twee aan twee onder een hoek van 90° op elkaar wordt gestapeld (blokhutconstructie).
- Houd een extra voorraad groene takken en bladeren bij de hand, maar niet zo dicht bij het vuur dat ze vlam kunnen vatten.

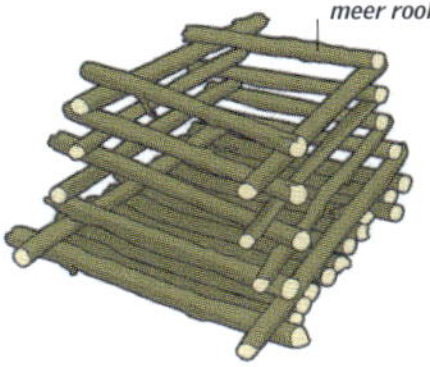

1 Maak op de grond een platform van verse takken. Leg er tondel, aanmaakhout en brandhout op.

- Bouw daarboven een 'blokhut' van vers hout.

2 Leg een dikke laag groene vegetatie over de blokhut. Deze laag zorgt voor de rook als het vuur eenmaal brandt.

2 Leg alles voor het vuur klaar op het platform (blz. 124-125) en dek de brandstof af met verse takken.

- Prop de takken niet te dicht op het brandhout. Ze moeten snel vlam vatten, maar mogen het vuur niet smoren.

3 Maak een paar bosjes aanmaakhout om het vuur op gang te krijgen.

- Breek wat vingerdikke dode takjes van een lage boomtak.
- Bind ze tot een bosje met een buigzame tak of een klimrank.

5 Steek de heksenbezem in je kampvuur, loop naar de koepel en steek hem aan.

- Gebruik je aanmaakbosjes (zie stap 3) voor het vuur.

6 Ontsteek een fakkel (blz. 241) aan een lange stok zodra de rook opstijgt.

- Houd de fakkel zo hoog mogelijk in de rookkolom.

ANDERE HULPSIGNALEN

Er zijn ook andere manieren dan signaalvuren om te laten merken waar je bent. Soms liggen ze voor de hand, zoals het gebruik van een fluitje, soms ook zijn ze een tikje ongewoon. Hoe je ook aandacht probeert te trekken, ga ermee door tot je je redders de hand kunt schudden.

LICHTCIRKEL

Je kunt zelf eenvoudig een opvallende lichtcirkel maken door een lichtstick aan een koord te binden en rond te zwaaien. Op drie kilometer afstand is de cirkel nog zichtbaar, vanuit de lucht zelfs nog van veel verder. Blaas tegelijkertijd op je fluitje het universele noodsignaal: zes korte fluitstoten per minuut, gevolgd door een minuut stilte. Het antwoord bestaat uit drie korte fluitstoten.

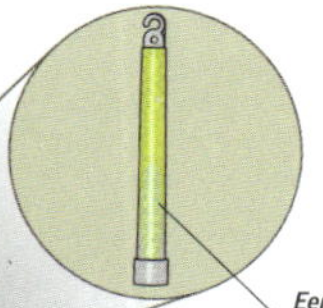

STROBOSCOOPEFFECT

Flikkerende ledlampjes zijn klein, krachtig en waterproof. Soms zitten ze al als extra in een gewone zaklamp gemonteerd. De frequentie kun je bij sommige uitvoeringen instellen, waardoor je zelfs een automatisch SOS-signaal in morse kunt seinen. Door een gewone zaklamp aan en uit te schakelen kan dat natuurlijk ook.

KERSTBOOMSIGNAAL

Het noodsignaal dat bekendstaat als de 'kerstboom' komt vooral van pas als je langere tijd op dezelfde plaats blijft. Het werkt alleen overdag, en je zult een boom moeten vinden die helemaal in de zon staat.

- Knip lange stroken glinsterend materiaal, bijvoorbeeld van een survivaldeken of een rol aluminiumfolie.
- Bind de stroken in de boom, zodat ze door de wind heen en weer bewegen en het zonlicht flikkerend reflecteren.

FLUITJE

Neem altijd een fluitje mee als je de wildernis in trekt, want het geluid ervan draagt in afgelegen gebieden ongelooflijk ver. Een fluitje hoort bij je nooduitrusting (blz. 42-43); draag het aan een koordje om je nek.

NOODSIGNALEN

De twee bekendste noodsignalen zijn een kleine felrode ster die de lucht in schiet en een grote oranje rookwolk. Er zijn allerlei fakkels en vuurpijlen in omloop, van eenvoudige apparaatjes die je in je hand kunt houden tot speciale installaties waarmee je door een dicht bladerdak lichtkogels kunt afschieten. Meestal zijn ze standaard aan boord van vliegtuigen en reddingsvlotten, maar je kunt ze ook gewoon in de winkel kopen.

SIGNAALFAKKELS

Aan één uiteinde produceert een signaalfakkel oranjekleurige rook voor overdag, aan de andere kant een lichtsignaal voor 's nachts. Je kunt dat natuurlijk ook overdag gebruiken. Bedenk altijd het volgende:

- Volg de voorgedrukte instructies op.
- Draag altijd handschoenen.
- De hitte van een fakkel kan je reddingsvlot beschadigen. Houd afstand tussen de fakkel en het vlot als je hem ontsteekt.
- Gooi fakkels waarvan je maar één kant hebt gebruikt niet weg.

GRONDSIGNALEN

Je kunt op allerlei manieren internationaal bekende signalen geven die vanuit de lucht te zien zijn.

OPVALLENDE SIGNALEN

Voor een signaal dat vanuit de lucht zichtbaar moet zijn, kun je van alles gebruiken, zolang het maar contrasteert met de ondergrond: oranje zwemvesten, zeewier, rotsen, takken of aarde.

- Wat je ook gebruikt, zorg dat het signaal groot genoeg is en van alle kanten zichtbaar.
- Controleer op gezette tijden of alles nog op zijn plaats ligt.
- Gebruik een van de internationale noodcodes hieronder, of schrijf met grote letters SOS of HELP.

V	Hulp nodig
X	Medische hulp nodig
N	No/negatief
Y	Yes/positief
↑	Deze kant op (pijlpunt)

SIGNAALSPIEGEL

Een signaalspiegel of heliograaf heeft een reflecterend oppervlak dat de stralen van de zon weerkaatst. Afhankelijk van het formaat, het zonlicht en de helderheid van de lucht is het tot op 50 km zichtbaar. Zelfs met het licht van de volle maan kun je ermee seinen. Door het licht te onderbreken kun je in morse seinen.

ZELFGEMAAKTE SEINSPIEGEL

Als je geen heliograaf of een ander soort spiegel hebt, kun je er een maken van een leeg chipszakje, een cd of de bodem van je drinkbeker.

PAS OP!
Verblind je redders niet door steeds naar ze te blijven seinen, maar laat met tussenpozen zien waar je bent.

1. Schuur de bodem van je drinkbeker op met bijvoorbeeld tandpasta, chocola of een mengsel van houtskool en water.

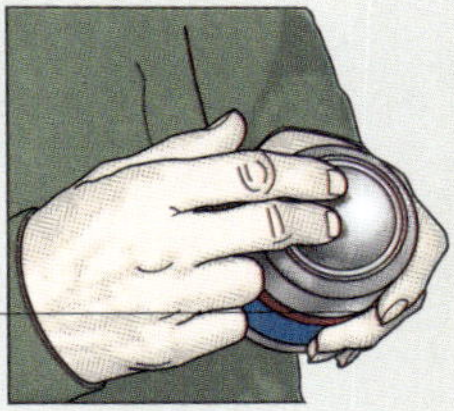

2. Houd de beker voor je gezicht met de glimmende kant naar de zon.
   - Laat de lichtweerkaatsing op je hand vallen om de richting te bepalen.
   - Richt de lichtstraal op je redders en stuur een signaal door je hand heen en weer te bewegen of een V te maken met je duim en je vingers.

WILDE DIEREN

ALS JE LEKKER ONTSPANNEN door de wildernis van Alaska loopt en plotseling op verse uitwerpselen van een grizzlybeer stuit, realiseer je dan dat je zelf ook een potentieel onderdeel van de voedselketen bent. Heb je iets om je te verdedigen, of roept dat juist agressie op? Gelukkig zullen de meeste wilde dieren je instinctmatig willen ontlopen. Maar ze verdedigen zich wel als ze zich aangevallen voelen of geen kant meer uit kunnen. Vooral als dieren jongen hebben, kunnen ze soms erg agressief zijn.

WEES VOORBEREID

Als je ergens een aanval door een dier vreest, bereid je dan zo voor:

- Maak een geluid om het dier te laten weten dat je er bent – meestal vermijden ze je dan.
- Houd je laatste beschermingsmiddel te allen tijde bij de hand (zie hiernaast).
- Bedenk of je backpack je kan helpen. Als je misschien moet rennen, houd dan een arm door de rugzak. Kan hij als bescherming voor je hoofd en rug dienen, houd hem dan om.

	BEREN	KATACHTIGEN	NIJLPAARDEN	OLIFANTEN	KROKODILLEN
KENMERKEN	▪ Bruine beren zijn groter en zwaarder dan zwarte beren; ijsberen zijn het grootst. Allemaal hebben ze sterke poten met scherpe klauwen. Bruine beren zijn sneller dan mensen. ▪ Beren komen voor op het noordelijk halfrond en in bepaalde delen van Zuid-Amerika.	▪ Tijgers zijn het grootst, gevolgd door leeuwen. Alle katachtigen hebben vlijmscherpe tanden en klauwen. ▪ Poema's (bergleeuwen, panters) zijn ook erg gevaarlijk, evenals jaguars en luipaarden. ▪ Grote katachtigen komen voor op elk continent, behalve Australië.	▪ Het nijlpaard is na de olifant en de neushoorn het grootste gevaarlijke dier van Afrika. ▪ Nijlpaarden kunnen meer dan 3000 kilo wegen. Ze hebben grote slagtanden en een vlijmscherp gebit.	▪ Afrikaanse olifanten hebben grotere oren dan Indiase olifanten en zijn agressiever. ▪ Olifanten kunnen wel vier meter hoog zijn en meer dan 6000 kilo wegen. ▪ Ze kunnen met een snelheid van meer dan 40 km/u op je afstormen!	▪ Tot de krokodillen rekenen we gemakshalve ook kaaimannen en gavialen. ▪ Krokodillen kunnen meer dan een uur onder water blijven en snelheden bereiken tot 32 km/u in het water en tot 17 km/u op het land. ▪ Ze komen voor in tropische en subtropische gebieden.
VOORZORGSMAATREGELEN	▪ Let op sporen van beren en informeer bij de plaatselijke bevolking. ▪ Kook op afstand van je kamp en sla daar ook je voorraad op. Etensresten en afval verwijderen. ▪ Vermijd bosjes en rivieren waar beren verblijven. ▪ Houd een knuppel, mes of pepperspray bij de hand	▪ Probeer elk contact te vermijden. Uit zichzelf zullen ze niet snel aanvallen, behalve als ze zich bedreigd voelen of wanneer je in de buurt van hun jongen komt. ▪ De poema is wel agressief. In Noord-Amerika valt hij regelmatig mensen aan, ook in bewoonde gebieden.	▪ Daag een nijlpaard nooit uit. Een aanval van een nijlpaard loopt bijna altijd fataal af. ▪ Wees altijd alert bij en op rivieren waar nijlpaarden in voorkomen. ▪ Zorg dat je je nooit tussen een nijlpaard en het water bevindt.	▪ Blijf uit de buurt van plekken waar olifanten zijn, zoals waterpoelen. ▪ Mocht je een kudde tegenkomen, houd dan afstand, zeker wanneer ze jongen hebben. ▪ Bepaal alvast een veilige plek om je eventueel terug te trekken, bijvoorbeeld een terreinwagen, een rotshol of een dikke boom.	▪ Blijf uit de buurt van water en oevers waar krokodillen voorkomen. Wees altijd op je hoede! ▪ Observeer het water minstens een halfuur voordat je ernaartoe loopt. ▪ Ga nooit twee keer naar dezelfde plek; krokodillen kunnen je opwachten. ▪ Houd een mes of ander wapen bij de hand.
ACTIE	▪ Als een bruine beer aanvalt, doe dan eerst alsof je dood bent. Ga met je gezicht naar de grond liggen, krul jezelf op, en gebruik je handen om je hoofd en nek te bedekken. Gaat de beer door met zijn aanval, vecht dan terug en sla op de ogen en neus. ▪ Als een grizzlybeer of ijsbeer aanvalt, zal je moeten vechten voor je leven.	▪ Als een katachtige op je af komt, kijk hem dan recht in zijn ogen. Schreeuw en maak lawaai om hem te intimideren. Als dat niet helpt, moet je pepperspray gebruiken. ▪ Nooit omdraaien en wegrennen! ▪ Blijf rechtop staan als het dier je ziet. Een wezen op vier poten is aantrekkelijk.	▪ Mocht je een nijlpaard tegenkomen, ga dan terug en zoek een andere route. ▪ Als een nijlpaard gaapt, heeft dat absoluut niets met slaperigheid te maken! Hij laat dreigend zijn kaken en tanden zien, waarmee hij moeiteloos een kano doormidden bijt. Maak dat je weg komt!	▪ Als een olifant zich naar je omdraait en met wapperende oren luid trompetterend in het zand schopt, moet je je terugtrekken. ▪ Komt hij op je af, ren dan naar je schuilplek (boven). ▪ Mocht je geen schuilplek hebben, houd je dan dood. Hopelijk verliest de olifant dan zijn belangstelling.	▪ Bij een aanval op het land moet je wegrennen. ▪ Mocht hij je grijpen en weer even loslaten: wegrennen! ▪ Als hij je het water in sleept, moet je terugvechten. Steek met een mes in de onderkant van de keel, steek je vingers in zijn ogen of sla hard op zijn neusgaten.

NOOIT ONGEWAPEND

Zorg dat je in gebieden waar wilde dieren rondlopen altijd een wapen bij de hand hebt. Bijvoorbeeld een mes, een stok of pepperspray. Probeer confrontaties met wilde dieren te vermijden.

PEPPERSPRAY

Pepperspray bevat capsicum (Spaanse peper) en aanverwante bijtende stoffen. Richt als je spuit op de ogen van het dier; in de meeste gevallen zal het omkeren en weglopen. Blijf niettemin alert tot alle gevaar is geweken.

	HAAIEN	SLANGEN	AMFIBIEËN
KENMERKEN	▪ Er zijn meer dan 450 verschillende soorten haaien. Slechts een paar daarvan leveren gevaar op, zoals de stierhaai, de tijgerhaai en de grote witte mensenhaai. ▪ De meeste aanvallen vinden plaats in tropische en subtropische kustwateren, vooral in de branding en op plaatsen waar het water troebel is.	▪ Van de ruim 3000 slangensoorten is nog geen 15 % gevaarlijk voor mensen. ▪ Het gif werkt op het bloed, het hart of het centrale zenuwstelsel. ▪ Slangen komen overal voor, behalve in zeer koude streken.	▪ Kikkers, padden en salamanders kunnen giftige stoffen afscheiden. De giftigste soort is de gifkikker, een goudkleurige, gifspuwende kikker uit Zuid-Amerika. ▪ Amfibieën leven bij voorkeur in warme, vochtige streken.
VOORZORGSMAATREGELEN	▪ Ga nooit het water in als er haaien zijn of op plekken waar ze graag foerageren. Informeer bij de lokale bevolking of er gevaar kan dreigen. ▪ Neem een speer of een stok mee het water in, zodat je je kunt verdedigen.	▪ Draag laarzen en een lange broek. Bescherm ook je nek. ▪ Tik tijdens het lopen met een stok op de grond vóór je om ze te verjagen. ▪ Stap niet over omgevallen bomen heen, maar ga er eerst op staan. ▪ Hang je laarzen 's nachts ondersteboven op stokken. ▪ Steek je handen niet in spleten en gaten.	▪ Giftige kikkers of padden kun je gewoon aanraken; het gif werkt alleen als het in je mond of je ogen komt of via een wondje in je bloedbaan. Mocht dat gebeuren, dan moet je onmiddellijk hulp inroepen.
ACTIE	▪ Mocht je een haai zien, trek je dan rustig terug naar waar het veilig is. ▪ Als hij naar je toe zwemt, zwem dan zonder gespetter weg en blijf kijken. ▪ Valt hij aan, sla dan hard op zijn neus met je stok of wat dan ook. ▪ Als hij je vast heeft, timmer dan zo hard als je kunt op zijn ogen en kieuwen.	▪ Blijf onbeweeglijk staan als er plotseling een slang opduikt. Slangen richten zich meestal op bewegende prooi. ▪ Blijf kalm. Als je een stok bij je hebt, breng die dan rustig in slagklare positie. ▪ Mocht de slang aanvallen, sla hem dan hard op zijn kop.	▪ Als je in contact bent geweest met een giftige amfibie, spoel dan onmiddellijk de aangedane plekken schoon met veel water. Pas op dat het gebruikte water niet over wondjes of schaafplekken stroomt. ▪ Was je handen grondig, steek je vingers niet in je mond en wrijf niet door je ogen.

BERENODIG

Een beer, of het nu een zwarte, bruine, een grizzly- of ijsbeer is, is een wild dier en zijn gedrag is onvoorspelbaar, zeker als het gewond of uitgehongerd is, of zich bedreigd voelt. Wat volgt zijn algemene richtlijnen die gebaseerd zijn op reallife-confrontaties, maar in een survivalsituatie kan het zomaar zijn dat je moet vechten voor je leven.

WAARSCHUWINGSTEKENS

Als je een beer tegenkomt kan hij:

- Op zijn achterbenen staan en in de lucht snuiven.
- Zijn hoofd omlaag brengen en oren naar achteren doen.
- Watertanden en geluiden maken.
- Aan de grond klauwen, of naar voren komen in een blufaanval.

Met dit gedrag probeert de beer te zeggen, 'ga weg uit mijn territorium'.

WAT TE DOEN ALS JE EEN BEER ZIET

- Sta stil en praat rustig tegen de beer terwijl je direct oogcontact vermijdt.
- Houd je laatste beschermingsmiddel – zoals berenspray, een geweer, een mes of een toeter – bij de hand.
- Maak jezelf zo groot mogelijk. Als je met anderen bent, blijf dan dicht bij elkaar.
- Als de beer op afstand blijft, loop dan langzaam achteruit.
- Draai de beer niet je rug toe. Ren niet weg, schreeuw niet en klim niet in een boom.
- Blijf kijken naar de beer en wacht tot hij het gebied verlaat.

WAT TE DOEN ALS EEN BEER JE AANVALT

- Als de beer op je afkomt, kun je het beste schreeuwen en met je armen zwaaien om jezelf groot te maken. Gooi met dingen, of blaas op een fluitje of toeter.
- Blijft de beer dichterbij komen, en ziet hij eruit alsof hij wil aanvallen, verdedig jezelf dan. Gebruik pepperspray (als de beer binnen bereik is) of iets anders wat je kunt vinden waarmee je de beer kunt afleiden.
- Als de beer alsnog dichterbij blijft komen, volg dan het advies in de tabel hiernaast.

OVERLEVINGSSTRATEGIEËN - EXTREME KOU

VOLLEDIGE UITRUSTING

- Waterdichte kleding in laagjes
- Wandelstok of ijsbijl
- Opvouwbare sneeuwschep
- Zaklamp, fluitje, lawinebaken
- Zeildoek/poncho/bivakzak
- Gore-Tex handschoenen en beenkappen
- Kaart, kompas, GPS
- Survivalmok, survivalmes
- Mobieltje/satelliettelefoon

ERIC LEMARQUE, EEN 34-JARIGE IJSHOCKEYSPELER, raakte hopeloos verdwaald in de bergen van de Sierra Nevada in Californië toen hij bij het snowboarden op het Mammoth Mountain ski-resort een verkeerde afdaling volgde.

Eric Lemarque was op vrijdag 6 februari in zijn eentje begonnen aan een niet vrijgegeven afdaling op een helling met verse poedersneeuw. Het liep al tegen de avond en de skiliften waren al stilgezet. Toen hij op een vlak stukje even pauzeerde, realiseerde hij zich dat hij zich niet meer op de afdaling bevond en dat hij verdwaald was. Bovendien was het erg mistig geworden: het zicht bedroeg nauwelijks drie meter. Het skipak dat hij droeg was niet geïsoleerd en het enige dat hij bij zich had was een mp3-speler, een mobieltje waarvan de batterij leeg was en een paar natte lucifers. Met alleen deze uiterst minimale uitrusting ging hij op zoek naar het juiste parcours.

'TOEN HET ZICHT NOG SLECHTS DRIE METER BEDROEG, REALISEERDE HIJ ZICH DAT HIJ VERDWAALD WAS'

Helaas zocht Lemarque in de verkeerde richting en zo raakte hij steeds verder verwijderd van het skioord. Toen het tot hem doordrong dat hij de nacht buiten zou moeten doorbrengen, groef hij met zijn snowboard een langwerpige kuil in de sneeuw. De bodem bedekte hij met stukken schors die hij lostrok van de naaldbomen rondom de kuil. Tevergeefs probeerde hij een vuur te maken met dennennaalden en een uitgerafeld stukje koord van zijn skipak: de lucifers waren te nat. Om op krachten te blijven, at hij wat dennennaalden en een paar stukjes boomschors.

Vijf dagen lang trok hij zo verder, overal reepjes kleding achterlatend als spoor voor zijn redders. Als er een vliegtuig overvloog, probeerde hij de aandacht te trekken met het blauwe schermpje van zijn mp-3 speler. Gelukkig voor hem vonden reddingsploegen uiteindelijk de afdrukken van zijn snowboard. Vierentwintig uur lang volgden ze zijn spoor en op 13 februari werd hij gevonden. Eric was totaal uitgedroogd, onderkoeld en nauwelijks bij bewustzijn. Hij was 16 kilo afgevallen en zijn voeten waren dermate bevroren, dat zijn beide benen later tot onder de knie moesten worden geamputeerd. Maar hij leefde nog.

ACTIEPLAN

DREIGT GEVAAR?

NEE JA

- NEE: Help in een groep anderen die wel gevaar lopen
- JA: Neutraliseer het gevaar:
  kou/wind/vocht – gevaar voor onderkoeling, dus zoek onmiddellijk beschutting
  Dieren – vermijd confrontaties en trek je terug
  Verwondingen – stabiliseren en eerste hulp verlenen

BEOORDEEL JE SITUATIE
Blz. 234-235

WORD JE GEMIST OF WEET IEMAND WAAR JE BENT?

NEE JA

- NEE: Als je niet gemist wordt en niemand weet waar je bent, zoek dan op alle mogelijke manieren contact met de buitenwereld
- JA: Als je wordt gemist, is er waarschijnlijk een reddingsploeg op weg

KUN JE CONTACT OPNEMEN?

NEE JA

- NEE: Je moet jezelf voor onbepaalde tijd in leven houden – tot je wordt gevonden of zelf hulp vindt
- JA: Als je kunt bellen, laat dan weten wat er aan de hand is. Gebruik bij levensbedreigende situaties je persoonlijke locatiebaken (PLB) als je dat bij je hebt.

KUN JE HIER OVERLEVEN?*

NEE JA

- NEE: Als je niet kunt overleven op je huidige locatie en mobiel bent, zoek dan een locatie waar je wel kunt overleven en/of waar de kans op redding groter is
- JA: Denk aan de survivalprincipes: Protectie, locatie, water en voedsel

ZOEK EEN ANDERE LOCATIE* | **BLIJF WAAR JE BENT****

ZOEK EEN ANDERE LOCATIE

DOEN

- Rationeel beslissen welke locatie de beste is
- Uitdroging tegengaan door sneeuw in poreuze kleding te verpakken en op te zuigen – maar alleen bij inspanningen waarbij je warm wordt
- Een wandelstaf maken om de sneeuw op je route te kunnen peilen
- Regelmatig controleren of je bevroren ledematen hebt of onderkoeld raakt
- Locatiehulpen bij de hand houden als je loopt en gebruiksklaar neerleggen als je rust
- Alle lichaamsextremiteiten beschermen tegen bevriezing – doe je handschoenen aan een koord door je jack, dan verlies je ze niet

NIET DOEN

- Uitdrogingsgevaar onderschatten omdat het koud is – in de kou kun je evengoed uitdrogen als in de hitte
- Met alleen een stok door poedersneeuw waden. Maak liever een paar sneeuwschoenen
- Zonder bescherming op de koude ondergrond slapen. Zorg dat je shelter goed ventileert en let op lawinegevaar.

BLIJF WAAR JE BENT

NIET DOEN

- Je lichaamswarmte gebruiken om sneeuw te smelten. Het gevaar van onderkoeling is te groot
- Op je handen blazen om ze warm te krijgen – je adem is vochtig en de condens onttrekt warmte aan je handen
- Op de koude ondergrond gaan zitten of liggen. Leg iets op de grond of maak een platform

DOEN

- Zoek een veilige plek voor je shelter. Ook je uitrusting moet in de shelter passen: graaf een kuil in de sneeuw en maak er een platform boven om op te slapen
- Leg je graafgereedschap in de shelter, dan kun je je uitgraven wanneer je ingesneeuwd raakt
- Markeer de ingang van je shelter, dan kun je hem gemakkelijk terugvinden
- Maak een kampvuur. Je kunt er sneeuw mee smelten en jezelf op temperatuur houden
- Activeer al je locatiehulpen voor onmiddellijk gebruik

* Als je niet kunt overleven waar je bent maar je niet kunt verplaatsen door bijvoorbeeld een gebroken enkel, stel dan alles in het werk om iemand te waarschuwen
** Als de situatie verandert, bijvoorbeeld doordat je een andere locatie hebt gevonden, loop dan het hele actieplan opnieuw door

GEVAREN VAN DE OMGEVING

ER ZIJN GEBIEDEN waar het weer plotseling totaal kan omslaan of waar andere onverwachte gebeurtenissen gevaar op kunnen leveren. Stel je op de hoogte van wat er op je af kan komen voordat je naar een bepaald gebied vertrekt en tref de nodige voorzorgsmaatregelen.

EEN GOEDE VOORBEREIDING

Onvoorspelbare gebeurtenissen als lawines, vulkaanuitbarstingen, bosbranden, tornado's en sneeuwstormen kunnen binnen de kortste keren al je plannen op zijn kop zetten. Tegenover sommige natuurverschijnselen sta je machteloos, maar een goede voorbereiding kan je redding betekenen. De juiste uitrusting, kennis van de omgeving en van elementaire overlevingsstrategieën verhogen je overlevingskansen aanzienlijk.

RICHTLIJNEN

Er bestaat helaas geen panklare oplossing voor elk probleem dat zich kan voordoen, maar met wat algemene richtlijnen en je gezonde verstand kom je vaak een heel eind:

- Verzamel informatie over het weer van het gebied waar je heen gaat, op internet of via de lokale radio.
- Check of er in de periode dat je er bent verraderlijke weertypes voorkomen (moessonregens in India, orkanen in de Stille Zuidzee etc.).
- Neem altijd een noodkit mee (blz. 58-59).
- Oefen alle survivaltechnieken van tevoren of direct na aankomst. Een tweede kans krijg je misschien niet!
- Daag de natuur nooit uit – ze wint altijd.

GOED VOORBEREID OP LAWINEGEBIEDEN

Informeer voordat je vertrekt of er lawines dreigen in het gebied waar je heen gaat (*rechts*).

- Neem een uitschuifbare sneeuwschep mee om je eventueel uit te graven en een opvouwbare peilstok om de dikte van de sneeuwlaag te meten.
- Draag een lawinebaken op je lichaam, zodat reddingsploegen je kunnen vinden.

OPVOUWBARE SNEEUWSCHEP

RADIOBAKEN VOOR LAWINES

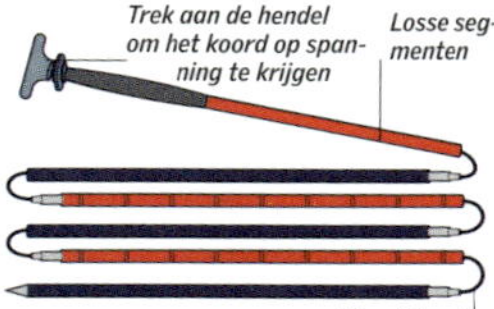

PEILSTOK

LAWINES

Lawines ontstaan vaak in de winter wanneer er verse sneeuw is gevallen op hellingen die van de zon afgekeerd zijn. Een hard geluid, een aardbeving of trillingen veroorzaakt door skiërs en snowboarders kunnen de bovenlaag in beweging zetten. Let op eventuele voortekenen, zorg dat je alles bij je hebt voor noodgevallen en oefen wat je moet doen als je door een lawine wordt overvallen.

WAARSCHUWINGSSIGNALEN

Zoek op besneeuwde berghellingen altijd naar aanwijzingen die op lawinegevaar duiden:

- Trechtervormige hellingen met een stijgingspercentage tussen de 30 en 35%.
- Kale hellingen zonder bomen of rotsblokken.
- Losse poedersneeuw die niet plakt.
- Verse, zachte sneeuwlagen van meer dan 30 cm.
- Besneeuwde ondergrond die hol klinkt.
- Sneeuwvlokken in de vorm van kristallen of korreltjes.
- Sneeuwval van meer dan 2,5 cm per uur.

ONTWIJKEN

Als je een lawine hoort of ziet die in je richting komt, ga dan onmiddellijk tot actie over:

- Activeer onmiddellijk je lawinelocatiebaken.
- Probeer een schuilplaats te vinden, bijvoorbeeld een overhangend rotsblok (onder).
- Is er geen schuilplek, ski dan onder een hoek van 90° bij de lawine vandaan.

GEVAARLIJKE ONDERGROND

Er zijn allerlei situaties waarbij je moet oppassen waar je loopt. Moerassen bijvoorbeeld, of drijfzand waarin je onverhoeds kunt wegzakken en vast kunt komen te zitten.

MOERASSEN

Zoetwatermoerassen vind je in het laaggelegen binnenland. Ze zijn begroeid met riet, doornstruiken en grassen en er komen gevaarlijke dieren in voor als slangen en krokodillen. Het water is meestal vervuild en het wemelt er van de muskieten die malaria verspreiden. Een moeras oversteken is erg lastig: soms loop je over een stevig pad en even later zak je tot aan je middel in het water. Bouw een vlot of iets dergelijks waarmee je kunt oversteken. Volg de stroming om bij open water te komen, waar meer kans op redding bestaat of waarlangs je op eigen houtje de bewoonde wereld kunt bereiken.

DRIJFZAND

Mocht je in drijfzand stappen, laat je dan onmiddellijk met gestrekte armen en benen op je rug vallen om je gewicht te verdelen. Probeer vervolgens met je handen terug naar de vaste grond te roeien; niet gaan spartelen, want dan zak je dieper weg. Als er iemand bij je is, laat hem of haar dan vanaf de vaste ondergrond proberen je los te trekken met een touw of een lange tak.

LAWINE

Als je niet weg kunt komen terwijl de lawine op je af komt, probeer dan in elk geval kalm te blijven en aan de onderstaande adviezen te denken:

- Maak de klemmen van je ski's los en haal de lussen van de skistokken van je polsen. Doe je rugzak losjes om één schouder: beter je rugzak kwijt dan een schouder uit de kom.
- Als de sneeuw over je heen komt, 'zwem' dan met de stroming mee om zo veel mogelijk vrije ruimte te creëren voordat de sneeuw hard wordt. Maak met je schop of met je handen de ruimte om je hoofd vrij, zodat je kunt ademen. De meeste slachtoffers van lawines komen niet door bevriezing maar door verstikking om het leven.
- Als je niet meer weet wat boven en onder is, laat dan wat spuug uit je mond lopen. Graaf naar de kant tegenover de kant waar het speeksel naartoe loopt.
- Probeer je zo snel mogelijk te bevrijden, want elke seconde telt. Schreeuw zo hard je kunt zodra je boven de sneeuw uit komt om redders te alarmeren.

VULKANISCHE UITBARSTING

Als je in de buurt van een vulkaan komt, informeer dan altijd even of er misschien een uitbarsting op til is. Mocht dat zo zijn, verlaat het gebied dan onmiddellijk. Een vulkaan die uitbarst, produceert enorme lavastromen en gigantisch veel giftige dampen, as, puin en modder. Mocht je desondanks door een uitbarsting overvallen worden, handel dan snel en denk aan het volgende:

- Je ontsnappingsroute per auto kan glad worden door de asregen.
- Zoek beschutting voor het rondvliegende puin, de hitte en de verstikkende asregen. De zwaveldioxide in de lucht verschroeit je longen en verbrandt vermengd met regen (zwavelzuur!) je huid.
- Bedek je gezicht met een natte doek als je in de asregen verzeild raakt. Was je huid grondig als alles voorbij is.

AARDBEVING

Informeer altijd of er aardbevingen dreigen in het gebied waar je bent. Mocht je er een meemaken, denk dan aan het volgende:

- Ren weg van gebouwen, bomen en alles wat om kan vallen. Ga vervolgens op de grond liggen.
- Blijf op open terrein tot alle naschokken en trillingen achter de rug zijn.
- Ben je in een gebouw, ga dan naar de laagste verdieping en blijf in de buurt van een dikke muur, of schuil onder een stevige tafel. Als je tijd hebt, sluit dan het gas af.
- Ben je met de auto, stop dan, maar blijf zitten.

BOSBRANDEN

Wanneer het bos kurkdroog is, is een klein vonkje voldoende om een helse vuurzee te ontketenen. De meest voorkomende oorzaken zijn blikseminslag en brandende sigarettenpeuken. Een bosbrand ontwikkelt een enorme hitte en produceert dichte rookwolken met giftige gassen. Bovendien slorpt een bosbrand alle aanwezige zuurstof op, waardoor het onmogelijk wordt te ademen.

VOORBEREIDING EN VOORTEKENEN

Als je naar een gebied gaat waar vaak bosbranden voorkomen, luister dan naar de weerberichten en eventuele waarschuwingen. Zorg dat je in een bos altijd je mobieltje bij je hebt of iets anders waarmee je radiocontact kunt maken. De onderstaande punten zijn bedoeld om tijd te winnen voordat het vuur je inhaalt:

- Eerst ruik je de brand. Daarna hoor je het geraas van vlammen en vallende takken en pas op het laatst zie je het vuur dichterbij komen. Als het branderig ruikt en dieren in je omgeving worden nerveus, is er waarschijnlijk een bosbrand in aantocht.
- Aan de rook kun je zien hoe ver de brand nog van je verwijderd is en van welke kant de wind komt.

ONTSNAPPINGSROUTE

Als de wind naar de brand toe waait, ren dan weg tegen de wind in. Als de wind de brand voor zich uit jaagt in jouw richting, ben je in direct levensgevaar.

- Zoek een natuurlijke doorgang zonder bomen.
- Vlucht niet naar een hooggelegen punt, want het vuur gaat bergop sneller.
- De meeste bosbranden zijn erg omvangrijk, dus eromheen proberen te komen heeft geen zin.
- Als de brand je in dreigt te halen en er zijn open plekken in de vuurzee, ren dan tussen de vlammen door en probeer achter de brand te komen. Trek synthetische kleding uit, want die zal smelten. Bedek je lichaam en maak je zo nat mogelijk als je water hebt. Haal diep adem, druk een vochtige doek tegen je mond en je neus en ren door de plek waar het vuur het minst omvangrijk is.
- Ben je met de auto en kun je niet wegkomen, parkeer dan zo ver mogelijk van de bomen. Schakel de motor uit, sluit alle ramen en ga op de bodem van de auto liggen. Bedek jezelf met alles wat voorhanden is.
- Als ontsnappen onmogelijk is, probeer jezelf dan in te graven. Maak je kleding nat en kruip diep onder de grond.

GEVAARLIJK WEER

Zeer harde wind en aanhoudende slagregens zijn in sommige gebieden normale, seizoensgebonden verschijnselen, variërend van tornado's en wervelwinden tot tropische stormen en orkanen. Deze extreme weerpatronen veroorzaken veel schade en kosten elk jaar veel mensen het leven.

ORKANEN EN TORNADO'S VERMIJDEN

Weerberichten geven informatie over de vermoedelijke baan van orkanen en tornado's, en lokale nooddiensten kunnen de hevigheid ervan beoordelen. Ga je naar een gebied waar orkanen en tornado's voorkomen, kijk dan naar de weerberichten voor de langere termijn en houd er rekening mee dat je de expeditie moet afbreken: de kans op overleving is minimaal wanneer je in een dergelijk natuurverschijnsel terechtkomt. Neem altijd een radiootje mee als je in het stormseizoen de wildernis in trekt, dan kun je de weersverwachtingen volgen en zo nodig op tijd teruggaan naar de bewoonde wereld. Staat je basiskamp in de route van een orkaan, volg dan de adviezen van de lokale waarschuwingsdiensten op en zorg vooral dat je niet in het open veld bent als hij losbarst.

EVACUATIEPLAN

Wanneer je toevallig in de baan van een orkaan of tornado woont, kan er zelfs in je achtertuin een levensbedreigende survivalsituatie ontstaan. Hieronder volgen een paar tips:

- Berg alles op wat schade kan veroorzaken, zoals vuilnisbakken en tuinmeubilair.
- Stel een evacuatieplan op, ook voor je huisdieren. Bepaal alvast waar je heen zult gaan en ga op zoek naar alternatieve routes voor als de wegen onbegaanbaar zijn. Tank je auto vol bij de eerste orkaanwaarschuwing.
- Stel een survivalpakket samen waarmee je het minstens 72 uur kunt uithouden: drinkwater, voedsel dat niet bederft, reservekleding, slaapzakken, radio, zaklampen, belangrijke telefoonnummers etc.
- Timmer ramen en deuren dicht met houten platen. Sluit gas, water en elektra af.

THUIS BLIJVEN

Volg de bovenstaande procedures ook wanneer je besluit om gewoon thuis te blijven. Ga als de orkaan nadert met je hele uitrusting naar een ondergrondse schuilplaats of een kamer zonder ramen.

IN HET OPEN VELD

Mocht je buiten een orkaan zien aankomen, probeer hem dan allereerst te ontwijken. Vlucht onder een hoek van 90° met de baan van de orkaan.

- Als je met de auto bent en er is geen uitweg, parkeer dan onder een tunnel. Laat de auto staan en verstop je zo hoog mogelijk in de tunnel.
- Schuil in het open veld niet achter je auto, want die kan omwaaien. Zoek een greppel of lager gelegen gebied en ga op de grond liggen, of kruip weg tussen zware rotsen.

SURVIVAL BIJ DONDER EN BLIKSEM

Wanneer warme lucht opstijgt en in botsing komt met een koudere luchtlaag, ontstaan er elektrische ontladingen tussen de waterdruppels in de wolken. De bliksem die daardoor ontstaat, zoekt de kortste weg naar de grond. De onderstaande tips kunnen nuttig zijn bij onweer:

- Vermijd open vlaktes, maar ga niet onder een alleenstaande boom schuilen. Een blikseminslag in een boom heeft een ongelooflijk hoog voltage.
- Blijf in je auto. Een auto is een kooi van Faraday op wielen, waar elektrische ladingen niet in of uit kunnen.
- Ben je in het open veld, maak je dan zo klein mogelijk en maak zo weinig mogelijk contact met de grond. Ga niet staan of liggen; blijf op je hurken zitten met je handen van de grond.

SURVIVAL BIJ OVERSTROMINGEN

Stortregens zijn niet altijd van korte duur. Het kan gebeuren dat de regen dagenlang aanhoudt en dan dreigen er overstromingen.
Grond, bomen, dieren en zelfs hele gebouwen worden soms weggespoeld. Er kunnen aardverschuivingen optreden en rivieren kunnen overstromen. Denk in dergelijke situaties aan het volgende

- Ben je in een gebouw, ga dan naar de hoogste verdieping en neem dekens, voedsel en lucifers mee. Blijf waar je bent tot het water weer zakt of tot je gered bent, tenzij het gebouw zelf ernstig gevaar loopt.
- Ben je buiten, zoek dan hoog gelegen terrein op.
- Loop of rijd nooit door het water van de overstroming.
- Filtreer en kook drinkwater voordat je het gebruikt: waterleidingen kunnen vervuild zijn. Regenwater drinken kan natuurlijk ook.

SURVIVAL BIJ ZANDSTORMEN

Als je een zandstorm ziet naderen, markeer dan de richting van je route en zoek beschutting, bijvoorbeeld achter een rotspartij. Wend je gezicht af van de wind en bedek je lichaam zo veel mogelijk, vooral je hoofd, nek en gezicht.

SURVIVAL OP ZEE

DE ZEE IS ONGETWIJFELD de moeilijkste omgeving om te overleven als je in een survivalsituatie bent terechtgekomen, bijvoorbeeld door brand, slecht weer, mechanische storingen of een aanvaring. Specifieke kennis komt dan uitstekend van pas, evenals een optimale uitrusting.

BEREID JE GOED VOOR
Wie zich op zee waagt, moet rekening houden met het ergste. Kennis, vaardigheden en de juiste uitrusting zijn op zee noodzakelijk.

KEN JE SCHIP

Of je vaartuig nou groot of klein is, je moet er zo veel mogelijk van weten en op de hoogte zijn van wat je moet doen in noodgevallen. De onderstaande lijst is vrij algemeen; het kan zijn dat sommige schepen een andere aanpak vereisen.

GROTE PASSAGIERSSCHEPEN

Als passagier op een veerboot, cruiseschip of lijndienstvaartuig moet je altijd alle noodprocedures kennen:

- Doe mee aan de 'schipbreukoefeningen'.
- Leer de verschillende noodsignalen uit je hoofd: 'brand', 'aanvaring' en 'naar de reddingsboten'.
- Kijk waar de zwemvesten liggen, hoe je ze aantrekt en hoe je ze moet gebruiken.
- Stel je op de hoogte van de diverse ontsnappingsroutes.
- Zoek de reddingsboten en informeer wat er in noodgevallen van je verwacht wordt.
- Als er kinderen of hulpbehoevenden in je gezelschap zijn, bedenk dan hoe je ze eventueel aan dek krijgt, inclusief de nodige hulpmiddelen.

KLEINERE SCHEPEN

De onderstaande aanwijzingen hebben betrekking op zeewaardige jachten, kleine scheepjes, kano's en kajaks. De bemanning moet op de hoogte zijn van alle noodplannen en precies weten wat ieders taak is. Dat zal in de praktijk meestal afhangen van de specifieke situatie en de individuele vaardigheden.

- Zorg dat je weet waar de nooduitrustingen opgeslagen zijn en weet hoe het werkt.
- Als er een Epirb (blz. 236) aan boord is, moet iedereen weten waar het zich bevindt en hoe het bediend moet worden. De automatische uitvoeringen koppelen zichzelf los zodra ze 1 tot 3 m. onder water zijn. De Epirb stijgt dan naar de oppervlakte en begint te seinen.
- Gebruik alleen een geregistreerde Epirb.
- Houd een noodpakket binnen handbereik.

SURVIVALPAK EN REDDINGSVEST

Een survivalpak houdt je warm en droog, ook in metershoge golven. Het reddingsvest zorgt dat je niet verdrinkt: je hoofd blijft zelfs boven water als je bewusteloos bent.

BESCHERMING

Survivalpakken en reddingsvesten zijn voorzien van allerlei handige protectiehulpjes waardoor je betere overlevingskansen hebt.

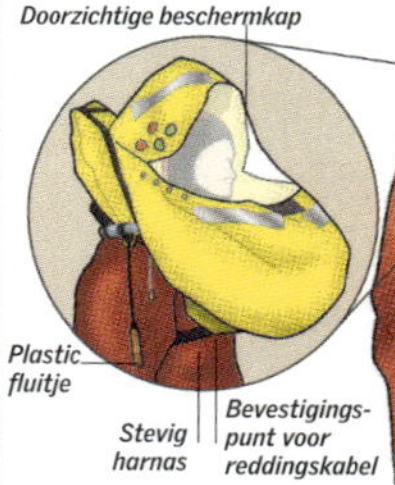

NOODPAKKET
Leg een tas klaar met de meest essentiële zaken:

- Noodvoorraad water
- EHBO-kistje (blz. 260)
- PLB (blz. 237)
- Manuele GPS (blz. 75)
- VHF-radio
- Mobieltje of iridiumtelefoon
- Fakkels en vuurpijlen
- Osmosepomp| (ontzilten, blz. 197)
- Survivalmok (blz. 60-61)
- Zonnefilter (zie hiernaast)

REDDINGSVLOTTEN

Eenpersoonsreddingsvlotten en vlotten voor meerdere personen hebben in principe dezelfde uitrusting. Wel hebben meerpersoons vlotten uiteraard een grotere watervoorraad, meer tabletten tegen zeeziekte etc. aan boord.

EENPERSOONS REDDINGSVLOT

In een eenpersoons vlot past slechts één persoon. Het kan opgeblazen worden met kooldioxide-patronen, een handpompje of met de mond.

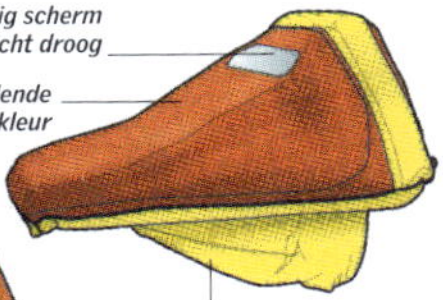

MEERPERSOONS REDDINGSVLOTTEN

Op veel schepen vind je voornamelijk meerpersoons reddingsvlotten. Ze zijn er voor twee personen, maar ook voor 25, al dan niet overdekt. De meeste grote reddingsvlotten hebben locatiebakens (blz. 236), peddels en een zonnefilter (onder) aan boord.

ZONNEFILTER

Een zonnefilter is een licht, compact en gemakkelijk apparaat om van zeewater drinkwater te maken. De warmte van de zon verdampt het water in de filter. Via kanaaltjes loopt het condenswater in een aparte ruimte. Afhankelijk van de omstandigheden en de hoeveelheid zonnewarmte kan een zonnefilter tot twee liter water per dag produceren.

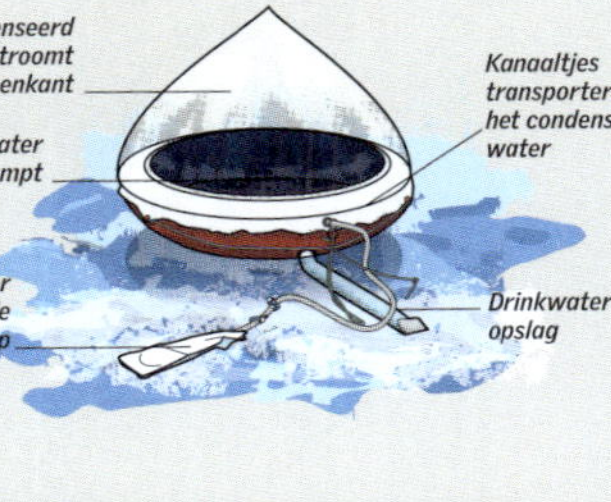

ZEEANKER

Een zeeanker of *drogue* is een nuttig onderdeel van de uitrusting. Het vlot drijft minder af, is stabieler en slaat minder snel om bij hoge golven.

STABILITEIT

Een drogue fungeert als een soort remparachute aan de achterkant van het vlot.

- Met een drogue kun je de positie van het vlot ten opzichte van de wind tot 90° variëren.
- Met een drogue houd je het vlot in de buurt van de ramp. Met een stroomsnelheid van slechts twee knopen drijft een vlot per dag 80 km af!

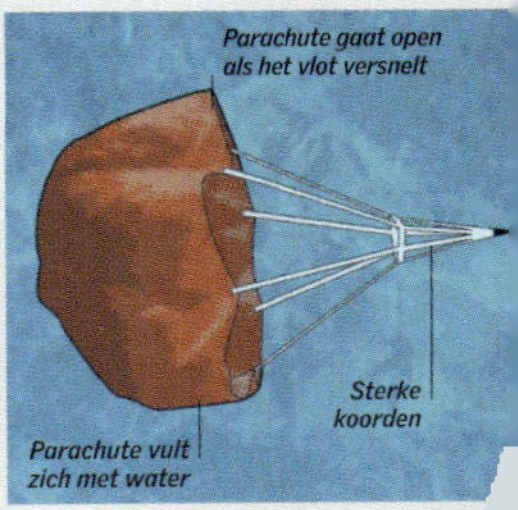

ONTSCHEPEN

Ga pas van boord als langer blijven gevaar oplevert. Ook een zwaar gehavend schip biedt protectie tegen de elementen; er is radioapparatuur aan boord, evenals water, voedsel, zaklampen etc. Bovendien is het een goed zichtbaar richtpunt voor eventuele redders. Stel altijd alles in het werk om de boot drijvend te houden.

MOGELIJKE GEVAREN

Wanneer je besluit het schip te verlaten, zullen de gevaren toenemen. Ook nu is een goede voorbereiding de sleutel tot overleven. De meest voorkomende gevaren zijn:

- Onderkoeling door onvoldoende of verkeerde kleding en blootstelling aan de elementen.
- Verdrinking door het ontbreken van zwemvesten.
- Uitdroging door watergebrek of verwondingen.
- Ondervoeding door te weinig voedsel.
- Koudeshock (blz. 254) door abrupte onderdompeling in ijskoud water.

VOORDAT JE VAN BOORD GAAT

Als de omstandigheden het toelaten, blijf dan aan boord. Verstuur een SOS-bericht met je naam, je positie, het aantal personen, eventuele verwondingen en een korte omschrijving van de situatie. Tref daarna de volgende maatregelen:

- Activeer de Epirb op kanaal 406 (blz. 236).
- Controleer of iedereen meerdere laagjes kleding aan heeft en over een survivalpak en een zwemvest beschikt (blz. 250).
- Check of de reddingsvlotten klaar liggen.
- Pak je voorraadtas (blz. 250).
- Zet jerrycans met water bij de reddingsvlotten.
- Vul alles wat je hebt aan flessen etc. met water.
- Verzamel zo veel mogelijk voedsel.

NAAR DE REDDINGSVLOTTEN

Als je het schip moet verlaten, laat dan alle reddingsvlotten te water. Ongebruikte reddingsvlotten kunnen helpen om reddingsploegen op het juiste spoor te brengen. Bovendien zijn er allerlei voorraden en hulpmiddelen aan boord.

- De meeste reddingsvlotten zitten aan de boot vast met een meertouw, zodat ze niet afdrijven wanneer je ze in het water gooit.
- In dit touw zit een zwakke plek die breekt wanneer de boot zinkt. Je kunt de lijn natuurlijk ook doorsnijden.

ONDERKOELING VOORKOMEN

Als je nat wordt, dalen je overlevingskansen aanzienlijk. In water van 5°C overleeft slechts 50% van alle drenkelingen het eerste uur als ze hun normale kleding dragen. Beschermende kleding verhoogt je kansen met een factor 6.

- Klim voorzichtig in het vlot, zodat je niet nat wordt.
- Trek meerdere laagjes kleding over elkaar aan. De lucht tussen de laagjes isoleert zelfs nog enigszins wanneer de kleding doorweekt is. Vergeet je hoofd, handen en voeten niet!
- Een survivalpak (blz. 250) beschermt je nog beter tegen onderkoeling.

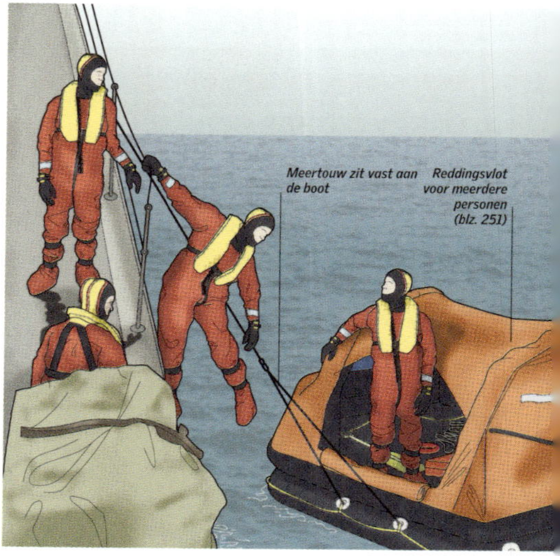

1 Spring niet overboord, maar stap voorzichtig op het vlot als dat mogelijk is. Probeer zo droog mogelijk te blijven. Als je toch het water in moet, laat je er dan langzaam in zakken.

- Lees de instructies die in het vlot zijn bevestigd en volg alle aanwijzingen op, te beginnen met de 'Primaire handelingen' (kader blz. 253).

IN HET REDDINGSVLOT

Als het je gelukt is veilig het schip te verlaten en aan boord van het vlot te komen, moet je onmiddellijk in actie komen. De handelingen die je moet verrichten, hebben een bepaalde volgorde: primair, secundair en tertiair.

PRIMAIRE HANDELINGEN

- Pomp de bodem van het vlot op en roep de namen af van iedereen die aan boord was, om eventuele achterblijvers te ontdekken.
- Als de boot nog drijft, laat het meertouw dan intact. Laat iemand paraat staan met een mes om de lijn zo dicht mogelijk bij de boot door te snijden als het schip zinkt.
- Is de lijn gekapt, gooi dan het zeeanker (blz. 251) uit.
- Sluit bij slechte weersomstandigheden de ingang van het vlot. De warmte blijft dan binnen en water en wind blijven buiten.
- Hoos binnengekomen water naar buiten, maak alles droog met een spons, controleer of er lekken zijn en repareer ze met de aanwezige hulpmiddelen.

SECUNDAIRE HANDELINGEN

- Behandel de gewonden.
- Neem tabletten in tegen zeeziekte.
- Zet mensen op de uitkijk.
- Manoeuvreer alle vlotten bij elkaar.
- Probeer warm te worden.

PAS OP!

Drink nooit zeewater, want je droogt er enorm van uit. In een warme omgeving zonder water begin je na een uur al uit te drogen!

TERTIAIRE HANDELINGEN

- Geef een ervaren persoon het commando.
- Informeer wie bepaalde vaardigheden heeft, bijvoorbeeld medische kennis of survivaltraining op zee.
- Laat iedereen uitkijken naar scherpe voorwerpen die lekken kunnen veroorzaken. Vraag meteen of iemand nog nuttige dingen bij zich heeft.
- Inventariseer je locatiehulpen. Zet ze klaar (blz. 236) en laat iedereen zien hoe ze werken.
- Maak een dagindeling en verdeel de taken. Binnen en buiten het vlot moet iemand steeds alles in de gaten houden.
- Wijs iemand aan die de reparaties verricht, iemand die de rantsoenen verdeelt en iemand die de gewonden verzorgt.
- Inventariseer en rantsoeneer de hoeveelheid drinkwater en voedsel.
- Begin zo snel mogelijk met drinkwater verzamelen; wacht niet tot je voorraad op is, maar activeer de zonnefilters (blz. 251) en de osmosepompen (blz. 197).

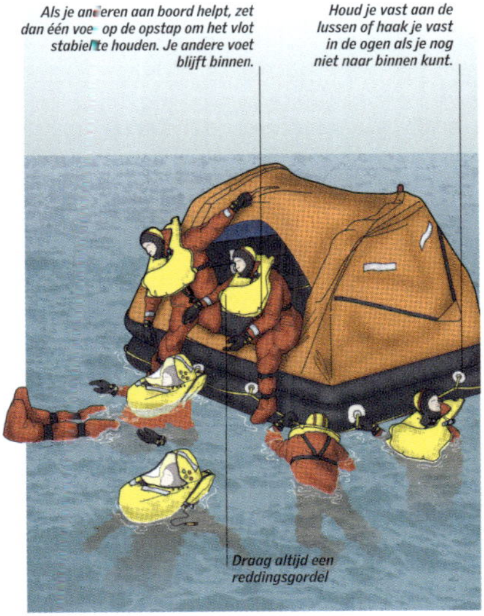

2 De eerste twee personen die aan boord zijn moeten de anderen helpen op het vlot te komen. Trek ze bij hun oksels omhoog.

- Het vlot mag niet overvol worden. De sterksten kunnen zich eventueel vasthouden aan de zijlussen.

3 Kijk goed of er iemand in moeilijkheden verkeert. Gooi hem of haar de reddingsboei toe en trek de drenkeling aan boord.

- Ga niet in het water, tenzij je iemand moet redden die bewusteloos is.

IN HET WATER

Twee derde van de mensen die op zee verdronken zijn, bevonden zich op nog geen drie meter van een veilige plek. Het merendeel van hen kon 'goed' zwemmen. Een paar tips om de kans op verdrinking te verminderen:

IN HET WATER SPRINGEN

Een schip verlaten kan gevaarlijk zijn, vooral als je in het water springt: door onderkoeling of koudeshock (zie kader) kun je binnen enkele minuten verdrinken. Klim zo mogelijk via ladders of netten naar beneden. De onderstaande aanwijzingen zijn alleen voor het geval je geen andere keus hebt dan in het water springen.

Controleer of je zwemvest goed zit en zoek een plek waar je veilig kunt springen zonder ronddrijvende voorwerpen of andere mensen te raken. Pas op met brandende olie die op het water drijft: zwem eronderdoor en steek eerst een hand boven water om te testen of je al boven kunt komen. Houd je gezicht naar beneden om je neus, mond en ogen tegen de vlammen te beschermen.

1 Als je hebt besloten waar je het water in gaat, zoek daar vlakbij dan het laagste punt van de boot.

- Sluit je mond en knijp je neus dicht, dan komt er geen water in.

2 Ga met een rechte rug overeind staan en spring rechtstandig in het water.

- Kruis tijdens de sprong je enkels en klem ze om elkaar.

3 Blaas je zwemvest op zodra je in het water bent.

- Draag je een survivalpak, steek dan rustig je armen boven water en trek een polssluiting los om de lucht te laten ontsnappen.

4 Ga op je rug liggen en zwem kalm weg van ronddrijvende rommel, brandende olie etc.

- Druk je achterhoofd tegen het zwemvest om je heupen omhoog te krijgen.
- Houd je knieën en voeten bij elkaar en zwem ruggelings naar het vlot.

KOUDESHOCK

Een koudeshock is de reactie van je lichaam op onderdompeling in ijskoud water. In dergelijke situaties vallen meestal veel slachtoffers. Symptomen zijn naar adem snakken en hyperventilatie, waardoor je water binnenkrijgt. Verder desoriëntatie, paniek en abrupte onderkoeling. Je hartslag en je bloeddruk stijgen plotseling, waardoor sommige mensen aan een hartaanval overlijden. Een langer verblijf in het water maakt bewegen bijna onmogelijk, dus naar je vlot zwemmen, aan boord klimmen en een vuurpijl afschieten is er in een dergelijke situatie vaak niet bij.

- Mensen met een goede conditie en de juiste lichaamsbouw kunnen vaak nog wel zwemmen in ijskoud water.
- Gelaagde kleding of een survivalpak dragen bij aan je kansen op succes.
- Ga nooit het water in als dat niet per se hoeft.

ZONDER REDDINGSVLOT

Ook zonder reddingsvlot heb je meer kansen te overleven als je met een groep bent. Meerdere drenkelingen vallen eerder op en je kunt elkaar moreel en fysiek steunen.

- Verzamel zo veel mogelijk drijvend materiaal voordat het wegdrijft; je bent dan gemakkelijker te spotten voor je redders.
- Kijk welke locatiehulpen je nog hebt en maak ze gebruiksklaar.
- Duw kinderen en gewonden naar het midden van de groep en vorm er een kring omheen.
- Ben je alleen, ga dan in de foetushouding liggen (onder) om je lichaam zo veel mogelijk op temperatuur te houden.

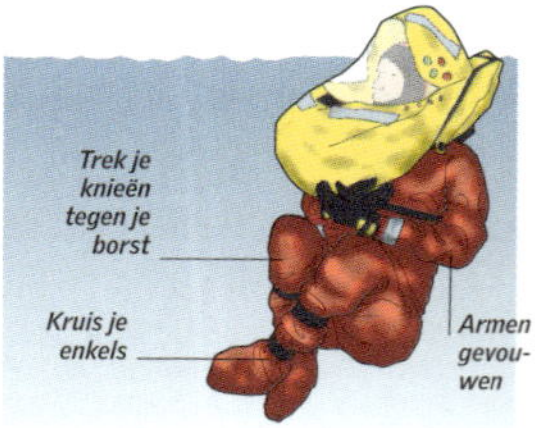

GEZICHT ONDER WATER

Raak niet in paniek als je zonder zwemvest overboord moet. Je lichaam heeft voldoende drijfvermogen om in elk geval je achterhoofd boven water te houden. Met een paar simpele bewegingen van je armen ('hondjeszwemmen') komt ook je gezicht boven. Bij hoge golven kun je beter met je gezicht naar beneden drijven.

1 Allereerst moet je lichaam ontspannen, hoe moeilijk dat ook is als je leven op het spel staat.
- Houd je gezicht naar beneden en strek je armen voor je uit.

2 Begin onder water alvast uit te ademen terwijl je je hoofd naar de oppervlakte brengt.
- Steek je kin omhoog als je hoofd boven water komt en maak je longen helemaal leeg voordat je inademt.

3 Duw met verse zuurstof in je longen je gezicht weer in het water; houd je mond goed gesloten.
- Laat je lichaam weer natuurlijk drijven tot de volgende ademteug.

BLIJF POSITIEF

Het is van levensbelang om positief te blijven en je alleen op het hier en nu te concentreren. Straks komt later wel.

ZELF DRIJFHULPEN MAKEN

Als je met je broek aan in het water ligt, kun je een drijfhulp maken om je hoofd boven water te houden. Het is een heel gedoe, maar het resultaat kan je leven redden.

1 Trek je broek uit en knoop de pijpen onderaan bij elkaar. Trek de knoop strak aan met je tanden.
- Gooi de pijpen over je hoofd en laat de wind de tailleopening vullen terwijl je watertrappelt.

2 Knijp met je handen snel de taille dicht om de lucht gevangen te houden.
- Steek je hoofd tussen de broekspijpen.
- Herhaal het hele proces als de broek niet meer drijft.

VERDRINKEN OP HET DROGE

Iemand die bijna is verdronken heeft water binnen gekregen, met allerlei chemische en biologische gevolgen voor met name de longen. Technisch gezien kan hij dan alsnog verdrinken, ook al is hij uit het water. Dertig milliliter water in je longen kan al fataal zijn, zelf nog na 24 tot 72 uur. Om dit te voorkomen moet je het volgende doen:
- Observeer iedereen die bijna verdronken is of lang in het water heeft gelegen.
- Vraag elke drenkeling een paar keer diep in te ademen en let daarbij op pijnsignalen of ander ongemak.
- Kijk of er symptomen zijn als herhaald kuchen, moeizame ademhaling, pijn op de borst of schuimend speeksel.
- Laat in dat geval de drenkeling rechtop zitten.
- Dien zo mogelijk zuurstof toe; het zuurstofgehalte in het bloed kan gevaarlijk laag worden.
- Probeer het slachtoffer te kalmeren en laat hem of haar zo veel mogelijk rusten.

7

EERSTE HULP

EERSTE HULP

Als er gewonden zijn wordt alles veel moeilijker, in wat voor survivalsituatie je ook bent terechtgekomen. De juiste behandeling ter plekke kan levens redden, dus elk lid van de groep moet adequate eerste hulp kunnen verlenen. 'Roep medische hulp in' betekent in een survivalsituatie in feite 'stabiliseer zoveel als mogelijk is, zodat een arts het vanaf daar over kan nemen'. Het is natuurlijk niet mogelijk elke soort verwonding te behandelen, zelfs niet voor een arts, bij gebrek aan de benodigde hulpmiddelen. Maar het merendeel van de slachtoffers kan gestabiliseerd worden met een combinatie van elementaire EHBO-technieken en gezond verstand.

Het survivalprincipe 'Protectie' (blz. 27) geldt voor elke situatie, dus ook als er gewonden zijn. De mate van protectie moet je afwegen tegen de ernst van de verwondingen. Houd daarbij altijd voor ogen dat voorkomen beter is dan genezen. In een warm klimaat is het zaak de eerste symptomen van hitte-

In dit hoofdstuk LEER JE...

- Hoe je **maden** kunt gebruiken...
- Hoe je een **zonnebril** maakt die **sneeuwblindheid** voorkomt...
- Wanneer je moet **stoppen, vallen** en **rollen...**
- Hoe je **slangenbeten** en **kwallensteken** moet behandelen...
- Wanneer je **houtskool** moet **eten** of **thee** zet van **boomschors...**
- Hoe je **bevriezingsverschijnselen** behandelt en voorkomt...
- Hoe je een **brandweergreep** toepast...

uitputting te herkennen, dat voorkomt levensbedreigende uitdroging en hitteshock. Precies zo kan in een koude omgeving het herkennen van de eerste signalen van bevriezing erger voorkomen. In de meeste gevallen heb je genoeg aan de basisprincipes van dit boek: het beste actieplan opstellen, de juiste route uitstippelen en jezelf beschermen tegen de elementen.

De wil om te overleven is meestal de doorslaggevende factor die bepaalt of je overleeft of niet, hoe perfect je uitrusting, training, kennis en vaardigheden ook zijn.

ALS ALLES TEGENZIT en ook de natuur zich tegen je lijkt te keren, heb je twee opties: afwachten en deemoedig je lot ondergaan of terugvechten met alle pijn en ongemakken van dien.

Een mooi voorbeeld hiervan is het avontuur van de Amerikaan Aaron Ralston. Tijdens een survivaltocht door de Blue John Canyon in Utah kwam hij met zijn arm klem te zitten onder een gigantisch rotsblok. Na vijf dagen zonder water en voedsel en in de wetenschap dat niemand wist waar hij was of hem zou komen zoeken, besloot hij zijn arm af te snijden. Met een tourniquet om zijn geamputeerde arm wist hij de bewoonde wereld te bereiken.

Een ander voorbeeld is dat van Simon Yates, die in de Andes het klimtouw doorkapte waaraan zijn zwaar gewonde vriend Joe Simpson hing. Yates dacht dat zijn vriend dood aan het touw bengelde, maar zelfs na de val toen het touw losschoot bleek Joe Simpson nog in leven. En dat niet alleen, hij vond zelfs de kracht om zonder voedsel en met alleen smeltend ijswater om te drinken na drie dagen kruipen hun kamp te bereiken!

> De meeste **verwondingen** kunnen **afdoende** worden behandeld met een **combinatie** van **elementaire EHBO-kennis** en **gezond verstand**

EERSTE HULP – BASISKENNIS

BIJ ELKE EXPEDITIE GELDT: safety first! Zorg voor je vertrekt dat iedereen voldoende EHBO-materiaal bij zich heeft, vooral medicijnen. Iemand die gewond is, moet onmiddellijk behandeld kunnen worden. Als je met een groep bent en je kunt geen nooddienst bereiken, moet er iemand bij het slachtoffer blijven terwijl twee anderen op zoek gaan naar hulp.

PAS OP!
Als je hulp gaat verlenen, moet je niet zelf gewond raken, want daar is niemand bij gebaat. Is het te gevaarlijk een gewonde te benaderen, zoek dan contact met een SOS-dienst en houd het slachtoffer vanaf een veilige afstand in de gaten.

EENVOUDIGE EHBO-KIT

Houd je EHBO-kit (zie afbeelding) altijd droog en binnen handbereik. Controleer de afdichtingen van de pakjes met kompressen; als ze beschadigd zijn, is de inhoud niet steriel. Vul alles wat je gebruikt weer aan zodra het kan.

WAT TE DOEN BIJ ONGELUKKEN

Vraag wat er precies is gebeurd. Inspecteer en analyseer de situatie grondig. Behandel als eerste de mensen die bewusteloos zijn of die hevig bloeden.

- **Respons** Vraag het slachtoffer iets, of draag hem op iets te doen. Als het slachtoffer antwoord geeft of een opdracht uitvoert, is het slachtoffer responsief.
- **Luchtwegen** Kan het slachtoffer normaal ademen? Als hij of zij kan praten, zijn de luchtwegen vrij? Bij slachtoffers die niet reageren altijd eerst de luchtwegen vrij maken (blz. 276).
- **Ademhaling** Gaat de ademhaling moeizaam of klinkt hij astmatisch? Zie behandeling blz. 275. Voor iemand die niet reageert en niet ademt, onmiddellijk hulp inroepen en zelf beginnen met reanimeren (blz. 277).
- **Bloedsomloop** Verliest iemand veel bloed? Probeer het bloeden te stoppen. Daarna kun je het slachtoffer verder onderzoeken. Ga methodisch te werk, letterlijk van top tot teen. Informeer naar wat er gebeurd is om je onderzoek te vergemakkelijken.

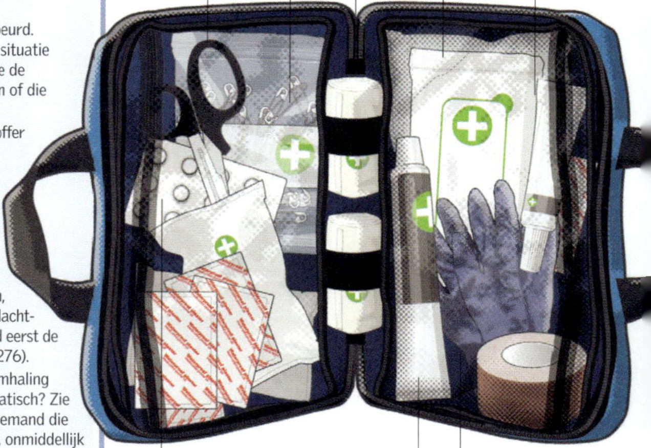

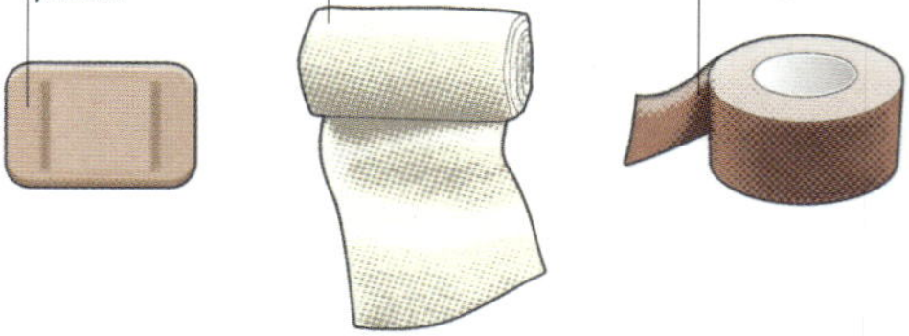

MITELLA'S IMPROVISEREN

Verwondingen aan handen, armen en schouders moeten gefixeerd en ondersteund worden. Als je geen professionele mitella (driehoekige draagdoek) bij je hebt, kun je er een maken door een stuk stof van ca. 1 m² diagonaal dubbel te vouwen. Je kunt ook een jack of zelfs de banden van je rugzak gebruiken. Ook een gebogen 'draagmouw' geeft voldoende steun voor geblesseerde handen, polsen en onderarmen. Laat de patiënt de gewonde arm ondersteunen met zijn of haar andere hand als je de draagdoek vastknoopt.

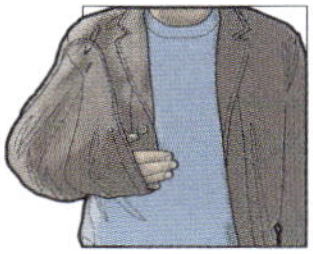

JASPAND
Vouw om een gewonde onderarm te fixeren de onderkant van het jack naar boven en zet het vast.

NAPOLEON
Laat één knoop van het jack open en steek de gewonde arm in de opening.

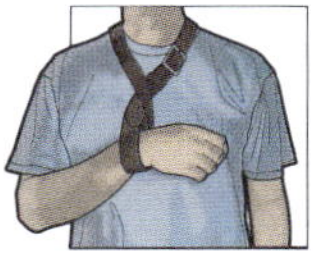

RIEMSTEUN
Houd bij een bovenarmblessure je onderarm omhoog met een riem (tot een 8 verdraaien).

DRAAGMOUW
Zet de mouw van de gewonde arm vast aan het jack.

SCHOUDERBAND
Een verstuikte pols kun je in de band van je rugzak laten rusten.

INFECTIES VOORKOMEN

Het gebruik van antiseptische doekjes en wegwerphandschoenen bij het behandelen van slachtoffers voorkomt dat je zelf infecties oploopt. Geen latexhandschoenen, want latex kan allergische reacties oproepen.

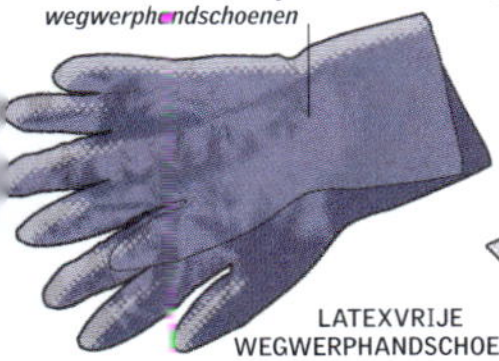

LATEXVRIJE WEGWERPHANDSCHOENEN

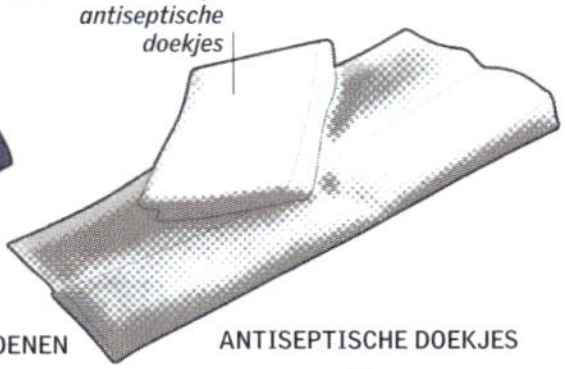

ANTISEPTISCHE DOEKJES

STERIEL COMBIVERBAND

Een steriel combiverband bestaat uit een steriel wondkussentje met daaraan vast het steriele verband, waardoor het ook als draagverband kan fungeren. Tape het aan je rugzak, dan is het altijd binnen handbereik.

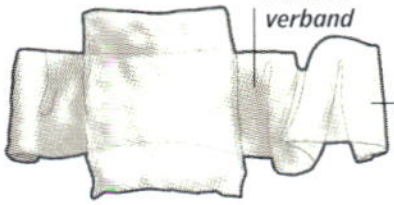

CHECKLIST

Controleer of de inhoud van je EHBO-tas is afgestemd op de omgeving waar je heen gaat.

PERSOONLIJKE MEDICATIE

- Alcoholvrije antiseptische doekjes
- Latexvrije wegwerphandschoenen
- Alcoholgel voor het wassen van je handen
- Antiseptische zalf
- Ontsmettende oogdruppels
- Hypoallergene en waterafstotende katoenen wondpleisters
- Blarenpleisters
- Steriel combiverband of steriele pads en apart verband, in diverse afmetingen
- Twee mitella's
- Micropore tape of zinkoxidetape
- Schaar en pincetten
- Veiligheidsspelden
- Injectiespuiten voor eenmalig gebruik

PERSOONLIJKE MEDICATIE

- Pijnstillers
- Ontstekingsremmers
- Medische armband of hanger
- Medicijnen op doktersvoorschrift (inhalers voor astma, adrenaline-injecties etc.)
- Antihistamine
- Diarreetabletten
- Zakjes rehydratiemineralen voor oraal gebruik
- Vochtinbrengende cortisonenzalf

OMGEVINGSGEBONDEN EXTRA'S

- Malariatabletten
- Muskietenzalf
- Gifdodende gel
- Zonnebrandmiddelen
- Tekentang
- DEET om bloedzuigers te verwijderen

VLEESWONDEN

ELKE BESCHADIGING van de huid kan infecties veroorzaken, omdat bacteriën via de wond in je lichaam kunnen komen: van het voorwerp dat de wond veroorzaakte, via de lucht, door vuil of doordat er kleding aan de wond kleeft. Probeer hoe dan ook de wond schoon te houden. Preventieve inentingen kunnen je beschermen tegen bijvoorbeeld tetanus, een levensgevaarlijke aandoening die veroorzaakt wordt door bacteriën die in de grond leven.

MADENTHERAPIE

Ga een ontsteking te lijf met maden. Laat vliegen die op de wond afkomen rustig hun gang gaan en dek de wond daarna af. Al snel zullen er maden in de wond rondkruipen die het aangetaste weefsel opeten. Spoel de maden weg met gesteriliseerd water.

BLAREN EN BLOEDUITSTORTINGEN

Een blaar is een met vloeistof gevulde zwelling van de huid. Hij ontstaat doordat de huid langdurig ergens tegenaan schuurt. Een bloeduitstorting is een onderhuidse bloeding, veroorzaakt door een klap of botsing waarbij de huid intact blijft.

BLAREN BEHANDELEN

De beste behandeling is niets doen en de blaar rust gunnen tot hij is verdwenen, maar dat is meestal niet mogelijk. Doe er een blarenpleister op. Grotere blaren moet je doorprikken als je verder wilt lopen. Prik brandblaren nooit door, vanwege het risico op infectie.

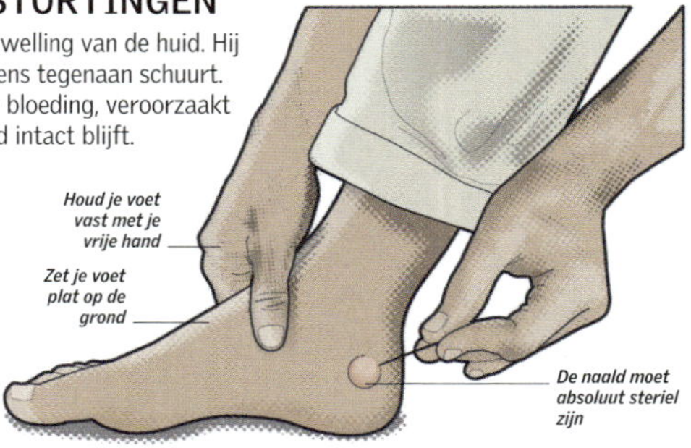

1 Als je de blaar doorprikt, steriliseer dan eerst de naald door hem in een vlammetje te houden en laat hem afkoelen.

- Maak de huid schoon met water, dep hem droog en prik de blaar door.

2 Druk voorzichtig vanaf de andere kant naar de opening toe. Ga door tot alle vloeistof uit de blaar is.

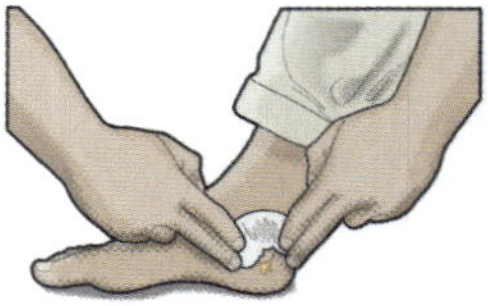

BLAREN VOORKOMEN

Met de onderstaande tips kun je waarschijnlijk voorkomen dat je blaren krijgt.

- Zorg dat je schoenen perfect passen en loop ze goed in voordat je vertrekt.
- Draag schone, goed passende sokken. Meerdere sokken over elkaar kunnen gaan verschuiven, wat extra wrijving veroorzaakt.
- Knip je teennagels kort en recht.
- Trek als je pauzeert je schoenen uit om je voeten te luchten.
- Voel je een warm plekje ontstaan, stop dan onmiddellijk en doe er een blarenpleister, gelkussentje of zinkoxidetape op.

3 Maak de blaar voorzichtig schoon en doe er een pleister op.

- Bij voorkeur een blarenpleister of een dikke katoenen pleister.
- Een goed alternatief is een verbandkussentje met zinkoxidetape.

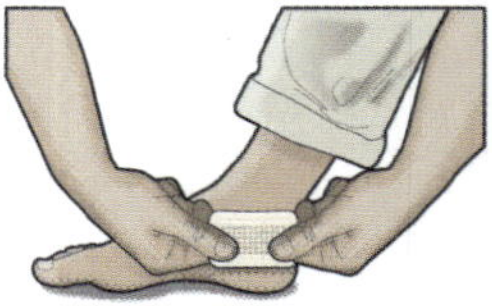

BLOEDUITSTORTINGEN BEHANDELEN

De zwelling en de pijn worden minder als je de aangedane plek omhoog houdt en er een koud kompres op doet. Is er koud stromend water, sneeuw of ijs in de buurt, maak dan een kledingstuk nat en druk het minstens 10 minuten tegen de pijnlijke plek. Meerdere bloeduitstortingen bij elkaar kunnen wijzen op een botbreuk (blz. 271) of inwendige bloedingen (zie blz. 274, shock). Beide dienen onmiddellijk behandeld te worden.

BLOEDENDE WONDEN

Een fikse bloeding ziet er vaak angstaanjagend uit, maar door directe druk op de wond uit te oefenen en het lichaamsdeel omhoog te houden kun je het bloeden meestal binnen korte tijd stelpen. Blijf kalm en stel het slachtoffer op zijn gemak terwijl je de wond behandelt. Houd rekening met een eventuele shock (blz. 274).

VOORWERPEN UIT WONDEN VERWIJDEREN

Om infectie te voorkomen en de genezing te bespoedigen moet elke wond helemaal schoon zijn. Stukjes vuil, kleine steentjes etc. moeten dus verwijderd worden. Spoel ze weg met koud stromend water of verwijder ze voorzichtig met een pincet. Een voorwerp dat helemaal in de wond is ingebed, moet je niet weghalen.

1 Laat het voorwerp zitten, anders kan de bloeding misschien heviger worden. Druk met je vingers aan beide kanten van de wond.

- Druk de randen van de wond tegen elkaar, maar oefen geen druk uit op het voorwerp.

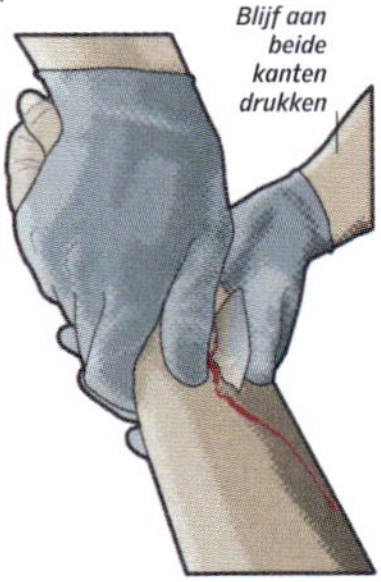

2 Leg een gaasje op de wond met daarover wondkussentjes (een kant en klare manchet over het gaasje is nog beter). Leg een dik verband van zwachtels om de kussentjes en het voorwerp.

- Controleer om de 10 minuten de bloedtoevoer achter het verband (blz. 264).

KLEINE SNEETJES EN SCHAAFWONDEN

Elke huidbeschadiging moet gereinigd worden om infectie te voorkomen. Maak de wond schoon met schoon koud water en dep hem droog. Dek de wond helemaal af. Voor kleine schaafwondjes is een pleister voldoende. Dek grotere schaafplekken af met steriele kussentjes en inzwachtelen.

NATUURLIJKE HULPMIDDELEN

De berkenzwam (piptoporus betulinus) is een prima wondkussentje. Hij groeit op de stam van oude berkenbomen. Snijd een plakje van de bovenkant van de zwam en leg het op de wond, maar alleen wanneer je zeker weet dat je de juiste zwam gebruikt.

SOORTEN VERWONDINGEN

Verwondingen kunnen op allerlei manieren ontstaan en zijn daardoor vaak totaal verschillend. Kijk goed met welke soort verwonding je te maken hebt en stem de behandeling daarop af.

BLOEDUITSTORTING (KNEUZING)

Een klap met een stomp voorwerp veroorzaakt onderhuidse bloedingen. De huid is opgezwollen en voelt hij zacht aan. Het duidelijkste kenmerk is de blauwzwarte huidverkleuring.

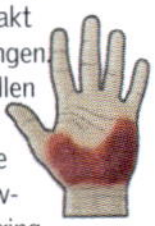

SCHAAFWOND (ABRASIE)

Bij schaafwonden, bijvoorbeeld ontstaan door wegglijden of het langs een touw afdalen, is de bovenlaag van je huid verdwenen. Een ruwe, gevoelige plek is het gevolg. Vaak zitten er ongerechtigheden in.

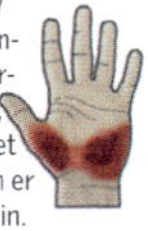

RIJTWONDEN (INSCHEURINGEN)

Als je alleen je huid openhaalt, zal de bloeding beperkt zijn. Toch moet je oppassen voor infectie, vooral bij grotere inscheuringen.

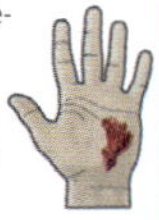

PRIKWOND

Scherpe voorwerpen kunnen gemakkelijk de huid doorboren. Het ontstane gat is klein maar diep, met dus een grote kans op infectie.

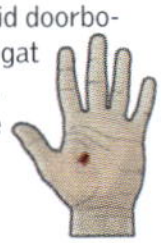

SNIJWOND

Een scherp voorwerp dat door de huid snijdt, veroorzaakt doorgaans hevige bloedingen. Ook kunnen er zenuwen en pezen beschadigd zijn.

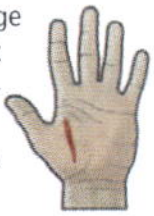

STEEKWONDEN

Een diepe wond door een steek met een scherp voorwerp is gevaarlijk. Er kunnen inwendige organen geraakt zijn waardoor inwendige bloedingen kunnen optreden.

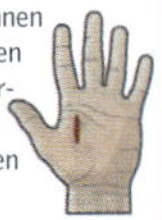

KOGELWOND

Controleer of de kogel het lichaam weer heeft verlaten. Behandel beide wonden apart.

INSLAGWOND

Kogels dringen diep door in het lichaam. Achter het kleine ronde kogelgaatje is doorgaans veel schade aangericht.

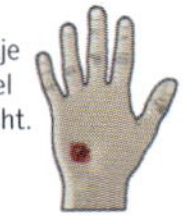

WONDUITGANG

Als de kogel door het lichaam is gegaan, zal de wond van de uittredende kogel groot en rafelig zijn. Laat kogels die nog in het lichaam zitten met rust!

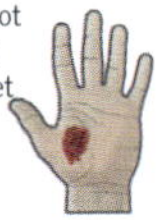

ERNSTIGE BLOEDINGEN

Druk de wond zo veel mogelijk dicht en probeer deskundige hulp in te roepen. Leg geen tourniquet aan, want dat kan weefselbeschadigingen opleveren. Bij veel bloedverlies raakt het slachtoffer waarschijnlijk in shock.

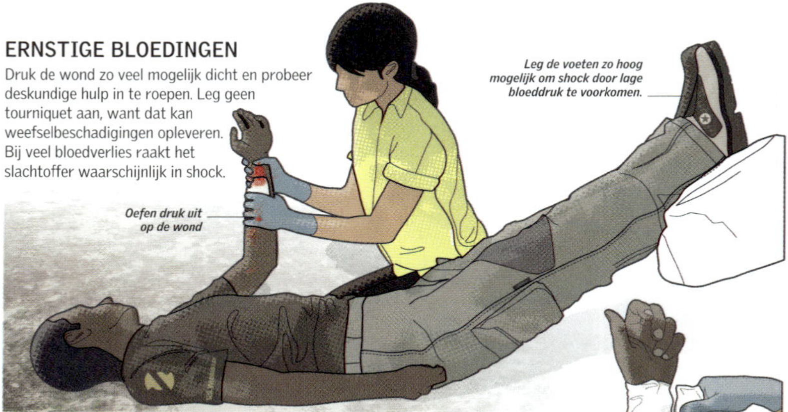

1 Maak de wond vrij door kleding te verwijderen of los te knippen. Oefen directe druk uit op de wond, het liefst op een steriel kompres of gaasje als je die hebt, om het stollen te stimuleren. Help het slachtoffer om te gaan liggen en til zijn benen op om de kans op shock zo klein mogelijk te maken.

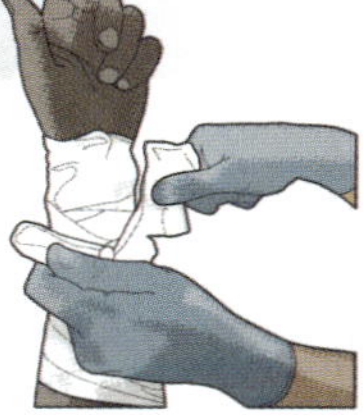

2 Leg om het wondkussen een verband aan. Als er bloed doorsijpelt, leg er dan een tweede wondkussentje op.

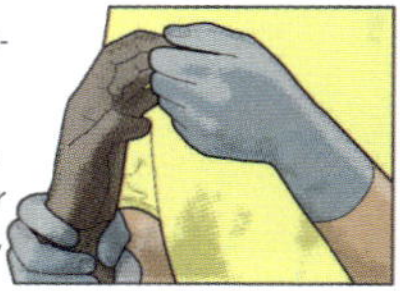

3 Controleer om de 10 minuten of het verband niet te strak zit. Druk achter het verband eventjes zachtjes met je nagel. Als de huidskleur niet snel weer normaal wordt, moet het verband losser.

SPATADEREN

Spataderen ontstaan doordat de kleppen in de bloedvaten niet meer naar behoren werken. De gezwollen aderen zijn erg kwetsbaar en bloeden enorm als ze beschadigd zijn.

1 Leg het slachtoffer op de grond en houd de wond zo hoog mogelijk. De bloeding zal onmiddellijk verminderen. Haal de kleding weg en druk de wond dicht met een steriel gaasje of een wondkussentje.

2 Leg een stevig verband aan, zodat het kussentje op de wond drukt. Blijf de kwetsuur omhoog houden. Controleer of het verband niet te strak zit (punt 3, boven). Maak het zo nodig iets losser.

HOOFDWONDEN

Een hoofdwond kan enorm bloeden, waardoor het vaak erger lijkt dan het is. Laat je niet afleiden door al het bloed: als het slachtoffer duizelig wordt, hoofdpijn heeft of dubbel gaat zien, moet je professionele hulp inroepen.

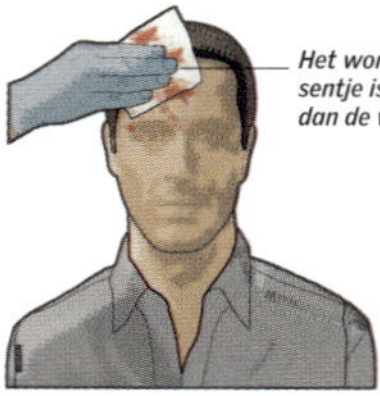

1 Laat het slachtoffer op de grond zitten. Leg losse huidflarden terug en dek de wond af met een steriel kussentje. Druk het kussentje stevig aan.

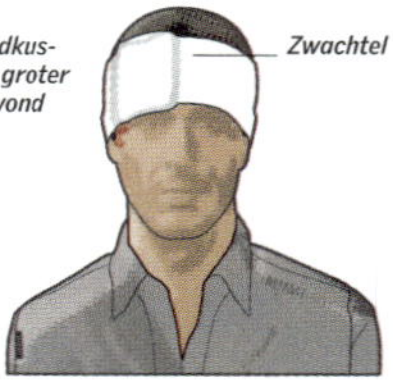

2 Leg een stevig verband over het kussentje. Roep hulp in als de patiënt niet snel opknapt of achteruitgaat.

OOGKWETSUREN

Verwondingen aan de ogen kunnen ernstige gevolgen hebben. Een ongelukkige botsing of zwiepende boomtakken kunnen ontstekingen en zelfs blindheid veroorzaken. Draag altijd een beschermende bril als je door het dichte oerwoud trekt.

1 Leg het slachtoffer op de grond met zijn hoofd op je knieën. Dek het gewonde oog af. Vraag of hij beide ogen stil wil houden, want als één oog beweegt, beweegt het andere mee. Doe extra voorzichtig als er iets uit het oog steekt.

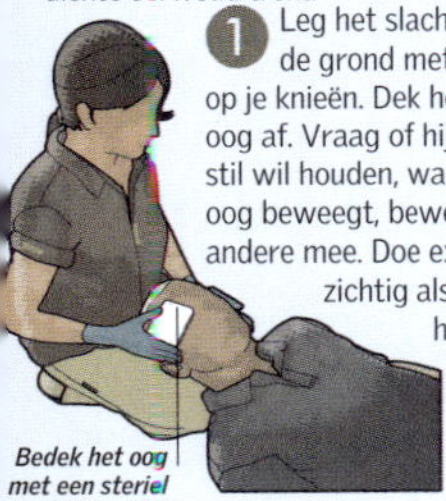

Bedek het oog met een steriel wondkussentje

2 Zet het kussentje vast met een zwachtel. Als je jezelf behandelt, plak het dan vast met pleisters. Beweeg je ogen zo weinig mogelijk.

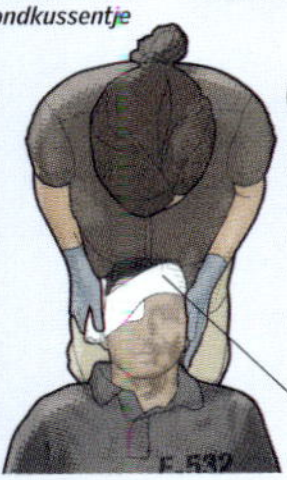

Vastzetten met verband

VREEMDE VOORWERPEN IN HET OOG

Een steentje of stofje kun je met de punt van een handdoek verwijderen of door het oog uit te spoelen met steriel water. Wrijf naar de buitenkant van het oog. Dingen die aan het oog vastkleven laten zitten.

SNEEUWBLINDHEID

Bij sneeuwblindheid of extreme lichtgevoeligheid is het oppervlak van de ogen beschadigd door ultraviolet licht of de weerkaatsing daarvan op sneeuw of water. Het dragen van een zonnebril kan dit voorkomen. Maak in noodgevallen een oogbescherming van karton of berkenbast. Geef iemand met sneeuwblindheid verbandgaasjes om tegen zijn ogen te houden. Zet de gaasjes vast met verband tot er hulp komt.

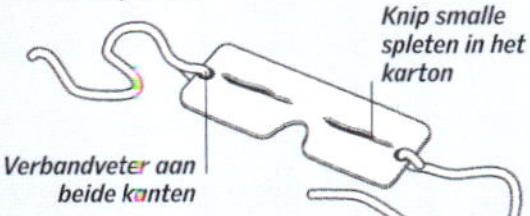

Knip smalle spleten in het karton

Verbandveter aan beide kanten

Geïmproviseerde sneeuwbril

BRANDWONDEN

Het maakt niet uit of alleen de opperhuid verschroeit of de hele huid weggebrand is: bij alle soorten brandwonden moet je oppassen voor infecties. Elke brandplek die groter is dan je hand moet in het ziekenhuis behandeld worden.

KLEINE OPPERVLAKKIGE BRANDWONDJES

Koel de brandplek 10 minuten met stromend water of een andere onschuldige koude vloeistof. Verwijder horloges, armbanden etc. voordat er een zwelling optreedt. Dek de wond af om infectie te voorkomen.

GROTE OF DIEPE BRANDWONDEN

Bij grote en diepe brandwonden verliest het lichaam veel vocht en kan er dikwijls een levensgevaarlijke shock (blz. 274) optreden. Als de verwondingen bij een brand zijn opgelopen, kan het zijn dat ook de ademhalingswegen aangetast zijn. Laat eventuele blaren intact wegens infectiegevaar.

STOPPEN, VALLEN EN ROLLEN

Als je kleding in brand staat:
- Blijf stil staan
- Laat je op de grond vallen
- Rol heen en weer tot de vlammen gedoofd zijn

1 Help het slachtoffer op de grond te gaan liggen, het liefst op een deken of iets dergelijks. Koel de brandwond door er gedurende tien minuten water op te gieten. De zwelling en de pijn zullen minder worden.

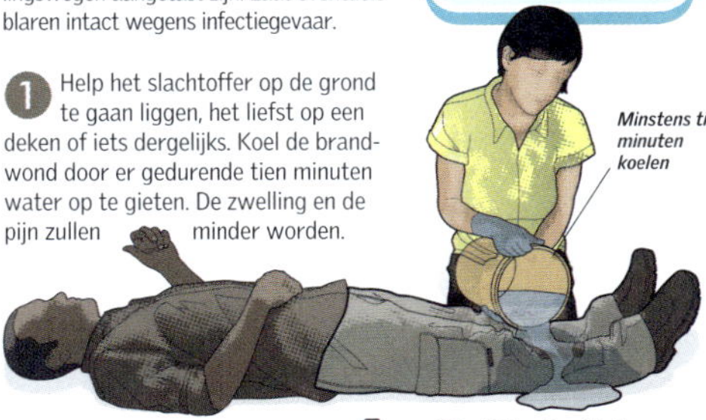

Minstens tien minuten koelen

2 Knip of snijd de kleding rondom de brandplek af terwijl je hem koelt. Trek vastgeplakte kleding en dergelijke niet los van de wond.

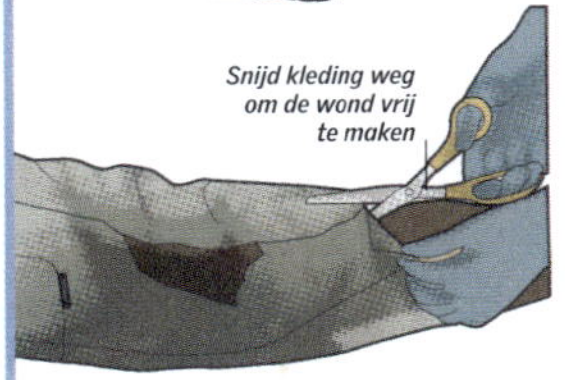

Snijd kleding weg om de wond vrij te maken

3 Verpak het hele verbrande gebied in keukenfolie, een plastic tas of speciaal verband. Zoek zo snel mogelijk professionele hulp.

Bescherm de wond tegen infecties

STEKEN EN BETEN

HOEWEL BETEN EN STEKEN ERG PIJNLIJK kunnen zijn, zijn ze meestal vrij eenvoudig te behandelen. In sommige gevallen kan er een allergische reactie optreden, een zgn. anafylactische shock. Als het slachtoffer een vlekkerige huiduitslag krijgt en waterige of opgezwollen ogen, al dan niet gepaard gaand met een moeizame ademhaling, zoek dan snel professionele hulp (blz. 274).

STEKELVARKENS

Een stekel van een stekelvarken moet je in zijn geheel verwijderen, anders dringt hij verder naar binnen en tast je organen aan.

- Knip de uiteinden van de stekels af. De stekels zijn hol en zullen enigszins leeglopen.
- Trek de stekels uit je lichaam, het liefst met een pincet.
- Maak de wondjes schoon en smeer er antiseptische zalf op.

BETEN BEHANDELEN

Een beschadiging van de huid kan een infectie veroorzaken. De kans op infecties is het grootst bij dierlijke beten omdat de bek van een dier veel ziektekiemen bevat. Bij een slangenbeet heb je medische hulpdiensten nodig, want het slachtoffer zal liggend op een brancard vervoerd moeten worden om verspreiding van het gif tegen te gaan.

SLANGENBETEN

De meeste slangen zijn niet giftig, maar behandel elke beet alsof hij van een gifslang is. De meeste slangenbeten zijn nogal pijnlijk en laten kleine tandafdrukken achter. Beten van gifslangen zijn vreemd genoeg vaak pijnloos. Symptomen van vergiftiging zijn onder meer misselijkheid en braken, verminderd gezichtsvermogen en ademhalingsproblemen.

1. Help het slachtoffer rustig te gaan liggen met een steuntje onder het hoofd en het bovenlichaam.
   - Zeg dat het slachtoffer dat het niet moet bewegen.
   - Noteer zo mogelijk het tijdstip van de beet.
2. Leg een verband om de wond. Maak de wond niet schoon, zuig hem niet uit en verwijder geen kledingstukken of schoeisel.
3. Leg nog een verband om het gewonde lichaamsdeel, vanaf de beet zo ver mogelijk omhoog.
   - Controleer de bloedsomloop (blz. 264).
   - Fixeer het gewonde lichaamsdeel.
   - Verplaatsen mag alleen op een draagbaar.

BETEN VAN ZOOGDIEREN

Beten van zoogdieren – en dus ook van mensen! – gaan bijna altijd ontsteken. De lange hoektanden transporteren de bacteriën tot diep in het vlees (blz. 263). Trek handschoenen aan om je te beschermen. Een beet van een zoogdier bloedt doorgaans heftig en kan ook schade toebrengen aan het weefsel rondom de wond.

REINIGING

Houd de wond omhoog. Was hem uit met een gaasje en veel water. Dep alles droog en dek de wond af.

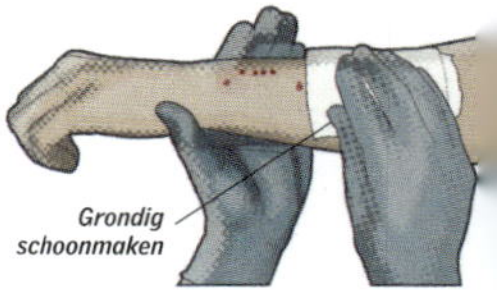

SLANGEN IDENTIFICEREN

Probeer er achter te komen door welke soort slang je bent gebeten, dan kan men het juiste tegengif klaarleggen. Weet je het niet, geef dan de kleur van de slang en eventuele kenmerken door. Stop – als dat kan – de slang in een afsluitbare container, maar vergeet niet dat ook het gif van een dode slang nog gevaarlijk is! Was het gif niet van de wond: het kan gebruikt worden om het juiste tegengif te vinden.

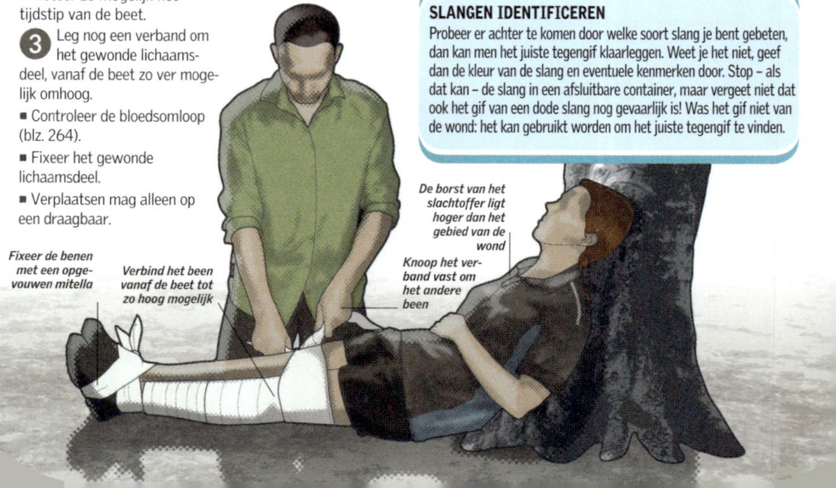

TEKEN

Teken zijn kleine, spinachtige parasieten die op gras en in struiken zitten. Ze leven van bloed dat ze verkrijgen door zich vast te bijten in een langslopend slachtoffer. Na de beet zwellen ze op tot de grootte van een erwt.

DE TRADITIONELE METHODE

Pak de kop van de teek zo dicht mogelijk bij je huid vast met een pincet. Trek de kop terwijl je niet te hard blijft knijpen langzaam weg (niet draaien!). Bewaar de teek voor controle.

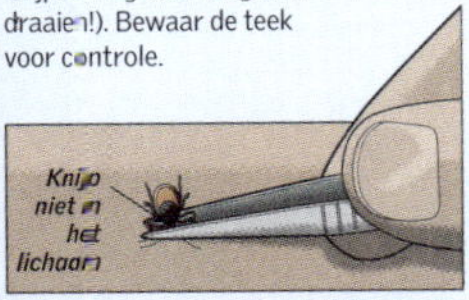

PROFESSIONELE TEKENHAAK

Dit handige gereedschapje waarmee je een teek gemakkelijk losmaakt is verkrijgbaar in vrijwel elke dierenwinkel. Schuif de haak over de huid om de teek vast te grijpen. Breng de haak met een draaiende beweging omhoog.

BLOEDZUIGERS VERWIJDEREN

Controleer je lichaam op bloedzuigers. Veeg hem nooit van je huid af!

- Doordrenk de bloedzuiger met een mengseltje van limoensap, DEET en alcohol of een beetje suiker. Als je rookt, wring dan een peukje uit in een natte doek en druppel de nicotine op de bloedzuiger.
- Als de bloedzuiger van je huid valt, maak de plek dan goed schoon om het antistollingsmiddel te verwijderen. Behandel eventuele bloedingen (blz. 263) en dek de wond af.

STEKEN BEHANDELEN

Steken kunnen pijnlijk zijn, maar ze zijn meestal vrij onschuldig. De steek van een schorpioen is zowel pijnlijk als gevaarlijk; de behandeling is als bij de slangenbeet (links). Ook meerdere insectensteken tegelijk kunnen bijzonder gevaarlijk zijn (anafylactische shock, blz. 274).

PAS OP!
Een steek in mond of keel kan door de zwelling tot verstikking leiden. Laat het slachtoffer kleine slokjes water drinken.

INSECTENSTEEK

Steken van bijen, wespen en horzels vormen meestal een pijnlijke zwelling met een roodachtige rand. Sommige mensen zijn er allergisch voor, dus let op symptomen van een anafylactische shock.

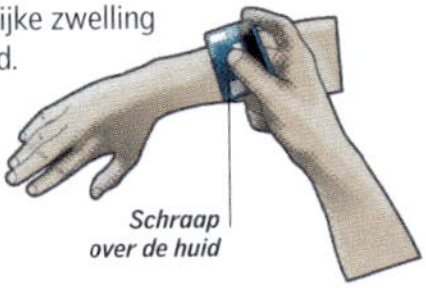

1. Schraap de achtergebleven angel zijwaarts weg met een creditkaart, mes of vingernagel.
   - Knijp niet in de verdikking, want dan kan er nog meer gif in je huid komen.
2. Houd het wondje omhoog en druk er minstens 10 minuten een koud kompres op om de zwelling tegen te gaan.
   - Let op allergiesymptomen zoals een hijgende ademhaling of een opgezet gezicht.

IN ZEE

Zeeanemonen, koralen, kwallen en bepaalde inktvissen hebben giftige cellen die aan de huid blijven plakken. Behandel kwallensteken zoals hieronder aangegeven; druk op andere steken een koud kompres tegen de zwelling en de pijn. Sommige zeebewoners zoals de grote pietervis hebben scherpe stekels die infecties veroorzaken als je erop trapt.

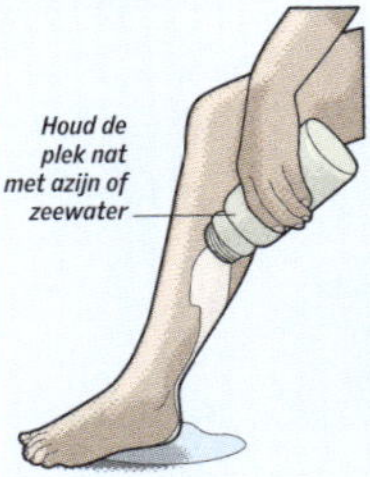

KWALLENSTEEK

Gooi azijn of zeewater over de wond om het gif te neutraliseren. Help het slachtoffer te gaan zitten en behandel de steek als een slangenbeet (linkerblz.).

STEKELS VAN ZEEEGELS

Dompel de gewonde voet gedurende een halfuur onder in zo heet mogelijk water. Roep medische assistentie in om de stekel te verwijderen.

GIFTIGE PLANTEN EN DARMPARASIETEN

PERSOONLIJKE HYGIËNE is erg belangrijk op een survivaltocht, net als het zuiveren van drinkwater (blz. 198-201) en het correct omgaan met voedsel. Het is ook van belang dat je leert om giftige planten te herkennen die in het gebied voorkomen.

VERGIFTIGING DOOR AANRAKING

Je hoeft niet per se van giftige planten te eten om ziek te worden. Alleen al het aanraken kan pijn, zwellingen, huidirritatie of uitslag veroorzaken. Probeer snel medische hulp te krijgen en spoel je huid ondertussen minimaal 20 minuten met koud water. Komt het water in je ogen, spoel ze dan minstens 10 minuten. Planten zijn de grootste boosdoeners als het op vergiftiging door contact aankomt, maar chemicaliën (brandstof!) kunnen ook gevaarlijk zijn.

PAS OP!
Als je toevallig een giftige plant hebt aangeraakt, zit dan niet met je handen aan gevoelige lichaamsdelen als ogen, mond of genitaliën. Was je handen grondig en zo snel mogelijk. Krab geen blaren open, hoe erg ze misschien ook jeuken: de kans op infectie is erg groot. Sommige mensen vertonen behalve pijnlijke huidaandoeningen ook nog andere reacties op het gif. Houd in dat geval rekening met een shock (blz. 274) en zoek onmiddellijk medische hulp.

GIFTIGE PLANTEN

Urushiololie zit onder andere in giftige klimop, gifsumak en bepaalde eikensoorten. Als je de plant beschadigt en de olie komt op je huid, was dan onmiddellijk het hele gebied met water en zeep. Trek kledingstukken met olieresten uit en was ze. Smeer je zo snel mogelijk in met speciale zalf tegen klimopvergiftiging. De verschijnselen treden binnen 4-24 uur op: een jeukende uitslag, meestal vergezeld van pijnlijke blaarvorming (zie kader rechtsboven).

GIFSUMAC

Gifsumac komt voor in de niet-alkalische moerassen van Noord-Amerika. De plant kan wel 6 meter hoog worden.

Ovale bladeren, paarsgewijze bladstand

GIFTIGE KLIMOP (HEDERA)

Oorspronkelijk alleen in Noord-Amerika, thans wereldwijd verspreid.

Rijpe bessen zijn wit van kleur

BRANDNETELS
Brandnetels vind je bijna overal; aanraking van de bladhaartjes veroorzaakt een onaangename prikkeling. Leg er een koud kompres op of wrijf over de plek met een zuringblad. Jeukerige rode uitslag duidt op een allergische reactie.

GIFEIK

Net als de giftige klimop heeft de gifeik een drietallig blad. Hij komt voor in de bossen van Noord-Amerika.

Blaadjes lijken op eikenbladeren

NATUURLIJKE REMEDIES

Als de natuur een probleem veroorzaakt, verschaft ze ook soms een oplossing. Natuurlijke recepten tegen urushiololie:

- Springzaad (kruidje-roer-mij-niet) heeft een plakkerig sap dat de blaren binnen enkele dagen uitdroogt. Splijt een afgesneden stengel over de lengte open en wrijf ermee over de blaar.

Springzaad heeft opvallende geel- of oranje-gevlekte bloemen

- Tegen de jeuk kun je een kompres maken van hazelaarbladeren. Stamp de bladeren, eventueel met water, tot een brij en smeer deze over de jeukende plek.
- Wassen met tanninezuur kan ook helpen. Tanninezuur zit in thee, maar ook in eikenbast (zie hiernaast).
- Teatreeolie, van de bladeren van de melaleucaboom, schijnt ook tegen de effecten van urushiololie te helpen. Smeer de olie op de aangedane plekken.

GIFCONSUMPTIE

Probeer er achter te komen wat, hoeveel en wanneer precies het slachtoffer gegeten heeft. Is er sprake van een bijtende chemische stof, bijvoorbeeld brandstof, laat het slachtoffer dan niet braken, omdat het zuur op de terugweg opnieuw schade aanricht. Roep medische hulp in en blijf het slachtoffer observeren. Geef regelmatig kleine teugjes water of melk als de lippen verbrand zijn. Als de patiënt giftige planten of paddenstoelen heeft gegeten, laat hem dan braken door achter in zijn keel te kietelen. Verdun het gif door het slachtoffer veel water of melk te laten drinken, of thee met houtskool.

DIARREE EN BRAKEN

Diarree en braken zijn fataal in de wildernis, want ze leiden tot uitdroging (blz. 272) of zelfs tot shock (blz. 274). De meest voorkomende oorzaken zijn voedselvergiftiging of vervuild drinkwater, maar infecties kunnen ook een rol spelen. Roep deskundige hulp in als de verschijnselen aanhouden. Warmte, rust en het aanvullen van de verloren vloeistof helpen het beste. Als je honger hebt, beperk je dan de eerste 24 uur tot milde spijzen zoals pasta.

NATUURLIJKE REMEDIES

In een survivalsituatie kun je proberen diarree of buikpijn te bestrijden met middelen uit de natuur, hoewel sommige remedies beter smaken dan andere.

- **Thee:** van de bladeren van hazelaar, vossenbes of cranberry.
- **Boomschors:** haal een stuk schors van een boom (bij voorkeur eikenbast), verwijder de binnenbast en kook de schors gedurende 12 uur in water. Zo nodig steeds water bijgieten. Het brouwsel smaakt afschuwelijk, maar bevat tanninezuur waardoor de diarree overgaat. Drink elke 2 uur een kop.
- **Houtskool:** schraap van een gedeeltelijk verbrand stuk hout wat kool af, vermeng een handjevol met water en drink het op.
- **Botten:** maal verbrande botten fijn of verpulver de botten tussen twee keien. Maak het met water tot een papje en neem daar een eetlepel van.
- **Kalk:** tot poeder malen, met water mengen tot een papje; een eetlepel per keer.
- **As:** maak een papje van houtas en water en drink het op. Prima remedie tegen puikpijn.

RUST EN VOCHTBALANS HERSTELLEN

Met water kun je je vochtgehalte weer op peil brengen. Vul uitgezwete mineralen aan door een theelepel zout of minera-lentabletten in een liter water op te lossen en op te drinken.

DARMPARASIETEN

Er zijn twee soorten darmparasieten: *darmwormen* (lintwormen, draadwormen en rondwormen) en *protozoa* (bijvoorbeeld giardia lamblia). Oorzaken van deze infecties zijn meestal besmet water en voedsel of een slechte persoonlijke hygiëne. De symptomen zijn misselijkheid en braken, diarree (links), dysenterie, opgezwollen buik, buikpijn, gewichtsverlies en soms een jeukerig gevoel rond de anus. Roep zo snel mogelijk medische hulp in.

WORMKUUR VAN DE NATUUR

Als je wormen ontdekt in je ontlasting, neem dan iedere 24 uur een kleine eetlepel paraffine of kerosine. Je wordt er weliswaar misselijk van, maar de wormen gaan er dood aan. Petroleum en benzine werken ook, maar minder effectief.

INFECTIES VOORKOMEN

Voorkomen is altijd beter dan genezen. Om in de wildernis geen infecties op te lopen door parasieten in water of ontlasting, moet je je aan de regels houden:

- Kook al je water, of zuiver het op een andere manier (blz. 198-201). Dat geldt ook voor water waarmee je je tanden poetst of je mond spoelt.
- Ga geen rivieren of meren in op plaatsen waar je risico's loopt, tenzij het niet anders kan.
- Dek alle wondjes af die je hebt.
- Denk om je persoonlijke hygiëne in en om het kamp (blz. 116-117) en bij het bereiden van voedsel.
- Kook vlees minstens 20 minuten voordat je het opeet. Nog beter is doorkoken tot het vlees van de botten valt.

BOTTEN, SPIEREN EN GEWRICHTEN

SPIERKRAMP

Spierkrampen kunnen het gevolg zijn van uitdroging en mineralentekort door zweten. Zorg dus dat je altijd voldoende drinkt. Ga zitten en strek de verkrampte spieren.

VOETKRAMP

Help het slachtoffer op zijn gewonde voet te gaan staan en strek de spieren die verkrampt zijn. Masseer de voet als de kramp over is.

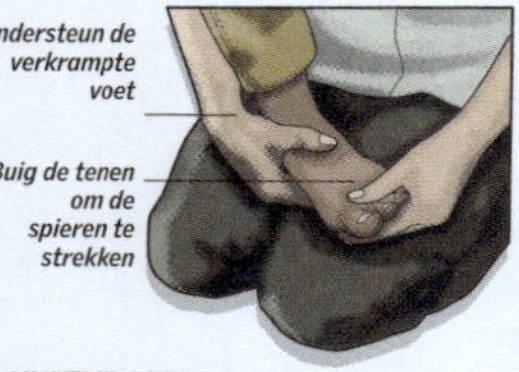

KUITKRAMP

Laat het slachtoffer gaan zitten en ondersteun het verkrampte been. Help hem het been te strekken en buig zijn tenen omhoog tot de kramp verdwijnt. Daarna masseren.

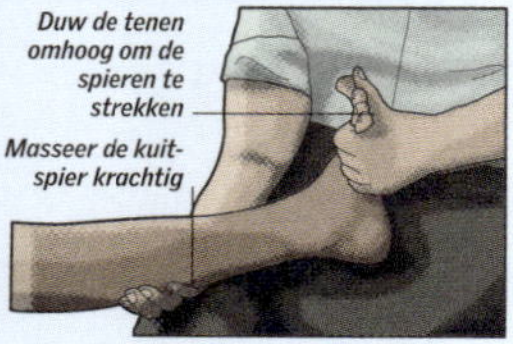

DIJBEENKRAMP

Bij kramp aan de achterkant van het bovenbeen moet het been gestrekt worden om de spieren te rekken. Bij kramp aan de voorkant moet je het been juist buigen Na afloop wederom krachtig masseren.

HET VERSCHIL TUSSEN een botbreuk, verstuiking of dislocatie (bijvoorbeeld 'arm uit de kom') is soms moeilijk vast te stellen. Gebroken botten kunnen bloedvaten en zenuwen raken, dus laat het slachtoffer liggen zoals het ligt tot je het gewonde lichaamsdeel gefixeerd hebt. Bij rugletsel en gebroken benen moet je het slachtoffer altijd uitsluitend op een draagbaar vervoeren.

VERSTUIKINGEN EN VERREKKINGEN

Bij een verstuiking zijn de banden en het kapsel van een gewricht beschadigd. Een verrekking is een overstrekte spier. De beste remedie is hoger leggen, afkoelen en laten rusten. Als je twijfelt, ga er dan voor alle zekerheid van uit dat je te maken hebt met een botbreuk (*rechts*).

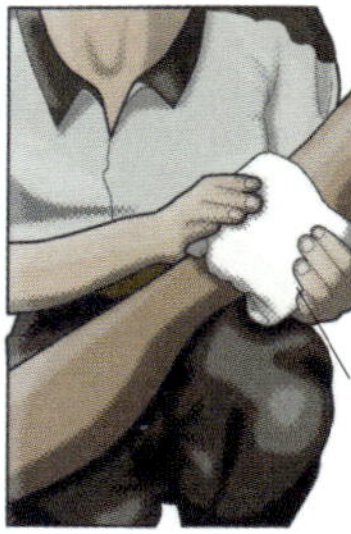

1. Leg de kwetsuur wat hoger. Doe er zeker 10 minuten een koud kompres omheen om zwellingen en bloeduitstortingen tegen te gaan.
2. Laat het steunverband zitten en pak de kwetsuur goed in. Wikkel verband van onder de wond tot aan het volgende gewricht.

ARMFRACTUREN

Wie met gestrekte armen voorover valt, kan zijn pols, onderarm, bovenarm of sleutelbeen breken. Hang de arm in een mitella, behalve wanneer het slachtoffer zijn arm niet kan buigen (elleboogkwetsuren). Pak in dat geval het gewricht stevig in en bind de arm tegen het lichaam met een driehoeksverband. Controleer de polsslag om te voelen of het verband niet te strak zit.

MITELLA GEBRUIKEN

Schuif de mitella tussen de arm en de borst. Sla de onderkant naar boven om de arm heen en leg een dubbele platte knoop aan de nietgewonde kant.

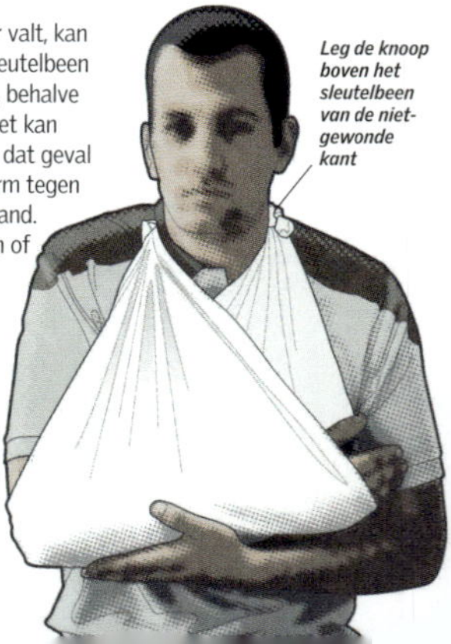

BEENBLESSURES

Een beenbreuk is gevaarlijk, want het gebroken bot kan bewegen waardoor er grote bloedvaten geraakt kunnen worden, met als gevolg ernstige inwendige bloedingen. Verplaats het slachtoffer alleen in uiterste noodgevallen, en dan nog pas als het been gestabiliseerd is. Bij shocksymptomen (blz. 274) het hoofd lager leggen, maar niet de benen optillen!

HANDBLESSURES

Handblessures gaan vaak vergezeld van kneuzingen en bloedingen. Houd de gewonde hand omhoog en oefen druk uit om de bloeding te stelpen (blz. 264). Verwijder sieraden voordat er zwellingen optreden. Pak de hand stevig in en hang de arm met de hand omhoog in een mitella.

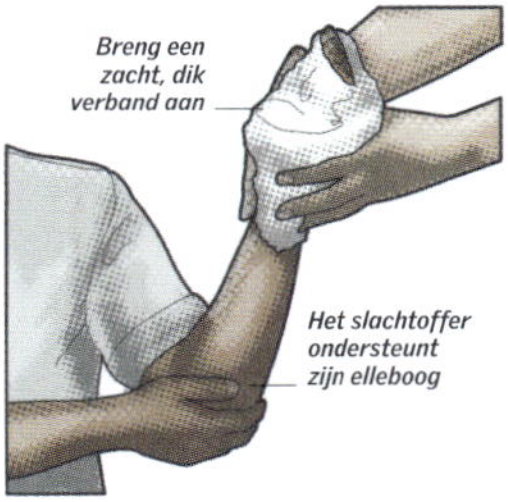

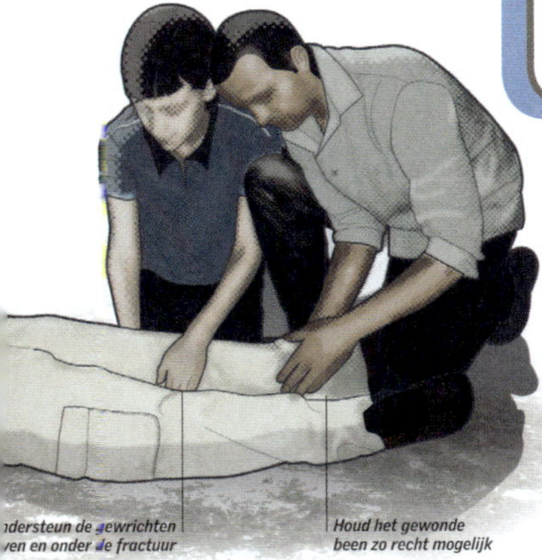

1 Leg het slachtoffer op de grond en ondersteun de fractuur om verdere verwondingen te voorkomen. Roep medische assistentie op. Opgerolde dekens aan weerszijden van het been geven extra ondersteuning.

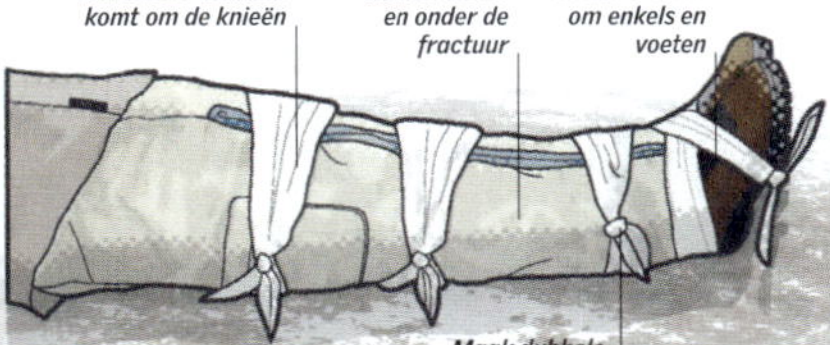

2 Leg stevige verbanden om knieën en enkels, zowel boven als onder de fractuur. Bij dijbeenbreuken ook het bekken insnoeren. Zacht materiaal tussen beide benen leggen en verbanden dichtknopen.

RUGBLESSURES

Iemand die op zijn rug valt, of van grote hoogte, heeft waarschijnlijk rug- en hoofdletsel. Verplaats het slachtoffer niet, maar steun de zijkanten van zijn hoofd. Houd het hoofd in een loodrechte positie ten opzichte van de ruggengraat: elke verkeerde beweging kan blijvende verlamming veroorzaken. Roep medische hulp in of laat iemand hulp gaan halen terwijl jij bij het slachtoffer blijft. Als je het slachtoffer moet verplaatsen bijvoorbeeld door brandgevaar, pas dan de rolmethode (blz. 279) toe.

ONDERSTEUN HOOFD EN NEK

Ga achter het hoofd van het slachtoffer op je knieën zitten. Liggen kan eventueel ook. Steun met je ellebogen op je dijen en houd zijn hoofd met je handen onbeweeglijk, recht boven zijn ruggengraat, en wacht op hulp.

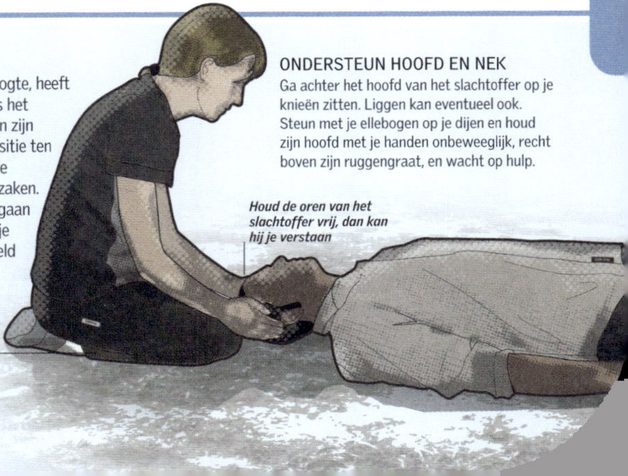

ONDERKOELING EN OVERVERHITTING

DOOR EXTREME TEMPERATUREN kan het menselijk lichaam behoorlijk van slag raken. Zowel kou als hitte kunnen levensgevaarlijke situaties opleveren waarbij je snel en adequaat moet ingrijpen. Laat het slachtoffer nooit alleen achter: roep hulp in of stuur iemand op hulp uit terwijl je zelf bij het slachtoffer blijft.

PAS OP!
Als het slachtoffer buiten bewustzijn raakt, breng dan alles in gereedheid om te kunnen reanimeren (blz. 277).

HITTE

Draag bij hoge temperaturen altijd iets op je hoofd, smeer je regelmatig in met zonnebrandmiddelen en blijf zo veel mogelijk in de schaduw. Als je het water dat je met zweten verliest niet aanvult, raak je al snel uitgedroogd.

UITDROGING

Help het slachtoffer om te gaan zitten en geef hem te drinken. Water is prima, water gemengd met speciale zouttabletten is nog beter. Bij krampverschijnselen de aangedane spieren strekken en masseren (blz. 270).

UITPUTTING

Als iemand duizelig wordt en overvloedig begint te zweten terwijl zijn huid klam en koud aanvoelt, leg hem dan in de schaduw en geef hem te drinken. Help hem te gaan liggen en breng zijn voeten omhoog – leg ze bijvoorbeeld op zijn rugzak – om de bloedsomloop te verbeteren. Houd de patiënt in de gaten tot hij weer opgeknapt is.

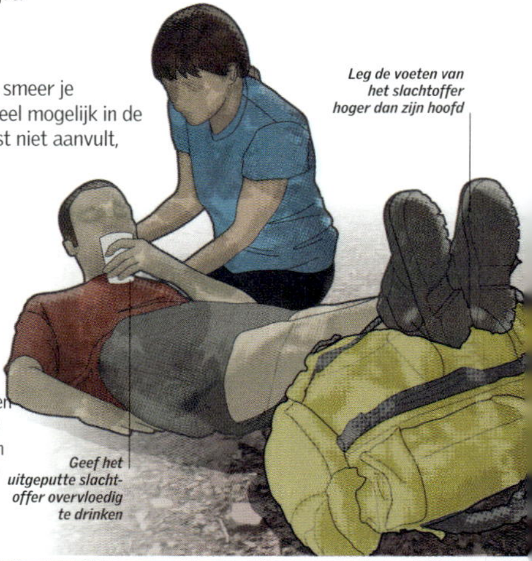

ZONNESTEEK

Een zonnesteek (hitteberoerte) is levensgevaarlijk want het lichaam is bij een hitteberoerte niet meer in staat de lichaamstemperatuur te regelen. Als iemand warm aanvoelt, hoofdpijn heeft, duizelig wordt en buiten bewustzijn dreigt te raken, kan hij een zonnesteek hebben opgelopen. Medische hulp is dan noodzakelijk.

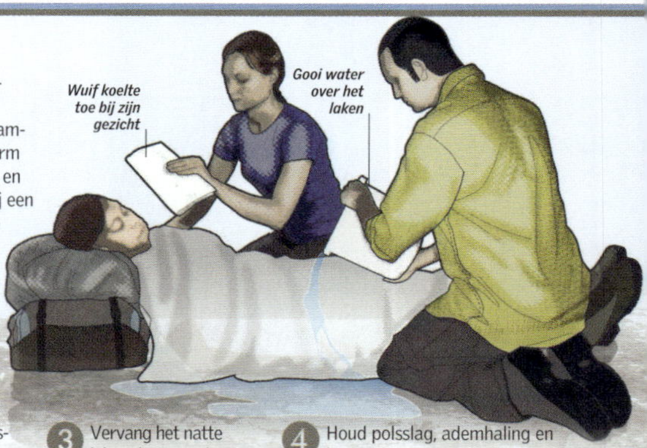

1. Leg het slachtoffer in de schaduw, op een zo koel mogelijke plek. Trek zijn bovenkleding uit en leg zijn hoofd wat hoger.
2. Doe alles wat je kunt om de lichaamstemperatuur te verlagen. Wikkel hem in een koud nat laken en giet daar steeds koud water overheen.
3. Vervang het natte laken door een droge als de lichaamstemperatuur is gezakt tot onder 40°C.
4. Houd polsslag, ademhaling en bewustzijnsniveau in de gaten. Als de temperatuur weer stijgt, de behandeling herhalen.

KOU

Blootstelling aan koude kan behalve bevriezingsverschijnselen ook onderkoeling veroorzaken, waarbij de lichaamstemperatuur gevaarlijk daalt.

BEVRIEZINGSVERSCHIJNSELEN

Bij oppervlakkige bevriezingen bevriest alleen de opperhuid, meestal van gezicht en ledematen. De huid wordt gevoelloos, wit en hard. Als er niets aan wordt gedaan, kunnen ook de andere huidlagen worden aangetast en kunnen zelfs de botten bevriezen. Bij deze 'echte' bevriezing wordt de huid wit of blauw en voelt hij keihard aan.

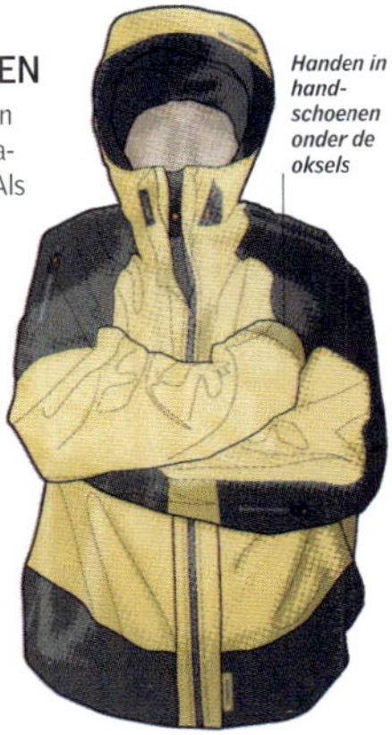

GELEIDELIJK OPWARMEN

Zowel bevriezingsverschijnselen als bevriezingen worden met warmte bestreden, maar bij bevriezing komt er meer bij kijken. Laat het slachtoffer zijn handen onder zijn oksels steken en steek zijn voeten onder jouw oksels. Helemaal ideaal is onderdompeling in warm water. Haal eventuele ringen van de vingers in verband met zwellingen. Verbind de wonden met steriel verband.

ONDERKOELING

Dit levensgevaarlijke verschijnsel treedt op wanneer de lichaamstemperatuur tot onder de 35°C daalt. De behandeling is er in eerste instantie op gericht om de temperatuur niet verder te laten dalen. Stel het slachtoffer niet bloot aan directe hitte, omdat dit brandwonden tot gevolg kan hebben. Als het slachtoffer niet meer reageert, ga dan door met reanimeren tot er hulp ter plaatse is. In geval van onderkoeling kan het slachtoffer zelfs na langdurige reanimatie overleven.

1. Breng het slachtoffer naar een beschutte plaats waar het kan rusten, zodat zijn lichaamstemperatuur niet verder daalt. Laat iemand hulp halen.

2. Als de lichaamstemperatuur niet verder zakt, vervang dan natte kleding door droge. Offer niet alle droge kleding die je zelf draagt op!

3. Leg een dikke laag droge bladeren onder het slachtoffer, zodat het niet op de koude grond ligt. Help hem in een slaapzak en dek hem toe met een survivaldeken.

VERDRINKING

Ook als iemand in het water valt, dreigt er onderkoeling. Het hart kan door de kou ophouden met slaan en de ademhaling kan ernstig worden belemmerd. Bovendien kan water in de longen secundaire verdrinking (blz. 255) tot gevolg hebben, soms pas vele uren nadat het slachtoffer is gered.

DRENKELINGEN REDDEN

Heb je iemand uit het water gered, leg hem dan op de grond met zijn hoofd wat lager. Vervang de natte kleding door droge. Behandel onderkoelingsverschijnselen (hieronder). Ademt de drenkeling niet en is hij buiten bewustzijn, blaas dan vijf keer zijn longen vol en ga verder met hartslagstimulatie (blz. 277).

HOOGTEZIEKTE

De symptomen van hoogteziekte zijn misselijkheid, verlies van eetlust, kortademigheid en hoofdpijn die niet weggaat na medicatie. Slaapstoornissen komen ook wel voor, evenals een algeheel gevoel van matheid. De enige oplossing is afdalen en daar een paar dagen blijven. In ernstige gevallen moet de patiënt gedragen worden.

SHOCK

SHOCK IS EEN LEVENSBEDREIGENDE situatie waarbij de bloedsomloop stagneert. De meest voorkomende oorzaak is bloedverlies, maar ook brandwonden, hevig braken of diarree kunnen een shock veroorzaken. Het begint met een snelle hartslag en een bleke, klamme huid. Daarna wordt de ademhaling snel en oppervlakkig, verzwakt de polsslag en kleurt de huid grijsblauw. Zonder behandeling raakt de patiënt raakt buiten kennis.

ANAFYLACTISCHE SHOCK

Een anafylactische shock is een zeldzame maar ernstige allergische reactie van het hele lichaam. Mensen die daar gevoelig voor zijn doen er goed aan om altijd een dosis speciale adrenaline bij zich te hebben (epinefrine), met een injectiespuit. Mocht een slachtoffer zichzelf niet (meer) kunnen injecteren, haal dan de verzegeling weg, druk het apparaatje tegen zijn dijbeen en injecteer het slachtoffer, desnoods door de kleding heen. Wrijf 10 seconden lang over de plek van de injectie. Als er geen verbetering is of de symptomen terugkeren, kunnen herhaaldoseringen met intervallen van vijf minuten worden toegediend.

SHOCKBEHANDELING

Geef het slachtoffer geen eten of drinken, want misschien moet er een anesthesist aan te pas komen. Bevochtig alleen zijn lippen als het dorst heeft. Vervoer het slachtoffer liggend.

1. Behandel eerst de oorzaak van de shock, bijvoorbeeld een bloeding of brandwonden (blz. 265). Houd er rekening mee dat een shock ook kan optreden zonder zichtbare verwondingen, bijvoorbeeld door inwendige bloedingen.

2. Leg een deken of wat varens op de grond (isolatie) en help het slachtoffer erop te gaan liggen. Leg zijn voeten zo hoog mogelijk ten opzichte van zijn hart.

3. Maak de knopen los van strak zittende kleding om nek, borst en taille. Probeer te voorkomen dat het slachtoffer bewusteloos raakt door zijn hoofd zo laag mogelijk te houden. Leg een deken of een slaapzak over hem heen om hem warm te houden.

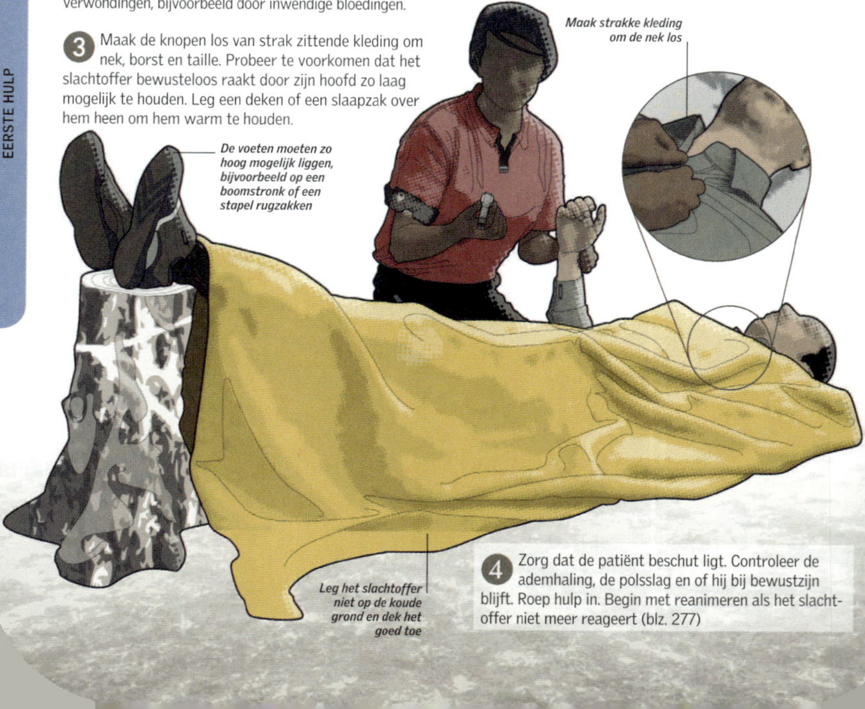

4. Zorg dat de patiënt beschut ligt. Controleer de ademhaling, de polsslag en of hij bij bewustzijn blijft. Roep hulp in. Begin met reanimeren als het slachtoffer niet meer reageert (blz. 277)

ADEMHALINGSPROBLEMEN

ADEMHALINGSPROBLEMEN moeten onmiddellijk behandeld worden omdat het slachtoffer te weinig zuurstof in zijn lichaam krijgt. De oorzaak kan eenmalig zijn, bijvoorbeeld verslikken, verstikking of rook inademen, of chronisch zoals astma. Soms moet je hulp inroepen.

PAS OP!
Als de patiënt buiten bewustzijn raakt, houd dan de luchtwegen open (blz. 276) en blijf zijn ademhaling controleren. Als de ademhaling stokt, begin dan onmiddellijk met reanimatie (blz. 277) om de blokkade op te heffen.

VERSLIKKEN

Een voorwerp dat in de keel blijft steken kan een spierspasme veroorzaken waardoor de luchtwegen geblokkeerd raken. Vraag voor alle zekerheid altijd even of het slachtoffer zich inderdaad verslikt heeft. Als hij kan praten, kuchen of ademen, kan hij het probleem meestal zelf oplossen.

1 Als het slachtoffer kan ademen, zeg dan dat het moet blijven hoesten. Kan het niet spreken of hoesten, grijp dan in. Laat het voorover buigen en sla met de onderkant van je hand een keer of vijf op zijn rug, tussen de schouderbladen.

2 Als op de rug slaan niet helpt, ga dan achter hem staan met je armen om haar buik. Maak een vuist en pak die met je andere hand vast. Trek vijf keer met een ruk je armen aan, een beetje in opwaartse richting. Kijk of er iets in de mond zit en verwijder het voorwerp als dat zo is.

3 Als de blokkade nog steeds niet weg is, bel dan het noodnummer als er nog geen hulp onderweg is. Blijf slaan op de rug van het slachtoffer en de heimlichgreep toepassen totdat de hulp arriveert of het slachtoffer niet meer reageert (blz. 276-277).

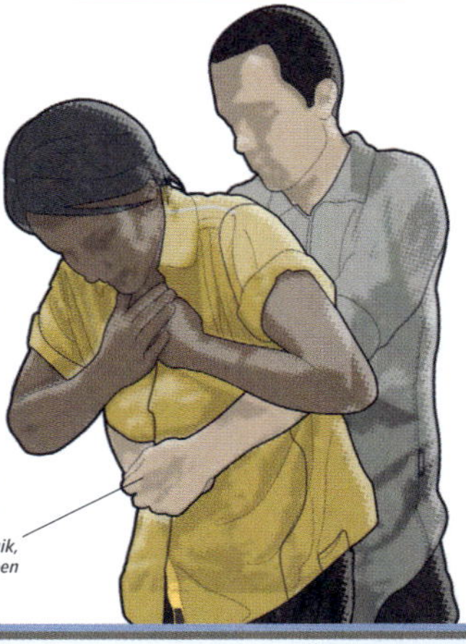

ASTMA

Astma is een chronische aandoening waarbij de luchtwegen geblokkeerd raken door ongecontroleerde spiersamentrekkingen. De meeste astmalijders hebben altijd een inhaler bij zich. Er zijn twee soorten: een witte of bruine 'preventieve' inhaler en een blauwe 'curatieve' inhaler voor acute aanvallen. Als de patiënt geen medicatie bij zich heeft, laat hem dan gaan zitten en roep hulp in.

1 Laat de patiënt gaan zitten en vraag hem de preventieve inhaler te gebruiken. Hij moet steeds langzaam en diep inademen en rechtop blijven zitten. Na een paar minuten moet de aanval afnemen.

2 Als er geen verbetering optreedt, laat hem dan opnieuw een dosis inhaleren en gaan liggen. Als ook dit niet helpt of de aanval zelfs heftiger wordt, moet er professionele hulp komen, omdat de patiënt in een toestand kan belanden waarin hij niet meer reageert op aanspreken.

IN EEN SURVIVAL-SITUATIE

Preventie is het allerbeste. Vermijd situaties en bezigheden die een astma-aanval in gang zetten. Krijgt iemand toch een aanval en heeft niemand een inhaler, doe dan het volgende:

- Zeg tegen de patiënt dat hij helemaal moet uitademen tot hij niet meer kan en alle restlucht uit zijn longen is verdwenen. Het voelt instinctmatig tegenstrijdig om alle lucht uit je longen te persen terwijl je het benauwd hebt, maar het werkt wel!
- Laat hem vervolgens langzaam en ononderbroken inademen. Zeg dat hij zijn ogen sluit om kalm te blijven terwijl hij op deze manier dooradermt.

SLACHTOFFER DAT NIET REAGEERT

ALS EEN SLACHTOFFER NIET MEER REAGEERT, is het belangrijk om ervoor te zorgen dat de luchtweg vrij is zodat hij of zij adem kan halen. Roep zo snel mogelijk hulp in, of nog beter: laat iemand dat vast doen terwijl je bezig bent. Verplaats het slachtoffer niet en blijf bij hem, tenzij je zelf hulp moet gaan halen.

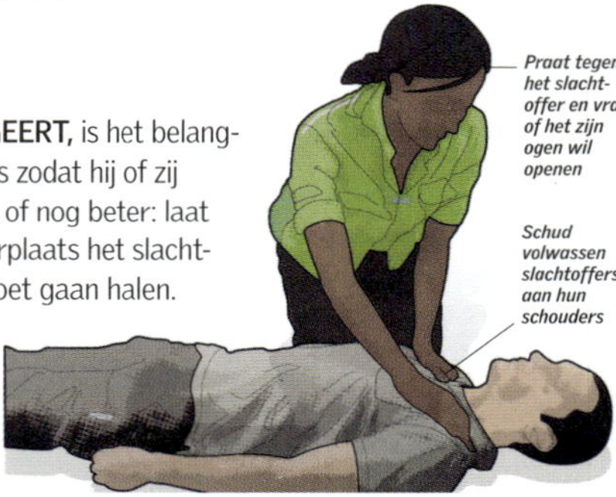

BEWUSTELOOS OF NIET?

Schud het slachtoffer voorzichtig heen en weer aan zijn schouders (bij kinderen op de schouders kloppen). Een slachtoffer is volledig bij bewustzijn als hij normaal op vragen reageert. Een slachtoffer met een verminderd bewustzijn opent misschien alleen zijn ogen, of reageert zwak op vragen of alleen op pijn. Een slachtoffer dat niet reageert, geeft geen enkele reactie op prikkels.

LUCHTWEGEN VRIJMAKEN

Iemand die niet reageert en op zijn rug ligt, loopt het risico dat zijn tong de luchtwegen blokkeert. Door zijn hoofd naar achteren te kantelen en de kin omhoog te duwen maak je de luchtwegen weer vrij.

CONTROLEER DE ADEMHALING

Kantel met je ene hand het hoofd van het slachtoffer naar achteren en breng met twee vingers van je andere hand zijn kin omhoog. Niet op het zachte weefsel onder de kin drukken! Houd zo de luchtwegen vrij en luister, kijk en voel of hij ademt. Is dat het geval, leg hem dan in de herstelpositie (onder). Ademt hij niet, pas dan reanimatie toe (rechts).

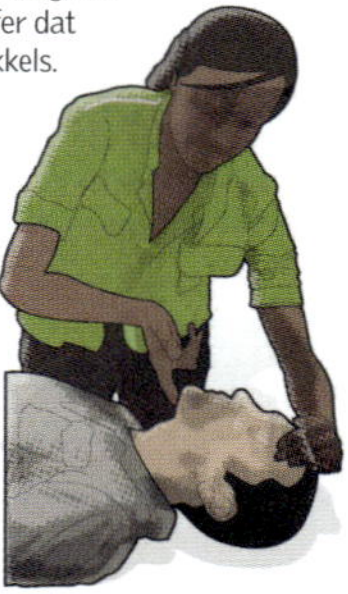

1 Kantel het hoofd met een hand op het voorhoofd. Til de kin op.

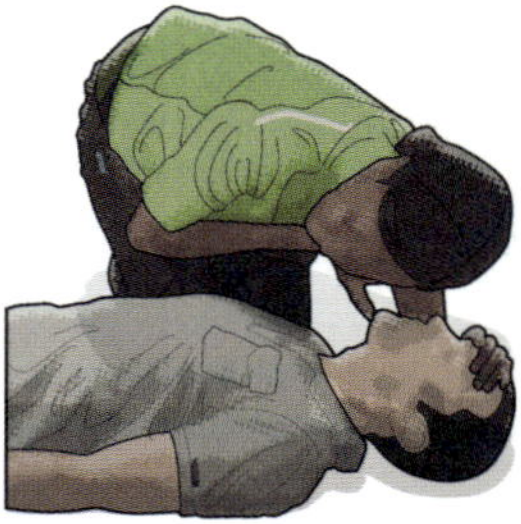

2 Kijk naar zijn borst, luister en voel met je wang of hij ademt, maar hooguit tien seconden.

HERSTELPOSITIE

Wanneer iemand die niet reageert nog ademt, moet je hem in de herstelpositie leggen om de luchtwegen vrij te houden. Haal zijn zakken leeg en ga op je knieën naast hem zitten. Leg de arm die het dichtst bij je is, zodanig neer dat deze een rechte hoek met zijn lichaam maakt en leg zijn andere arm over zijn borst met de handpalm tegen zijn wang. Buig het been dat het verst van je af ligt bij de knie, blijf de knie vasthouden en trek het slachtoffer naar je toe tot hij op zijn zij ligt.

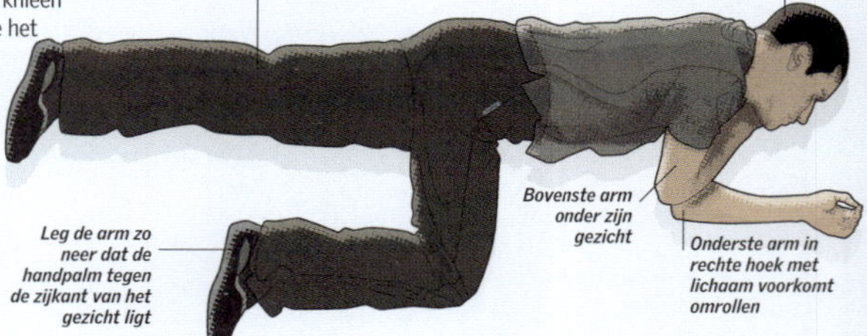

REANIMATIE

Als het slachtoffer niet meer ademt, moet je het door hartmassage en mond-op-mondbeademing van zuurstof voorzien tot er hulp arriveert. Deze handelingen noemen we reanimatie. Bij een volwassen persoon die plotseling in elkaar zakt, is er meestal sprake van een hartaanval. De behandeling daarvan vind je hieronder. Heb je iemand bewusteloos uit het water gehaald, reanimeer hem dan zoals bij kinderen (rechts). Kun je of wil je geen mond-op-mondbeademing toepassen, geef dan alleen hartmassage.

REANIMEERTECHNIEK

Kniel naast het slachtoffer ter hoogte van zijn borst. Is er iemand bij je, geef dan om beurten een hartmassage zodat jullie niet uitgeput raken.

REANIMATIE BIJ KINDEREN

- Eerst 5 x mond-op-mondbeademing.
- Daarna 30 keer hartmassage met de palm van één hand. Druk minder hard dan bij een volwassene; steeds voor tenminste een derde indrukken.
- Ga door met afwisselend 2 keer mondbeademing en 30 keer hartmassage tot het kind bij kennis komt of tot er hulp arriveert. Ga door tot je niet meer kunt.
- Ben je alleen met het slachtoffer, reanimeer dan eerst 1 minuut voordat je hulp inroept.

1. Leg één hand midden op de borst van het slachtoffer. Niet op zijn buik, ribben of het puntje van zijn borstbeen drukken!

2. Leg de palm van je andere hand op de eerste hand en verstrengel je vingers. Je vingers mogen de borst niet raken.

3. Begin de massage. Leun voorover en druk met gestrekte armen de borst van het slachtoffer 5-6 cm in. Laat de borst weer omhoog komen door de druk te verminderen, maar houd je handen op hun plek. Doe dit 30 keer.

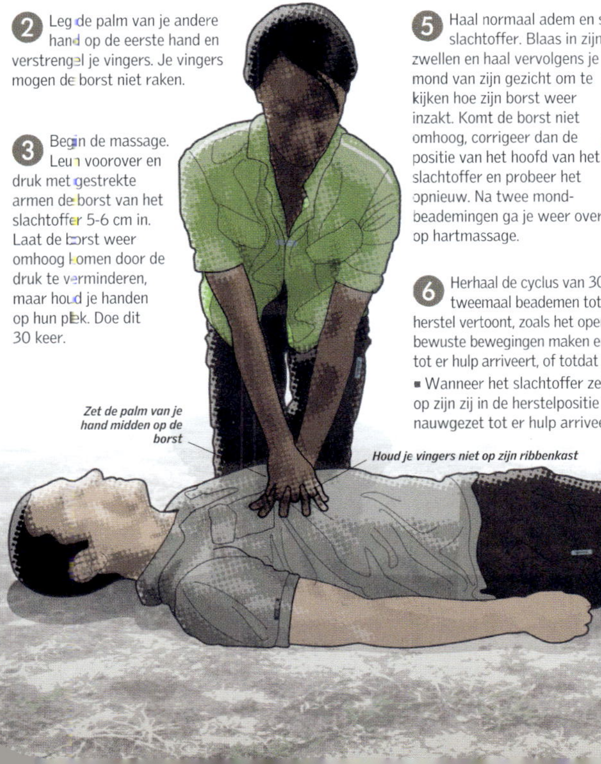

4. Kantel het hoofd van het slachtoffer om de luchtwegen vrij te maken en knijp zijn neus dicht. De mond zal zich vanzelf een beetje openen. Til met de vingers van je andere hand zijn kin op.

5. Haal normaal adem en sluit je lippen over die van het slachtoffer. Blaas in zijn mond tot je zijn borst ziet zwellen en haal vervolgens je mond van zijn gezicht om te kijken hoe zijn borst weer inzakt. Komt de borst niet omhoog, corrigeer dan de positie van het hoofd van het slachtoffer en probeer het opnieuw. Na twee mondbeademingen ga je weer over op hartmassage.

6. Herhaal de cyclus van 30 borstcompressies gevolgd door tweemaal beademen totdat het slachtoffer tekenen van herstel vertoont, zoals het openen van de ogen, spreken en/of bewuste bewegingen maken en normaal ademhalen. Of ga door tot er hulp arriveert, of totdat je echt niet meer kunt.

- Wanneer het slachtoffer zelf begint te ademen, leg het dan op zijn zij in de herstelpositie (vorige blz.) en observeer hem nauwgezet tot er hulp arriveert.

VERVOER VAN SLACHTOFFERS

EIGENLIJK MOET EEN SLACHTOFFER behandeld worden in de positie waarin het wordt aangetroffen. Maak het hem zo comfortabel mogelijk en wacht op hulp. Als je in een survivalsituatie een gewond persoon moet verplaatsen, moet je de verwondingen fixeren om complicaties te voorkomen.

PAS OP!
Verplaats een gewond iemand alleen als er direct levensgevaar dreigt en zelfs dan nog alleen wanneer je daarbij zelf geen risico's loopt. Verplaats een slachtoffer nooit als het niet noodzakelijk is, want beweging kan fataal zijn. Blijf zelf bij het slachtoffer en stuur anderen op hulp uit.

VOORBEREIDINGEN

Denk eerst even goed na hoe je het slachtoffer gaat vervoeren met het oog op de aard van de verwondingen. Doe het niet in je eentje als er anderen in de buurt zijn die kunnen helpen. Moedig het slachtoffer aan zo veel mogelijk zelf te doen.

BRANDWEERGREEP

De brandweergreep is een techniek waarmee je in je eentje een persoon kunt vervoeren die bij bewustzijn is. De techniek is oorspronkelijk afkomstig van de brandweeropleiding. Hij is niet geschikt wanneer het slachtoffer hoofd- of aangezichtswonden heeft of wanneer er sprake is van een gebroken arm of been. Gebruik de kracht van je bovenbenen!

1 Verbind en fixeer de wonden van het slachtoffer. Help hem overeind.
- Ga haaks ten opzichte van het slachtoffer staan en zak op je hurken, zo dicht mogelijk tegen hem aan.
- Je schouder moet zich ter hoogte van zijn heupen bevinden.

2 Steek je arm tussen de benen van het slachtoffer door, sla de arm om zijn dijbeen en pak het been vast. Pak met je andere hand zijn pols stevig beet.

3 Zet voor meer evenwicht je voeten op schouderbreedte en vraag het slachtoffer voorover te buigen over je schouders.
- Houd zijn pols goed vast en gebruik alleen je beenspieren om met gestrekte rug overeind te komen.

EEN GEÏMPROVISEERDE BRANCARD MAKEN

Als het slachtoffer bewusteloos is dan wel een gebroken been of rugletsel heeft, moet je het op een brancard vervoeren. De beste oplossing daarvoor is professionele assistentie inroepen. Moet het slachtoffer beslist naar een ziekenhuis, dan zul je zelf een brancard moeten maken. Je kunt er een maken van palen en jassen.

PAS OP!
Redders moeten nooit hun eigen kleding opofferen als dat gevaar oplevert!

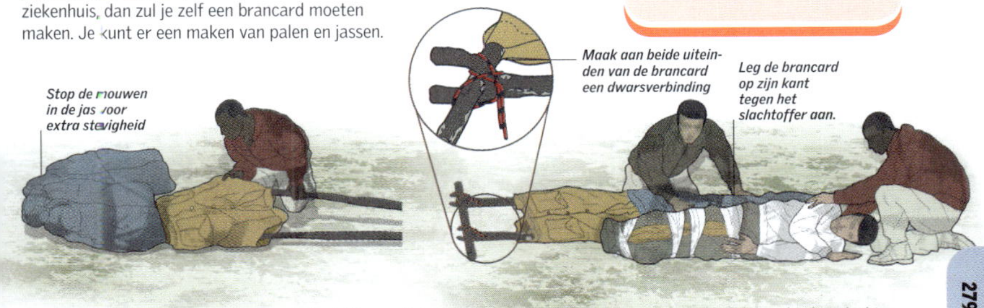

1 Pak twee of drie jassen en maak de sluitingen dicht. Hak twee draagpalen, ongeveer een meter langer dan het slachtoffer, die sterk genoeg zijn om zijn gewicht te dragen. Bevestig aan beide uiteinden een gevorkte tak om de palen uit elkaar te houden.

2 Fixeer alle verwondingen (blz. 271) en leg het slachtoffer op zijn niet gewonde zij. Laat iemand zijn hoofd vasthouden en vraag als het kan twee anderen om zijn lichaam recht te houden: de een het bovenlichaam en de ander de benen. Kantel het slachtoffer voorzichtig op de brancard.

ARMFAUTEUIL

Een handige manier om met zijn tweeën iemand te vervoeren die niet kan lopen maar wel zijn armen kan gebruiken is de 'armfauteuil'. Laat een van beiden de leiding nemen en stap voor stap alle aanwijzingen geven. Houd je rug steeds recht!

1 Ga tegenover elkaar staan, vlak achter het slachtoffer. Pak allebei je linkerpols vast met je rechterhand en pak vervolgens elkaars vrije hand vast om zo een zetel te vormen.

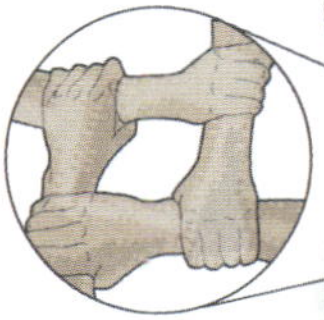

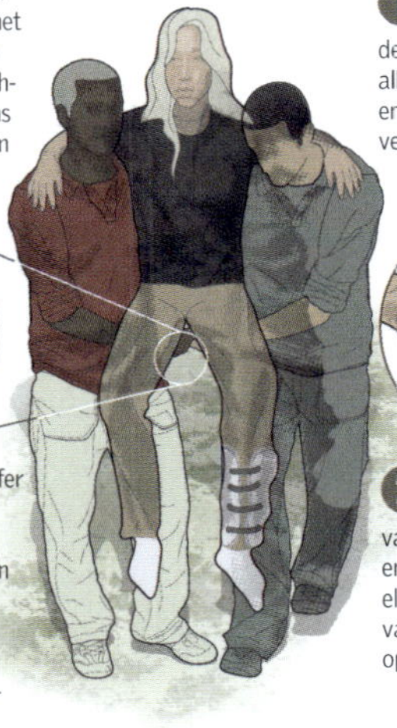

2 Vraag het slachtoffer om zijn armen om jullie schouders te slaan terwijl hij op de 'zetel' van armen en handen gaat zitten. Kom overeind en begin allebei met de buitenste voet als het transport in beweging komt.

BOVENLICHAAM ONDERSTEUNEN

Als het slachtoffer ook een armblessure heeft, kan de 'armfauteuil' (links) aangepast worden om ook het bovenlichaam te ondersteunen. Allebei moet je ook nu tegelijkertijd in beweging komen. Houd je rug recht als je loopt en stop als een van beiden of het slachtoffer ergens last van krijgt.

1 Ga tegenover elkaar staan, aan weerszijden van het slachtoffer. Doe allebei een arm om zijn rug en pak zijn kleding vast, zo ver mogelijk bij je vandaan.

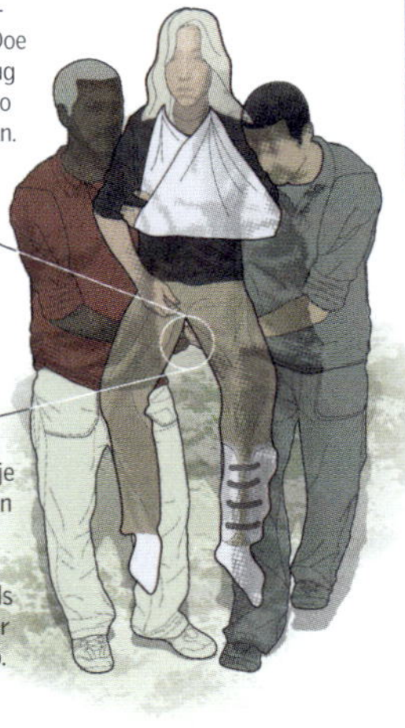

2 Steek allebei je vrije hand onder de dijen van het slachtoffer door en haak de vingers in elkaar of pak elkaars pols vast. Help het slachtoffer op de 'zetel' en til het op.

VOEDSEL UIT DE NATUUR

EETBARE PLANTEN en giftige planten lijken vaak op elkaar, vooral in de gematigde streken. Pas op met wat je eet: in twijfelgevallen eerst altijd de universele eetbaarheidstest (blz. 206-207) uitvoeren. Sommige planten zijn alleen eetbaar als ze jong zijn of juist aan het eind van hun levenscyclus. Eet geen wilde planten als je allergieën hebt, zwanger bent of onder medi-

NAAM	HABITAT	KENMERKEN	EETBAAR GEDEELTE
VARKENSGRAS/ ADDERWORTEL *Polygonum-sp.*	• Vochtig grasland, weidegronden in Noord-Amerika en Eurazië.	• Overblijvende plant, 40-100 cm. Groene, driehoekige bladeren. Stengel zonder vertakkingen, met aan het eind een rolronde bloemkop, bestaande uit kleinere witte of roze bloemen.	• Jonge scheuten, bladeren • Wortels
BRAAM *Rubus fruticosus*	• Algemeen voorkomend in de gematigde streken, met name in bossen, heggen en struikgewas.	• Breed uitgroeiende, bladverliezende struik met doornige takken. Groene, getande bladeren. Witte of donkerroze, vijftallige bloemen. Vruchten rijpen in de nazomer naar blauwzwart.	• Vruchten • Jonge scheuten • Bladeren
BOEKWEIT *Fagopyrum esculentum*	• Overal in open grasland.	• Tot 60 cm hoge plant met rode stengels. Groene, driehoekige bladeren. Vijftallige roze bloempjes in trossen. Zaden driehoekig.	• Zaden
PAARDENBLOEM *Taraxacum-sp.*	• Zeer algemeen in gematigde delen van Eurazië; geïntroduceerd in Noord- en Zuid-Amerika, Australië en Nieuw-Zeeland.	• Rozet van groene, grof getande bladeren vlak boven de grond die een penwortel vormt. De grote, heldergele bloeiwijze rijpt tot een ronde pluizenbol van honderden zaden.	• Bladeren • Wortels
HONDSROOS *Rosa canina*	• In wilde hagen, bosranden en struikgewas in Europa, noordwest-Afrika en westelijk Azië; elders geïntroduceerd.	• Hoog opschietende, bladverliezende struik met doornige takken. Donkergroene, getande bladeren. Witte, roze vijftallige bloemen. Vruchten (rozenbottels), oranjerood en ovaal.	• Bottels • Knoppen en bloemen • Jonge bladeren
BRANDNETEL *Urtica dioica*	• Langs hagen en bosranden in Noord-Amerika, Eurazië en Noord-Afrika.	• Overblijvende kruidachtige plant, 50-150 cm hoog. Groene, ovale, sterk getande bladeren overdekt met stijve brandharen. Groene bloempjes, soms rood aangelopen.	• Jonge scheuten en bladeren
SUIKERESDOORN *Acer saccharum*	• Bossen in het noordoosten van Noord-Amerika.	• Bladverliezende boom, gewoonlijk 25-35 m hoog. Grijsbruine schors, bij jonge bomen glad, bij oude bomen afbladderend en gegroefd. Groene, vijflobbige bladeren die in de herfst felrood verkleuren.	• Sap • Bast (binnenschors)
WALNOOT *Juglans-sp.*	• Gematigde gebieden in Eurazië en Noord-Amerika. Algemeen in het Himalayagebergte.	• Grote bladverliezende boom tot 25 m hoog met een karakteristieke, knoestige schors. Groene bladeren met veel smalle deelblaadjes. De noten zitten in een dikke groene bolster.	• Noten
WATERNOOT *Trapa natans en T. bicornis*	• Inheems in traagstromend water in warme gematigde streken in Eurazië en Afrika, geïntroduceerd in Noord-Amerika en Australië.	• Groene, driehoekige, gezaagde bladeren die op het water drijven. Viertallige witte bloemen. De vruchten hebben vier scherpe stekels en een enkel grijs zaadlichaam. Ze groeien onder water.	• Zaden
WILDE DRUIF *Vitis-sp.*	• In diverse streken met een geschikte habitat in Noord-Amerika en Eurazië.	• Brede, hoog oprijzende klimplant met grote, gelobde bladeren. De vrucht is een in trossen groeiende bes, donkergeel of donkerpaars van kleur als hij rijp is.	• Vruchten • Jonge bladeren

PLANTEN IN GEMATIGDE STREKEN

sche behandeling staat. De universele eetbaarheidstest gaat niet op voor paddenstoelen; eet alleen wilde paddenstoelen als je absoluut zeker bent dat er geen giftige exemplaren tussen zitten. Kennis opdoen van eetbare planten in het gebied waar je heen gaat is een essentieel onderdeel van je voorbereiding. Zorg dat je ook weet in welk jaargetijde je ze kunt vinden.

BEREIDING	SOORTGELIJKE PLANTEN	GEVAREN	MEER INFO
▪ Jonge scheuten en bladeren rauw of gekookt. ▪ Wortels weken, daarna koken of roosteren.	▪ Knolduizendknoop (*Polygonum viviparum*) komt algemeen voor in noordelijke berggebieden en op de Noordpool.		▪ De wortels lijken op twee in elkaar gedraaide slangen. Ze bevatten zetmeel en zijn fijngewreven als bakmeel te gebruiken.
▪ Vruchten en geschilde jonge scheuten rauw eten. ▪ Van de bladeren kan thee worden getrokken.	▪ Framboos (*R. idaeus*)): vruchten rijpen naar helderrood. Een aftreksel van de bladeren helpt tegen diarree.	▪ Oppassen voor de stekels.	▪ Bramen en frambozen zijn rijk aan vitamine C en suikers. Thee van bramenbladeren is een probaat middel tegen hoest en verkoudheid.
▪ Pel de zaden en maal ze tot boekweitmeel. ▪ Rooster de zaden en kook er met water pap van.		▪ Boekweitbladeren zijn eetbaar, maar het eten ervan in grote hoeveelheden kan tot overgevoeligheid voor licht van de huid leiden.	
▪ Jonge bladeren rauw; oude bladeren koken om de bittere smaak kwijt te raken ▪ De wortels koken.			▪ De geroosterde en gemalen wortels zijn te gebruiken als koffiesurrogaat. De bladeren zijn rijk aan vitamine A en C, ijzer en calcium.
▪ Knoppen en bloemen rauw eten. ▪ Kauw op het vruchtvlees van rauwe bottels ▪ Kook de bladeren in water (thee).		▪ De bottels van alle wilde rozen (*Rosa*-sp.) zijn eetbaar. Eet geen zaden die stekelig zijn; deze irriteren keel en maag.	▪ Rozenbottels zijn rijk aan vitamine C en blijven jaarrond aan de struik zitten. Kneus de bottels en kook ze tot een voedzame siroop.
▪ Kook de planten minstens 10 minuten om het mierenzuur en de histamine in de brandharen te neutraliseren.	▪ Dovenetels (*Lamium*-sp.) zijn gekookt eveneens eetbaar. Ze hebben hartvormige bladeren en witte of paarse bloemen. Geen brandharen.	▪ Pluk de planten met de nodige voorzichtigheid om je niet aan de haren te prikken; trek handschoenen aan als je die hebt.	▪ Verse brandnetels zijn rijk aan eiwit en vitamine K. Van de vezels in volgroeide stengels kun je touw maken (blz. 138-141).
▪ Kook het sap in tot een rijke siroop. ▪ Eet de bast rauw of kook er een geleiachtige massa van die je vervolgens roostert en tot meel maalt.	▪ Rode esdoorn (*A. rubrum*) bevat eveneens een zoet sap. ▪ Ook witte berken (*Betula*-sp.) hebben een eetbare bast.		▪ Maak een V-vormige inkeping in de stam met daaronder een gaatje. Steek een blad in het gat en laat het sap in een bakje lopen.
▪ Kraak de noot en eet de rijpe kern rauw.			▪ Rijk aan vetten, eiwit en vitamines. ▪ Met gekneusde groene bolsters van de zwarte walnoot kun je vissen vergiftigen en vangen.
▪ Eet de zaden rauw of geroosterd.			▪ Waternoot is een rijke bron van koolhydraten.
▪ Eet rijpe vruchten bij voorkeur rauw. ▪ Kook de jonge bladeren.		▪ *Menispermum*-sp) ('moonseed') heeft druifachtige vruchten die giftig zijn. Anders dan eetbare druiven bevatten ze maar één zaadje.	▪ Rijpe druiven zijn rijk aan vitamine C en suiker. Uit de stengels kan water worden gewonnen (blz. 192).

VOEDSEL UIT DE NATUUR

SOMMIGE VAN DE HIERONDER vermelde planten zijn een rijke bron van water of sap. Eet in een survivalsituatie nooit vast voedsel als je geen water hebt, want het verteringsproces onttrekt water aan je lichaam. Eet alleen planten die je kent; voer bij twijfel eerst de universele eetbaarheidstest uit (blz. 206-207).

NAAM	HABITAT	KENMERKEN
ACACIA/MIMOSA *Acacia*-sp.	• Afrika, zuiden van Azië, Australië, Noord- en Zuid-Amerika.	• Doornige, middelgrote boom met grijswitte schors. Groene bladeren, samengesteld uit talloze kleine, ovale deelblaadjes. Bolronde gele, witte of roze bloempjes.
AGAVE *Agave*-sp.	• Zuiden van de VS en Mexico, Midden-Amerika, Caribische Eilanden, noordoosten van Zuid-Amerika.	• Rozet van vlezige bladeren met een scherpe punt en gestekelde bladrand; in het hart een lange bloemsteel.
AMARANT *Amaranthus*-sp.	• Noord- en Zuid-Amerika, Afrka en Azië.	• Hoog opstaand kruid met verspreide bladstand en vlezige stengels. Minuscule bruinzwarte zaadjes (één plant produceert 40.000 tot 60.000 zaden).
BAOBAB *Adansonia*-sp.	• Afrika en Noord-Australië.	• Grote bomen met een bolle, gezwollen stam (diameter tot 9 m). Groene, handvormige bladeren met 5-7 langgerekte deelblaadjes. Langwerpige, tot 20 cm lange vruchten.
JOHANNESBROODBOOM *Ceratonia siliqua*	• Middellandse Zeegebied, Noord-Afrika, Midden-Oosten en India.	• Groenblijvende boom tot 15 m hoog. Glimmende groene bladeren tot 20 cm lang. Kleine rode bloemen. Platte, leerachtige zaadpeulen; rijpe peulen zijn donkergroen/zwart. Harde bruine zaden.
HOODIA *Hoodia*-sp.	• Zuidwest-Afrika.	• Vetplant met talloze waterhoudende, doornige stengels tot 2 m lang. Ster- of enigszins klokvormige bloemen die naar rottend vlees ruiken.
DADELPALM *Phoenix dactylifera*	• Inheems in West- en Noord-Afrika, Midden-Oosten, en India; geïntroduceerd in Mexico en de VS.	• Hoge, slanke palmboom met een grote kroon van groene, geveerde bladeren bestaande uit talloze smalle deelblaadjes. Rijpe vruchten zijn roodachtig bruin.
SCHIJFCACTUS *Opuntia*-sp.	• Inheems in Noord- en Zuid-Amerika; geïntroduceerd in het Caribisch Gebied, Middellandse Zee-gebied, Afrika, Australië.	• Dikke, platte, gelede, schijfvormige groene stengels die overdekt zijn met stekels. Rode of gele bloemen. Rijpe vruchten rood van kleur.
KOMKOMMERACHTIGEN *Cucurbitaceae*	• Kalahariwoestijn (Namibië), de Sahara, eilanden in de Middellandse Zee, het Midden-Oosten en zuidoostelijk India.	• Over de grond kruipende groene klimplant. Heldergele bloemen. Groene of gele vruchten van sinaasappelformaat.

WOESTIJNPLANTEN

Vergeet niet dat sommige planten alleen in een bepaalde groeifase eetbaar zijn en eet geen wilde planten als je allergieën hebt, zwanger bent of onder doktersbehandeling staat. Stel je tijdens de voorbereiding van je tocht alvast op de hoogte van de eetbare flora van het gebied waar je heen gaat en in welke tijd van het jaar je de planten kunt plukken.

EETBAAR GEDEELTE	BEREIDING	GEVAREN	MEER INFO
▪ Zaden (uit donkerbruine zaadpeulen) ▪ Jonge bladeren en scheuten	▪ Rooster zaden. ▪ Kook bladeren en scheuten.	▪ Blijven haken achter de stekelige doorns.	▪ Uit de wortels kan water worden gewonnen.
▪ Steel, voordat hij bloeit ▪ Knoppen en bloemen	▪ De stelen roosteren. ▪ Knoppen en bloemen koken.	▪ De bladeren hebben een scherpe punt. Het sap van veel soorten kan bij aanraking tot 2 weken lang een rode huid met blaren veroorzaken.	▪ Geroosterde stelen smaken zoet, als melasse.
▪ Jonge scheuten en bladeren. ▪ Zaden	▪ Eet scheuten en bladeren rauw of gekookt of even gebakken. ▪ Ontdoe het zaad van het kaf en bak het als popcorn of maal er meel van voor brood.	▪ Amarantbladeren bevatten veel oxaalzuur, dat de ingewanden kan irriteren en niersteen veroorzaakt. Met mate gebruiken.	▪ Amarantbladeren worden in de tropen en warme gematigde streken veel gegeten als bladgroente.
▪ Scheuten en jonge bladeren ▪ Vruchten ▪ Zaden	▪ Eet het vruchtvlees rauw. ▪ Kook scheuten en bladeren. ▪ Rooster zaden.		▪ Tap de stam af voor water. Bosjesmannen uit de Kalahari zuigen water uit de stam met behulp van holle grasstengels.
▪ Peulen ▪ Zaden	▪ Eet het zoete, voedzame vruchtvlees van de peulen rauw. ▪ Maal de zaden tot meel en maak er pap van.		
▪ Stengels	▪ Tap water uit de stengels.		▪ De stengels bevatten een eetlustremmer. Bosjesmannen uit de Kalahari kauwen voor en tijdens hun lange jachtpartijen op de stengels van diverse soorten hoodia.
▪ Vruchten ▪ Groeipunt van de palm (palmhart) ▪ Jonge bladeren ▪ Sap	▪ Eet de vruchten rauw of laat ze drogen in de zon. ▪ Kook de bladeren en het hart.		▪ Dadelpalmen groeien altijd in de buurt van water. Van de bladeren kun je een (af)dak maken.
▪ Vruchten ▪ Zaden ▪ Schijven	▪ Schil de vruchten en eet ze rauw. ▪ Rooster de zaden en maal ze tot meel. ▪ Kook of rooster jonge schijven.	▪ Doorns. Mijd elke soortgelijk ogende plant die melksap bevat; deze is mogelijk giftig.	▪ Het niet-melkachtige sap uit de schijven is een goede bron van vocht.
▪ Vruchten (tsamma-meloenen) ▪ Bloemen ▪ Zaden ▪ Jonge bladeren en scheuten	▪ Eet vruchtvlees en bloemen rauw. ▪ Rooster of kook de zaden. ▪ Kauw het vocht uit bladeren en scheuten.	▪ De vruchten van de wilde kolokwint (*Citrullus colocynthis*) zijn erg bitter en werken sterk laxerend.	▪ De tsammameloen (*C. lanatus*) wordt ook wel wilde watermeloen genoemd. Het vruchtvlees is een goede bron van vocht.

VOEDSEL UIT DE NATUUR

IN DE WARME, vochtige habitat van de tropen bloeien het hele jaar door talloze planten. In de lijst hieronder vind je een paar van de meest voorkomende gewassen. Leer de eetbare planten van het gebied waar je heen gaat uit je hoofd. Tropische vruchten groeien vaak hoog in de bomen; je zult dus moeten klimmen als je ze wilt verzamelen. Eet alleen planten

NAAM	HABITAT	KENMERKEN	EETBAAR GEDEELTE
BAMBOE *Bambuseae*	• Tropische en subtropische bossen.	• Boomachtige grassen met houtachtige, gelede, holle stengels, in kleur variërend van zwart tot groen en goudgeel. Groene, zwaardvormige bladeren. De hoogte varieert van 0,5 tot 3,5 m.	• Jonge scheuten • Zaden
BANAAN, BAKBANAAN *Musa sp.*	• Inheems in Australië en Zuidoost-Azië; geïntroduceerd in andere tropische gebieden.	• Boomachtige, kruidachtige plant tot 10 m hoog. Grote, groene, langwerpige, gespleten bladeren. Bloemen en vruchten in dichte, hangende trossen.	• Vruchten • Knoppen en bloemen • Scheuten en jonge stengels/wortels
PARANOOT *Bertholletia excelsa*	• Langs rivieren in regenwouden in Zuid-Amerika.	• Grote boom, tot 45 m hoog. Groene, langwerpige, gerimpelde bladeren. Gele bloemen. De vrucht is zo groot als een kokosnoot, heeft een harde, houtachtige schil en bevat 8-24 zaden.	• Zaden ('noten').
SURINAAMSE SPINAZIE *Basella alba*	• Wijdverbreid in tropische bossen.	• Klimmende slingerplant, tot wel 30 m lang. Biet-rode stengels. Vlezige, ovale of hartvormige, groene tot roodpaarse bladeren.	• Jonge bladeren en stengels
VIJG *Ficus sp.*	• Uiteenlopende habitat in de tropen en subtropen.	• Groenblijvende boom met lange luchtwortels aan stam en takken. Leerachtige groene bladeren. Peervormige vruchten die rechtstreeks aan de stam of de takken groeien.	• Rijpe vruchten
PAPAJA/BOOMMELOEN *Carica papaya*	• Inheems in tropische regenwouden van Noord- en Zuid-Amerika; geïntroduceerd in andere tropische en enkele gematigde gebieden.	• Kleine boom tot 6 m hoog, met een zachte, holle stam. Grote groene bladeren met zeven lobben. Grote, meloenachtige vruchten die bij rijping geel of oranje kleuren.	• Vruchten • Jonge bloemen, bladeren en stengels
PINDA *Arachis hypogaea*	• Inheems in tropische regenwouden van Noord- en Zuid-Amerika; geïntroduceerd in andere tropische en enkele gematigde gebieden.	• Kleine, struikachtige plant tot 50 cm hoog. Ovale, viertallige groene bladeren, paarsgewijs langs de stengels. Gele bloemen. Ondergrondse peul met 1-4 noten.	• Zaden ('pindanoten')
SAGOPALM *Metroxylon sagu*	• Inheems in vochtig laagland in de tropische regenwouden van Zuidoost-Azië; elders geïntroduceerd.	• Tot 10 m hoge palm met stekelige stam. Kroon van geveerde groene bladeren.	• Merg • Jonge scheuten • Jonge noten
WATERLELIE *Nymphaea*	• Meren, plassen en rivieren in tropische en subtropische gebieden over de hele wereld. Ook voorkomend in gematigde klimaten.	• Platte, groene, hartvormige bladeren die op het water drijven. Grote witte, gele, roze of blauwe, geurende bloemen.	• Knollen • Stengels • Zaden

TROPISCHE PLANTEN

die je kent; in twijfelgevallen altijd eerst de universele eetbaarheidstest uitvoeren (blz. 206-207). Eet geen wilde planten als je allergieën hebt, zwanger bent of onder doktersbehandeling staat.

BEREIDING	SOORTGELIJKE PLANTEN	GEVAREN	MEER INFO
▪ Splijt de taaie buitenlaag van de scheuten en kook of stoom ze. ▪ Kook of maal de zaden, meng ze met water en vorm er broodjes van.		▪ Scheuten van de reuzenbamboe (*Cathariostachys madagascariensis*) bevatten blauwzuur (*cyanide*).	▪ Vaak zit er water in bamboestengels (blz. 190). De stengels kunnen gebruikt worden bij het koken (blz. 204) en het bouwen van een shelter (blz. 169).
▪ Vruchten en bloemen zijn rauw en gekookt eetbaar. ▪ Kook scheuten, stengels en wortels.			▪ Bananen en bakbananen zijn rijk aan kalium en vitamine A, B6 en C. Harde, onrijpe bakbananen zijn alleen gekookt eetbaar.
▪ Breek de vrucht open, kraak de noten en eet ze rauw.	▪ Bomen van het geslacht *Lecithys* produceren eetbare zaden in soortgelijke capsules. Deze worden paradijsnoten genoemd.		▪ Rijpe vruchtcapsules vallen op de grond. De noten zijn rijk aan vetten en selenium en trekken knaagdieren en apen aan.
▪ Stoom, kook, stoof of roerbak de bladeren en stengels.		▪ De plant kan licht laxerend werken; eet er daarom niet te veel van.	▪ Jonge bladeren en stengels zijn rijk aan vitamines.
▪ Eet de vruchten rauw of gekookt.		▪ Eet geen harde, houtige vruchten of behaarde vruchten.	▪ Jonge bladeren en stengels zijn rijk aan vitamines.
▪ Vlees van rijpe vruchten rauw eten; onrijpe vruchten eerst koken. ▪ Bloemen, bladeren en stengels moeten gekookt worden; ververs het kookwater minimaal één keer.		▪ Pas op dat het melkachtige sap van groene, onrijpe vruchten niet in je ogen komt; je wordt er tijdelijk blind van.	▪ Rijpe vruchten zijn rijk aan vitamine C. Onrijpe vruchten kun je in de zon laten rijpen.
▪ Dop de pinda's en eet de zaden ('nootjes') rauw.		▪ Houd je verre van pinda's als je er allergisch voor bent.	▪ Pinda's zijn een goede bron van eiwitten, vitamine B en mineralen.
▪ Kneus het merg, kneed het met water, zeef het in een pot en laat het fijne sagomeel bezinken. Uitknijpen en laten drogen. Met gekookt/kokend water tot een pasta mengen.	▪ Veel palmbomen hebben eetbare delen. De suikerpalm (*Arenga pinnata*) heeft eetbaar sap dat je kunt inkoken tot een dikke siroop.	▪ Eet nooit de vrucht van een palm tot je met absolute zekerheid hebt vastgesteld dat die soort eetbaar is: sommige soorten bevatten namelijk schadelijke kristallen.	▪ Een volgroeide palm die net voor de bloei wordt gekapt levert 150-300 kg sagomeel – bijna pure koolhydraten.
▪ Schil de knollen en snijd ze klein; je kunt ze rauw eten. ▪ De stengels worden liefst gekookt. ▪ Droog de zaden en maal ze tot meel.	▪ Alle delen van de lotus (*Nelumbo*-sp.) zijn zowel rauw als gekookt eetbaar.		▪ De knollen zijn rijk aan zetmeel. De zaden smaken bitter, maar zijn wel eetbaar.

VOEDSEL UIT DE NATUUR

ZORG DAT JE BIJ JE VERTREK voldoende kennis hebt van de eetbare flora in het gebied waar je heen gaat en dat je weet welke planten in welk seizoen gegeten kunnen worden. Eet alleen planten die je kent en voer in twijfelgevallen eerst de universele eetbaarheidstest uit (blz. 206-207). Houd er rekening mee dat sommige planten alleen in een bepaalde groeifase

	NAAM	HABITAT	KENMERKEN
KORSTMOSSEN	**IJSLANDS MOS** *Cetraria islandica*	• Bergachtige streken in arctische, subarctische en koude gematigde gebieden in Noord-Amerika en Europa; lavahellingen en vlakten op IJsland.	• Zodevormend korstmos, tot 10 cm hoog. Grijsgroene tot licht kastanjebruine takjes, opgerold tot kokertjes die eindigen in afgeplatte lobben met franje aan de rand.
	RENDIERMOS *Cladonia rangiferina*	• Toendra, moerassen en open bosland in arctische, subarctische en noordelijke gematigde streken.	• Zodevormend korstmos, 5-10 cm hoog. Grijze, ronde takjes die aan een gewei doen denken.
	NAVELMOS *Umbilicaria sp.*	• Op gesteente in arctische, subarctische en noordelijke gematigde gebieden.	• Rond korstmos met omkrullende randen, meestal grijs of bruin.
PLANTEN	**DWERGWILG** *Salix arctica*	• Toendra's in Noord-Amerika, Europa en Azië; gebergten in sommige noordelijke regionen.	• Zodevormende struik, 30-60 cm hoog. Ronde, glimmende, groene bladeren. Bloeit met gele katjes.
	BERENDRUIF *Arctostaphylos uva-ursi*	• Gebergten in arctische en subarctische gebieden.	• Groenblijvende dwergstruik. Dikke, leerachtige, knotsvormige groene bladeren. Roze of witte bloemen. Felrode bessen in korte trossen.
	RODODENDRON *Rhododendron groenlandicum*	• Laagveen en alpiene streken in arctische, subarctische en gematigde gebieden in Noord-Amerika en Europa.	• Groenblijvende struik, 30-90 cm hoog. Smalle, leerachtige, groene bladeren met een behaarde achterkant; sterk geurend. Kleine, geurende witte bloemen in bolle trossen; kleverig.
	KRUIPBRAAM *Rubus chamaemorus*	• Laagveen, moerassen en natte weilanden in alpiene en subarctische gebieden van Noord-Amerika, Europa en Azië.	• Overblijvende struik, 10-25 cm hoog. Zachte, groene bladeren met 5-7 lobben. Witte bloemen met vijf bloembladen. Ambergele bessen ter grootte van een framboos aan de top van de plant.
	KRAAIHEI *Empetrum nigrum*	• Toendra's, heide, laagveen en sparrenbossen in arctische, subarctische en noordelijke gematigde gebieden. Ook voorkomend in het Andesgebergte.	• Groenblijvend, zodevormend dwergstruikje. Korte, bleekgroene, naaldvormige bladeren. Kleine, paarsrode bloemen. Zwarte bessen.
	KERGUELENKOOL *Pringlea antiscorbutica*	• Rotsige delen van subarctische eilanden in de Indische en de Zuidelijke Oceaan.	• Koolachtige plant.

eetbaar zijn. Eet nooit wilde planten als je allergieën hebt, zwanger bent of onder doktersbehandeling staat. Giftige korstmossen bestaan niet, behalve misschien navelmos (zie kader), maar je moet ze wel een nachtje in water zetten en vervolgens goed doorkoken voordat je ze kunt eten.

EETBAAR GEDEELTE	BEREIDING	GEVAREN	MEER INFO
• Alle delen	• Enkele uren laten weken en dan goed koken.	• Alle korstmossen bevatten een zuur dat de maag irriteert. Het zuur verdwijnt als je ze weekt en kookt.	• Korstmossen bevatten weinig eiwit maar zijn rijk aan koolhydraten.
• Alle delen	• Enkele uren laten weken en daarna goed koken.	• Alle korstmossen bevatten een zuur dat de maag irriteert. Het zuur verdwijnt als je ze weekt en kookt.	• Rijk aan vitamine A en B. Belangrijke bron van voedsel voor rendieren (kariboes). Gedeeltelijk verteerde korstmossen uit de maag van een rendier worden door inheemse herders als een delicatesse beschouwd.
• Alle delen	• Enkele uren laten weken en daarna goed koken.	• Er zijn meldingen dat navelmos giftig zou zijn; voer daarom eerste de universele eetbaarheidstest uit.	
• Jonge scheuten • Bladeren • Jonge wortels	• Trek de schors van de scheuten en eet ze rauw. • Eet de bladeren rauw. • Schil de wortels en eet rauw.		• Dwergwilgen bevatten 7-10 keer meer vitamine C dan sinaasappelen.
• Bessen	• Eerst koken, dan pas eten.	• De bessen worden door beren gegeten.	• Vormt in arctische gebieden een bodembedekker.
• Bladeren	• Maak een aftreksel van de bladeren.		• Pluk liever afzonderlijke bladeren dan hele takken tegelijk en pluk van verschillende struiken. Ook van bladeren van *R. tomentosum* kun je een geurige thee trekken. Groeit op veengrond en op de toendra's.
• Bessen	• Rauw eetbaar.	• De bessen worden door beren gegeten.	• Bessen aanvankelijk roze, in de herfst rijpend naar ambergeel. Rijk aan vitamine C.
• Bessen	• Eet ze rauw of gekookt.	• De bessen worden door beren gegeten.	• De bessen van het voorgaande jaar blijven tot het voorjaar aan de plant zitten. Verse bessen kun je drogen voor later gebruik. Arm aan vitamines.
• Bladeren	• Goed koken.		• Bladeren smaken bitter, dus goed koken. Rijk aan kalium en vitamine C. Zuidpoolreizigers en walvisjagers aten kerguelenkool om scheurbuik te voorkomen; vandaar de wetenschappelijke naam van deze plant.

VOEDSEL UIT DE NATUUR

ER ZIJN GEEN GIFTIGE zeewieren bekend, maar van sommige soorten raken je darmen van streek. De zeewieren uit de lijst hieronder komen bijna overal voor en kunnen zonder problemen gegeten worden, mits je met kleine porties begint. Eet geen zeewier als je niet voldoende drinkwater hebt. Eet alleen planten die je kent en voer bij twijfelgevallen de

	NAAM	HABITAT	KENMERKEN
ZEEWIEREN	**DARMWIER** *Enteromorpha-sp.*	• Zoutmoerassen en bergmeren in koude gematigde gebieden overal ter wereld.	• Licht- of heldergroene, holronde, onvertakte stengels, 20-40 cm lang.
ZEEWIEREN	**KELP** *Alaria*-sp., *Laminaria*-sp. en *Macrocystis*-sp.	• Rotskusten van de Atlantische en Grote Oceaan.	• Zeer lange, smalle, olijfgroene tot bruine bladeren. Reuzenkelp (*M. pyrifera*) is het grootste zeewier op aarde; het kan wel 45 m lang worden.
ZEEWIEREN	**ROODWIER** *Poryphyra-sp.*	• Wereldwijd op rotsige kusten.	• Zeer dunne, grillig gevormde, vliezige bladeren, tot 50 cm lang. De kleur loopt uiteen van olijfgroen tot paarsbruin of zwart.
KUSTPLANTEN	**KOKOSPALM** *Cocos nucifera*	• Tropische en subtropische zand-, rots- en koraalkusten overal ter wereld.	• Houtige, overblijvende boom tot 22 m hoog, met een kroon van geveerde bladeren. De grijze stam is in feite een stapeling van bladvoeten.
KUSTPLANTEN	**ZEEKRAAL** *Salicornia-sp.*	• Zoutmoerassen en waddenkusten in het westen en oosten van Noord-Amerika, West-Europa en het Middellandse Zeegebied.	• Frisgroene, gelede, vlezige stengels, 10-30 cm lang. Schubvormige bladeren en minuscule, in de stengels verzonken bloempjes.
KUSTPLANTEN	**MELDE** *Atriplex-sp.*	• Overal ter wereld op zand- en kiezelstranden.	• Uitstaande plant met groenige bloempjes in aren. De bleek- of zilvergroene bladeren zijn driehoekig of speervormig, soms gelobd.
KUSTPLANTEN	**SCHROEFPALM** *Pandanus-sp.*	• Tropische kusten, van Madagaskar tot zuidelijk Azië en eilanden in de zuidwestelijke Stille Oceaan.	• Boom tot 9 m hoog, gesteund door steltachtige luchtwortels. Smalle, gezaagde bladeren die spiraalsgewijs zijn gegroepeerd. De grote, ronde, knobbelige vrucht rijpt van groen naar oranje of rood.
KUSTPLANTEN	**LEPELBLAD** *Cochlearia-sp.*	• Zoutmoerassen en rotskusten van Noord-Amerika en het noorden van Europa en Azië.	• Kruipende plant, 10-40 cm hoog, met dikke, vlezige, donkergroene, hartvormige bladeren. Kleine, witte, viertallige bloemen.
KUSTPLANTEN	**STRANDBIET** *Beta vulgaris maritima*	• Zoutmoerassen, kiezelstranden en kliffen in Europa.	• Uitstaande plant tot 1 m hoog met glanzend groene stengels en bladeren, vaak rood dooraderd. Zeer kleine groene bloempjes in trossen aan de stengels.
KUSTPLANTEN	**ZEERAKET** *Cakile-sp.*	• Zandkusten in Noord-Amerika, Europa, Azië en Australië.	• Tot 40 cm hoog, met sterk gelobde, vlezige groene bladeren. Licht lavendelkleurige, viertallige bloemen.

universele eetbaarheidstest uit (blz. 206-207). Eet nooit wilde planten als je allergieën hebt, zwanger bent of onder doktersbehandeling staat. Zorg dat je de eetbare planten kent van het gebied waar je heen gaat en dat je weet wanneer je ze kunt verzamelen.

EETBAAR GEDEELTE	BEREIDING	GEVAREN	MEER INFO
▪ Alle delen	▪ Eet het wier rauw of droog het in de zon en maal het tot poeder (minder opslagruimte).		▪ Darmwier is een goede indicator voor zoetwaterplaatsen langs de kust, omdat het daar welig tiert.
▪ Bladeren	▪ Liefst gekookt, jonge bladeren eventueel rauw.	▪ Iodine kan in grote doseringen schadelijk zijn.	▪ Suikerwier (*L. saccharina*) smaakt zoet, zoals de naam al zegt, en kan gekookt of gebakken worden gegeten. Kelp is rijk aan iodine, dat in kleine hoeveelheden een goede gezondheid bevordert.
▪ Alle delen	▪ Koken en fijnmaken.		▪ In Wales maakt men wel cake van haver met roodwiermeel ('laverbread'). De Japanners produceren jaarlijks duizenden tonnen 'nori', ragfijne vellen gedroogd en bewerkt roodwier.
▪ Zaden (kokosnoten)	▪ Drink de melk vers. ▪ Eet het vruchtvlees rauw of zongedroogd.	▪ Rijpe kokosmelk verdunnen met water om het verteerbaar te maken. Laxerend, dus niet te veel drinken.	▪ Groene, onrijpe kokosnoten zijn een goede bron van water (zie blz. 190). Kokosmelk is rijk aan suikers en vitamines en bevat veel eiwit. Het vettige vruchtvlees is voedzaam.
▪ Stengels	▪ Stomen of koken.		▪ Zeekraal wordt ook wel als groente gegeten. Zeevenkel (*Crithmum maritimum*), dat op kliffen en rotskusten is te vinden, is niet verwant maar heeft eetbare, sappige bladeren.
▪ Bladeren	▪ Jonge bladeren kun je rauw eten, oudere bladeren eerst koken.		▪ *Atriplex*-soorten groeien op zilte grond. Niet alleen langs de kust, maar ook landinwaarts op de oever van alkalische meren en in woestijnen. Grijze zoutstruik (*A. cinerea*) is populair 'bushfood' in Australië.
▪ Vruchten	▪ Het vruchtvlees van rijpe vruchten is rauw te eten. Halfrijpe vruchten zijn eetbaar na twee uur bakken.	▪ De bladranden zijn bezet met kleine, doornachtige stekels die de huid kunnen beschadigen en irriteren.	▪ Onrijpe, groene vruchten zijn oneetbaar.
▪ Bladeren	▪ Eet de bladeren rauw of prak ze fijn met water.		▪ Het blad van lepelblad is rijk aan vitamine C; zeelieden aten het vroeger om scheurbuik te voorkomen. Week het eerst in water vanwege de bittere smaak. Goede vitaminebron in een survivalsituatie!
▪ Bladeren	▪ Eet ze rauw of gekookt.		▪ Strandbiet is de wilde voorouder van rode biet, suikerbiet en snijbiet.
▪ Bladeren ▪ Jonge peulen	▪ Bladeren en jonge peulen kun je rauw eten.		▪ Blad van zeeraket smaakt peperig. Een bepaalde *Cakile*-soort komt ook voor in sommige Arabische woestijnen.

KUSTPLANTEN

VOEDSEL UIT DE NATUUR

ALLE ZOOGDIEREN ZIJN EETBAAR maar sommige dieren mogen niet gedood worden omdat ze met uitsterven worden bedreigd. In de onderstaande lijst vind je zoogdieren die algemeen voorkomen in de betreffende gebieden en die niet gevaarlijk zijn, tenzij je ze verkeerd benadert of behandelt. Ga voordat je vertrekt alvast na welke dieren bejaagd

	NAAM	HABITAT	KENMERKEN
LUCHT	**VLEERMUIZEN** *Chiroptera*	• Overal ter wereld in gematigde en tropische streken.	• Vleermuizen zijn de enige zoogdieren die echt kunnen vliegen. De spanwijdte van de vleugels varieert van 15 cm tot 1,5 meter bij de *Megachiroptera* (vliegende honden).
GROND/HOLEN	**EEKHOORNS** *Sciurus*	• Noord- en Zuid-Amerika, Europa en in de gematigde streken van Azië.	• Kleine tot middelgrote knaagdieren met een opvallende pluimstaart.
GROND/HOLEN	**STEKELVARKENS** *Hystricomorpha*	• Noord- en Zuid-Amerika, Afrika en Eurazië.	• Grote knaagdieren, ovaal van vorm met grote stekels.
BOMEN/GROND	**HERTEN EN ANTILOPEN** *Bovidae en Cervidae*	• Noord- en Zuid-Amerika, Europa en Eurazië.	• Hoefdieren met lange poten en een cilindrisch gevormde romp. Mannelijke antilopen hebben twee blijvende hoorns, de vrouwtjes hebben een vertakt gewei dat ze elk jaar verliezen.
BOMEN/GROND	**CAVIA'S** *Cavia sp*	• In het noorden, midden en zuidoosten van Zuid-Amerika.	• Klein staartloos zoogdier met donkere, ruwharige vacht en korte pootjes.
BOMEN/GROND	**EGELS** *Erinaceinae*	• Inheems in Europa, Afrika en Azië; geïntroduceerd in Nieuw-Zeeland.	• Kleine insecteneter met korte pootjes en stekels op rug en flanken.
BOMEN/GROND	**KANGOEROES** *Macropus sp.*	• Australië.	• De grootste buideldieren (*marsupilami*): grote achterpoten, korte voorpoten en een lange, krachtige staart.
BOMEN/GROND	**HAZEN EN KONIJNEN** *Leporidae*	• Bijna overal ter wereld in elke omgeving, van toendra tot woestijnachtige gebieden.	• Kleine tot middelgrote planteneters met grote oren en kleine, ronde, behaarde staartjes. De vacht is doorgaans bruin of grijs. De poolhaas (Lepus articus) heeft 's winters een witte vacht met zwarte oorpunten.
GROND/WATER	**BEVERS** *Castor sp.*	• Noord-Amerika en noordwest-Eurazië.	• Grote knaagdieren die zowel op het land als in het water leven. Grove, bruine vacht, zwemvliezen tussen de tenen en een platte staart.
GROND/WATER	**RIETRATTEN** *Thryonomys sp.*	• Afrika, ten zuiden van de Sahara.	• Grote knaagdieren met ruwharige bruine vacht en lange, onbehaarde staart. De grote waterrat (*T. swinderianus*) leeft ook in het water.

mogen worden en welke niet, en zo ja in welk seizoen en of je een vergunning nodig hebt. Voor het zetten van vallen en het slachten zie blz. 216-223; recepten en bereidingsadviezen vind je op blz. 204-205.

OPSPOREN	GEVAREN	MEER INFO
▪ Nachtdieren. Overdag hangen ze in grotten en in bomen. In de gematigde streken houden ze een winterslaap.	▪ Vlijmscherp gebit. Sommige soorten brengen rabiës of andere ziektes over (blz. 300-301), dus kook ze langdurig. In Europa en delen van Noord-Amerika zijn vleermuizen een beschermde diersoort.	▪ Grote, plompe, fruitetende vleermuizen zoals de vliegende vos (*Pteropus giganteus*) gelden in tropische streken vaak als een lekkernij.
▪ Overdag in bomen en op de grond, waar ze jonge scheuten, noten en vogeleieren zoeken. Je vindt ze in alle soorten bossen.	▪ Scherpe tanden en klauwen.	▪ Vliegende eekhoorns (*Peromyini*) zijn nachtdieren die in bomen leven. Ze zweven meer van boom tot boom dan dat ze echt vliegen.
▪ Sommige Amerikaanse soorten klimmen in bomen, maar de meeste blijven altijd op de grond. Ze komen in vrijwel elke soort bos voor.	▪ Stekels met weerhaken (stekels verwijderen: zie blz. 266).	▪ Stekelvarkens bewegen zich langzaam voort en zijn dus gemakkelijk te doden met een puntige stok. Het vlees is vet, in tegenstelling tot het magere vlees van andere kleine zoogdieren.
▪ Antilopen komen het meest voor in savannes en moerasgebieden. Herten leven in bosgebieden en op de toendra's.	▪ Hoorns of gewei.	▪ Vooral actief bij zonsopgang en zonsondergang. Meestal leven ze in kuddes.
▪ Zoekt meestal 's morgens en 's avonds naar voedsel op ruig grasland in de bergen.	▪ Scherpe tanden.	▪ Cavia's lopen steeds lang dezelfde route. Als lokaas voor vallen kun je bladgroente gebruiken.
▪ Het woongebied varieert van bossen en struikgewas tot grasland en woestijnen. Egels gaan 's nachts op jacht naar wormen en insecten.	▪ Scherpe stekels. Egels zitten vaak vol parasieten, dus doe voorzichtig en kook ze langdurig.	▪ Bij de traditionele bereiding wordt de egel in klei verpakt en op gloeiende houtskool geroosterd.
▪ In savannes en parklandschappen, waar ze meestal 's nachts fourageren. In droge tijden vormen ze kuddes bij waterpoelen.	▪ Scherpe klauwen; trappende en slaande bewegingen.	▪ Niet in elke staat mag er op kangoeroes worden gejaagd. Waar dat wel mag, is een vergunning vereist.
▪ Konijnen leven in holen, meestal in kolonies. Ze fourageren bovengronds langs duidelijk zichtpare paden. Hazen leven bovengronds.	▪ Hazen en konijnen kunnen ziektes onder de leden hebben, dus kook ze langdurig. Het vlees is erg mager; eet het daarom altijd samen met groente (blz. 220).	▪ Bijna overal zijn hazen en konijnen gemakkelijk te vangen. Het geïmporteerde Europese konijn (*Oryctolagus cuniculus*) is in Australië een ware plaag geworden.
▪ Zoek in vijvers en meren met bouwwerken van takken en modder. Bevers komen 's nachts tevoorschijn om waterplanten te eten en aan bomen te knagen.	▪ Sterke, beitelvormige tanden. Op de Europese bever (*Castor fiber* Eurazië) mag in de meeste landen niet gejaagd worden.	▪ Bevers gebruiken steeds dezelfde wildpaden langs de oever. Ook de staart is voor consumptie geschikt.
▪ Foerageert 's nachts in het riet en in hoog gras op oevers en in moerassen. Komt ook voor in vochtige savannes en op rotsachtige heuvels.	▪ Scherp gebit	▪ Rietratten zijn voedzaam 'bushmeat' in West- en Centraal-Afrika. Gewone ratten ((*Rattus*) zijn eveneens eetbaar maar dragen ziektes over, dus wees voorzichtig.

VOEDSEL UIT DE NATUUR

ALLE VOGELSOORTEN zijn voor consumptie geschikt, maar sommige vogels, zoals de paradijsvogel, smaken afschuwelijk. De veren en de huid van de pitohui op Nieuw-Guinea zijn giftig. Sommige vogelsoorten worden met uitsterven bedreigd en zijn daarom wettelijk beschermd. Bij de vogels in de lijst hieronder is dat niet het geval. Zorg dat je van tevoren

NAAM	HABITAT	KENMERKEN
HOENDERVOGELS *Galliformes*	• Overal behalve op de Zuidpool.	• Plomp lichaam, kleine kop, afgeronde vleugels. Variërend van klein (kwartel, 50 gram) tot zeer groot (Wilde kalkoen, *Melagris galloparvo*, 10 kilo).
STRUISVOGEL *Struthio camelus*	• In een brede strook van oost naar west ten zuiden van de Sahara en in Zuid-Afrika.	• De grootste en zwaarste (tot 100 kilo!) vogel ter wereld. Lange nek en lange, krachtige poten; voeten met twee tenen. De mannetjes hebben zwarte en witte veren, de vrouwtjes zijn bruin gekleurd.
UILEN *Strigiformes*	• Overal ter wereld, behalve op Antarctica.	• Verticale zithouding en afgeplat aangezicht met grote, naar voren gerichte ogen. Sterke, gehoekte snavel en scherpe klauwen.
DUIVEN *Columbiformes*	• Overal ter wereld, behalve op Antarctica.	• Plomp lichaam met geprononceerde borst; kleine kop en snavel. Dicht aaneengesloten veren, meestal bruin of grijs, in de tropen ook met felle kleuren.
OOIEVAARS EN REIGERS *Ciconiiformes*	• Overal ter wereld, behalve in de poolstreken.	• Grote vogels met lange poten en lange, sterke snavels. Variërend in hoogte van 15 cm voor de kleine roerdomp tot 1,5 meter voor de grootste ooievaar.
GIEREN *Accipitridae* en *Cathartidae*	• Alle continenten, behalve Antarctica en Australazië.	• Grote aaseters met enorme vleugels, sterke poten met scherpe klauwen en een krachtige, gehoekte snavel. Op hoofd en nek groeien geen of weinig veren.
MEEUWEN EN WAADVOGELS *Charadriiformes*	• Overal ter wereld.	• Allerlei maten en vormen, maar bijna allemaal met onopvallend bruin, grijs, zwart of wit verenkleed. Waadvogels (ook wel 'kustvogels') zijn licht van gewicht en hebben lange poten. Meeuwen zijn compacter.
WATERVOGELS *Anseriformes*	• Overal, behalve op Antarctica.	• Plomp lichaam, krachtige vleugels, korte poten met zwemvliezen. Meestal een platte brede snavel. Eenden hebben doorgaans een korte nek, terwijl ganzen en zwanen juist een lange nek hebben.

VOGELS

weet op welke vogels er gejaagd mag worden en wanneer. In sommige landen is een jachtvergunning vereist. Voor het vangen en plukken van vogels zie blz. 226-229, voor het bereiden zie blz. 204-205.

OPSPOREN	GEVAREN	MEER INFO
• In vrijwel elke leefomgeving, van tropische oerwouden tot Arctische toendra's en zelfs op de hoogste bergen.	• Korte maar scherpe snavel en klauwen. Sommige soorten, bijvoorbeeld fazanten, hebben scherpe sporen aan hun poten.	• Bijna alle hoenderachtigen leven en nestelen op de grond. Ze overnachten vaak in bomen.
• Open vlaktes in woestijnachtig gebied en savannes; ook in parklandschappen.	• Kunnen hard lopen en harde trappen uitdelen. Struisvogels beschermen hun eieren en jongen bijzonder fel.	• De eieren zijn de grootste die er bestaan en wegen bijna anderhalve kilo. Struisvogels hebben gemeenschappelijke nesten met soms wel 40 eieren.
• In bijna elke leefomgeving, van open toendra's tot dicht beboste gebieden.	• Scherpe snavel en klauwen.	• De meeste soorten jagen 's nachts en slapen overdag in een boom. Ze nestelen in holle bomen, onder overhangende rotsen en soms in holen.
• In alle soorten bossen, van open boslandschap tot dicht tropisch regenwoud; op grasvlaktes en in woestijnachtige gebieden.		• Duiven foerageren vaak in groepen op de grond of in bomen, waar ze ook slapen. Als je ze voorzichtig benadert, kun je ze met je handen van hun nest pakken.
• Overal waar zoet water is: rivieren, meren, moerassen, mangrovegebieden, lagunes, poelen etc.	• Scherpe snavel.	• Foerageren doorgaans solitair aan de waterkant, maar nestelen vaak bij elkaar in een boom.
• Open gebieden zoals bergen, vlaktes, woestijnen en savannes.	• Scherpe bek en klauwen. Zo weinig mogelijk aanraken i.v.m. parasieten en infectiegevaar. Kook het vlees minstens 30 minuten.	• Gieren en andere aaseters zoals kraaien (*Corvus*-sp.) en meeuwen (hieronder) kun je vangen in vallen met vlees.
• Toendra's en allerlei natte gebieden en kuststreken, met name getijdengebieden, strand- en rotskusten.	• Scherpe snavel. Meeuwen en sternen verdedigen hun nest bijzonder fel.	• De meeste soorten nestelen op de grond of op rotsrichels, waar ze gemiddeld 4 goed gecamoufleerde eieren leggen. Vaak nestelen ze in grote groepen bij elkaar.
• Noordelijke toendra's, drassige gebieden, rivieren en meren. Eenden en zwanen foerageren meestal in het water, ganzen grazen op het land.	• Ganzen en zwanen kunnen erg agressief zijn, vooral in het broedseizoen. Gefokte knobbelzwanen (*Cygnus olor*) kunnen wel 12 kilo wegen.	• Veel soorten die in het poolgebied broeden, overwinteren in meer zuidelijke streken. In het najaar komen ze in de rui, waardoor ze een paar weken niet kunnen vliegen en dus gemakkelijk te vangen zijn.

VOEDSEL UIT DE NATUUR

SOMMIGE REPTIELEN en amfibieën worden met uitsterven bedreigd en zijn daarom wettelijk beschermd; de dieren uit de lijst hieronder komen algemeen voor in hun leefgebieden en zijn niet giftig. Zorg dat je voor je vertrekt voldoende weet over de amfibieën en reptielen in het gebied waar je heen gaat. Vaak is een jachtakte of een vergunning

	NAAM	HABITAT	KENMERKEN
KIKKERS	**AFRIKAANSE KLAUWKIKKER** *Xenopus sp.*	• Inheems in Afrika ten zuiden van de Sahara, geïntroduceerd in Noord-Amerika, Zuid-Amerika en Europa.	• Plat, 6-13 cm, bruin lichaam met witte gestreepte lijn over de flanken. Gespierde poten met klauwen.
	AMERIKAANSE BRULKIKKER *Rana catesbeiana*	• Inheems in Noord-Amerika, geïntroduceerd in Europa en Azië.	• Groen, met bruine vlekken aan de bovenkant en witte vlekken op buik en keel. 9-20 cm. Lange poten en grote trommelvliezen.
	ZUID-AMERIKAANSE BRULKIKKER *Leptodactylus pentadactylus*	• Centraal-Afrika en het noorden van Zuid-Afrika.	• Zachtgeel en bleekbruin lichaam met donkere aftekening; 8-22 cm lang.
SCHILDPADDEN	**AFRIKAANSE MOERAS-SCHILDPAD** *Pelomedusa subrufa*	• Afrika, ten zuiden van de Sahara.	• Afgeplat bruin schild; 20-32 cm lang.
	MALEISISCHE DOORN-SCHILDPAD *Cyclemus dentata*	• Zuidoost Azië.	• Ovaal schild, licht tot donkerbruin, 15-24 cm. Achterzijde gekarteld. Roodbruine kop en poten.
	AMERIKAANSE SIERSCHILDPAD *Chrysemys picta*	• Zuid-Canada, VS en het noorden van Mexico.	• Afgeplat glad schild, 15-25 cm lang. Bovenkant bruin, onderkant geel, soms getekend. Rode of gele strepen op de nek.
SLANGEN	**TAPIJTPYTHON** *Morelia spilota*	• Indonesië, Nieuw Guinea en Australië.	• Vele ondersoorten, allemaal met opvallende bruine, roodbruine, grijze of zwarte tekening. Gemiddeld 2 meter lang, maar soms ook wel het dubbele.
	BOA *Boa constrictor*	• Midden-Amerika, Zuid-Amerika en sommige Caribische eilanden.	• Meerdere ondersoorten, met allemaal de karakteristieke zadeltekening op de rug en donkere strepen achter de ogen. Smalle, puntige kop.
	AFRIKAANSE EIERETENDE SLANG *Dasypeltis scabra*	• Afrika, ten zuiden van de Sahara.	• Roodbruin of grijs lichaam met zigzagtekening. Slank met bolle kop. 70-100 cm lang.
	RATTENSLANG *Elaphe obsoleta*	• Zuid-Canada en het midden en oosten van de VS.	• De kleuren van de diverse ondersoorten variëren van helder oranjegeel tot lichtbruin met donkere vlekken. Lengte 12-18 cm. Langwerpige kop met ronde snuit.
HAGEDISSEN	**LEVENDBARENDE HAGEDIS** *Zootoca vivipara*	• Europa tot aan de poolcirkel, Centraal-Azië en verder oostwaarts tot in Japan.	• Lichaam meestal olijfbruin, soms zwart. Bij de mannetjes is de buik felgeel of oranje, bij de vrouwtjes wit of crèmekleurig. Lengte 10-18 cm.
	GROENE LEGUAAN *Iguana iguana*	• Midden-Amerika en het noorden van Zuid-Amerika.	• Groen of grijsachtig, 1-2 meter lang, inclusief de gestreepte staart. Lange, krachtige poten waarmee ze in bomen klimmen. Volwassen exemplaren hebben grote halskwab, vooral mannetjes.
	KOLONISTENAGAME *Agama agama*	• West-, Centraal- en Oost-Afrika.	• Volwassen mannetjes krijgen in de zon opvallende kleur: het lichaam wordt blauw of turkoois en de kop kleurt oranjerood. Vrouwtjes en jonge mannetjes blijven grijs. Lengte 30-40 cm.
	WESTELIJKE HAAGLEGUAAN *Sceloporus occidentalis*	• Zuidwesten van de VS en noordwest-Mexico.	• Bruin lichaam met scherpe, opstaande stekels. Vooral bij de mannetjes opvallende blauwe verkleuringen op de buikzijde. Lengte 15-23 cm.

verplicht. Op blz. 218 vind je een aantal vangmethodes en op blz. 224 kun je lezen hoe je ze panklaar maakt. Vang geen felgekleurde tropische kikkers, want die zijn vaak erg giftig. Eet ook geen doosschildpadden (*terrapene carolina*); ze eten giftige paddenstoelen waardoor hun vlees ook giftig is.

OPSPOREN	SOORTGENOTEN	MEER INFO
▪ Waterrijke gebieden, waterpoelen in de savannes en in tropische/subtropische wouden.		▪ Ook bekend onder de naam reuzenklauw-kikker.
▪ Waterrijke gebieden.	▪ Alle kikkers van het geslacht *Rana* zijn eetbaar, dus alle Amerikaanse kikkers en de groene Europese kikker (*R. temporaria*).	▪ Poten van Amerikaanse brulkikker hebben het formaat van kippenbouten. Kikkers in de gematigde streken houden een winterslaap.
▪ Jungle en tropisch regenwoud.		▪ Nachtdier. Als je hem oppakt, begint de kikker hard te brullen om zijn belager af te schrikken.
▪ Waterpoelen en regenplassen in open gebied.		▪ In het regenseizoen trekt deze schildpad naar waterpoelen om te foerageren. In het droge jaargetijde graaft hij zich in de modder in.
▪ Ondiep water in laagland of berggebied.		▪ Erg actief, zowel op het land als in het water.
▪ Vijvers, meren en langzaam stromende rivieren.		▪ Overdag actief. Vaak kruipen ze bij elkaar op een drijvend stuk hout om van de zon te genieten.
▪ Allerlei omgevingen.		▪ De ruitpython zoals hij ook wel wordt genoemd is niet giftig, maar kan lelijk bijten. Meest voorkomende slang in Australië.
▪ Allerlei omgevingen, van droge savanne tot tropisch regenwoud.	▪ Een van de vele soorten boa's is de Groene Anaconda (*Eunectus murinus*), de grootste slang ter wereld.	▪ De boa verstikt zijn prooi door zich eromheen te wikkelen. Val geen volwassen boa's aan: ze kunnen meer dan 4 meter lang zijn.
▪ Woestijnomgeving en open gebieden.		▪ Deze tandeloze slang gaat 's nachts op zoek naar eieren van broedende vogels. Buiten broedseizoen neemt hij geen voedsel tot zich.
▪ Rotsachtige heuvels met open boslandschap.	▪ Tot de rattenslangen behoort ook de felgekleurde korenslang (*E.guttata*), die ook in Europa voorkomt.	▪ Net als de boa (hierboven) doden alle rattenslangen hun prooi door verwurging.
▪ Allerlei omgevingen.		▪ Pak de hagedis niet bij zijn staart. De staart breekt nl. af en groeit later weer aan, zoals bij alle hagedissen.
▪ Tropisch bos en regenwouden.		▪ Verdedigt zich met zijn staart en scherpe klauwen.
▪ Open landschap.		▪ Agamen kunnen hun staart afschudden en weer aan laten groeien.
▪ Op rotsen en andere hooggelegen plekken tussen de dennenbomen en in bossen in de gematigde streken.	▪ De Oostelijke Haagleguaan (*S. undulatus*) komt algemeen voor in het zuidoosten van de VS en Noordoost -Mexico.	▪ Haagleguanen kunnen hun staart afschudden en weer aan laten groeien.

VOEDSEL UIT DE NATUUR

VERDIEP JE BIJ DE VOORBEREIDING van je expeditie alvast in de vissoorten van de omgeving waar je naartoe gaat en de manier waarop je ze het beste kunt vangen (blz. 208-209). Ook moet je weten in welke periode je ze kunt vangen en welke technieken daarvoor het beste zijn in een survivalsituatie. In veel landen moet je een vergunning hebben

NAAM	VERSPREIDINGSGEBIED	KENMERKEN
BARRAMUNDI *Lates calcarifer*	• In het oosten en westen van de Indische Oceaan en het westen en noordwesten van de Stille Oceaan.	• Tot 2 meter lang, ronde staartvin. Donkergroen/grijs op de rug, naar de buik toe overgaand in zilverkleurig.
BRASEM *Abramis brama*	• Van Europa tot Centraal-Afrika	• Bronskleurig, tot 82 cm lang. Diep, smal lichaam met diep ingesneden gevorkte staart.
EUROPESE KARPER *Cyprinus carpio*	• Inheems in Europa en Azië, geïntroduceerd in Noord-Amerika en Australië.	• Tot 1,5 meter lang, donker goudkleurige rug, overgaand in zilverwitte buik.
TARBOT *Psetta maxima*	• Noordoostelijk gedeelte van de Atlantische Oceaan, van de poolcirkel tot aan de Middellandse Zee.	• Platvis, bijna cirkelvormig, tot 1 meter lang. Zandkleurig met donkerbruine of zwarte vlekken op de rugzijde.
NIJLBAARS *Lates niloticus*	• Noord-, Oost- en Centraal Afrika.	• Tot bijna 2 meter lang; ronde staartvin. Donkere, grijsblauwe rug, overgaand in zilverwitte buikzijde.
STEUR *Scardinius erythrophthalmus*	• Europa en Azië.	• Tot 45 cm lang; diep ingesneden gevorkte staart. Donkergroene rug, zilverwitte buikzijde. Rode rug-, borst- en staartvinnen.
ATLANTISCHE ZALM *Salmo salar*	• Noordelijke zeeën plus rivieren die daarin uitmonden. Geïntroduceerd in Argentinië en Austraal-Azië.	• Tot 1,5 meter lang; krachtig, blauwgrijs tot zilverkleurig gestroomlijnd lichaam.
TARPON *Megalops atlanticus*	• Westelijk en oostelijk deel van de Atlantische Oceaan, Golf van Mexico en het Caribische gebied.	• Tot 2,5 meter lang; diep ingesneden gevorkte staart. Fel zilverkleurig lichaam met grote, harde schubben.
ZEELT *Tinca tinca*	• Europa en Azië, geïntroduceerd in Noord-Amerika.	• Olijfgroene rug, goudkleurige buikzijde; rechthoekige staartvin. Kleine voelharen bij de mondhoeken. Gemiddelde lengte 70 cm.
ZOETWATERFOREL EN ZALMFOREL *Salmo trutta*	• Overal in de gematigde streken.	• Gestroomlijnd lichaam, gemiddeld 1 meter lang. De bruine zoetwaterforel is bruin van kleur met opvallende zwarte en rode stippen. De zoutwaterforel is zilverblauw met zwarte stippen.

VISSEN

om te mogen vissen, en sommige vissen mogen alleen in een bepaald seizoen gevangen worden. Informeer ter plekke bij de plaatselijke bevolking of de vis eetbaar is – sommige rivieren en meren kunnen erg vervuild zijn. Voor het bereiden van vis zie blz. 212-213.

OPSPOREN	SOORTGELIJKE VISSEN	MEER INFO
▪ Tropische riviermondingen met weinig stroming, tussen mangrovewortels en rotsachtige uitsteeksels.		▪ Pas op met de scherpe rugvin.
▪ Op de bodem van stilstaand of langzaam stromend water. Algemeen voorkomend in plassen, meren en rivieren. Zwemmen in scholen.	▪ Kolblei (*Blicca bjoerkna*) en Donaubrasem (*Abramis sapa*).	
▪ Stilstaand en langzaam stromend water, vaak tussen de begroeiing bij oevers van meren en plassen.	▪ Veel voorkomende variëteiten van de Europese karper zijn de wilde karper, de spiegelkarper en de schubkarper.	
▪ Op zanderige en rotsachtige ondergrond in ondiep water langs de kust en in gebieden met brak water.	▪ Andere platvissen (*pleuronectiformes*) in ondiep water zijn schol, bot en tong.	
▪ Meren en grote rivieren.	▪ Alle andere soorten baarzen (*Perciformes*).	▪ Pas op met de scherpe rugvin en het gebit (de nijlbaars is een carnivoor). Ze kunnen wel 200 kilo wegen.
▪ Stilstaand en langzaam stromend water, vaak bij oevers van meren en moerassen.	▪ Voorn (*Rutilis rutilis*).	
▪ Koude snelstromende rivieren en kustwateren.	▪ Regenboogforel (*Oncorhynchus*-sp.).	▪ Zalmen keren terug naar hun geboorterivier om kuit te schieten. Deze zalmtrek vindt plaats in het najaar; het kuitschieten gebeurt tussen november en januari.
▪ Stroomgebieden van rivieren, lagunes, getijdengebieden en mangrovemoerassen. Fourageren in scholen.	▪ De Indopacifische tarpon (*M. cyprinoides*) is kleiner en minder talrijk.	▪ Moeilijk aan de haak te slaan door zijn harde, beenachtige bek en zware gewicht tot wel 160 kg.
▪ Stilstaand en langzaam stromend water van plassen, meren en rivieren. Het beste tijdstip om ze te vangen is bij zonsopgang, op plekken met veel begroeiing.		
▪ Rivieren, beken, meren en kustwateren.	▪ Regenboogforel (*Oncorhynchus mykiss*), Cohozalm (*O. Clark*).	▪ Zeeforellen schieten in het najaar kuit in rivieren. Pas bij het eten van zeeforel op voor de kleine, scherpe botjes.

VOEDSEL UIT DE NATUUR

SOMMIGE ONGEWERVELDE DIEREN worden met uitsterven bedreigd en zijn daarom wettelijk beschermd. Bij de dieren uit deze lijst is dat niet het geval. Zorg dat je voordat je vertrekt voldoende kennis hebt van de ongewervelde dieren in het gebied waar je heen gaat en dat je weet hoe je ze kunt bemachtigen (voor vangtechnieken in survivalsituaties zie

	NAAM	LEEFGEBIED	KENMERKEN
SCHAALDIEREN	**MOSSEL** *Mytilus edulis*	• Getijdengebieden van riviermondingen en kusten van de Altantische Oceaan (noordelijk en zuidoostelijk deel) en de Stille Oceaan (noordoostelijk en zuidwestelijk deel).	• Tweekleppig weekdier met donkere schaal, tot 15 cm lang.
SCHAALDIEREN	**AFRIKAANSE REUZENSLAK** *Achatina*-sp.	• Subtropische en tropische streken van Afrika, geïmporteerd in delen van Azië.	• Grote landslak, tot 30 cm lang in uitgestrekte positie en 10 cm breed. Spiraalvormig, taps toelopend slakkenhuis, bruin van kleur met donkere strepen.
INSECTEN	**SPRINKHANEN** *Acrididae*	• Overal ter wereld, op planten en op de grond.	• Gevleugeld insect met krachtige achterpoten, 1-8 cm lang; schutkleuren en camouflagetekening.
INSECTEN	**VOORRAADMIER/ HONINGMIER** *Myrmecocystus*-sp.	• Matig droge en droge gebieden in het zuidwesten van de VS, Mexico, Afrika en Australië.	• Gesegmenteerd lichaam met dunne taille, 6 poten en 2 voelsprieten. Diverse kleuren en afmetingen, van 2-12 mm. Het achterlichaam van de larven kan opzwellen tot de grootte van een sinaasappel.
INSECTEN	**WITCHETTYMADE** *Endoxyla leucomochla*	• De Witchettymade leeft ondergronds in de wortels van de Witchettyboom (*Acacea kempeana*) in het binnenland van Australië.	• Deze larve van de cossidemot wordt ca. 7 cm lang en is wit van kleur met een bruine kop.
GELEEDPOTIGE DIEREN	**RIVIERKREEFTEN/ZOET-WATERKREEFTEN/ YABBIES/KOURAS** *Astaclidea*	• Overal ter wereld in rivieren en beken.	• Gesegmenteerd lichaam; zandkleurig, groen, donkerbruin of grijsblauw. Tien poten, de voorste twee met grote scharen. Gemiddelde lengte 8 cm, maar sommige soorten zijn veel groter.
GELEEDPOTIGE DIEREN	**PISSEBEDDEN** *Oniscidea* en *Armadillidiidae*	• Algemeen voorkomend in vochtige microklimaten zoals rottend hout en composterend blad.	• Plat, geleed lichaam, tot 2 cm lang. Grijs, lichtbruin of zwart van kleur. Pissebedden rollen zich op tot een balletje wanneer je ze aanraakt.
WORMEN	**REGENWORM** *Lumbricus terrestris*	• Oorspronkelijk in de gematigde streken van Europa, thans vrijwel overal.	• Roodachtige worm, tot 35 cm lang.

blz. 219). In de meeste landen is een jachtakte of vergunning verplicht; sommige schaaldieren mag je alleen in een bepaald seizoen vangen. Informeer bij de lokale bevolking of je ze veilig kunt opeten in verband met eventuele watervervuiling. Op blz. 224-225 vind je de bereidingswijze en een aantal recepten.

SOORTGELIJKE ONGEWERVELDE DIEREN	GEVAREN	MEER INFO
▪ De meeste tweekleppige en eenkleppige weekdieren zijn eetbaar en erg gezond, zowel uit zoet water als uit zeewater.	▪ Eet geen zoutwatermosselen die bij vloed niet onder water komen. De zwarte mossel (*Musculus Niger*) uit de Poolzeeën kan het hele jaar door giftig zijn. Mosselen uit tropische wateren zijn 's zomers giftig.	▪ Gezonde tweekleppige weekdieren sluiten hun schelp als je er op tikt en gaan open als je ze kookt. Eenkleppige weekdieren zoals zeeslakken zijn gezond als ze moeilijk loslaten van de rots waarop ze leven.
▪ De meeste landslakken en zoetwaterslakken zijn eetbaar. Alikruiken (*Littorinia littorea*) komen alleen in zee voor, maar zijn eveneens eetbaar.	▪ Eet geen landslakken met een felgekleurd huis en alleen zeeslakken die je met absolute zekerheid positief kunt identificeren. De meeste zeeslakken zijn giftig!	▪ Geef slakken 24 uur voordat je ze gaat eten groene bladeren om hun darmen te reinigen. Kook ze daarna minstens 10 min.
▪ De meeste krekelsoorten (*Gryllidae*) en ook sabelsprinkhanen (*Tettigoniidae*) zijn eetbaar.	▪ Felgekleurde sprinkhanen zijn meestal giftig.	▪ Verwijder de voelsprieten, vleugels en sporen en rooster ze om eventuele parasieten te doden.
▪ De meeste soorten zijn eetbaar, maar je moet ze wel voorzichtig verzamelen. De larven van de bosmier (*Formica* sp.) uit de noordelijke streken vormen een voedzame maaltijd. ▪ Het achterlichaam van de groene mier (*Oecophylla smaragdina*) uit Australië en Zuidoost-Azië smaakt naar citroenijs. Termieten (*Isoptera*) zijn eveneens eetbaar. Op blz. 219 staat hoe je ze moet vangen.	▪ De meeste mierensoorten verdedigen hun nest bijzonder fel. Ze kunnen venijnig bijten, waarbij ze mierenzuur in de wond injecteren. Het opgezwollen achterlichaam van de larven is bijzonder voedzaam.	▪ De larven bevinden zich diep in het ondergrondse nest, dus je zult ze moeten uitgraven.
▪ De benaming 'Witchettymade' wordt ook gebruikt voor de larven van andere cossidemotten, wortelboorders (*Hepialidae*) en boktorren (*Cerambycidae*). Larven van de palmsnuitkever (*Rhynchoporus*) uit Zuidoost-Azië zijn eveneens eetbaar. De kever legt zijn eieren in de stam van de sagopalm.	▪ Eet geen maden die er afwijkend uitzien, dood zijn of vies ruiken. Ook maden die de huid irriteren als je ze oppakt kun je beter niet consumeren.	▪ Maden kun je rauw eten of even kort roosteren op houtskool.
▪ Tienpotige zeedieren als krabben, zeekreeften en garnalen zijn eveneens eetbaar.	▪ Kreeften hebben vaak parasieten, dus kook ze langdurig.	▪ In leven laten tot je ze gaat bereiden (zie blz. 225).
		▪ Kook ze of bak ze heel even. Als je ze kookt, krijgen ze de kleur van garnalen.
▪ Alle regenwormen zijn eetbaar.		▪ De regenworm is de enige worm die bovengronds eet. Hij is daardoor gemakkelijker te vangen dan andere wormen.

GEVAREN VAN DE NATUUR

INFORMATIE OVER GROTERE WILDE DIEREN zoals beren, leeuwen en haaien en over gevaarlijke gifslangen vind je op blz. 242-243. Bij je voorbereiding moet je alvast nagaan welke gevaarlijke dieren er voorkomen in het gebied waar je heen gaat, wat het gevaar precies is en hoe je het kunt vermijden. Bij beten van giftige dieren moet je onmiddellijk een alarmdienst bellen; voor verdere informatie over de behandeling van beten en steken zie blz.

	NAAM	LEEFGEBIED	KENMERKEN
ZOOGDIEREN	**VAMPIER-VLEERMUIZEN** *Desmodontinae*	▪ Regenwouden, woestijnen en grasland van Mexico tot het noorden en midden van Zuid-Amerika.	▪ Kleine vleermuis, lichaamslengte 7-9 cm, spanwijdte 35-40 cm. Donkergrijs tot bruinachtig behaard, aan de buikzijde lichter van kleur. Vlijmscherpe hoektanden.
ZOOGDIEREN	**RATTEN** *Rattus-sp.*	▪ Overal ter wereld, behalve op de polen.	▪ Knaagdier, vanaf 12 cm lang met een lange, onbehaarde staart. Ruwharige vacht, bruin, grijsbruin of zwart; lichtere buikzijde. Roze voeten.
SLANGEN	**GIFSPUWENDE COBRA EN RINGHALSCOBRA'S** *Naja-sp.* en *Hemachatus haemachatus*	▪ Warme gematigde, subtropische en tropische gebieden in Afrika en Azië.	▪ Lichtbruine tot zwarte slangen, tot 2 meter lang. Als ze zich bedreigd voelen, richten ze zich op en spreiden de huidplooien bij de nek, waardoor de gestreepte tekening zichtbaar wordt.
VISSEN	**SIDDERAAL** *Electrophorus electricus*	▪ In de stroomgebieden van de Amazone en de Orinoco in Zuid-Amerika, meestal in ondiep water.	▪ Geen echte aal, maar een aalachtige vissoort. Lengte tot 2,5 meter, omvang als van een menselijk bovenbeen. Doorlopende vin over de volle lengte van de rug.
VISSEN	**STEENVIS** *Synanceia verrucosa*	▪ In tropische kustwateren van de noordelijke Indische Oceaan en het zuidwesten van de Stille Oceaan.	▪ Deze tot 40 cm lange, plompe vis kan de kleur aannemen van de ondergrond waarop hij ligt te wachten op langskomende prooi. De borstvin heeft giftige stekels.
OVERIGE DIEREN	**DOOSKWALLEN/ ZEEWESPEN** *Cubomedusae*	▪ Aan de oppervlakte van tropische wateren, met name in het zuidwesten van de Stille Oceaan en het oosten van de Indische Oceaan.	▪ Doosvormige, doorzichtige kwallensoort, diameter tot 25 cm. Tot 15 lange tentakels met gifcellen.
OVERIGE DIEREN	**DUIZENDPOTEN** *Chilopoda*	▪ In de bodem, tussen vergane bladeren, in scheuren en spleten in gematigde, subtropische en tropische gebieden in de hele wereld.	▪ Langwerpig plat lichaam met minstens 16 segmenten. Elk segment heeft minimaal 1 paar poten. Tropische exemplaren hebben felle kleuren (geel, rood, oranje of groen) met donkere strepen. De grootste duizendpoten (*Scolpendra gigantea*) zijn 30 cm lang.
OVERIGE DIEREN	**KEGELSLAKKEN/ KIEUWSLAKKEN** *Conidae*	▪ In getijdengebieden en op koraalriffen in warme gematigde, subtropische en tropische streken over de hele wereld.	▪ Heldere kleuren en tekening, kegelvormig slakkenhuis, tot 23 cm lang. Deze vleesetende slakken hebben een soort harpoen in hun mond waarmee ze hun prooi verschalken.

WILDE DIEREN

266-267. Als iemand bewusteloos raakt, houd dan zijn luchtwegen open en controleer zijn ademhaling (blz. 276). Houd je gereed om het slachtoffer te reanimeren (blz. 277). Gebruik bij mond-op-mondbeademing een plastic gezichtsmasker of een gezichtsbeschermer als je die bij je hebt.

GEVAREN	BEHANDELING	CONFRONTATIES VERMIJDEN
• De vampiervleermuis besmet via zijn speeksel veel zoogdieren met het rabiësvirus omdat hij na de beet het bloed uit de wond oplikt. Symptomen zijn koorts, hoofdpijn, angst (vooral voor water) en epileptische aanvallen.	• Als je bent gebeten door een vleermuis of een ander dier dat met rabiës besmet kan zijn, maak de wond dan grondig schoon en zoek medische hulp. De symptomen treden doorgaans pas 2-8 weken na de besmetting op en dan is het vaak al te laat.	• Vampiervleermuizen slapen overdag in holle bomen en grotten en gaan 's nachts op jacht. Gebruik geen vleermuisgrot als shelter: de uitwerpselen veroorzaken ademhalingsproblemen. Slaap met muskietennet. Laat je preventief vaccineren als je naar een risicogebied gaat.
• Gastheer van parasieten en overbrenger van infectieziekten, bijvoorbeeld leptospirosis (ziekte van Weil, via de urine).	• Als je in aanraking bent geweest met water waar ratten in leven en griepachtige symptomen voelt opkomen (koorts, hoofdpijn, spierpijn), moet je zo snel mogelijk je bloed laten onderzoeken. In een vroeg stadium kunnen antibiotica afdoende zijn.	• Pas op voor zijn tanden en klauwen en was je handen achteraf grondig. Kook het vlees lang. Wondjes die in aanraking zijn gekomen met water waar ratten in voorkomen schoonspoelen met gekookt water en zeep.
• Spuiten via hun tanden een straal gif naar de ogen van de agressor. Het gif veroorzaakt pijn, tranende ogen, scheelzien, tijdelijke blindheid en opgezwollen oogleden. Als er hoornvliesontsteking optreedt, kun je voorgoed blind worden.	• Roep professionele hulp in. Spoel je ogen gedurende 10 minuten met water en behandel ze daarna met antibiotische oogzalf.	• Stuit je onverwachts op een spuwende cobra, blijf dan onbeweeglijk staan en geef het dier de gelegenheid om weg te komen (zie blz. 243).
• Kan elektrische schokken tot 600 volt produceren, waarmee hij jaagt en zich verdedigt. Als hij dood is, kan er nog 8 uur een voor mensen dodelijke elektrische ontlading plaatsvinden.	• Roep professionele hulp in. Raakt het slachtoffer bewusteloos, maak dan de luchtwegen vrij en controleer de ademhaling (blz. 276). Bereid je voor op reanimatie (blz. 277).	• Draag laarzen als je een bijrivier oversteekt en pas op als je je in deze rivieren wast, want er zitten ook piranha's (*Serrasalminae*) in het water, met vlijmscherpe tanden!
• Giftigste vis ter wereld. Als je op hem gaat staan, injecteren de stekels gif in je huid. De steek is erg pijnlijk en kan dodelijk zijn. Het getroffen lichaamsdeel zwelt op en de spieren kunnen verlamd raken.	• Roep professionele hulp in, want er bestaat een antivirus. Pak het getroffen lichaamsdeel niet strak in, maar dompel het minstens een halfuur in zo heet mogelijk water (blz. 267). Sta klaar om te reanimeren mocht het slachtoffer het bewustzijn verliezen (blz. 276-277).	• Trek schoenen of laarzen aan als je in ondiep water loopt. Pietermannen (*Trachinidae*) en Schorpioenvissen (*Scorpaenidae*) hebben eveneens giftige stekels. De behandeling is hetzelfde.
• De gifcellen doorboren de huid, wat bijzonder pijnlijk is en blijvende littekens kan achterlaten. De steek van de zeewesp (*Chironex fleckeri*) kan binnen enkele minuten een dodelijke hartstilstand veroorzaken.	• Roep professionele hulp in, want er bestaat een antivirus. Spoel de wond gedurende een halve minuut met azijn of zeewater om de gifcellen te neutraliseren (blz. 267). Sta klaar om het slachtoffer te reanimeren als hij het bewustzijn verliest (blz. 276-277).	• Raak nooit kwallen aan, ook geen dode. Alle kwallen, zeeanemonen, koralen en zgn. Portugese Oorlogsschepen (reuzenkwal, *physalia physalis*) hebben cellen die gif spuiten bij aanraking. Ze zijn niet allemaal even giftig.
• Op de kop zitten 2 grote gifklauwen, die bij sommige soorten gevaarlijk zijn voor mensen. De steek is erg pijnlijk en veroorzaakt zwellingen, soms ook een anafylactische shock.	• Roep professionele hulp in. Druk minstens 10 minuten een koud kompres op de wond om de pijn en de zwelling tegen te gaan. Houd rekening met een anafylactische shock (blz. 274) en met reanimatie (blz. 277).	• Als vuistregel geldt dat je alle duizendpoten moet vermijden. Zit er een op je lichaam, veeg hem dan kalm weg in de richting waarin hij loopt.
• Verdedigt zich met zijn harpoen als je hem aanraakt. De steek is vaak pijnlijk, bij grote tropische soorten soms dodelijk. Symptomen zijn zwellingen en verlammingsverschijnselen, soms gevolgd door ademhalingsproblemen.	• Roep professionele hulp in en behandel de steek als een slangenbeet (blz. 266). Let op shocksymptomen (blz. 274) en sta klaar om te reanimeren (blz. 277).	• Pak geen kegelslakken op uit rotspoelen of wanneer je snorkelt of duikt. Een tegengif is niet bekend; de behandeling bestaat uit intensieve verzorging tot het gif is uitgewerkt.

GEVAREN VAN DE NATUUR

ALLEEN AL BIJ HET VERMOEDEN van een spinnenbeet of schorpioensteek moet je onmiddellijk de dichtstbijzijnde nooddienst waarschuwen. Zie verder ook blz. 266-267 voor het behandelen van beten en steken. Als het slachtoffer het bewustzijn verliest, controleer dan zijn ademhaling (blz. 276). Sta klaar om te reanimeren (hartmassage en mond-op-mond-

	NAAM	LEEFGEBIED	KENMERKEN
INSECTEN	**BIJEN, WESPEN EN HORZELS** *Hymenoptera*	• Overal ter wereld, behalve op volle zee.	• Getailleerd lichaam, vaak geel-zwart gestreept. Bijen zijn harig, wespen en horzels niet. Maximale lengte 3,5 cm. Bijen hebben angels met weerhaken, wespen en horzels hebben gladde angels.
INSECTEN	**STEEKMUGGEN** *Culicidae*	• In allerlei omgevingen waar ook water in de buurt is, vooral in warme streken.	• Smal lichaam met lange, ranke poten. Tot 2 cm lang. De mond van vrouwelijke exemplaren lijkt op een injectienaald, waarmee ze de huid doorboren.
SPINNEN	**VIOOLSPIN** *Loxosceles reclusa*	• Vanaf de zuidelijke staten in het middenwesten van de VS tot aan de Golf van Mexico.	• Kleine bruine spin, 1,5 cm lang, met een opvallende donkere tekening op zijn achterhoofd in de vorm van een viool.
SPINNEN	**VOGELSPINNEN** *Atrax robustus* en *Hadronyche*-sp.	• Vochtige, koele, beschutte gebieden in Oost- en Zuid-Australië.	• Grote spinnen, tot 4,5 cm lang; glanzend donkerbruin of zwart lichaam op korte poten.
SPINNEN	**VOGELSPINNEN** *Theraphosidae*	• Woestijnen en bossen in subtropische en tropische gebieden over de hele wereld.	• Zeer grote spinnen, bovenlichaam tot 12 cm lang, spanwijdte van de poten tot 28 cm. Lichaam en poten zijn overdekt met borstelig haar. Lichtbruin tot zwart van kleur met roze, rode, bruine of zwarte tekening.
SPINNEN	**WEDUWEN (KOGELSPINNEN)** *Latrodectus* spp.	• Warme gematigde, subtropische en tropische gebieden.	• Kleine spinnen met een donker, glanzend lichaam en opvallende rode, gele of witte tekening op het achterlijf in de vorm van een zandloper.
SPINNEN	**SCHORPIOENEN** *Scorpiones*	• Woestijnen, grasland, bosgebieden en oerwouden in warme gematigde, subtropische en tropische gebieden over de hele wereld.	• Gesegmenteerd lichaam met grijpscharen en een staart met een gifstekel. Geel, bruin of zwart, 8-20 cm lang, afhankelijk van de soort.
SPINNEN	**TEKEN** *Ixodidae*	• Grasland en bosachtig gebied, overal ter wereld.	• Afgerond lichaam zonder uitsteeksels. Geel tot roodbruin en zwartbruin, tot 1 cm lang. Ze zwellen op als ze zich voeden: met hun scherpe kaken bijten ze zich vast in de huid van warmbloedige dieren om vervolgens het bloed op te zuigen.

beademing, blz. 277). Als je het slachtoffer beademt en er zit gif op zijn of haar gezicht, doe dan een plastic gezichtsmasker voor of een gezichtsbeschermer. Het is verstandig om je al vóór je vertrek te verdiepen in de gevaren van schadelijke insecten en arachniden (spinnen, schorpioenen en teken) die voorkomen in het gebied waar je heen gaat.

GEVAREN	BEHANDELING	VOORKOMEN
• Als een bij steekt, scheurt de angel met het gifzakje af. Horzels en wespen kunnen steeds opnieuw steken. De steken zijn pijnlijk en hebben een roodachtige zwelling tot gevolg. Bijensteken kunnen een anafylactische shock veroorzaken (blz. 274).	• Schraap met je nagel of met een creditkaart de angel zijwaarts uit de wond. Houd de plek waar je gestoken bent omhoog en druk er minstens 10 minuten een koud kompres op (blz. 267). Let op signalen van allergische reacties.	• Pas op in de buurt van bloemen die door bijen worden bezocht en wees voorzichtig bij het plukken van fruit en het schoonmaken van vlees of vis: de geur trekt horzels en wespen aan. Laat nesten met rust.
• Vrouwelijke steekmuggen leven van bloed en hun beet veroorzaakt huidirritatie. Ze kunnen allerlei ziektes overbrengen zoals gele koorts, malaria en knokkelkoorts.	• Breng antihistaminezalf aan tegen de jeuk en ga niet krabben. Mocht iemand die gestoken is hoofdpijn en koorts krijgen, zoek dan medische hulp. Laat hem rusten en veel drinken. Eventueel op medisch advies malariatabletten toedienen.	• Bedek je armen en benen na zonsondergang, gebruik muskietenspray en slaap onder een muskietennet. Neem anti-malariatabletten in als die voorgeschreven zijn. Laat je van te voren vaccineren tegen gele koorts.
• De beet kan koorts, rillingen, braakneigingen en gewrichtspijn veroorzaken. Meestal stelt de beet zelf weinig voor, maar soms sterft het weefsel rondom de wond af met een litteken als gevolg. De beet is bijna nooit dodelijk.	• Ga rustig zitten, behandel de beet als een slangenbeet (blz. 266) en bel een alarmdienst. Houd een koud kompres op de bijtplek. Let op symptomen van allergische reacties zoals kortademigheid en anafylactische shock (blz. 274).	• De spin verstopt zich graag op donkere plekken. Controleer dus altijd je beddengoed.
• De beet is zelden fataal maar wel bijzonder pijnlijk en veroorzaakt transpiratie, misselijkheid, kwijlen, braken, tintelingen op de tong en rond de mond en vermoeidheid.	• Ga rustig zitten, behandel de beet als een slangenbeet (blz. 266) en bel een alarmdienst: men beschikt daar over tegengif. Let op allergische reacties en anafylactische shock (blz. 274).	• Kijk goed uit bij het verplaatsen van stenen en rotsblokken.
• Een beet kan pijnlijk zijn, maar is niet erg giftig. Als hij zich bedreigd voelt, schiet hij haren van zijn achterlijf naar zijn belager die tranende ogen, jeuk en zwellingen veroorzaken op de huid en op het neusslijmvlies.	• Geef een pijnstiller en leg een koud kompres op de beet. Let op signalen van allergische reacties zoals kortademigheid en anafylactische shock (blz. 274). Spoel achtergebleven haren weg met koud water.	• Vogelspinnen zijn 's nachts actief in bomen en op de grond. Trek je terug als je er per ongeluk een verstoort. Raak ze niet aan.
• De beet is pijnlijk en veroorzaakt rode uitslag en zwellingen. Soms ook hevige transpiratie, buikpijn, pijn op de borst, misselijkheid en braakneigingen. De beet van een weduwe is zelden dodelijk.	• Leg een koud kompres (bij voorkeur ijs) op de beet en dien pijnstillers toe. Bel de alarmdienst als de symptomen erger worden, want er bestaat een tegengif. Let op allergische reacties zoals kortademigheid en anafylactische shock (blz. 274).	• Aan de kogelspin verwante spinnen zoals de Australische roodrugspin bouwen hun web op droge beschutte plekken, dus kijk goed uit als je over rotsblokken en omgevallen bomen loopt.
• Schorpioensteken zijn erg pijnlijk en kunnen gevaarlijk zijn. Het gif van sommige soorten veroorzaakt verlammingen die tot 2 dagen kunnen aanhouden. De steek kan dodelijk zijn voor kinderen, verzwakte volwassenen en bejaarden.	• Ga bij zwellingen zitten en behandel ze als slangenbeten (blz. 266). Leg er ijs of een koud kompres op. Bel de alarmdienst, let op symptomen van anafylactische shock (blz. 274) of andere allergische reacties. Om welke soort gaat het?	• Schorpioenen zijn meestal 's nachts actief en verschuilen zich overdag. Controleer je kleding en je laarzen. Pas op bij het verzamelen van brandhout en het verplaatsen van grote stenen.
• Teken brengen gevaarlijke ziektes over zoals gevlekte koorts en de ziekte van Lyme. Een ronde rode plek rondom de beet met een cirkel eromheen ('bull's-eye') kan duiden op de ziekte van Lyme.	• Verwijder de teek voorzichtig met een pincet of een speciale tekentang (blz. 267). Maak de wond schoon en kijk of er bepaalde symptomen optreden. Roep medische hulp in als het slachtoffer hevige hoofdpijn, een stijve nek of koorts krijgt.	• Draag lichtgetinte kleding van een dichte stof en gebruik een insectenwerend middel. Controleer zowel je lichaam als je kleding regelmatig op teken.

GEVAREN VAN DE NATUUR

ALLEEN AL BIJ HET VERMOEDEN VAN VERGIFTIGING DOOR HET ETEN VAN PLANTEN, moet je direct medische hulp inroepen. Als een slachtoffer buiten kennis raakt, maak dan de luchtwegen vrij en controleer de ademhaling (blz. 276). Bereid je voor om te reanimeren (blz. 277). Als je gaat beademen, gebruik dan bij voorkeur een beademings-

	NAAM	VERSPREIDINGSGEBIED	KENMERKEN	GIFTIG GEDEELTE
GIFTIG BIJ AANRAKING	**FLUWEELBOON** *Mucana pruriens*	• Op schrale grond en open bosgebied in de tropen en de VS.	• Wingerdachtige plant met groene, ovale blaadjes; groeit in bomen. Hangende trossen met harige, matpaarse bloemen. Harige bruine peulen.	• Bloemen. • Peulen.
	GIFSUMAK *Toxicodendron radicans*	• Inheems in de bossen van Noord-Amerika; inmiddels wereldwijd geïntroduceerd.	• Zie illustratie op blz. 268.	• De hele plant.
	WITTE/GRIJZE MANGROVE *Avicennia marina*	• Mangrovemoerassen van tropisch Afrika tot Indonesië en Australië.	• Schriele boom met lichtgekleurde stam en lange luchtwortels. Groene, langwerpige, leerachtige bladeren. Gele bloemen en vlezige, lichtoranje zaadcapsules.	• Sap
GIFTIG OM TE ETEN	**ZWARTE GIFBES** *Actaea* sp.	• Bossen in de gematigde streken op het noordelijk halfrond.	• Lage struik met groene, getande bladeren. Kleine witte bloemen. De witte, rode of zwarte bessen groeien in trossen.	• De hele plant, maar vooral de bessen.
	WONDERBOOM *Ricinus communis*	• Overal in de tropen tussen het struikgewas en in ongerepte gebieden; geïntroduceerd in de gematigde streken.	• Grote struik met glimmende donkergroene of donkerpaarse bladeren in de vorm van een ster. Gele bloemen in kegelvormige trossen. Rode, puntige zaden.	• De hele plant; vooral de zaden bevatten erg veel ricine.
	ZIGADENUS *Zigadenus* spp.	• Prairies, bossen en rotsgebieden in de gematigde streken van Noord-Amerika.	• Lange, grasachtige bladeren die uit een bol groeien. De bloemen bestaan uit een groen hart met daaromheen 6 witte bloembladen.	• De hele plant.
	KLOEWAKBOOM *Pangium edule*	• Tropische bossen in Zuidoost-Azië.	• Grote boom met grote, hartvormige bladeren. Groene bloemkegels. Grote, bruine, peervormige vruchten die groepsgewijs bij elkaar groeien.	• Alle delen van de boom, maar vooral de cyanidehoudende zaden.
	PURGEERNOOT *Jatropha curcas*	• Alle tropische bosgebieden en het zuiden van de VS.	• Grote struik met grote, groene, klimopachtige bladeren. Kleine, groengele bloemen. De gele vruchten lijken op appels en hebben grote zaden.	• Alle delen, maar vooral de zaden.
	GEVLEKTE SCHEERLING *Conium maculatum*	• Vochtige gematigde streken in Eurazië, geïntroduceerd in Noord-Amerika en Australië.	• Grote, niet-houtige, vertakte stengel, aan de voet roodbruin gevlekt. Getande bladeren, kleine groepjes witte schermbloemen.	• Alle delen, maar de wortels het meest.
	BRAAKNOOTBOOM *Strychnos nux-vomica*	• Tropische en subtropische bossen in India, Zuidoost-Azië en Australië.	• Groenblijvende boom met ovale bladeren, paarsgewijs aan de tak. Kleine groepjes groene bloemen aan eind van de takken. Grote, oranjerode bessen.	• Alle delen, maar met name de zaden bevatten een dodelijke hoeveelheid strychnine.

of gezichtsmasker om je te beschermen tegen gif dat zich op de mond van het slachtoffer bevindt. Het is verstandig om je bij de voorbereiding te verdiepen in de giftige planten in het gebied waar je naartoe gaat. En ook hoe je vergiftiging kunt behandelen (blz. 268-269).

VERSCHIJNSELEN	BEHANDELING	EXTRA INFORMATIE
▪ Huidirritatie. Als giftige delen in contact met je ogen komen, kun je blind worden.	▪ Bel een alarmdienst. Spoel de huid 20 minuten met koud water; aangedane ogen 10 minuten. Pas op dat het spoelwater geen plas vormt onder het slachtoffer of dat je er zelf mee in contact komt.	
▪ Rode uitslag, jeuk, blaren en zwellingen, 4-24 uur na het aanraken van de plant. Bij sommige mensen kan een anafylactische shock (blz. 274) optreden.	▪ Was de aangedane plekken met koud water en zeep en smeer er antisumakzalf op. Houd de patiënt goed in de gaten en behandel een eventuele shock (blz. 274). Voor natuurlijke remedies zie blz. 268.	▪ Andere soorten gifsumak, zoals *Toxicodendron diversilobum*, *T. pubescens* en *T. vernix*, zijn eveneens giftig bij aanraking (zie blz. 268).
▪ Het sap veroorzaakt blaren op de huid en tijdelijke blindheid wanneer het in de ogen komt.	▪ Bel een alarmdienst. Spoel de huid gedurende 20 minuten met koud water, aangedane ogen 10 minuten. Houd het slachtoffer nauwlettend in de gaten en behandel een eventuele shock (blz. 274).	▪ Het sap van de garoeboom (*Exoecaria agallocha*) is eveneens giftig.
▪ Consumptie kan dodelijk zijn, omdat het gif een hartstilstand kan veroorzaken. Andere symptomen zijn duizeligheid, overgeven en heftige buik- en darmkrampen.	▪ Bel een alarmdienst. Probeer het slachtoffer te laten braken als het nog bij bewustzijn is en geef veel melk of water om het gif te verdunnen, of thee met houtskool.	
▪ Een hoge dosis kan dodelijk zijn. Het eten van rauwe zaden veroorzaakt ernstige diarree.	▪ Bel een alarmdienst. Probeer het slachtoffer te laten braken als het nog bij bewustzijn is en geef veel melk of water om het gif te verdunnen, of thee met houtskool.	▪ De peulen barsten open wanneer ze rijp zijn en verspreiden zo de grote, ovale, glimmende, bruingespikkelde zaden die gevaarlijk veel op eetbare bonen lijken.
▪ Dodelijk giftig! Overvloedige speekselvorming, braken, diarree, verwardheid, onregelmatige hartslag, verlaagde lichaamstemperatuur, ademhalingsproblemen en bewusteloosheid die tot de dood kan leiden.	▪ Bel een alarmdienst. Probeer het slachtoffer te laten braken als het nog bij bewustzijn is en geef veel melk of water om het gif te verdunnen, of thee met houtskool.	▪ De planten lijken een beetje op eetbare wilde uien, maar zigadenus mist de typische uiengeur.
▪ Dodelijk giftig! Consumptie veroorzaakt bewusteloosheid, die zonder verdere behandeling tot de dood kan leiden.	▪ Bel een alarmdienst (tegengif). Probeer het slachtoffer te laten braken als het nog bij bewustzijn is. Verdun het gif (zie boven bij Zigadenus), houd het slachtoffer warm en laat hem of haar rusten.	▪ Mocht het slachtoffer niet meer ademen, pas dan mondopmondbeademing toe, maar gebruik een gezichtsmasker. Je kunt ook een zuurstofzak met masker gebruiken.
▪ Hevige diarree en overgeven.	▪ Bel een alarmdienst. Probeer het slachtoffer te laten braken als het nog bij bewustzijn is en geef veel melk of water om het gif te verdunnen, of thee met houtskool.	▪ De zaden zien eruit als noten en smaken zoet. Ook andere soorten van het geslacht Jatropha zijn giftig, zoals *J. gossypifolia*, die niet voor niets de bijnaam ' buikpijnstruik' draagt.
▪ Dodelijk giftig! Een kleine hoeveelheid kan al verstikking veroorzaken doordat de ademhalingsspieren verlamd raken. De eerste symptomen zijn misselijkheid, braken en een versnelde hartslag.	▪ Bel een alarmdienst. Laat slachtoffer braken. Verdun het gif (zie purgeernoot). Als het slachtoffer niet meer ademt, pas dan hartmassage en mond op mondbeademing toe met een gezichtsmasker.	▪ Waterscheerling (*Cicuta*-sp.) lijkt op de gevlekte scheerling en is net zo giftig. Verwar beide planten niet met eetbare wilde penen of wilde pastinaak!
▪ Dodelijk giftig! Na 10-20 minuten treden spierkrampen op, gevolgd door verlammingen. Het slachtoffer overlijdt binnen 2-3 uur door ademhalingsproblemen en/of totale uitputting.	▪ Bel een alarmdienst. Probeer het slachtoffer te laten braken als het nog bij bewustzijn is en geef veel melk of water om het gif te verdunnen, of thee met houtskool.	▪ Pas op: strychnine kan ook via de ogen in het lichaam komen!

ADVIESORGANEN

NEDERLAND

REISADVIES

Ministerie van Buitenlandse Zaken, Reizen & Landen

Bezuidenhoutseweg 67, 2594 AC Den Haag

T: 070-3486486

W: www.minbuza.nl/nl/Reizen_en_Landen

Het ministerie van Buitenlandse Zaken biedt op hun website achtergrondinformatie over landen, reisadviezen en diverse checklists ('Wijs op Reis').

ANWB

Hoofdkantoor: Wassenaarseweg 220, 2596 EC Den Haag

W: www.anwb.nl

Bij de ANWB kun je terecht voor verkeersinformatie, de wegenwacht, maar ook wandelroutes en overige reisinformatie.

Reizigersonline.nl

Een zoekmachine voor en door wereldreizigers. Voor alle vragen kun je terecht op deze website.

GEZONDHEID

Landelijk Coördinatiecentrum Reizigersadvisering (LCR)

Postbus 1008, 1000 BA Amsterdam

W: www.lcr.nl

Het LCR coördineert reizigersadvisering omtrent preventie van ziekte. Het centrum richt zich voornamelijk op medici en andere gezondheidswerkers, maar op de website staat ook beknopte informatie voor reizigers over (reis)ziektes en algemene adviezen per land.

Travelsafe

Postbus 131, 3640 AC Mijdrecht

E: info@travelsafe-healthcare.com

W: www.travelsafe.nl/

Travelsafe biedt producten voor reizigers aan, waaronder EHBO-setjes, insectenwerende middelen, zonbeschermingsproducten en diverse accessoires voor onderweg. Travelsafe is aangesloten bij het LCR.

GGD Reizigersadvies- en vaccinatiebureau

Nieuwe Achtergracht 100, 1018 WT Amsterdam

T: 020-5555260

W: www.gezond.amsterdam.nl

De GGD Amsterdam is de grootste Geneeskundige en Gezondheidsdienst van Nederland. Voor reizigersadvies en vaccinaties kun je hier terecht.

WEERSINFORMATIE

W: www.buienradar.nl

Op deze website vind je het actuele weer in Nederland.

REDDINGSDIENSTEN

Koninklijke Nederlandse Redding Maatschappij (KNRM)

Haringkade 2, 1976 CP IJmuiden

T: 0255-548454

W: www.knrm.nl

De KNRM is de erkende hulpverlener op zee en in het werkgebied van de Nederlandse kustwacht. Ruim 1.000 vrijwilligers staan dag en nacht klaar voor het reddingswerk.

KAARTEN

Cartografie Nederland

W: www.cartografie-nederland.startpagina.nl

Op de startpagina cartografie vind je gedetailleerde kaarten van Nederland. De kaarten staan ingedeeld op provincie.

KiN web

W: kartoweb.itc.nl/over.html

De site voor Nederlanders die iets willen weten op het gebied van de cartografie.

WANDELINGEN

Wandelpad

W: Wandelpad.nl

Op deze site vind je uitgebreide wandelroutes in Nederland en België. Compleet met een wandelagenda en links van wandelverenigingen.

BELGIË

REISADVIES

Federale Overheidsdienst Buitenlandse Zaken, Buitenlandse Handel en Ontwikkelingssamenwerking

Karmelietenstraat 15, 1000 Brussel

T: 02 501 81 11

W: www.diplomatie.be

De website van FOD Buitenlandse Zaken, Buitenlandse Handel en Ontwikkelingssamenwerking biedt reisadviezen per land, een Reis Wijs-folder en informatie over benodigde reisdocumenten.

GEZONDHEID

Federale overheidsdienst (FOD) Volksgezondheid

Eurostation 2, Victor Hortaplein, 1060 Brussel

W: www.health.fgov.be/shc/vaccinaties

Voor alle gezondheidsvragen.

Instituut voor Tropische Geneeskunde (ITG)

Nationalestraat 155, 2000 Antwerpen

W: www.itg.be

Website van het Instituut voor Tropische Geneeskunde, met o.a. de Belgische richtlijnen in verband met reizigersvaccinatie.

Vlaams Agentschap

Ellipsgebouw, Koning Albert II-laan 35, 1030 Brussel

W: www.zorg-en-gezondheid.be/vaccinatie.aspx

Website van het 'Vlaams Agentschap Zorg en Gezondheid' van de Vlaamse Gemeenschap.

MILIEU

W: www.milieusite.be

Op de site www.milieusite.be vind je alle informatie over het klimaat en verschillende actiegroepen die in België (en Nederland) actief zijn.

INTERNATIONAAL

Federale overheidsdienst (FOD) Volksgezondheid

Eurostation 2, Victor Hortaplein, 1060 Brussel

W: www.health.fgov.be/shc/vaccinaties

Voor alle gezondheidsvragen.

WEERSINFORMATIE

The Meteorological Office (and National Meteorological Library)

Fitzroy Road, Exeter, Devon EX13PB

E: enquiries@metoffice.gov.uk

W: www.metoffice.gov.uk

Het MO verstrekt via de media informatie over het weer en weersomstandigheden aan het publiek en rechtstreeks via internet aan scholen, overheidsinstellingen, luchthavens en andere industriële sectoren in de wereld.

GEZONDHEID

Health and Safety Executive

T: 0845 345 0055

W: www.hse.gov.uk

Een officiële website met informatie over training, voorschriften en toepassingen met betrekking tot de publieke gezondheid en veiligheid.

GLOSSARIUM

Aanlandige wind Wind die overdag van zee naar het land waait.
Ademende kleding Kleding die huidvocht doorlaat maar van de buitenzijde waterdicht is.
Afdakshelter Shelter met een aflopend dak dat op een horizontale balk rust.
Aflandige wind Wind die 's nachts van boven land naar zee waait.
A-frame Een shelter waarvan de nokpaal aan beide kanten op een A-vormige constructie rust.
Afpassen Methode om afstanden te meten; onderdeel hiervan is het oefenen om te weten hoeveel passen je voor een bepaalde afstand nodig hebt.
Aftrektouw Dun koord om voorwerpen te zekeren of neer te laten.
Anabatische wind Wind die overdag heuvelop waait.
Anafylactische shock Gevaarlijke allergische reactie ten gevolge van een beet of steek.

Basisfrequentie Aantal hartslagen per minuut in rust.
Bevriezing Ernstige aandoening waarbij de huid helemaal bevroren is, soms tot op het bot.
Bevriezingsverschijnselen Bevriezing van de opperhuid, meestal van gezicht, handen en voeten.
Bivakzak Grote, waterdichte zak die als eenvoudige shelter of slaapzak kan worden gebruikt.
Bivi-tent Eenpersoonstent, gemaakt van een bivakzak
Blazers Engelse term voor merktekens op een route.
Bola Jachtwapen van een touw met gewichtjes die rondgeslingerd worden.
Bootskiën Techniek om besneeuwde hellingen af te dalen zonder ski's.
Bothybag Grote waterdichte zak die tevens als shelter gebruikt kan worden.
Brandende ogen Zie sneeuwblindheid.
Brandweergreep Methode om gewonden te vervoeren zonder brancard.
Buitenlaag Buitenste kledinglaag, bij voorkeur van materiaal dat regen tegenhoudt en zweet in dampvorm doorlaat.
Bungee Sterk, elastisch koord, vaak met haken aan de uiteinden.

Cairn Steenhoop als routemarkering in dichte mist.
Cirruswolk Kringelende wolk die in de hogere luchtlagen wordt gevormd door ijskristallen.
Commandomes Veelzijdig survivalmes waarmee je o.a. kunt snijden, zagen en hakken.
Commandozaag Kleine zaag, bestaande uit een getande staalkabel met aan beide uiteinden een handvat.
Compensatiehoek (GMA) Het verschil tussen de geografische Noordpool en de magnetische Noordpool, uitgedrukt in graden.
Condensatiepunt De temperatuur waarbij waterdamp in de lucht vloeibaar wordt.
Condensatiezak Een plastic zak waarmee je water zuivert door het met behulp van zonlicht te laten verdampen om vervolgens het condenswater af te tappen.
Continentale luchtmassa Lucht die zich over land heeft verplaatst en daardoor droger is dan zeelucht.
Contouren volgen Zie Hoogtelijnnavigatie.
Contusie Kneuzing.
Coördinaten Lijnen op een kaart die een horizontale of verticale richting aangeven.
Coördinatiegetal Getal waarmee je elke willekeurige locatie kunt aangeven met behulp van de genummerde coördinaten op de landkaart.
COSPAS-SARSAT Satellietsysteem dat gebruikmaakt van laag rond de aarde draaiende satellieten (LEOSAR) en geostationaire satellieten (GEOSAR) om signalen van noodbakens op te vangen en door te sturen.
Cumulonimbus Wolktype dat vanuit de lagere luchtlagen omhoog komt waarbij heftige regen- of onweersbuien ontstaan.
Cumulus. Meestal kleine, dichte, bloemkoolachtige wolk tegen een doorgaans zomerse lucht. Cumuluswolken zijn voorbodes van mooi weer.

Damperbrood Gistvrij brood, eenvoudig te bakken in het kampvuur.
Dauwpunt Zie condensatiepunt.
Dauwtrappen Methode om drinkwater te verkrijgen door dauw te verzamelen.
Defensief zwemmen Zwemtechniek om obstakels te vermijden in snelstromend water.
Dekzeil Waterdicht stuk zeildoek.
Detour Met behulp van een richtpunt op afstand om een obstakel heenlopen.
Driehoeksmeting Methode om je exacte locatie te bepalen met behulp van je kompas, je landkaart en opvallende punten in het landschap die ook op je kaart staan.
Drijfnet Fijnmazig visnet dat verticaal in het water hangt.
Drijfzand Los, nat zand dat meegeeft onder druk waardoor je er helemaal in kunt wegzinken.
Drinkwater Water dat geschikt is om te drinken.
Drogue Zeeanker waarmee een vaartuig gestabiliseerd wordt.
Druppelvanger Kledingstuk dat dienst doet om regenwater te verzamelen dat van een boom druipt.
Dysenterie Ziekte met diarreeverschijnselen, opgelopen in besmet water.

ELT (Emergency Locator Transmitter) Noodbaken met satellietverbinding, vooral gebruikt in vliegtuigen.
EPA (Emergency Plan of Action) Noodplan; achtergelaten document met relevante gegevens over jezelf en je alternatieve route als je in moeilijkheden mocht komen.
EPIRB (Emergency Position-Indicating Radio Beacon) Noodbaken met satellietverbinding, vooral gebruikt op zee.
Ernstvuurwerk Noodfakkel met oranje rook voor overdag en een helder schijnsel voor 's nachts.
Eskimorol Techniek om een gekapseisde kajak weer overeind te krijgen.

Evasie Terugtrekkende beweging.
Evenaar Denkbeeldige lijn rond de aarde op gelijke afstand van beide polen.

Finse marshmallow Speelse benaming van ijsbrokken die je op een stok steekt en boven een vuur laat smelten om drinkwater te verzamelen.
Foetushouding Lichaamshouding waarmee je warmteverlies beperkt, ook in water.
Föhnwind Droge wind heuvelafwaarts aan de lijzijde van een berg of heuvel.

Gaiters Beschermende overschoenen of beenkappen om enkels en onderbenen.
Gematigde klimaat Klimaat zonder extreme temperaturen of extreem veel neerslag.
Geografische noorden De richting van een meridiaan die bij de Noordpool samenkomt met de andere meridianen.
GPS (Global Positioning System) Soort mobieltje om met behulp van satellieten je positie te bepalen.
Graad Eenheid van lengte of breedte, 1/360 van een cirkel.
Graafstok Stevige stok met puntig uiteinde.
Gradenboog Gereedschap om hoeken te meten.
Grondlaken Waterdicht zeildoek.

Halfhoutverbinding Houtverbinding met uitsparingen, zodat je minder touw nodig hebt.
Handnavigatie De juiste route bepalen aan de hand van rivieren, wegen of paden in de verte die in de goede richting lopen.
Handspleet Scheur in de rotsen waar je hand in past zodat je houvast hebt bij het klimmen.
Heksenbezem Gespleten tak met daarin bevestigd dunne droge schors om een vuur aan te steken.
Hersenoedeem Opeenhoping van vocht in de hersenen waardoor deze niet meer goed functioneren. De aandoening kan dodelijk zijn.
Herstelpositie Positie waarin een bewusteloos iemand moet worden gebracht om verdere complicaties te voorkomen.
Hexaminebrander Brander met vaste brandstof in plaats van gas of vloeistof.
Hitteplatform Platform om ijs te smelten boven vuur om zo drinkwater te verkrijgen.
Hitteshock Ernstige uitdroging van het lichaam met symptomen als duizeligheid en hevige transpiratie. Vaak een voorbode van een hartaanval.
Hoogtelijnnavigatie Om een hoger punt (bijvoorbeeld een berg) heen lopen terwijl je steeds op dezelfde hoogte blijft.
Hoogtelijnen Lijnen op een landkaart die punten van gelijke hoogte met elkaar verbinden.
Hoogteziekte Ziekte ten gevolge van lage luchtdruk op grote hoogte.
Hyperthermie Abnormaal hoge lichaamstemperatuur met mogelijk fatale gevolgen.
Hyponatremie Opeenhoping van water in het lichaam met als gevolg een gevaarlijk tekort aan natrium.
Hypothermie Onderkoeling: levensgevaarlijke daling van de lichaamstemperatuur door blootstelling aan kou. Achtereenvolgende symptomen: rillingen (die soms ophouden als de temperatuur verder daalt), irrationeel gedrag, verwardheid, stemmingswisselingen en behoefte aan alleen zijn; bleke, koude huid; onverstaanbaar gebrabbel en/of ongecoördineerde bewegingen. Het onderkennen en tijdig behandelen van de eerste symptomen kan erger voorkomen.
Hypoxia Te laag zuurstofgehalte van het bloed. Bij langere duur dodelijk.

Igloshelter Shelter gemaakt van sneeuwblokken.
Isobaren Lijnen op een kaart die punten van gelijke luchtdruk verbinden.

Jodium Chemisch middel om water te zuiveren.

Kajak Soort kano met gesloten dek voor één of meer personen.
Kalebas Grote vrucht met harde schil die je uit kunt hollen om water in te vervoeren.
Kaliumpermanganaat Chemische stof waarmee je o.a. water kunt zuiveren en vuur kunt maken.
Kano Open boot, voor één of meer personen en hun uitrusting, die met een peddel wordt voortbewogen.
Karabijnhaak Metalen sluithaak om touwen te bevestigen.
Katabatische wind (valwind). Koele, nachtelijke wind heuvelafwaarts.
Katapult Jachtwapen waarmee je kleine stenen wegschiet, gemaakt van een Y-vormige tak en elastiek.
Katoentondel Verkoolde katoen om vuur te maken. Het verkolen gebeurt door verhitting zonder zuurstof.
Klauteren Klimmen zonder touwen.
Klimijzer Metalen plaat met spikes die onder schoeisel bevestigd meer grip geeft op bevroren hellingen.
Knoopkompas Klein, eenvoudig kompas, te gebruiken als reservekompas.
Knooplus Een manier om touw te bevestigen aan bijvoorbeeld een stuk zeildoek zonder dat er gaten in komen. Zowel het touw als het zeildoek kunnen dan later opnieuw worden gebruikt.
Kompas Oriëntatie- en navigatie-instrument waarin een vrij bewegende naald naar het magnetische noorden wijst.
Kompasschaal Schaalverdelingen op een plaatkompas om afstanden op kaarten te meten en referentiegetallen af te lezen.
Kompasspiegel Onderdeel van geavanceerde kompassen voor optimale oriëntatie en navigatie.
Koolmonoxide Kleur-, geur- en smaakloos gas dat uiterst giftig is.
Koudeshock Plotselinge kortademigheid gevolgd door hyperventilatie ten gevolge van onderdompeling in koud water. Mogelijke gevolgen: water in de longen, desoriëntatie, paniek, onderkoeling, hartproblemen, dood.
Kramp Pijnlijke onwillekeurige spiersamentrekking, vaak het gevolg van uitdroging.
Kukri Breedbladig Nepalees mes, vooral gebruikt om te hakken.

Laagjes Meerdere lagen dunne kleding over elkaar is beter dan een of twee lagen dikke kleding. Door het aantal laagjes te variëren kun je je lichaamstemperatuur constant houden.
Lastdieren Dieren als paarden en muilezels die zware lasten kunnen dragen.
Latitude Geografische breedte: de loodrechte afstand ten noorden of ten zuiden van de evenaar, uitgedrukt in graden.
Lawinebaken Persoonlijk locatiebaken om redders naar de juiste plek te dirigeren als je door de sneeuw bent bedolven.
Lenskompas Kompas voor uiterst nauwkeurig navigatiewerk.

Lijzijde De kant die van de wind is afgekeerd. De andere kant heet de loefzijde.
Longitude Geografische lengte: de loodrechte afstand ten oosten of westen van de nulmeridiaan, uitgedrukt in graden. De nulmeridiaan is de meridiaan die over Greenwich (Engeland) loopt.
Longoedeem Zwellingen en vochtophoping in de longen die potentieel dodelijke ademhalingsproblemen kunnen veroorzaken.
Loopgraafshelter In zachte sneeuw uitgegraven langwerpige kuil, afgedekt met zeildoek.
Luchtmassa Een grote hoeveelheid lucht in een weersysteem met een eigen temperatuur en vochtigheidgehalte.

Machete Kapmes met groot blad, ca. 45-50 cm lang.
Magnetische afwijking Het verschil tussen het magnetische noorden en het geografische noorden.
Magnetische lengtegraad Een noord-zuid-coördinaat die parallel loopt aan de verticale lengtegraden. Het verschil met de bijbehorende geografische lengtegraad ontstaat doordat de kaart plat is.
Magnetische noorden De richting die een kompas aangeeft.
Mantelen Techniek om een overhangende rots te beklimmen.
Maritieme luchtmassa Lucht die van zee komt en daardoor erg vochtig is.
Mayday Internationaal noodsignaal bij levensbedreigende omstandigheden.
Meridiaan Denkbeeldige lijn over de aarde, van de Noordpool naar de Zuidpool, die alle locaties op die lijn met elkaar verbindt.
Motorische storing Weinig of geen controle hebben over je spieren of je manier van bewegen.
Motorski Gemotoriseerd voertuig om over sneeuw en ijs te reizen.

Naaldbomen Groenblijvende bomen als dennen en sparren met naaldvormige bladeren en kegelvruchten.
Naismithmethode Methode om het tijdstip van aankomst te berekenen afhankelijk van de afstand en de topografische omstandigheden.
Natuurlijke shelter Overstekende rots of natuurlijke holte die als shelter gebruikt kan worden.
Neerslag Vocht in een wolk dat als regen, sneeuw of hagel naar beneden komt.
Nieuwe Wereld De werelddelen buiten Eurazië en Afrika, met name Amerika en Australië.
Nokbalk Lange horizontale paal die het hoogste punt van het dak vormt.
Noodkit Kleine container met primaire levensbehoeften, die je bij calamiteiten nog snel even mee kunt pakken.
Noord-Zuidcoördinaten Genummerde verticale sectorlijnen op een kaart. De getallen lopen op in oostelijke richting; vandaar de Engelse benaming 'Eastings'.

Onderlaag De kleding die direct op de huid gedragen wordt om vocht van de huid te 'zuigen'.
Ondrinkbaar water Water dat niet geschikt is om te drinken.
Ontziltingskit Nooduitrusting om van zeewater drinkwater te maken.
Oogje Kleine ronde opening met metalen rand in zeildoek etc. om bijvoorbeeld touw aan te bevestigen.
Oost-Westcoördinaten Genummerde horizontale lijnen op een kaart. De nummering loopt naar het noorden toe op; vandaar de Engelse benaming 'Northings'.
Oriëntatiepunt Zie Oriëntatie op afstand.
Osmosepomp Survivalpomp waarmee zeewater wordt omgezet in drinkwater.
Oude Wereld Europa, Azië en Afrika.

Parakoord Nuttig survivaltouw, oorspronkelijk ontworpen voor parachutes. Meestal opgebouwd uit een gevlochten koord met daaromheen een tweede laag.
Parang Hakmes met groot blad uit Maleisië.
Pathogeen Ziekmakend micro-organisme, met name een bacterie of schimmel.
Permafrost Permanent bevroren grond.
Plaatkompas Plaat met daarop een of meer kompassen en andere oriëntatiehulpmiddelen.
PLB (Persoonlijk Locatiebaken) Een baken dat een noodsignaal naar een satelliet stuurt zodat men weet dat je gered moet worden.
Poncho Multifunctioneel waterdicht kledingstuk zonder naden; tevens te gebruiken als noodshelter of bed.
Prismakompas Zie lenskompas
Psychogene shock Hoog psychologisch en emotioneel stressniveau, veroorzaakt door een schokkende gebeurtenis.
Pulk Eenvoudige plastic slee om uitrusting te vervoeren.
Pygmeeënhut Koepelvormige hut van takken, bedekt met natuurlijke materialen.
Pygmeeënkoord Koord van gevlochten natuurlijke vezels.

Quinzhee Koepelvormige sneeuwshelter.

Reanimatie Een combinatie van hartmassage en mond-op-mondbeademing om hart en longen weer te laten functioneren.
Rendez-vouspunt Afgesproken locatie waar iedereen naartoe gaat als er iemand van de groep is afgedwaald.
Rijsbosje Bundeltje aanmaakhout
Rijshout Buigzame twijgen van bijvoorbeeld wilgen, berken, essen en hazelaars.
Ruimtedeken Multifunctionele kunststof deken, bekleed met aluminiumfolie. Te gebruiken als shelter of signaalspiegel, maar ook om bijvoorbeeld water in te vervoeren of te koken.

Schaal van Beaufort Schaalverdeling om de windsnelheid boven land en op zee te meten. De schaal loopt van 0 (windstil weer) tot 12 (orkaankracht).
Schaalverdeling Zie Kompasschaal.
Schaduwpeiling Bewust een richtpunt kiezen dat links of rechts van het doel ligt.
Schepnet Visnet waarmee je kleine vissen uit het water kunt scheppen.
Schoorsteenklimmen Klimtechniek voor dicht bij elkaar staande verticale rotswanden.
Scrape Eenvoudige shelter in een natuurlijke holte of greppel.
Secondaire verdrinking Levensgevaarlijke biologische veranderingen in de longen van een drenkeling ten gevolge van het inhaleren van water.
Shock Levensgevaarlijke toestand waarbij de bloedcirculatie stopt. Oorzaken kunnen zijn bloedverlies, brandwonden of plotselinge kou.
Show-stopper Fout in de planning waardoor er vertraging optreedt of de expeditie moet worden afgebroken.

Signaalspiegel Spiegelend oppervlak om te seinen via lichtweerkaatsing.
Signaalvuur Vuur dat veel rook produceert om redding te bewerkstelligen.
Silvakompas Eenvoudig kompas, geschikt voor trektochten.
Slurriemethode Onbereikbaar water tussen de rotsen opzuigen met zand.
Smeltzak Geïmproviseerde zak waarin je sneeuw kunt smelten bij het vuur.
Sneeuwblindheid Oogaandoening door de weerkaatsing van zonlicht op sneeuw en ijs.
Sneeuwgrotshelter Effectieve grotshelter, uitgegraven in compacte sneeuw aan de lijzijde van een heuvel.
Sneeuwkuilshelter In compacte sneeuw uitgegraven langwerpige kuil met de uitgehakte sneeuwblokken als dak.
Sneeuwschoenen Brede, gevlochten schoenen in de vorm van een tennisracket die je kunt onderbinden om niet weg te zakken in de sneeuw.
Staand dood hout Hout van een dode boom die nog overeind staat. Prima brandhout, maar pas op voor plotseling afbrekende takken!
Stand-off navigatie Navigeren door je op een gemakkelijk zichtbaar punt te richten dat in de buurt ligt van je onzichtbare doel.
Straddling Schrijlingse klimtechniek voor wijkende rotswanden en naar boven toe breder wordende 'schoorstenen'.
Stratuswolk Dichte grijze wolkendeken. Als de wolk erg dik is, kan het dagenlang blijven regenen.
Streng Stuk opgerold touw.
Strik Draad met schuiflus om dieren te vangen.
Stroboscooplamp Effectieve seinlamp met een snel flikkerend ledlampje.
Survivaldeken Zie Ruimtedeken.
Survivalfilter Compact waterfilter voor noodgevallen.
Survivalkit Essentiële onderdelen van je uitrusting die je op je lichaam draagt.
Survivalkoord Dun, licht en sterk gevlochten touw.
Survivalpak Waterdicht, onzinkbaar pak voor survival op zee.
Survivaltin Kleine, compacte container met de basisbehoeften voor protectie, locatie, water en voedsel. Zorg dat je je survivaltin steeds binnen handbereik hebt!

Taiga Met naaldbossen begroeid gebied vlak onder de polen.
Terreinwagen (4WD) Op vier wielen aan-gedreven voertuig voor zwaar terrein.
Tetanus Potentieel dodelijke ziekte, veroorzaakt door bacteriën die in de grond leven.
Toendra Polair gebied met permafrost en spaarzame vegetatie.
Tondel Droog, licht ontvlambaar materiaal dat je als eerste aansteekt als je een vuur maakt.
Topografische kaart Kaart die in grote lijnen het landschap weergeeft en waarop je hoogteverschillen kunt aflezen.
Tussenlaag Isolerende kleding tussen de onderlaag en de buitenste laag.

Uitdroging Vochttekort van het lichaam. Erg gevaarlijk als er niets aan wordt gedaan.
Universele eetbaarheidtest (UET) Het testen van kleine hoeveelheden van een plant op de huid, in de mond en in de maag om er achter te komen of je de plant zonder gevaar kunt opeten.
UV-zuivering (actief) Water zuiveren met een apparaatje op batterijen dat ultraviolette stralen uitzendt.
UV-zuivering (passief) Water zuiveren door flessen met water in de zon te leggen. Na verloop van tijd zullen de meeste ziektekiemen dood zijn.

Vegetatiezak Zie Condensatiezak
VHF-radio Radiozender en ontvanger met zeer hoge frequentie, meestal gebruikt op zee.
Vochtbalans Het verschil tussen de hoeveelheid water die je lichaam verlaat (o.m. door zweten) en de hoeveelheid die je drinkt.
Vochtdoorlatend materiaal Kledingstof die huidvocht doorlaat in de vorm van damp.
Vuurbasis Stevige, onbrandbare ondergrond om een vuur op aan te leggen.
Vuurblikje Blikje, gevuld met in was gedrenkt karton om onder moeilijke omstandigheden een kampvuur te maken.
Vuurboog Een van de oudste attributen om vuur te maken.
Vuurboor Methode om vuur te maken door wrijving.
Vuurkit Blikje met alle benodigdheden om vuur te maken: tondel, brandstof en iets waar je vonken mee kunt slaan.
Vuurmakers Kleine stukjes brandbaar materiaal die je op gloeiende tondel legt om vlammen te krijgen.
Vuurset Alle onderdelen die nodig zijn om een kooltje te laten gloeien zodat je een kampvuur kunt aansteken.
Vuurstaaf Staaf vuursteen die vonken produceert als je er met metaal over schraapt.
Vuurstaal Metalen staaf waarmee je vonken kunt produceren door er met een mes o.i.d. overheen te schrapen.
Vuurstok Gespleten stok met brandbaar materiaal om snel een vuur te ontsteken.

Warmtereflector Weerkaatsend oppervlak om warmte van het kamvuur richting shelter te leiden.
Waterpoel Lager gelegen waterbron in de buurt van stromend water.
Waterzuiveraar Toestel dat water filtreert en zuivert via microfilters, chemicaliën of een combinatie van beide.
Weerkaart Kaart met overheersende weersystemen en de richting waarin ze zich verplaatsen.
Werpster Geïmproviseerd wapen met 4 scherpe punten om prooi mee te doden.
Wickiup Soort wigwam (indianentent) met bovenin samengebonden palen, afgedekt met dierenhuiden of ander natuurlijk materiaal.

Zelfzekering Bergbeklimmerstechniek om elkaar met touwen voor neerstorten te behoeden.
Zigeunerbron Methode om grondwater te zuiveren door een kuil te graven.
Zigzagkoers Route die steeds van links naar rechts en weer terug loopt om met minder inspanning een steile berg te kunnen beklimmen. Ook bij het afdalen een prima methode!
Zonnefilter Gesloten systeem om drinkwater te verkrijgen door verdamping en condensatie.
Zoutmoeras Moeras met zout water.
Zwaartekrachtfilter Een effectieve manier om water te zuiveren in een fles.

REGISTER

J

K

L

M

N

O

P

Q

R

Z

OVER DE AUTEUR

In 1977 begon Colin Towell aan zijn opleiding tot survivalinstructeur bij het 22ste regiment van de SAS, een onderdeel van de Royal Navy. Inmiddels doceert hij al ruim dertig jaar survivaltechnieken voor zowel op het land als op zee, van woestijngebieden en jungles tot aan de ijskoude poolstreken. Ook onderwijst hij technieken en strategieën om te overleven in gevangenschap aan het personeel van het Engelse leger en de Engelse zee- en luchtmacht. Hij gaf leiding aan de survivalinstructeurs van de Royal Navy en was drie jaar lang hoofdinstructeur van de SERE-opleiding (Survival, Evasion, Resistance en Extraction) van de Amerikaanse marine.

Towell was onder meer betrokken bij acties op de Falkland eilanden, in Bosnië, Duitsland, Amerika en Noord-Ierland en is nog steeds Reserve Chief Instructor van de UK Defence SERE Training Organisation, waar hij zowel leerlingen als instructeurs onder zijn hoede heeft.

Colin Towell was ook degene die de survivaltraining, uitrusting en reddingscoördinatie regelde bij de pogingen van Sir Richard Branson om met een ballon rond de aarde te vliegen. Daarnaast is hij gespecialiseerd in het beoordelen en evalueren van nieuwe survivalmaterialen en geeft hij instructie bij de toepassing daarvan, zowel in Engeland als in de rest van de wereld.

www.colintowell-survival.com

DANKBETUIGING

VAN DE AUTEUR

Tijdens mijn opleiding heb ik elke survivalcursus die ik later als instructeur zou moeten geven zelf gevolgd. Allereerst natuurlijk omdat dat verplicht was, maar ook om aan den lijve te ondervinden wat mijn leerlingen tijdens hun survivaltraining doormaken, zowel geestelijk als lichamelijk. Bij het schrijven van dit boek ben ik opnieuw in de huid van de leerling gekropen; de instructeurs waren ditmaal de leden van het team uit Dorling Kindersley. Ik wil dan ook van deze gelegenheid gebruik maken om alle leden van het team te bedanken voor hun toewijding, professionele houding, visie en gevoel voor humor. Dank, Stephanie, Lee, Nicky, Richard en Michael voor jullie inzet. Mijn dank gaat ook uit naar Phil en Pip, Clare en Katie, Gill en Sarah en Tracy, Jill, Bob, Brian, Sharon, Chris, Gareth en Conor, die mij leerden dat Cumbriaans en Algemeen Beschaafd Engels niet altijd hetzelfde zijn en die medeverantwoordelijk zijn voor de prachtige uitvoering van dit boek. Ook wil ik het team van illustratoren bedanken die mijn amateuristische schetsjes wisten om te toveren tot ware kunstwerken.

Daarnaast ben ik veel dank verschuldigd aan de onderstaande personen, die mij allemaal op hun specifieke vakgebied terzijde hebben gestaan en hun expertise met mij wilden delen: Flt Lt John Hudson van het Royal Air Force Defense SERE Training Centre, Lt Carlton Oliver van het Royal Navy Defense SERE Training Center, Chief Petty Officer (SE) Keith Spiller, Petty Officer (METOC) Kirk Davidson, Petty Officer (SE) Stephen Paris-Hunter, Tony Borkowski (Royal School Military Survey), Mike Dymond M.R.I.N.N.DipM (RYA), Robert (Baldy Bob) Whale, Charlie Tyrrell, Colin Knox (Pre-Mac), Murray Bryars en Paul Baker (Bushman.UK Knifes) en Kimball White.

Tot slot wil ik nog de Defence SERE Organisation en de Survival Equipment Branche van de Royal Navy bedanken. Zij hebben voor mij een geweldige carrière mogelijk gemaakt die ik – ik kan het nu veilig toegeven - zelfs zonder salariëring met het allergrootste genoegen zou hebben doorlopen. Dankzij hen kreeg ik de unieke mogelijkheid om te leren van de allerbeste professionals uit Engeland en de rest van de wereld.

VAN DE UITGEVER

Behalve de hierboven genoemde personen wil Dorling Kindersley ook nog de volgende personen bedanken die aan de totstandkoming van dit boek hebben meegewerkt en zonder wie dit boek nooit had kunnen verschijnen. Van de Royal Navy: Cdr Alan George RN, Lt Cdr Adrian Mundin RN, Lt Cdr Paula Rowe RN en Lt Cdr Phil Rosindale RN. Van IMG: Olivia Smales en Simon Gresswell.

De dank van de uitgeefster gaat verder uit naar Gareth Jones, Chris Stone en Conor Kilgallon voor het verzorgen van deze uitgave, naar Jillian Burr en Tracy Smith voor de vormgeving en naar Sue Bosanko voor het samenstellen van het register.

JE MESS TIN IN ELKAAR ZETTEN

EEN MESS TIN is een belangrijk onderdeel van een mess kit – een verzameling van keukengerei die bijna overal te gebruiken is. Oorspronkelijk werd hij in het leger gebruikt. Een mess tin kan gebruikt worden als draagbare sauspan om water in te koken, of een maaltijd in te bereiden.

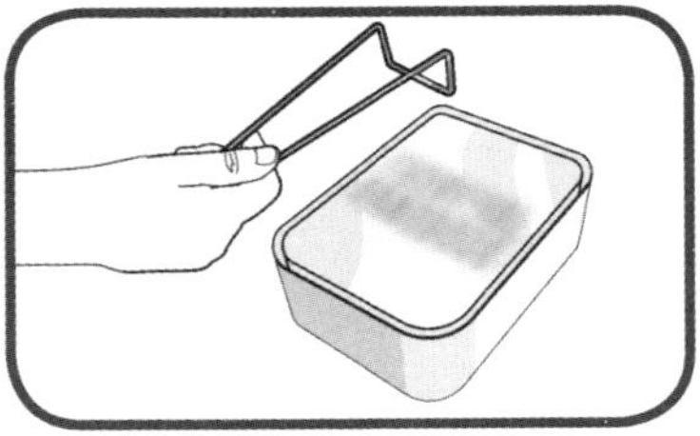

1 Verwijder het boek en de verpakking voordat je je mess tin in elkaar gaat zetten. Verwijder ook de sticker op de bodem van het pannetje. Haal het handvat uit de pan.

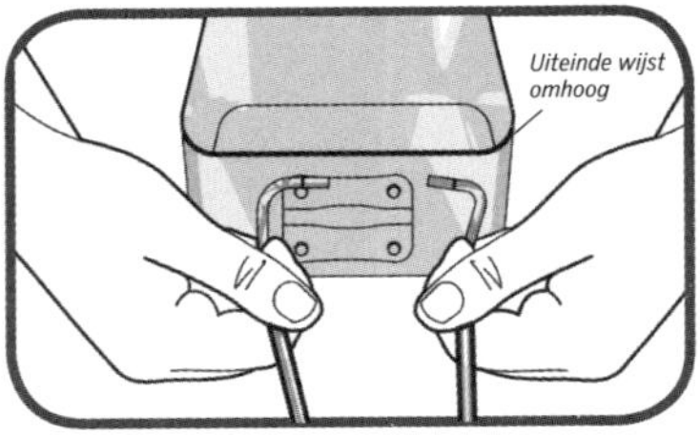

2 Draai het handvat om zodat de pinnen zich boven de greep bevinden, en trek dan de uiteinden voorzichtig uit elkaar.

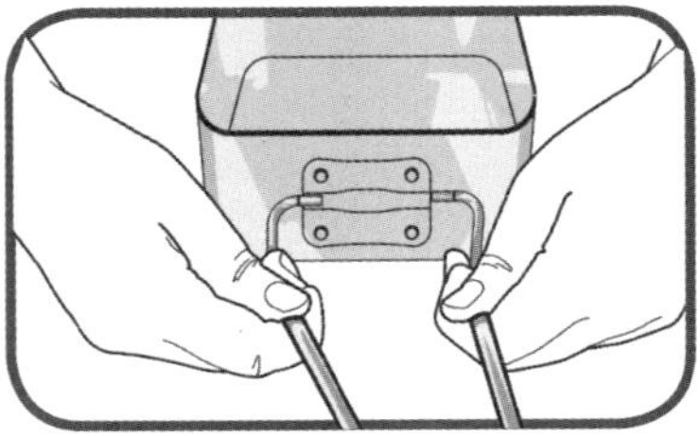

3 Houd de greep onder de pinnen, en steek de uiteinden van de pinnen in de gleuf op het pannetje.

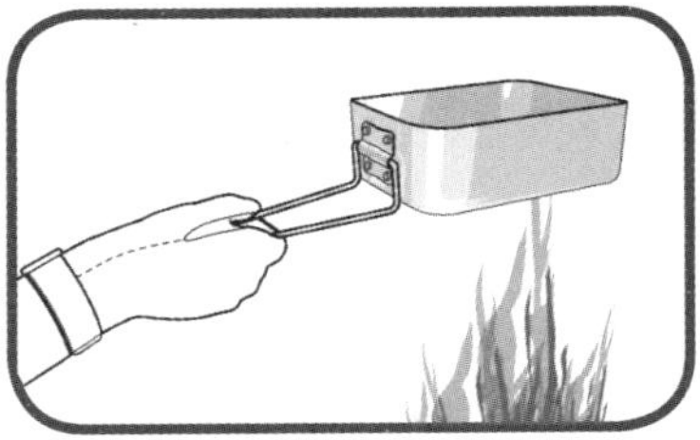

4 De mess tin is nu klaar om boven een vuur of op brander te gebruiken. Zorg er wel voor dat je handschoenen draagt, of wikkel een doek om de handgreep en houd je hand bij het vuur vandaan.

VEILIGHEIDSINFORMATIE

- Verwijder de sticker en verpakking voordat je de pan gebruikt.
- Was de pan zorgvuldig voor gebruik.
- Volg de instructies voor het in elkaar zetten hierboven.
- Hanteer altijd goede veiligheidsmaatregelen voorafgaand aan het koken: maak de kookplaats vrij van vegetatie; gebruik kookgerei in een goed geventileerde ruimte; en laat het vuur of de pan nooit onbeheerd achter.
- Draag altijd handschoenen bij het koken met de mess tin.
- Vermijd koken met zuurrijke producten omdat dit de pan kan beschadigen.
- De auteur en de uitgever van dit boek kunnen niet aansprakelijk worden gehouden voor verwondingen, schade, verlies, of gerechtelijke vervolging als resultaat van foutief gebruik van de mess tin.